LAW & BUSINESS

法商圖書

美国国际贸易委员会 337调查 律师实践指南

|第四版|

[美] 汤姆 · 迈克尔 · 萧姆伯格
(Tom M. Schaumberg) / 主编
钱文婕　李斯 / 译

A LAWYER'S GUIDE TO SECTION 337 INVESTIGATIONS
BEFORE THE U.S. INTERNATIONAL TRADE COMMISSION
FOURTH EDITION

法律出版社
LAW PRESS · CHINA
北京

著作权合同登记号
图字：01-2022-5673

中文版序言

我曾阅读过汤姆·迈克尔·萧姆伯格先生编写的《美国国际贸易委员会337调查律师实践指南(第二版)》,给我留下了非常深刻的印象。这是业界内比较专业与全面介绍美国337实践的书,也给中国企业应诉带来了很大帮助。2016~2018年,我国钢铁行业共同应诉美国337调查,汤姆·迈克尔·萧姆伯格先生及其团队也为该案的全面胜诉付出了巨大努力。我很高兴地看到汤姆·迈克尔·萧姆伯格先生一直活跃在337实务的第一线,不断追踪337领域的发展,并进一步充实更新了本实践指南。

【337条款的背景】

337条款起源于美国《斯姆特—霍利关税法》(以下简称《1930年关税法》)第337条,该条款的内容为禁止进口贸易中的知识产权侵权行为以及其他不公平竞争行为。根据该条款,美国国际贸易委员会(以下简称委员会)有权开展调查,裁决进口贸易是否构成侵权以及是否有必要采取救济措施。如果涉诉企业被裁定违反337条款,委员会有权发布禁令,禁止企业的侵权产品甚至上下游产品进入美国市场。

与常见的反倾销、反补贴和保障措施调查等贸易救济案件相比,337调查的应诉难度更大,成本更高,被诉企业一旦败诉或缺席将可能完全失去美国市场。尽管如此,由于其具有较高的技术要求,337调查的政治歧视性相对较低,各国企业都适用同一套规则。只要被诉企业认真应诉,绝大多数都能争取到理想的调查结果。因此,中国企业应当认真研究和应对此类调查。

【337调查对中国出口的影响】

随着中国高新技术产业的发展,出美产品遇到的337调查数量逐年增加。首先,2019年的45起调查中涉华调查共22起,几乎有一半的

337 调查都是针对中国发起。中国目前是 337 调查的最大涉案国。其次,在调查案由上,专利侵权为 337 调查的主要诉由。近 20 年的数据显示,专利侵权一直以来都是涉华 337 调查的重点。2020 年的 19 起涉华调查全部涉及专利侵权,1 起调查同时还涉及商标侵权。最后,在涉及领域上,337 调查逐渐集中到高新技术产业领域。时至 2020 年涉华的 19 起调查中,机电产品领域的共 11 起,医药化工材料产品领域的共 3 起,337 调查指向了越来越多的高科技企业和高附加值产品。

在当前形势下,知识产权是中美双方核心关注之一。考虑到美国近年来以各种手段竭力抑制中国高科技产业的发展,可以预见未来会有越来越多的 337 调查针对中国企业和产品。

【熟悉 337 规则的重要意义】

如前所述,一方面,与其他贸易救济措施相比,337 调查的应诉难度更大、成本更高,这些特点导致很多中国企业望而却步。2020 年的 87 家受调查企业中只有 45 家企业选择了应诉,缺席的企业往往永远失去美国市场,或者向原告缴纳高额的专利许可费用。

另一方面,企业积极应诉可以降低 337 调查对其出口产生的不利影响。委员会公布的数据显示,截至 2018 年企业应诉案件中,有超过 70% 的企业受到了较轻甚至零制裁。这些积极应诉并取得和解、胜诉或同意令的企业为后续遭受 337 调查的中国企业树立了良好的榜样,其成功经验也值得吸取与效仿。

此外,越来越多的案件表明,随着中国企业知识产权保护意识的提高、产业创新能力的持续增强,以及应对 337 调查经验的不断积累,部分中国企业未来有可能从被诉者转变为起诉方,利用 337 条款在美国市场维护自身的合法权益。

本书总结了萧姆伯格先生及其律师事务所在过去 40 年来对 337 条款及其判例的解读。我们衷心地希望中国企业和律师能够通过本书加强对 337 条款的理解与应用,以便在未来更加积极地应对美国涉华 337 调查,逐步扭转国内高科技产业在美国及其他国际市场上屡屡受困的不利局面。

刘丹阳

商务部贸易救济局前副局长,现任中国五矿化工进出口商会副会长

2022 年春

中文版前言

随着进口产品在美国经济中发挥着越来越重要的作用,337 条款已经从知识产权执法的荒僻之处,发展成为美国市场上重要的商业竞争利器。我从事 337 调查法律实务已经超过 40 年,现在 Levi Snothery & Schaumberg 律师事务所执业,代理客户参与了上百起案件。其间,337 调查案件的被告在 20 世纪七八十年代主要是欧洲和日本的公司,继而转向中国台湾地区和香港地区的公司,到现在有被告多为中国大陆(内地)公司的趋势。2019 年,委员会共提起 337 调查 58 起,其中涉及中国内地公司作为被告的 18 起,占当年年度 337 调查案件总数的 31%。这些调查案件诉因包括专利侵权、商标侵权、侵犯商业秘密以及违反合同等,产品涵盖的行业领域包括通信设备、中小型家电、化学工业、汽车交通以及医药等重要行业,涉及的被告不仅有华为、中兴、海尔等中国大型跨国公司,也有很多名不见经传的小公司甚至个人。

在中国科技和知识产权制度高速发展的背景下,337 调查的格局发生了显著变化。与十年前不同的是,近年来,337 调查的原告中多次出现了中资企业的身影。不但有越来越多的中国企业作为被告积极应诉,而且有部分中国企业通过在美国设立的关联公司向委员会提出申请,要求针对其他中国企业启动 337 调查,并签发排除令和禁止令。这种现象体现了中国企业对知识产权制度,尤其是美国 337 调查的重视,以及人们对快速了解 337 调查规则和美国法律文化的需求,以便更加有效地应对 337 调查,或是利用 337 条款保护自身权益,在激烈的商业竞争中脱颖而出。

为此,我们出版了《美国国际贸易委员会 337 调查律师实践指南(第四版)》中文版。本书根据数位律师多年的宝贵经验撰写,并由北京高朋律师事务所的钱文婕律师团队和中伦律师事务所的李斯及郑子懿负责翻译。本书第二版自2014年在中国出版以来受到专业人士的普遍好评,市场上几近脱销。目前的第四版根据过去五年337条款的立法和实践进行了修订和更新,体现了这一领域的最新发展趋势。

在内容方面,本书分析和解释了参与337调查各方的角色,并且专注于337调查的程序规则,包括如何准备起诉书、参与证据开示程序和其他庭审前的程序、庭审和庭审后的过程,原告和被告各自可以使用的战略,以及原告在胜诉后可获得的救济。本书还讨论了对违反救济命令的强制执行措施、平行诉讼和对国际贸易委员会裁决的上诉,在原告提交了337调查起诉状以及企业被列为被告之后将会适用的程序和法律规定,为读者提供了更加清晰和明确的概念。

本书中文版的出版目的是给想要了解337调查但是不熟悉,或者虽熟悉337调查但想迅速了解相关法律最新进展的中国法律从业者提供一个简明扼要的参考。读者不应将本书的内容作为正式的法律意见予以援引,而应作为进一步咨询律师专业意见的出发点。本书对337调查的各个方面进行了解释和分析,为读者在如何应对337调查以及如何准备337起诉书等方面提供了简明的意见。337调查立案之后如果查证被告侵权属实(也包括被列为被告的企业不应诉、缺席庭审、不进行有效抗辩等情形),委员会将通过美国海关阻止被告被诉侵权的产品进入美国市场。因此,对于那些向美国出口产品的中国公司的内部法务顾问及其外部律师,本书有助于其了解337调查,甚至如何规划和尽可能地避免公司在337调查案件中被列为被告。而对于拥有美国专利、商标和版权,并在美国有经营活动的中国公司,如果认为其产品在美国遭遇竞争对手的不公平竞争,也可以根据337条款对侵权行为进行调查。我希望无论出于何种目的,读者都觉得本书对于了解337调查有所帮助。

汤姆·迈克尔·萧姆伯格
2022年4月

致　谢

如果没有前 Adduci, Mastriani & Schaumberg 律师事务所全体律师孜孜不倦的努力以及合伙人 Jim Adduci、Lou Mastriani 和 Deanna Okun 的支持,本书——《美国国际贸易委员会 337 调查律师实践指南(第四版)》便不可能出版。我特别感谢该律师事务所其他曾经和现任合伙人和律师——David H. Hollander, Paul M. Bartkowski, Asha Allam, Daniel F. Smith, Joshua Hartman, Lauren E. Peterson, Michael Doman, 和 Joshua Rodriguez,他们更新了有关法律和程序的相关内容。此外,本书得益于本律师事务所的法律助理们进行的细致工作。同时还要感谢那些不断为本书收录更新信息和统计数据的同事。我要感谢我的秘书 Donna Simmons 以及她的同事 Tammy S. Ellis 和 Colleen Kemp,没有她们的努力,就不能完成本书的撰写。

我特别感谢我的前合作人 David H. Hollander 的努力,他除了编辑和重组手稿之外,还组织了大量的修订和更新工作。我还要感谢美国律师协会知识产权法部门的负责人 Joseph Potenza 和 Denise DeFranco,感谢他们鼓励我们编写《美国国际贸易委员会 337 调查律师实践指南(第四版)》。

本书中文版的出版是多个团队紧密合作的成果。对中国读者来说,337 调查程序中有很多生僻的专业术语缺乏对应的中文词汇,为解决这个问题,我们特意邀请在这一领域具有丰富代理经验的律师对本书进行翻译,以便让译著最大限度地贴近原著。在此特别感谢中国高朋律师事务所的钱文婕律师,积极协调本书的出版事宜,并且联合中伦律师事务所的李斯律师团队在百忙之中完成最新版本的编译工作。

最后,我要感谢美国律师协会的 Jeff Salyards 先生和法律出版社的赵明霞编辑。没有他们的大力协助,本书的中文版也不可能得到出版。

汤姆·迈克尔·萧姆伯格

缩写词表

Administrative Law Judge	行政法官	ALJ
Administrative Procedure Act	《行政程序法》	APA
Confidential Business Information	商业机密信息	CBI
Fair, Reasonable, and Non – Discriminatory	公平、合理、非歧视性	FRAND
Federal Circuit Advisory Council	联邦巡回上诉法院顾问委员会	FCAC
General Agreement on Tariffs and Trade	关税和贸易总协定	GATT
General Exclusion Order	普遍排除令	GEO
Initial Determination	初步裁决	ID
Intellectual Property	知识产权	IP
Leahy – Smith America Invents Act	《Leahy – Smith 美国发明法》	AIA
Limited Exclusion Order	有限排除令	LEO
Non – Practicing Entity	非专利实施实体	NPE
Office of the General Counsel	总法律顾问处	OGC

Office of the U. S. Trade Representative	美国贸易代表办公室	USTR
Office of Unfair Import Investigations	不公平进口调查办公室	OUII
Presidential Review Period	美国总统审查期	PRP
Recommended Determination	建议裁决	RD
Standard - Setting Organization	标准制定组织	SSO
Temporary Exclusion Order	临时排除令	TEO
U. S. Court of Appeals for the Federal Circuit	美国联邦巡回上诉法院	CAFC
U. S. Court of International Trade	美国国际贸易法院	CIT
U. S. Customs and Border Protection	美国海关	Customs
U. S. International Trade Commission	美国国际贸易委员会	ITC or Commission
U. S. Patent and Trademark Office	美国专利和商标局	PTO
Uruguay Round Agreements Act	《乌拉圭回合协议法》	URAA

目　　录

第一章

337 调查概述

对于在美国的企业，特别是拥有知识产权[1]的企业而言，一个首要考虑的问题就是如何避免遭受来自国外不公平竞争行为的侵害。《1930年关税法》第 337 节（以下简称 337 条款）就是一个致力于解决这一问题的重要工具。虽然 337 条款最通常用于打击知识产权，特别是专利权侵权行为，也可以用于解决美国进口货物过程中出现的各类不公平行为，例如盗用商业秘密。的确，市场全球化将知识产权保护和国际贸易密不可分地连结起来。实施美国专利和其他知识产权，以及某些普通法权利的实施，是保护美国国内产业不受来自美国国外不公平竞争侵害的一种方式。

美国知识产权所有人，主要是专利所有人，针对进口侵权产品已经运用了《1930 年关税法》第 337 节来保护他们的权利。虽然在颁布之初没有被广泛运用，但 337 条款在过去 45 年里已经越来越普遍地被运用，知识产权所有人已经学会了如何利用该条款提供的权利保护的种种优势。委员会是针对被控违反 337 条款行为进行调查的唯一机构。委员会成为备受欢迎的机构存在多方面的原因：它为知识产权所有人提供了有效的救济方式；具有快速审理的能力；具有广泛的管辖权；以及具备专利法方

[1] 所有缩写请参见本书开头的“缩写词表”。

面的专业知识。每年提起[2]的337调查的平均数量从1990年到2003年的每年17起增长到2004年到2017年的每年42起,其中包括2011年创纪录的69起新调查。

根据337条款,委员会有权禁止侵权产品进入美国。在针对侵犯联邦注册的知识产权权利,例如专利、联邦商标及版权的案件中,在能够证明如下事项时就能获得救济:(1)对原告的知识产权权利的侵害是由进口货物造成的;(2)存在这一知识产权权利保护的美国国内产业。对基于普通法诉求进行的调查,例如窃取商业秘密,原告还需额外证明进口货物对美国国内产业已经造成实质性损害或造成实质性损害威胁。原本,要满足"国内产业"要求需证明受保护货物的生产利用到了美国的设施、设备和劳工。然而,在意识到许多实际生产活动已经转移至海外这一事实后,1988年的法律修订放松了"国内产业"要求。按照现行法律,只要能证明以下情况,即可证明"一个美国产业"存在:(1)对厂房设施和设备的重大投资;(2)雇佣大量劳动力或投入大量资金,或根据1988年增加的内容;(3)通过在与专利、商标或版权所保护的产品进行工程、研究、开发或许可方面的费用支出,证明在开发专利、商标或版权方面有对于专利、商标或版权的重大投资。[3] 但这个(1988年法律修订后的国内产业)定义的第三点仅适用于对美国联邦注册知识产权进行的调查。国内产业要求,特别是在涉及对"研究和开发"及"授权许可"的情况时,仍是容易引起争议并且是在个案实践中发展的。[4]

1988年的修正案另外取消了对涉及专利、商标或版权提起337调查时需要证明对国内产业造成了损害的要求。美国国会认为要使337条款成为"更有效的保护美国知识产权的救济方式",在推定侵权的基础上没

---

〔2〕 提交337调查起诉书并不代表委员会正式发起337调查,而是开始一个为期30日的"调查发起前程序"。一旦委员会对"起诉书是否适当提交,是否根据此起诉书发起调查"作出了决定之后,在《美国联邦纪事》上发布官方公告,一项337调查才算正式开始。参见《美国联邦规章典集》第19章第210.8,210.9,210.10(a)-(b)节(2014)[19 C.F.R. §§ 210.8,210.9,210.10(a)-(b)(2014)]。

〔3〕 《美国法典》第19章第1337.(a)(2)-(3)节[19 U.S.C. § 1337(a)(2)-(3)]。

〔4〕 参见本书第五章"国内产业"部分对构成国内产业不同要求的讨论。

有必要再证明损害[5]。取消这一证明要求,为更多可能无法满足损害证明要求的原告开启了大门。即使原告可以证明损害,修正案也对实务产生了重要影响:在修正案之前,一个 337 案件的一大半诉讼成本要花费在证明损害的方面,使很多潜在的原告方无法运用 337 条款。没有了证明损害的负担之后,提起 337 调查的成本更低了,从而有越来越多的知识产权所有人有能力提起诉讼[6]。

一个 337 调查涉及众多的参与者:委员会本身、行政法官[7]、(在大多数案件中有的)不公平进口调查办公室的调查律师(在大多数案件中),原告、被告、(可能寻求其进行证据开示的)第三方,委员会秘书处及委员会的总法律顾问办公室[8]。尽管如此,337 调查推进的速度非常快——这对于寻求快速救济的公司来说是一个非常重要的优势。通常在 337 调查发起后 7 ~ 9 个月就进行证据性听证会(委员会版本的“庭审”),而与之相对的是,大多数联邦地区法院常需要两到三年的时间。绝大多数 337 调查案件都设定在约 16 个月内结束。

虽然委员会为原告提供了许多联邦地区法院所不具备的独特优势,它也有一些缺点。第一,潜在的原告在提交 337 调查的起诉书之前必须做大量的准备,因为委员会规则比联邦地区法院对起诉文书的要求更高。第二,委员会在颁布任何救济措施之前必须考虑公共利益因素,但对于原本占据优势的原告来说,这可能是一个罕见但有时致命的隐患。[9] 第三,也许是最重要的一点,即 337 调查的结果不包括给予原告损害补偿救济,损害赔偿救济只在联邦地区法院的案件中可得。但是,对于知识产权

---

[5] 众议院报告第 40 - 100 号,第一部分第 156 页(1987)。

[6] 参见 Andrew S. Newman:《337 条款的修改:对知识产权权利保护的加强》[*The Amendments to Section* 337: *Increased Protection for Intellectual Property Rights*,20 L. & Pol'y Int'l Bus. 571,576 (1989)]。

[7] 截至本书出版时委员会任命了 5 名行政法官。

[8] 参见本书第四章“337 调查的参与人”对这些不同角色的解释。

[9] 经总统授权的美国贸易代表几乎很少会撤销委员会的救济措施。*See*, *e. g.* , *Certain Elec. Devices*, *Including Wireless Commc'n Devices*, *Portable Music & Data Processing Devices & Tablet Computers*, Inv. No. 337 - TA - 794,美国贸易代表信函(2013 年 8 月 3 日)。

所有人来说,金钱赔偿也许不那么重要,特别是在侵权产品刚刚进入美国市场的情况下,保护市场份额对知识产权所有人来说才是最关键的。另外,这两个选择并不互相排斥,因为可以存在平行诉讼,即知识产权所有人可以在提起联邦地区法院侵权诉讼的同时提起337调查。但是,《美国法典》第28章第1659(a)节规定了联邦地区法院的被告在同时也是337调查的被告的情况下,该被告拥有要求在337调查结束之前,暂停在联邦地区法院进行的平行诉讼的权利。

在2007年到2017年,50%的337案件达成了和解,10%的案件由原告撤诉,1%的案件基于仲裁条款终止。如同其他适用正当程序原则审理的案件一样,在由委员会作出了最终裁决的案件中,认定被告违反337条款或不违反337条款的比例几乎相当,分别占所有案件的20%和19%。

本书第十一章将讨论四种主要的救济措施:临时排除令(相当于一个临时性的禁令)、普遍排除令、有限排除令和禁止令。[10] 当排除令生效后,美国联邦政府国土安全部下属的美国海关和边境保护局(以下简称美国海关)会阻止侵权产品进入美国。如果有证据表明侵权产品违反排除令、仍然进入了美国,则委员会可以采取强制执行程序。任何受到委员会337调查决定不利影响的一方都可以向美国联邦巡回上诉法院提起上诉。

一、历史背景

委员会成立于1916年,当时名为美国关税委员会,其主要职能是主管和更新美国的关税表。考虑到关税对美国政府收入的重要性,这是一项非常关键的职责。它还作为一个独立的、非党派的、准司法性质的行政机构,对海关法律所产生的经济影响进行研究。《1930年关税法》第337节颁布后,人们对这个条款还不是十分了解,同时法案本身也没有提供非常清晰的程序条款。因此,当时很少得到运用。

这种状况直到《1974年关税法》得到重大修改才发生改变。经过修订,337条款对那些寻求快速救济的诉讼当事人具有了吸引力——也就是

---

[10] 这些救济方式之间的区别可参见本书第十一章“救济措施的种类、公共利益和保证金”。

说,能够阻止侵权商品进入美国。首先,那个时候所有的 337 调查都要在 12 个月内完成,或者,如被认为“更加复杂”的情况,在 18 个月内完成。而且,337 调查受《行政程序法》[11]正当程序要求的制约,必须开庭举行听证会裁决。

虽然存在这些变化,经过修订的 337 条款并没有立即吸引到大批的诉讼当事人。1975 年只有 5 起被提起的 337 调查。在接下来的 10 年中,337 案件的数量仍然非常少。从 1975 年到 1984 年的 337 调查具有一些共同点,大多数涉案的是工具或基本消费品等低技术含量的产品。另外,个人专利权利人和小公司是利用 337 调查程序最积极的诉讼当事人。从地理分布来看,大部分的侵权产品,即 62% 的侵权产品来自世界上高度发达的国家和地区:西欧、加拿大和日本。

从 1985 年到 1994 年,两大主要发展促成了 337 诉讼的重大变化。第一个发展,并且是起到最主要推进作用的是美国国会通过了包含对 337 条款法律进行重大修改的《1988 年贸易和竞争综合法》(Omnibus Trade and Competitiveness Act of 1988)。如前所述,这些改革包括在涉及联邦承认的知识产权的侵权案件时不再要求证明损害并大幅降低了对国内产业定义的证明标准。1988 年的修正案使 337 调查对知识产权所有人比以往更具有吸引力。第二个发展是电子行业的快速兴起。1995 年时,16% 的 337 案件涉及电子产品纠纷。这个发展的必然结果就是 337 调查的地理分布发生了变化——现在大多数被告来自亚洲新兴发展中经济体,如中国台湾地区、中国香港地区、新加坡和韩国。很快在那之后,越来越多的中国公司又成为 337 调查的被告。从 1995 年到 2011 年,前 10 年的发展趋势在持续。到 2004 年,所有委员会案件的 46% 涉及高科技产品,其中大部分是在亚洲生产,比 10 年前增加了 30%。如今,来自亚洲的产品在被指控侵权产品中继续占到重要的比例,其中中国大陆和中国台湾地区是主要来源。

近年来,越来越多拥有美国知识产权的外国原告也迅速学会了利用 337 法律来保护他们在美国市场的地位不会受到“外国”侵权者的损害,

---

〔11〕《行政程序法》对联邦行政机构为实施国会立法而订立和执行行政规章的方式作出了规定。参见《美国法典》第 5 章第 551-559 节(5 U.S.C. §§ 551-559)。337 条款的独特之处在于它是唯一一个受《行政程序法》规制的贸易救济法律。

337条款的适用普及性也由此得到了提升。

二、337条款的未来

虽然未来难以预测,但我们还是可以从一些蛛丝马迹中看出委员会未来会对“国内产业”和“公共利益”问题给予更多的关注。很多文章以及立法提案都试图对什么是“授权许可”作出一个更清晰的定义。“授权许可”成为满足“国内产业”的要求是1988年对337条款法律做出修正时增加的。同时,委员会作为专业性的行政机构,结合具体案件对该术语进行解释。根据美国联邦巡回上诉法院和委员会的先例,原告需要在通过对知识产权进行研究与开发、工程或授权许可等方面有实质性投资,来证明产品确实被案件涉及的知识产权所保护。[12]

与此类似,法律要求委员会在决定实施救济之前必须要对“公共利益”做出分析,而如今这个方面也有一个如何权衡保护知识产权利益与排除某种产品进口对公共利益造成影响的问题。与此同时,美国联邦巡回上诉法院认为,传统的联邦地区法院发布禁令救济之前需要进行四要素分析的要求不适用于委员会,因为委员会和联邦地区法院提供救济的方式不同。[13] 因此,337调查中对公共利益的考虑并不一定和联邦地区法院审理案件时适用的衡平法原则有必然联系。本书第五章(337调查的要素)和第十二章(针对行政法官裁决进行的委员会审查以及总统对委员会救济令的审查)将会对此进行详细的讨论。

最后,虽然专利侵权仍然是337调查涉及的不公平行为的最主要类型,但其他不公平行为和不公平竞争方式也开始凸显。例如,对窃取商业秘密、商标和商业外观的侵权,以及反垄断违法行为的指控也在近年的调查中呈现增长。这些类型的调查,包括潜在的新型不公平行为和不公平竞争方式将在第三章(337调查的类型)和第十六章(337调查前沿问题)中详细论述。

---

〔12〕 参见 *Certain Computers & Computer Peripheral Devices & Components Thereof & Prods. Containing Same*, Inv. No. 337 – TA – 841,委员会意见(2014年1月9日)。

〔13〕 Spansion, Inc. v. U. S. Int'l Trade Comm'n, 629 F. 3d 1331 (Fed. Cir. 2010).

第二章

委员会 337 调查程序的独特性

美国 337 条款在过去曾经是一个人们相对陌生且较少利用的法律，现已成为企业可用来保护其美国知识产权、反击进口侵权产品，或处理例如侵占商业秘密等其他不公平行为的最重要的武器之一。许多希望保护自己知识产权的企业正在转向委员会及其依据 337 条款获得的权利寻求救济。当企业在决定是申请发起 337 调查，还是在美国联邦地区法院起诉，抑或二者兼行时，应考虑下列几个方面的因素。

相较在联邦地区法院提起知识产权诉讼、发起 337 调查具有若干独特的优势，包括：宽泛的管辖权、宽容的共同诉讼规则、快速的庭审程序、专业的法官及有效的救济措施。这些优势使 337 调查在当今经济形势下成为一项重要的执法机制。委员会是一个准司法的行政机构，然而，它缺乏美国联邦地区法院的某些权能，例如裁决给予金钱损害赔偿的权力。此外，委员会关于专利侵权和专利有效性的裁决不具有排除效力。由于具备上述优缺点，知识产权所有权人在委员会和联邦地区法院同时起诉的情况相当常见。在任何情况下，337 调查都值得被企业列入一个全面的知识产权实施和维权计划之中。

一、法定要素

在考虑是否发起 337 调查时，需要解决的第一个问题是法定的要素是否能够得到满足。根据有关法律,委员会展开当事人双方对抗式的调查,以应对进口商品、销售进口商品和进口销售商品的过程中的不公平行为以及不公平的竞争方法,包括侵犯知识产权的行为。证明某一行为违反了337条款所需要满足的法定要素,取决于该不公平行为的性质——所侵犯的一项知识产权是否已经在美国政府注册。如果原告指控被告的不公平行为侵犯了337条款列明的某一种类知识产权——如一项美国专利或在联邦注册的版权、商标权、半导体芯片集成电路布图设计或船体设计,则原告只需要证明存在进口、构成侵权,以及存在美国国内产业。如果所指控的不公平行为并未被列明在相关制定法中——如普通法上的商标侵权、仿冒商标、窃取商业秘密、虚假原产地标识等,则原告除了必须证明前述所有要素外,还应证明不公平贸易行为对国内产业造成了实质性损害或实质性损害威胁,阻碍了美国国内产业的建立,或限制、垄断美国国内的商业和贸易。

虽然337条款关于"构成侵权"这一法律要件的要求与相对的美国联邦地区法院知识产权诉讼相同,337条款要求的"存在进口"和"国内产业"要件则反映了其本质仍是一项贸易法规。但委员会对"存在进口"这一要素的解释非常宽松,认为进口一件样品,[1]或一份远期的美国进口销售合同,[2]就足以满足"存在进口"这一要件。

为了满足"存在国内产业"的要求,原告必须证明存在与争议的知识产权相关的美国国内产业或该产业正在建立形成中。该证明要素又包括经济指标和技术指标。为了满足经济指标的要求,原告必须证明,对于争议的知识产权,原告已经在厂房和设备上进行了重大投资、在劳动力或资本上作出了重大投资或在知识产权利用上进行了实质投资。上述知识产权利用包括在美国境内进行知识产权的设计、研发、许可(当争议的知识产权在联邦注册时)等。为满足技术指标的要求,原告必须证明其行使或

〔1〕 *Certain Trolley Wheel Assemblies*, Inv. No. 337 – TA – 161, USITC Pub. 1605,委员会意见公开版(Views of the Comm'n)第7页(1984年11月)。

〔2〕 *Certain Variable Speed Wind Turbines & Components Thereof*, Inv. No. 337 – TA – 376,初步裁决,第17 – 19页(1996年6月20日),维持原裁决,案名有变更。Enercon GmbH v. U. S. Int'l Trade Comm'n, 151 F. 3d 1376, 1381 (Fed. Cir. 1998).

利用了争议的知识产权。虽然337条款最初的立法目的是保护美国产业免受进口产品的侵害，但现在即使是一家总部在外国的企业，只要其在美国从事与其寻求维权的知识产权有关的活动并达到前述量化的标准，也能够满足“美国国内产业”的证明标准。

337调查的另一独特方面在于法律要求委员会的裁决必须考虑“公共利益”，这也反映出337条款起源自一项贸易领域立法的特点。如果委员会认定一项行为违反了337条款，在其发布关于救济措施的裁决命令之前，必须考虑相关救济措施对于公共利益的影响。根据相关法条的定义，前述公共利益包括：(1)公共健康和福利；(2)美国国内的竞争状况；(3)美国国内竞争产品的生产；(4)美国消费者。[3] 从历史上看，这些公共利益因素还未在委员会裁决中发挥突出作用。的确，在1100多起337调查中，只有3起因委员会认为颁布救济措施会对公共利益产生负面影响，而拒绝给予原告救济的案例。[4]

然而，大家近年来对于公共利益因素的兴趣增强了，部分原因是委员会在基带处理器芯片(Baseband Processor Chips)案[5]的裁决中详细分析了这些公共利益因素。2010年，委员会提议修订其《运作和程序规则》(Rules of Practice and Procedure)，使其能够“搜集更多由起诉引发的公共利益问题的信息”“帮助美国国际贸易委员会在卷宗记录中发现那些需要进一步拓展研究公共利益问题的337调查案件，并在337调查的每一个

---

〔3〕《美国法典》第19章第1337(d)节[19 U.S.C. § 1337(d)]。

〔4〕参见 *Certain Fluidized Supporting Apparatus & Components Thereof*, Inv. Nos 337 – TA – 182/188, USITC Pub. 1667，委员会裁决意见备忘，第2、24页(1984年10月)；*Certain Inclined – Field Acceleration Tubes & Components Thereof*, Inv. No. 337 – TA – 67, USITC Pub. 1119，委员会裁决意见，第29 – 31页(1980年12月)；*Certain Automatic Crankpin Grinders*, Inv. No. 337 – TA – 60, USITC Pub. 1022，委员会裁决及命令，第17 – 21页(1979年12月)。

〔5〕*Certain Baseband Processor Chips & Chipsets, Transmitter & Receiver (Radio) Chips, Power Control Chips & Prods. Containing Same, Including Cellular Tel. Handsets (Broadband Processor Chips)*, Inv. No. 337 – TA – 543，委员会意见，第136 – 154页(2007年6月19日)。

阶段发现和更新关于公共利益的相关信息”。[6] 该项修订案于2011年10月9日生效,要求原告提交一份关于其所请求的救济措施会如何影响公共利益的声明,并且要求公众和列为被告者也提交相关公共利益声明。[7] 委员会通过阅读这些提交的公共利益声明,决定是否指示行政法官“搜集证据并发布一份有关公共利益的建议裁决”。[8] 然而,应当指出的是,如果委员会指示行政法官就公共利益问题搜集证据,行政法官必须“适当地限制有关公共利益问题的调查取证程序(译者注:Discovery程序,又译为发现程序或证据开示程序),特别是要考虑对第三人的影响,并确保该调查程序不会拖延整个337调查,也不会被滥用”。[9] 此外,该修订案对委员会是否根据适当提出的起诉而发起337调查并无影响。自实施这些规则起,委员会还没有在任何调查中基于公共利益的理由否决救济措施,包括指示行政法官进行公共利益调查的案件。

如果委员会认为一项救济措施是适当的,委员会将关于被告违法和救济措施的裁决以及裁决所依据的案件卷宗记录报送给美国总统。总统(授权给美国贸易代表)[10]有60日的时间来考虑是否“基于政策原因”[11]否决委员会的命令,但不得改变命令的内容。如果总统否决了委员会的命令,则委员会的裁决将无任何效力或效果。就像委员会基于公共利益原因作出不发布救济令的决定一样,总统否决委员会命令的先例

---

〔6〕《美国联邦纪事》第75卷第60671页(2010年10月1日)[75 Fed. Reg. 60,671 (Oct. 1, 2010)]。

〔7〕《美国联邦规章典集》第19章第210.8(b)-(c)节(2014年)[19 C. F. R. § 210.8(b)-(c)(2014)]。

〔8〕同上书,第210.10(b)节[§ 210.10(b)]。

〔9〕同上。

〔10〕《美国联邦纪事》第70卷第43251页(2005年7月26日)[70 Fed. Reg. 43,251 (July 26,2005)]。

〔11〕《美国法典》第19章第1337(j)(2)节[19 U. S. C. § 1337(j)(2)]。

也极为罕见，至2013年仅发生过5次，而1987年以来就没有发生了。[12]在这5件案例中，有3件导致委员会发布了修改过后的救济措施并陈述了修改理由是源自总统否决。[13] 2013年，沉寂了多年的总统审议程序再次出现，在三星诉苹果必要专利许可承诺案中，美国贸易代表基于公平合理和非歧视条款[14]否决了委员会的救济措施决定。

如果总统批准了委员会的命令或者不采取任何行动，则委员会的命令就成为最终裁决。如果不服委员会的命令，受到裁决不利影响的一方必须在裁决颁布60日内向美国联邦巡回上诉法院上诉。而在委员会裁决中胜出的一方可以诉讼第三人的身份介入并参与上诉程序。

二、337条款的优点

如果各法定要件均得到满足，337调查程序的多个鲜明特征能够为寻求进行知识产权维权以免受进口侵权商品侵害的所有权人带来多项独特的优势。337调查程序的特点之一在于，委员会对被控产品，不仅仅是对各当事方行使管辖权。换句话说，在337调查程序中，委员会既行使对人

---

〔12〕 *Certain Dynamic Random Access Memories*, *Components Thereof & Prods.* (*DRAMs*), Inv. No. 337 – TA – 242, USITC Pub. 2034 (1987年11月); *Certain Alkaline Batteries*, Inv. No. 337 – TA – 165, USITC Pub. 1616 (1984年11月); *Certain Molded – In Sandwich Panel Inserts & Methods for Their Installation* (*Sandwich Panel Inserts*), Inv. No. 337 – TA – 99, USITC Pub. 1297 (1982年10月); *Certain Headboxes & Papermaking Mach. Forming Sections for the Continuous Prod. of Paper & Components Thereof* (*Headboxes*), Inv. No. 337 – TA – 82, USITC Pub. 1138 (1981年4月); *Certain Welded Stainless Steel Pipe & Tube*, Inv. No. 337 – TA – 29, USITC Pub. 863 (1978年2月)。另参见 Donald Knox Duvall et al.，著：《不公平竞争与美国国际贸易委员会》(Unfair Competition and the ITC)第365 – 373页 (2008年)。

〔13〕 救济措施经过委员会修改的案件包括：*DRAMs*, Inv. No. 337 – TA – 242，委员会行动及命令；*Sandwich Panel Inserts*, Inv. No. 337 – TA – 99，委员会行动及命令；*Headboxes*, Inv. No. 337 – TA – 82，委员会行动及命令。

〔14〕 *Certain Elec. Devices*, *Including Wireless Commc'n Devices*, *Portable Music & Data Processing Devices & Tablet Computers*, Inv. No. 337 – TA – 794，美国贸易代表信函(2013年8月3日)。

管辖权,也行使对物管辖权。[15] 一旦被告的产品正在进入美国或向美国境内运输,委员会可针对这些产品采取救济。这项宽泛的管辖权对于寻求在同一诉讼程序中加入数个侵权人的知识产权所有人而言极具优势,特别是在某些或全部侵权人系国外实体且与美国的联系颇为有限的情况下。

相比之下,若某一实体希望在美国联邦地区法院进行知识产权维权,为了满足对数个侵权人的管辖权和审判地点的民事诉讼法上的要求,所有权人必须在多个不同地点的联邦地区法院发起多个相互独立的诉讼。尽管一家外国公司可以在任何联邦地区法院提起专利侵权诉讼,[16] 但随着美国最高法院对TC Heartland诉卡夫食品集团案[17]作出裁决,针对国内公司提起的专利侵权案件的诉讼地点的选择受到严格限制。现在,一家国内公司只能在其成立所在州或该公司已实施侵权行为且具有固定营业场所的单一地区[18]提起诉讼。[19]《Leahy - Smith美国发明法》进一步增加了诉讼地点选择的难度,该法限制了即使是法律责任源于相同的

---

[15] 委员会管辖权的对物性质是337调查案件的名称有时候相当冗长的原因。337调查案件的名称其实很简单,即为委员会行使对无管辖权对象的产品的描述。(例如*Baseband Processor Chips*, Inv. No. 337 - TA - 543,而不是Broadcom公司诉Qualcomm公司, 2005 WL 5925584 (C. D. Cal. 2005)。参见William P. Atkins,《理解美国国际贸易委员会的337诉讼:知识产权问题和程序入门》(*Appreciating 337 Actions at the ITC: A Primer on Intellectual Property Issues and Procedures at the U. S. International Trade Commission*) 5 U. Balt. Intell. Prop. L. J. 103,113 (1997)。

[16] 参见*In re* HTC Corp. ,889 F. 3d 1349,1356 (Fed. Cir. 2018)。

[17] 参见TC Heartland L. L. C. v. Kraft Foods Group Brands LLC, 137 S. Ct. 1514 (2017)。

[18] 参见*In re* BigCommerce, Inc. ,890 F. 3d 978,980 (Fed. Cir. 2018)(将一个国内公司的"住所"限定在一个"主要经营活动场所所在州或办公地点注册所在州内的单一司法管辖区")。

[19] 参见28 U. S. C. § 1400(b)(2012); *TC Heartland*,137 S. Ct. at 1521。另参见*In re* Cray, Inc. ,871 F. 3d 1355,1360 (Fed. Cir. 2017)(规定了认定经常和建立商业场所的三项基本要求)。

被控产品,或具有相同的案件事实,将数个侵权人作为被告合并审理的情况。[20]

委员会管辖权宽泛的优势还体现在其调查取证程序中。通常情况下,原告举证其主张所需要的大量信息位于美国以外的其他国家。这些信息可能难以取得,既是因为所需的材料数量大、地理距离远,也因为外国政府可能在调查取证的过程中对原告设限施加麻烦。由于委员会具有对物管辖权,以及根据《关于向国外送达民事或商事司法文书和司法外文书的海牙公约》(Hague Convention on the Service Abroad of Judicial and Extra – Judicial Documents in Civil or Commercial Matters),原告并不需要像在美国联邦地区法院诉讼那样,需要等待对外国当事人的送达程序完成。[21] 相反,一旦关于启动 337 调查的公告在《美国联邦纪事》上发布,调查取证程序即可开始。委员会有权对拒绝满足 337 调查程序中调查取证的当事人采取类似于《联邦民事诉讼程序规则》(Federal Rules of Civil Procedure)第 37 节规定的制裁措施。这些制裁可能包括,根据被告拒绝提交信息而得出该信息对被告的主张不利的推论,从而作出不利于被告的裁决,或在极端情况下作出对原告有利的最终裁决。因此,外国被告有动力主动参与 337 调查及其调查取证程序。[22]

如果第三方掌握了重要信息,委员会具有在美国全国范围内发出传

---

〔20〕 参见《美国法典》第 35 章第 299 条[2013 年(35 U. S. C. § 299 (2013))]。该条可能导致更多涉及进口商品的 337 调查申请。参见本书第十六章第五部分关于《Leahy – Smith 美国发明法》对专利制度进行改革及其对委员会诉讼潜在影响的讨论。

〔21〕 《关于向国外送达民事或商事司法文书和司法外文书的海牙公约》,1965 年 11 月 15 日,20 U. S. T. 361; 658 U. N. T. S. 163;《联邦民事诉讼程序规则》第 4 页,附件 C4 – 6 (Appendix C4 – 6 following Fed. R. Civ. P. 4.)。

〔22〕 同样也可对在调查取证程序中不予配合的原告实施制裁。

票的权力。第三方传票通过向行政法官提交申请获得。如果第三方拒绝满足传票的要求,委员会可以通过美国联邦地区法院强制执行该传票。[23]

337调查的各当事方也享有在对知识产权诉讼方面具有特别专长的行政法官前进行诉讼的优势。与美国联邦地区法院法官处理花样繁多的诉讼案由和案件内容形成鲜明对比的是,委员会的行政法官主要处理知识产权问题。因此,除了个案不同的争议技术问题外,诉讼当事人无须花费时间对行政法官进行辅导。行政法官的专业知识体现在其作出的大量裁决都得到了委员会层面及美国联邦上诉巡回法院的维持及肯定。例如,一项关于对行政法官裁决审查率的详细的研究发现,在两年的时间范围内,根据争议问题数量统计,"委员会仅决定审查大概1/3(37%)的上诉争议问题,并且经审查,委员会对行政法官裁决的维持率(既包括直接维持,也包括通过补充澄清或加以解释维持裁决)达到66%"。[24] 同样在该两年的时间范围内,在对委员会的最终裁决进行上诉时,"联邦巡回上诉法院仅在平均27%的争议问题上推翻了委员会的裁决"。[25] 相比较而言,研究显示,在至少一个争议问题上,联邦巡回上诉法院对联

〔23〕 委员会发布传票权的唯一缺点在于,如有不配合的情况,强制执行传票的机制可能会烦琐和耗时。如果委员会需要在美国联邦地区法院强制执行其传票,可能会在337调查完成之后才达到目的。例如,执行传票会导致337调查结束的目标日期一再推迟,在此期间,委员会并不关闭案件档案记录以等待传票所命令搜证的证据能够提交并被委员会所考虑。参见 *Certain Encapsulated Integrated Circuit Devices & Prods. Containing Same*, Inv. No. 337 – TA – 501,委员会命令(2009年7月1日)。

〔24〕 Michael Diehl:《美国国际贸易委员会对行政法官裁决的复审能够为337调查带来价值吗?》(*Does ITC Review of Administrative Law Judge Determinations Add Value in Section 337 Investigations?*),21 Fed. Cir. B. J. 119,138 (2011)。

〔25〕 同上书,第148页。

邦地区法院的判决或美国专利和商标局的裁决的推翻率更高。[26]

寻求发起337调查的另一项优势在于委员会解决争议的速度。尽管目前法律不再强制规定具体的诉讼时限,[27]法律还是要求每个337调查案件在"切实可行的最早时间内"结案。[28] 委员会严格遵守这一要求。一项典型的委员会337调查在14个月至16个月的时间内完成,而一项类似的美国联邦地区法院民事诉讼通常至少需要两年至三年时间。[29] 委员会337调查在一年半内完成的这种可预期性使原告能更好地预测其需要的资本支出和所涉商业风险。337调查的快速审理对生命周期较短的高科技产品而言尤为重要。

更重要的是,与联邦地区法院相比,委员会认为在下列情况下不适合中止337调查程序:主张的专利同时在美国专利和商标局进行专利授权后的专利要件审查程序,包括多方复审程序(Inter Partes Review,IPR)并授予专利后的程序。鉴于美国国会授权委员会"在切实可行的最早时间内结束调查",[30]只有在极端情况下委员会才会允许中止调查:在337调

---

〔26〕 同本章注〔24〕,第145页及脚注101,第149页脚注117[引用一项2001年Kimberly A. Moore(现为美国联邦巡回上诉法院法官)的研究,该研究结论是联邦巡回上诉法院"在28%的争议问题上及33%的案件中推翻了下级法院对权利要求解释的判定";另一项2001年Christian A. Chu的研究"发现联邦巡回上诉法院在审查了所有争议问题的情况下在47.3%的案件中就至少一个问题推翻了下级法院的判决,而在仅审查了权利要求解释的情况下推翻了下级法院44%的判决"]。另参见David L. Schwartz:《法院专业化:对联邦地区法院专利诉讼和美国国际贸易委员会中权利要求进行比较的实证研究》(*Courting Specialization: An Empirical Study of Claim Construction Comparing Patent Litigation before Federal District Courts and the International Trade Commission*), 50 Wm. & Mary L. Rev. 1699 (2009)(认为委员会对权利要求推翻的概率与接受专利申请最频繁的联邦地区法院相当)。

〔27〕 《乌拉圭回合协议法》,Pub. L. No. 103-465, § 321,108 Stat. 4809,4943 (1994)。

〔28〕 《美国法典》第19章第1337(b)(2)节[19 U.S.C. § 1337(b)(1)]。

〔29〕 参见V. James Adduci Ⅱ & William C. Sjoberg:《人人都来国际贸易委员会起诉》,载《法律时报》2005年7月11日(*Everybody Comes to the ITC*, Legal Times, July 11, 2005),网络链接:https://www.adduci.com/news-insights/everybody-comes-to-the-itc。

〔30〕 参见S. Rep. 103-412,103d Cong.,2d Sess. 118-119 (1994)。

查起诉书提交之前,非调查当事方提交了一份再审申请并经美国专利和商标局批注,以及专利局审查通知书拒绝了所有主张。[31]

委员会在考虑中止调查时需要对以下因素进行评估:(1)调查取证的进展及庭审日期;(2)中止调查是否能简化案件审理及庭审;(3)对任何一方的不当偏见或明显的战术不利;(4)美国专利和商标局的程序阶段;(5)对委员会资源的有效利用;(6)在美国联邦地区法院补救措施的可行性。[32] 行政法官一直以来都认为,如果主张的专利处于美国专利和商标局的跨部门审查程序中时,上述原因不能够中止委员会的调查。[33]

假设原告进行相应的筹划,则337调查推进速度快的特点可以使其占据极为有利的战术先机。因为由原告选择决定何时发起起诉,其有机会在紧张的调查日程启动之前针对调查取证进行充分的准备。在此情况下,被告获知程序开始时必然为时已晚,被打个措手不及。被告必须立刻设法完成大量的任务,包括在20日[34]内针对起诉书进行答辩,并且若原告加班加点,在《美国联邦纪事》公布启动337调查的公告后立即送达调查取证请求,被告必须在公告的10日内回应原告调查取证的要求。被告若要在战略上获取与原告同等的地位、把握先机,关键是要尽可能早的、

[31] 参见 *Certain Personal Computer/Consumer Elec. Convergent Devices, Components Thereof & Prods. Containing Same*, Inv. No. 337 - TA - 558,第6号命令(初步裁决)(2006年2月7日)(行政法官鉴于非当事方向美国专利和商标局提交的单方面再审请求得到批准,颁布了临时中止的命令,主张的专利最早发布时审查员没做修改,只引用了三项专利先有技术检索而直接授权,所有的专利主张在原告向委员会提交申请前已被专利局审查决定书否定)。

[32] 参见 *Certain Semiconductor Chips with Minimized Package Size & Prods. Containing Same*, Inv. No. 337 - TA - 605,委员会意见,第3-4页(2008年5月27日)。

[33] 参见 *Certain Laser - Driven Light Sources*, Inv. No. 337 - TA - 983,第8号命令(2016年3月3日);*Certain Microelectromechanical Sys. ("MEMS Devices") & Prods. Containing Same*, Inv. No. 337 - TA - 876,第6号命令(2013年5月21日);*see also Certain Semiconductor Chips with Minimized Package Size & Prods. Containing Same*, Inv. No. 337 - TA - 605,委员会决定复审及撤销行政法官第52号命令的通知(2008年5月27日)(撤销了批准被告关于中止在审查动议的初步裁决)。

[34] 如果被告位于外国,考虑到送达可能会延迟,将给予更长的时间。《美国联邦规章典集》第19章第201.16(*d*)节[19 C.F.R. § 201.16(d)]。

最好是在启动调查前就聘请精通337调查的律师。

在这个快速推进的过程中，原告可以"临时排除令"的方式获得快捷的救济。如果原告面临来自侵权进口产品的实质性的、立即的和不可弥补的损害，其可请求委员会在调查的初步阶段就禁止被指控侵权产品的进口。获得（委员会颁布的）临时排除令的标准和在联邦法院获得临时禁制令的标准相同，并因此难以达到。这种请求自然不太常见。根据法律规定，颁布临时禁止令的决定必须在启动调查后的90天内作出。委员会可以在情况复杂的案件中批准60天的延期，但必须在《美国联邦纪事》上公布延期的理由。

可以说，337调查最宝贵的优势在于为知识产权所有权人提供的救济方式极为有效。337条款最常见的救济措施是排除令。排除令有两种形式：一种有限排除令是指海关禁止某一特定来源的侵权货物进口，通常该特定来源是被告自己；另一种威力更大的救济措施是普遍排除令，它适用于所有进口的侵权产品，包括来自非本案当事人的进口货物。因此，普遍排除令可在命令颁布时及将来保护原告的市场免受所有已知和未知侵权者的侵害。美国联邦地区法院没有对应的救济措施，因为法院无权将禁制令的实施对象扩展到非当事人。由于普遍排除令有普遍适用的效果，委员会提出了很高的证明标准，原告必须证明采取此种救济措施"对于防止规避针对来自特定人货物发布的排除令是必要的"，或者"（侵权人）存在违反法规（337条款）的行为模式，并且很难查明侵权产品的来源"。[35]两种排除令都由海关执行。

如果一个实体试图违反排除令进口侵权产品，海关将阻止商品入关；如果试图进一步进口，相关商品将可能遭到扣押或没收。如果在海关尽力执法的情况下，排除令所涵盖的商品仍然进入了美国，原告也可以请求委员会启动执行程序。另外，如果进口商认为其没有违反排除令，可以请求委员会发布咨询意见（advisory opinion）或修改排除令对特定商品豁

〔35〕该项测试来源于委员会1981年在 *Certain Airless Paint Spray Pumps & Components Thereof*, Inv. No. 337 – TA – 90, USITC Pub. 1199，委员会意见，第18页（1981年11月）一案中的裁决，并根据上述脚注〔27〕《乌拉圭回合协议法》第321（a）节得以编纂立法作为《美国法典》第19章第1337（d）（2）节。

免。进口商也可以从海关寻求没有侵权行为的裁定。显而易见的是委员会对侵权进口的裁定更有效力,因为海关意见对委员会没有约束力。[36]因此,一份对进口商有利的海关意见并不能妨碍原告请求委员会采取执行救济令的行动,而这一行动对进口商也将产生制裁效果。

还可以从委员会获得的另一种救济措施是"禁止令"(Cease and Desist Order,CDO),它可以替代排除令或与排除令同时颁布。尽管禁止令能够禁止各种活动,包括在美国境内对侵权产品进行进口、销售、市场开拓、分销、推广等活动,禁止令最通常的作用是阻止被告销售(在委员会命令发布之前)已经被进口到美国境内的、"具有商业重要性"的侵权产品库存以试图削弱337条款的作用。为执行这些命令,委员会有权提起民事诉讼,要求课以罚金。罚金的最高限额以下列两种计算方式数额较高者为准:违法行为或违法进口持续期间100,000美元/日,或进口商品在美国国内价值的双倍。

最后,委员会还有权发布"同意令"(Consent Order)。同意令适用的情形是,当被告在不承认自身法律责任的前提下撤出调查。同意令的实质是被告和委员会之间达成的一项协议,在该协议中,被告承认支持委员会对该案具有管辖权的事实并同意不再进口涉及被控侵权行为的产品。委员会保留执行该协议的权力,并可以与执行禁止令的相同方式执行该协议。

正如上文所说,同样需要重点指出的是,337调查和美国联邦地区法院的民事诉讼可以同时进行。企业及律师若具备利用并发挥好委员会和联邦法院两个程序各自最大优势的能力,可以使当事人获得救济的机会最大化,并且向当事人提供战略优势。例如,原告可能会希望在337调查进行时在美国联邦地区法院同步提起诉讼,以请求金钱损害赔偿,因为委员会不能提供金钱损害赔偿的救济;同时也可以向委员会要求颁布普遍排除令。原告也可以选择先发制人在美国联邦地区法院同步发起诉讼,以防止被控侵权人在某一对原告不利的司法管辖区发起"不侵权确认之诉"。

---

〔36〕参见 *Certain Lens - Fitted Film Packages*, Inv. No. 337 - TA - 406(合并执行和咨询意见程序),委员会意见,第19-20页,(2003年6月24日)。

对于在委员会和联邦地区法院的平行诉讼，被告可运用一项战术工具——中止(stay，或译为暂停)在联邦地区法院的民事诉讼。只要满足下列条件，联邦地区法院必须准许及时提出的中止民事诉讼的请求：(1)在联邦地区法院的诉求与委员会 337 调查涉及相同的诉讼争议问题；(2)提出中止动议的一方当事人同时也是委员会 337 调查的被告。[37] 一方面，在委员会 337 调查的最终裁决具有终局效力、对其进行上诉审查的期限已届满之前，不得解除对该民事诉讼程序的中止。[38] 另一方面，如果原告在先期进行的联邦地区法院民事诉讼(例如关于一项商标权争议的案件)中收获不太理想，或诉讼进展被拖延，其可能会希望发起 337 调查，以期待能够在委员会获得更快的结果，甚至取得既判力的效果。尽管在一项专利争议中可以同时进行 337 调查，委员会涉及专利的裁决对联邦地区法院仍无既判力。[39] 然而，如果美国联邦地区法院判定中止民事诉讼程序，委员会的案件记录可以用于接下来的联邦地区法院程序中。[40] 美国联邦地区法院的法官们向来对委员会在专利领域的 337 调查裁决予以尊重。

美国联邦最高法院在 eBay 诉 MercExchange 案[41](eBay v. MercExchange，以下简称 eBay 案)中的裁决为 337 调查提供另一项优势。在 eBay 案中，最高法院认为，对于侵权行为的永久禁制令并非一项普遍规则，即在联邦地区法院的案件中法院认定侵权后，并不必然自动导致颁布永久禁制令。相反，原告要求法院颁布永久禁制令时，必须满足下列标准的四要素测试的证明要求：(1)原告已经遭受不可挽回的损害；(2)法律上的救济方式无法适当地补偿此损害；(3)在考虑原被告双方的利弊得失

---

〔37〕《美国联邦法典》第 28 章第 1659 节(2007)[28 U. S. C. § 1659 (2007)]。

〔38〕参见 *In re* Princo Corp., 478 F. 3d 1345, 1355 (Fed. Cir. 2007)。

〔39〕存在该区别对待的原理在于国会立法给予联邦地区法院对专利争议案件的初审管辖权。参见《美国法典》第 28 章第 1338 节(28 U. S. C. § 1338)；参见 EyeTicket Corp. v. Unisys Corp., 155 F. Supp. 2d 527, 534 (E. D. Va. 2001)[引用《美国法典》第 28 章第 1338(a)节："案件包含有关专利侵权的诉讼请求的，本法院对案件具有初审管辖权"]。

〔40〕《美国联邦法典》第 28 章第 1659(b)节[28 U. S. C. § 1659(b)]。

〔41〕参见 eBay Inc. v. MercExchange, L. L. C., 547 U. S. 388 (2006)。

比较下,此项依衡平法的救济方式是有正当理由的;(4)公共利益不会因禁制令的发布而遭到损害。[42] 由于eBay案确立的法律规则使原告更加难以在联邦地区获得针对侵权人的永久禁制令,许多评论家认为这会引发更多的专利所有权人,特别是所谓的非专利实施实体(non - practicing entities)寻求获得与美国联邦地区法院禁制令有相同效果的委员会的排除令。[43]

337调查可以作为高度有效保护本土知识产权免受进口侵权产品侵害的全球战略的一部分。美国法律的337条款提供了美国联邦地区法院民事诉讼所不可比拟的显著优势,如更宽泛的管辖权、更迅捷的争议解决程序、具备知识产权专业知识和专长的法官,以及威力强劲的有效救济措施。虽然337调查程序的这些特点特别适合于在高度全球化背景下的美国市场打击知识产权侵权行为,但一项成果的维权行动可能还依赖于同时运用委员会和美国联邦地区法院的双重机制,以获得法律提供的最大限度的保护。

---

〔42〕 同本章注〔41〕,第391页。

〔43〕 在*Baseband Processor Chip*, Inv. No. 337 - TA - 543,委员会意见,第62页脚注230(2007年6月19日)一案中,委员会拒绝了其必须遵循eBay案所确立的有关给予禁制令之救济的四要素测试标准的观点。联邦上诉巡回法院同意委员会的意见,并认为委员会的排除令与联邦地区法院能够给予的救济方式具有"不同的法源基础和立法背景",故不受四要素测试的约束。参见Spansion, Inc. v. U. S. Int'l Trade Comm'n, 629 F. 3d 1331, 1359 (Fed. Cir. 2010)。

第三章

337调查的类型

委员会进行的337调查通常涉及知识产权，包括原告声称进口产品侵犯了其专利权、商标权和版权的情况。发明专利、设计专利、方法专利、注册商标和普通法上的商标，原告都可以主张作为337调查的依据。其他种类的涉及进口产品的不公平竞争行为还包括比如盗用商业秘密、商业外观侵权、仿冒行为以及虚假广告。

1988年，美国《贸易和竞争综合法》实质性地修改了原来的337条款。这些修改去除了要求所有的337调查案件都要有在美国有效且经济地运转的国内产业的要求，而且对涉及制定法规定的知识产权类型，例如，专利、版权和注册商标的调查案件，同时还去除了证明侵权产品的进口对美国国内产业造成损害这个要求。[1] 同时，修正案也扩展了原告就制定法规定的知识产权类型可以用来证明存在国内产业的方式，增加规定，对制定法认可的知识产权的使用所进行的投资，即包括在工程、研究、开发或者授权许可等方面的投资也可以作为证明存在国内产业的基础。[2] 337条款给予专利、版权以及注册商标的这种特殊地位也适用于半导体芯片集成电路布图设计（掩膜作品）和船体设计。但是，因为涉及

〔1〕 参见《美国法典》第19章第1337(a)(1)节(2006)[19 U. S. C. § 1337(a)(1)(2006)]。

〔2〕 同上书，第1337(a)(3)(c)节[§ 1337(a)(3)(C)]。

半导体芯片集成电路布图设计(掩膜作品)和船体设计的337调查的案件数量有限,我们在此不作过多讨论。[3]

一、专利侵权

虽然337条款一直以来是用来阻止不公平竞争方法和不公平行为的,但它的影响主要还是集中在阻止侵犯美国专利的商品的进口上。[4]委员会曾经认为"337条款禁止的是不公平竞争方法和不公平行为,而不只是专利侵权"[5]。美国联邦巡回上诉法院也指出,在1988年对337法律进行修改之前,"337条款不仅仅是专利法律下专利权利的国际性延伸"[6]。虽然在1988年修正案之前法条里没有明确提到专利侵权,但专利侵权是委员会处理的"不公平竞争方法和不公平行为"中的一种,并被法律宣布为"违法"[7]。1988年修改了该法律之后,法律条文里直接提

[3] 委员会只发起过一起针对掩膜作品的调查(Certain Monolithic Microwave Integrated Circuit Down Converters, Inv. No. 337 – TA – 384),这个案件很快就通过和解解决了,没有针对船体设计的案件。

[4] 例如,从2018年1月1日至2018年12月31日,委员会发起的50起案件中有48起涉及专利侵权,载http://pubapps2.usitc.gov/337external/,最后访问日期:2021年8月12日。

[5] *Certain Apparatus for the Continuous Prod. of Copper Rod*, Inv. No. 337 – TA – 89, USITC Pub. 1132,委员会意见第6页(1981年4月);另见*Certain Cold Cathode Fluorescent Lamp (CCFL) Inverter Circuits & Prods. Containing the Same*, Inv. No. 337 – TA – 666,第31号命令(初步裁决)第5页(2009年10月21日)(未复审)。

[6] Corning Glass Works v. U. S. Int'l Trade Comm'n, 799 F. 2d 1559, 1567 (Fed. Cir. 1986);另见Textron, Inc. v. U. S. Int'l Trade Comm'n, 753 F. 2d 1019, 1028 (Fed. Cir. 1985)。

[7] 1988年第(a)小节的文字如下:"在进口货物到美国的过程中的不公平竞争方法和不公平行为,或所有人、进口人、承销人,或代理人的销售行为,该行为的效果或者趋势为摧毁或者实质损害在美国有效和经济运转的产业,或组织该产业的建立,或妨碍或垄断美国的贸易或商业,在此宣告为非法,如果被委员会认定存在的话,在其他法律之外,应根据本节的规定进行处理"。

到了专利侵权。[8]

在一个专利 337 调查案件中要初步证明侵权成立，需要从实质上证明以下 3 个独立的要素：

（1）货物所有人、进口商、承销商将产品进口到美国，或是为了进口到美国而进行销售，或是进口后在美国国内进行销售；

（2）进口的货物侵犯了一项有效并可以实施的美国的专利的一个或多个专利权利要求；[9]

（3）在美国存在和受该专利保护的货物有关的一个美国产业，或者该产业正在形成。

委员会一直以来将"侵权"一词解释为包括直接侵权，共同侵权和诱导侵权。[10] 联邦巡回上诉法院在 Suprema 诉委员会案[Suprema v. International Trade Commission（Suprema）]的联席审理裁决中肯定了 337 条款的解释。[11] Suprema 案审判庭的裁决，对 337 条款提出的针对侵权的起诉的可能性产生了质疑，该裁决有效地消除了将侵权诱因作为认定违反 337 条款的依据，但在联邦巡回上诉法院被裁定无效进行重新审理上诉。[12] 由于诱导侵权和共同侵权都需要在进口后直接侵权，因此有关间接侵权指控的上诉结果可能会重塑 337 调查的范围。联邦巡回上诉法院依据 Chevron U. S. A 诉自然资源保护委员会一案（Chevron，U. S. A.，Inc. v. Natural Resources Defense Council，Inc.）[13]，依法裁定"委员会对'侵权

---

〔8〕 参见《美国法典》第 19 章第 1337(a)(1)(B)(i)，(ii)节[19 U. S. C. § 1337(a)(1)(B)(i)，(ii)]。

〔9〕 委员会针对专利侵权、有效性、强制可执行性等问题的裁决受到联邦上诉巡回法院的判例法管辖，但在联邦地区法院没有先例效果。《美国法典》第 19 章 1337(c)节；Texas Instruments，Inc. v. Cypress Semiconductor Corp.，90 F. 3d 1558，1569（Fed. Cir. 1996）。

〔10〕 *Certain Hardware Logic Emulation Systems & Components Thereof*，Inv. No. 337 – TA – 383，委员会对救济措施、公共利益和保证金的意见，第 18 – 19 页（1998 年 4 月 1 日）。

〔11〕 Suprema，Inc. v. Int'l Trade Comm'n，796 F. 3d 1338（Fed. Cir. 2015）（法院法官联席审理，*en banc*）.

〔12〕 Suprema，Inc. v. Int'l Trade Comm'n，Appeal No. 2012 – 1170，2014 WL 3036241（Fed. Cir. May 13，2014）.

〔13〕 467 U. S. 837（1984）.

物品'涵盖了由卖方的诱使行为导致进口商使用的商品直接对进口后侵权的解释是合理的"。[14]

直到1988年,337条款是美国制造方法专利所有人针对美国国外未经许可使用该专利的行为来保护他们权利的唯一的法律。1988年对337条款的修改仍然保持了这个方面,虽然去掉了第337(a)节,但是特别指出美国制造方法专利所有人可以向委员会要求颁布排除令,禁止侵犯仍然在有效期的美国制造方法专利的商品进口到美国。[15] 另外,还有利于美国方法专利所有人的是,《1988年贸易法》的第九章修改了美国专利法,将对美国制造方法专利的保护延伸到使用未经过美国方法专利所有人授权的方法而生产的进口产品。[16]

由于337调查案件得到解决的时间很快,并且有可能获得排除令,委员会在某些情况下可能成为方法专利权利人首选的裁判机构。而委员会为他们提供的另一项优势是调查取证可以在全世界开展,包括对被控侵权者位于国外的生产场地和设施进行调查,这个优势是在联邦地区法院进行民事诉讼所没有的。[17]

2011年颁布的《Leahy - Smith美国发明法》创造了美国专利商标局的专利审判和上诉委员会进行的新的发行后程序,如多方复审程序。一方面,地区法院涉及专利的诉讼悬而未决,使被告可以在成功获得程序中止的同时重新考虑专利性。另一方面,由于委员会必须"在切实可行的最早时间"[18]完成337调查并作出裁决,即使美国专利商标局重新考虑专

---

〔14〕 *Suprema, Inc.*, 796 F. 3d at 1352 - 53.

〔15〕 参见《美国法典》第19章1337(a)(1)(B)(ii)节[19 U. S. C. § 1337(a)(1)(B)(ii)]。

〔16〕 参见《1988年贸易法》第9002节[1988 Trade Act § 9002, 35 U. S. C. § 271(g)(2010)]。

〔17〕 参见 *Certain Acesulfame Potassium & Blends & Prods. Containing Same*, Inv. No. 337 - TA - 403, 第4号命令, 第2页(1998年2月11日)(未经复审)(在中国进行了工厂勘察)。

〔18〕 参见《美国法典》第19章1337(b)(1)节[19 U. S. C. § 1337(b)(1)]。

利性，委员会也极少准予中止。[19] 出于这一额外因素，在《Leahy - Smith 美国发明法》之后，在涉及进口货物对美国专利造成侵权或是由侵权的方法制造出来时，委员会（337 调查）是专利侵权诉讼的首选之地。

专利持有人还可以从策略上选择委员会作为专利侵权诉讼的场所，因为《Leahy - Smith 美国发明法》的反联合诉讼的规定，《美国法典》第 35 章第 299 节（2013 年）[35 U. S. C. § 299 (2013)] 限制了专利持有人对在同一地区法院诉讼中的非关联被告主张侵权的能力。[20] 为了避开《Leahy - Smith 美国发明法》这一繁重规定，专利持有人可以从策略上向委员会提交起诉书，因为在 337 调查中非关联被告可以进行联合应诉。

对于起诉方来说一个特别棘手的领域是标准必要专利（Standard - Essential Patents, SEPs），标准必要专利所有权人自愿承诺以公平、合理和非歧视条款提供标准必要专利的许可。美国贸易代表办公室强调指出，遵守公平、合理和非歧视义务引出公共利益问题，在考虑潜在排除令时必须谨慎考虑：

> 在将来涉及遵守公平、合理和非歧视自愿承诺的标准必要专利的案件中，委员会应确保（1）在调查开始时以及在确定是否需要特定救济措施的时候，主动彻底并仔细审查公共利益问题；（2）积极寻求各方在调查中向行政法官及在委员会的正式救济

〔19〕 参见 *Certain Laser - Driven Light Sources*, Inv. No. 337 - TA - 983，第 8 号命令（2016 年 3 月 3 日）（鉴于对涉案专利的多方复审申请待决，驳回了中止的请求）；*Certain Microelectromechanical Sys. (MEMS Devices) & Prods. Containing the Same*, Inv. No. 337 - TA - 876，第 6 号命令（2013 年 5 月 31 日）（理由同上）；但是，*Certain Integrated Circuits with Voltage Regulators & Prods. Containing Same*, Inv. No. 337 - TA - 1024，第 55 号命令，第 3 页（2018 年 10 月 4 日）[Order No. 55, at 3 (Oct. 4, 2018)]（由于专利审判和上诉委员会对上诉审查的最终书面决定可能会导致唯一的专利请求都无效，因此批准了中止程序日程表的请求）。

〔20〕 此外，虽然《联邦民事诉讼程序规则》第 42 条允许在预审程序中，"在地区法院诉讼中涉及法律或事实的共同问题"的情况下进行合并，《Leahy - Smith 美国发明法》要求"不得将被控侵权人以被告或反诉被告的身份进行合并诉讼，或者仅根据他们各自侵犯了一项或多项专利权的指控而将其诉讼进行合并审理"。参见《美国法典》第 35 章第 299 节（2013 年）[35 U. S. C. § 299 (2013)]。

调查阶段,出示与这些问题相关的全面事实性记录,包括:是否有专利持有人对专利标准必要性质提出异议,以及是否存在专利保留或反向保留。另外,委员会应在最大限度上对这些问题作出明确的结论。[21]

考虑到美国贸易代表的指引,在涉及公平、合理及非歧视义务的标准必要专利的调查中仍然可以使用排除令进行救济。[22]

尽管外观设计专利在委员会的起诉中没有像实用新型专利那样频繁出现,但从 2010 年 1 月至 2018 年 1 月,外观设计专利作为侵权基础的案件已经超过了非专利诉讼。[23] 在这个时间段中,委员会发起的 406 起调查中有 29 起涉及外观设计专利侵权的指控。在这 29 起案件中,有 13 起至少包括一种替代的侵权依据,通常是实用新型专利侵权。[24] 此外,在委员会对外观设计侵权的调查中,只有 5 起案件推进到了行政法官对外

---

〔21〕 美国贸易代表信函(2013 年 8 月 3 日)(反对委员会在 *Certain Electronic Devices, Including Wireless Communication Devices, Portable Music and Data Processing Devices, and Tablet Computers*),案中的裁决(案件号 337 – TA – 794)。

〔22〕 参见 *Certain Wireless Devices with 3G and/or 4G Capabilities & Components Thereof*, Inv. No. 337 – TA – 868,对违反 337 条款的初步裁决即对救济措施和保证金的建议性裁决,第 125 – 126 页(2014 年 6 月 26 日);Initial Determination on Violation of Section 337 and Recommended Determination on Remedy and Bond at 125 – 26 (June 26, 2014). [标准制定机构订立的协议或法律或公共政策都没有要求我们向被告提供避风港,在这种场所中,他们可以自由地逃避根据协议项下的义务,可以未经授权许可就制造潜在侵权的产品,可以寻求使知识产权无效,也可以避免在《美国法典》第 19 章第 337 节下的救济风险。这种单方面的行政法既违反了《行政诉讼法》(《美国法典》第 5 章第 554 节),也违反了《委员会规则》(Administrative Procedure Act 5 USC § 554 和 Commission regulation 19 CFR § 200.735 – 101)]。

〔23〕 同期提起了下列非专利诉讼:商标,16 起;商业秘密,11 起;版权,10 起;不公平竞争,9 起;灰色市场,1 起;假冒商业外观,6 起;其他,4 起。

〔24〕 仅涉及外观专利侵权的案件包括:*Certain Quartz Slabs & Portions Thereof* (Ⅱ), Inv. No. 337 – TA – 1017; *Certain Quartz Slabs & Portions Thereof*, Inv. No. 337 – TA – 996; *Certain Tires & Prods. Containing Same*, Inv. No. 337 – TA – 894; *Certain Glassware*, Inv. No. 337 – TA – 767; *Certain Wind & Solar – Powered Light Posts & Street Lamps*, Inv. No. 337 – TA – 736; *Certain Auto. Vehicles & Designs Therefore*, Inv. No. 337 – TA – 722; and *Certain Game Controllers*, Inv. No. 337 – TA – 715。

观设计专利作出初步裁决这一步。其他案件都通过和解、同意令、或缺席审判、或原告撤诉等方式解决。

原告在指控外观设计专利时是占据上风的，特别是由于在 337 调查中对产品专利范围的衡量具有相对直接的性质。证明存在国内产业并达到侵权行为裁决，相当于将外观设计专利图中描绘的要求保护的装饰性特征与实物样本以及摄影或示意图证据进行比较。对外观设计专利认定侵权的测试称为"普通观察者"测试法。[25] 近年来在涉及外观设计专利的案件中排除令发布的数量证明了原告在这些案件中的成功率。[26]

对外观设计专利侵权在弓形刀片箭头（Certain Arrowheads with Arcuate Blades）案（案件号 337 – TA – 1033）中的指控没有人提出异议，因为所有被指控外观设计专利侵权的被告都缺席了，并且原告也撤销了侵权指控。但是，由于原告提出了普遍排除令的请求，行政法官在其初步裁决中对原告外观设计专利侵权的证据进行了分析。

委员会在电子数字媒体设备及其组件（Certain Electronic Digital Media Devices & Components）案（案件号 337 – TA – 796）中的裁决对争议的讨论十分激烈。经过彻底分析，行政法官认定三星的智能手机侵犯了

---

〔25〕 *Certain Arrowheads with Arcuate Blades & Components Thereof*, Inv. No. 337 – TA – 780，对批准原告简易调查裁决的动议即请求颁布普遍排除令的初步裁决，第 9 页（2017 年 11 月 16 日）［引用了 citing Egyptian Goddess, Inc. 诉 Swisa, Inc. ,543 F. 3d 665,678 (Fed. Cir. 2008)（联席审理）及 Gorham Mfg. Co. 诉 White,81 U. S. 511, 528 (1871)］。

〔26〕 *Certain Arrowheads with Arcuate Blades & Components Thereof*, Inv. No. 337 – TA – 1033，委员会意见，第 2 – 3 页（2018 年 5 月 1 日）（在所有被告缺席审判的情况下发布了普遍排除令）；*Certain Arrowheads with Deploying Blades & Components Thereof*, Inv. No. 337 – TA – 977，委员会意见，第 7 页（2018 年 4 月 28 日）（同上）；*Certain Elec. Skin Care Devices, Brushes & Chargers Therefore & Kits Containing the Same*, Inv. No. 337 – TA – 959，委员会意见，第 37 页（2017 年 2 月 13 日）（在其他被告缺席审判的情况下发布了普遍排除令）；*Certain Personal Transporters, Components Thereof & Manuals Therefore*, Inv. No. 337 – TA – 935，委员会意见，第 5 页（2016 年 4 月 20 日）（在认定对包括外观设计专利在内的大量专利侵权成立后，发布了普遍排除令）。

苹果两项外观设计专利中的一项。[27] 而在复审中,委员会进行了自己的分析,采用了与行政法官相同的测试,但推翻了行政法官的裁决,认定三星的智能手机没有对任何一项外观设计专利构成侵权。[28]

二、注册商标侵权

商标所有人也成功地利用过337条款来排除侵犯了美国商标的在外国生产的产品。[29] 要获得337条款赋予的救济,注册商标所有人必须证明以下几点:(1)存在进口、销售或者为进口而进行的销售该产品的行为;(2)而且该行为侵犯了一个有效并可实施的美国联邦注册商标;(3)被这个商标保护的产品存在一个美国“国内产业”。[30] 在对商标侵权的分析中,委员会采用了《侵权法律重述》(Restatement of Torts)第729条确定的“混淆的可能性”要素:

(a)有关标记与有关商标或商号之间在(i)外表;(ii)所用文字的发音;(iii)有关图画或设计的字面含义;(iv)暗示含义,存在的相似程度。

(b)行为人采用有关标记的意图。

(c)在使用和销售方法上,行为人所提供的商品或服务与他人所提供的商品或服务之间的关系。

(d)购买者有可能具有的谨慎程度。[31]

---

〔27〕 *Certain Elec. Digital Media Devices & Components Thereof*, Inv. No. 337-TA-796,初步裁决(2012年12月28日)。

〔28〕 *Certain Elec. Digital Media Devices & Components Thereof*, Inv. No. 337-TA-796,委员会意见(公开版)第6-11、13-20页(2013年9月6日)。

〔29〕 参见 *Certain Footwear Prods.*, Inv. No. 337-TA-936,委员会意见,第29页(2016年7月6日); *Certain Agric. Vehicles & Components Thereof*, Inv. No. 337-TA-487,委员会意见(2004年9月27日)。

〔30〕 19 U.S.C. § 1337(a)(1)(c),(a)(2).

〔31〕 *Certain Ink Markers and Packaging Thereof*, Inv. No. 337-TA-522, USITC Pub. 3971,第30号命令,初步裁决第36页(2007年12月);《侵权行为法重述》(第1版)第729条(1938年)。

337调查对商标权利的保护也延伸到“灰色市场产品”[32]。“灰色市场产品”是“在外国生产、合法制造和在美国注册的商标一样的外国商标；在国外合法购买但是未经过商标所有权人同意而进口”的真品。[33] 为了阻止“灰色市场商品”进口和销售，原告必须证明进口的“灰色市场产品”和商标所有人授权在美国国内销售的产品不存在实质的不同。[34]“实质的不同意味着消费者认为存在的区别如此之大足以削弱产品的国内来源的商誉”。[35]“在灰色市场产品案件中，提出是否实质不同的问题目的是确定是否可能发生消费者混淆产品的现象”。[36] 美国联邦巡回上诉法院认为，虽然衡量实质性的标准的门槛很低，[37]“为证明灰色市场产品存在实质不同，这类案件的原告必须证明他们就该商品作出的所有的或者绝大部分的销售是伴随着他们的产品和灰色市场产品存在实质不同而发生的”。[38] 也就是说，原告不能针对自己售出的“灰色市场产品”寻求免受其损害的保护。[39] 否则，原告本来是因为“灰色市场产品”造成了混淆而

〔32〕 参见 *e. g.*, *Certain Indus. Automation Sys. & Components Thereof, Including Control Sys., Controllers, Visualization Hardware, Motion Control Sys., Networking Equip., Safety Devices & Power Supplies* (*Industrial Automation Systems*), Inv. No. 337 – TA – 1074，初步裁决及建议裁决，第17 – 29、62页（2018年11月15日）（认定缺席审判的被告造成了“灰色市场商标”侵权，并建议发布普遍排除令）；*Certain Cigarettes & Packaging Thereof* (*Cigarettes*), Inv. No. 337 – TA – 643，委员会意见（2009年10月1日）*aff'd sub nom.* Alcesia SRL v. Int'l Trade Comm'n, 407 Fed. Appx. 478 (Fed. Cir. 2011)。

〔33〕 *Industrial Automation Systems*, Inv. No. 337 – TA – 1074，初步裁决及建议裁决，第10页｛引用了 SKF USA Inc. v. Int'l Trade Comm'n, 423 F. 3d 1307, 1312 (Fed. Cir. 2005)[引用了 Gamut Trading Co. v. U. S. Int'l Trade Comm'n, 200 F. 3d 775, 778 (Fed. Cir. 1999)]｝。

〔34〕 *Cigarettes*，委员会意见，第5 – 6页；*Bearings*，委员会意见，第10页。

〔35〕 *Bearings*，委员会意见，第10 – 11页。

〔36〕 *Cigarettes*，委员会意见，第6页。

〔37〕 Bourdeau Bros. v. U. S. Int'l Trade Comm'n, 444 F. 3d 1317, 1321 (Fed. Cir. 2006).

〔38〕 *Industrial Automation Systems*，初步裁决及建议裁决，第13页[引用了 *Bourdeau*, 444 F. 3d at 1321, and SKF USA, Inc. v. U. S. Int'l Trade Comm'n, 423 F. 3d 1307, 1315 (Fed. Cir. 2005)（确认了委员会关于即使原告87.4%的产品与“灰色市场产品”存在实质性差别，这一比例也不足以认定成立“全部或实质上全部”的标准）]。

〔39〕 同上。

寻求救济,但这种情况下,原告恰恰就是导致市场混淆的始作俑者。[40] 联邦上诉巡回法院还否定了证明“灰色市场产品”侵权必须要存在物理实物上的实质不同的观点,即使是外国生产厂家和美国商标权所有人受同一控制的情况下也不例外。[41]

因为法院承认委员会对商标问题的裁决具有排除效力,所以运用337条款对美国注册商标所有人的价值有所增加。虽然美国联邦巡回上诉法院判决委员会对专利问题的裁决并不具有既判力,[42]法院普遍承认委员会对商标问题的决定对后来涉及同样问题的案件具有排除效力。[43] 因此,委员会在商标案件中的裁决对之后在美国联邦地区法院提起的损害赔偿之诉可能有用。

三、版权侵权

美国联邦地区法院的版权争议通常是根据法院所在地的区域巡回实体法来进行裁决的。[44] 由于委员会的裁决上诉至联邦巡回法院,无论是否指控何种不公平行为,其版权调查均受到联邦巡回上诉法院的版权法庭管辖。[45] 相关判例可能来自委员会的版权裁决、联邦巡回上诉法院在337条款项下的版权裁决以及最高法院、区域巡回法院、公认的论述中确立的联邦普通法。[46] 为支持向委员会提出的版权侵权主张,原告必须证

---

〔40〕 同本章注〔39〕。

〔41〕 *SKF USA*,423 F. 3d at 1312 – 14.

〔42〕 Texas Instruments, Inc. v. Cypress Semiconductor, 90 F. 3d 1558, 1568 (Fed. Cir. 1996).

〔43〕 参见 Union Mfg. Co. v. Han Baek Trading Co. ,763 F. 2d 42,45 – 46 (2d Cir. 1985)。

〔44〕 参见 Chamberlain Group, Inc. v. Skylink Tech. , Inc. ,381 F. 3d 1178,1191 (Fed. Cir. 2004)。

〔45〕 参见 *Certain TV Programs, Literary Works for TV Prod. & Episode Guides* (*TV Programs*),Inv. No. 337 – TA – 886,第18号命令(初步裁决),第12 – 13页(2014年2月20日)(未经复审)。

〔46〕 同上。

明:(1)原告是涉案版权的所有人;(2)被告复制了该作品[47]。版权所有权可以划分为以下要素:

(1)作者的独创性;

(2)涉案事项是否可受版权保护;

(3)作者具有使其能够获得版权的国籍;

(4)遵守适用的法条的形式规定;

(5)如果原告不是作者的话,作者和原告之间进行了权利转让或存在其他关系,使原告成为有效的版权权利请求人。[48]

在以上构成版权所有权的要素中,版权登记证书是对原告最有利的初步表面证据。

因为原告很少能够有版权侵权的直接证据,"复制"这一要素通常通过证明被控侵权人能够获得受版权保护的作品,而且被控侵权作品和受版权保护的作品实质相似来间接证明,[49]能够获得(access)通常仅要求有复制的机会。[50] 一个作品是否和另一个作品"实质相似"是版权法上最让人伤脑筋且不容易一概而论的问题。这个问题的本质在于,区分是否为"实质相似"的界限在哪里,如同汉德法官所说,"无论怎么区分看起来都是随意武断的"以及"版权侵权的判断标准必然是模棱两可的"。[51]

337 调查的历史上,版权侵权作为诉讼理由并不多见。一个著名的案

---

[47] *Certain Prods. with Gremlins Character Depictions* (*Gremlins*), Inv. No. 337 - TA - 201, USITC Pub. 1815,初步裁决,第 10 页(1986 年 3 月)(未经复审)(Mar. 1986); Gaylord v. United States, 595 F. 3d 1364, 1372 (Fed. Cir. 2010)。

[48] *Certain Coin Operated Audio - Visual Games & Components Thereof* (*Coin Operated Audio - Visual Games*), Inv. No. 337 - TA - 87, USITC Pub. 1160,委员会意见,第 13 页(1981 年 6 月); Melville Nimmer, Nimmer on Copyright § 1301[A] (2012)。

[49] 参见 *e. g.*, Oravec v. Sunny Isles Luxury Ventures, L. C., 527 F. 3d 1218, 1223 (11th Cir. 2008); 或参见 Beal v. Paramount Pictures Corp., 20 F. 3d 454, 459 (11th Cir. 1994); *TV Programs*, Inv. No. 337 - TA - 886,第 18 号命令(初步裁决),第 15 页(2014 年 2 月 20 日)。

[50] Grubb v. KMS Patriots, L. P., 88 F. 3d 1, 3 (1st Cir. 1996).

[51] Nichols v. Universal Pictures Co., 45 F. 2d 119, 122 (2d Cir. 1930); Peter Pan Fabrics, Inc. v. Martin Weiner Corp., 274 F. 2d 487, 489 (2d Cir. 1960) (quoted in Nimmer, *supra* note 48, § 13.03[A]).

件是带有Gremlins小精灵卡通人物描绘的产品(Products with Gremlins Character Depictions)案,该案是促成1988年对337条款作出修改的动因。[52] 在该调查案件中,委员会认定被告没有违反337条款,部分原因在于它认为,原告在美国不存在和生产有关的活动,即使原告在美国国内存在大量进行版权授权许可的活动也不能满足337条款关于国内产业的法律要求。1988年的修正案增加了第337(a)(3)节,该节规定原告可以通过对相关"专利、版权、商标,或半导体芯片集成电路布图设计(掩膜作品)"的"使用(包括工程、研究、开发以及授权许可)"作出了重大投资来证明存在美国国内产业,在美国境内产品的实际生产不再是证明存在国内产业的要求。[53]

委员会审理的其他版权案件涉及被告非法地复制了原告准备的随其产品附送的用户手册或广告小册子,并且被告在其进口产品中使用了这些复制的材料。[54] 在雕刻玩具及玩具组件(Certain Toy Figurines & Toy Sets Containing the Same)案中,原告指控其与各种雕刻玩具的外观相关的版权受到了侵权。[55] 另外两个涉及使用硬币操作的视听游戏的337调查也牵涉版权问题。[56] 然而,在这些案件中,主要的版权问题不是是否侵权(进口的游戏几乎和原告的游戏相同),而是视听游戏是否可以享受版权的保护。最近,委员会调查了加拿大制作的电视连续剧是否被不当引进到美国,并对原告在类似主题节目的版权构成了侵权。[57] 委员会以简易裁决终止了案件调查,认定不存在版权侵权,因为被告证明了在知

[52] *Gremlin*, Inv. No. 337 – TA – 201, USITC Pub. 1815 (Mar. 1986).

[53] 参见《美国法典》第19章第1337(a)(3)节[19 U. S. C. § 1337(a)(3)]。

[54] 参见 *Certain Radar Detectors & Accompanying Owner's Manuals*, Inv. No. 337 – TA – 149,起诉书第26 – 32页(1983年5月28日)。

[55] *Certain Toy Figurines & Toy Sets Containing the Same*, Inv. No. 337 – TA – 948,立案公共(2015年3月11日)。该调查在达成和解协议和签署同意令后终止。

[56] *Coin – Operated Audio – Visual Games*, Inv. No. 337 – TA – 87, USITC Pub. 1160 (June 1981); *Certain Coin – Operated Audiovisual Games & Components Thereof (Viz., Rally – X and Pac Man)*, Inv. No. 337 – TA – 105, USITC Pub. 1267 (July 1982).

[57] 参见 *TV Programs*, Inv. No. 337 – TA – 886。

道被告节目之前，被告就已经独立创作了其节目的角色和主题。[58]

四、竞争的不公平方式和不公平行为

法律并没有对“竞争的不公平方式”(unfair methods of competition)和“不公平行为”(unfair acts)作出定义。[59] 但是第 337(a)(1)(A)节中的立法沿革和条文的概括性表明，应从广义上来解释这两个术语。[60] 作为《1922 年关税法》的一部分，337 条款中对不公平方式或不公平行为的规定确实反映了法规的历史。该法的目的是禁止其他进口法律未规定的一系列不公平行为。这一规定甚至在反垄断和虚假原产地案中被使用。[61]

从理论上讲，委员会认为不公平的任何实践或行为方式都可以根据 337 条款进行辨认。但是，从实际情况来看，有将美国置于违反世界贸易组织《与贸易相关的知识产权协定》(Trade – Related Aspects of Intellectual Property Rights，TRIPs)的风险中，因此委员会不会过分偏离法院根据成文法或普通法认定可提起诉讼的范围。《与贸易有关的知识产权协定》要求在美国法律项下进口产品的待遇不得低于国内产品。如果委员会认定一种不公平行为并对进口产品发布排除令，而法院并没有认为这是不公平的，这种做法会违反《与贸易有关的知识产权协定》第 3 条。尽管根据

---

〔58〕 同本章注〔57〕，第 18 号命令(初步裁决)，第 20 – 26 页(2014 年 2 月 20 日)(未经复审)。

〔59〕 Tom M. Schaumberg，《1930 年关税法第 337 节作为反垄断救济方式》(*Section* 337 *of the Tariff Act of* 1930 *as an Antitrust Remedy*)，27 J. Am. & Foreign Antitrust & Trade Reg. 51，54 (1982)(Antitrust Bull 重印)。

〔60〕 在讨论《1922 年关税法》第 316 节(337 条款的前身)时，参议院财政委员会陈述到：“有关进口商品不公平竞争方式的条款足够宽泛以防止各种形式的不公平行为，从而相对于已经存在的反倾销法律能更充分的保护美国产业。” H. R. 7456，Report No. 595，67th Cong.，2d Sess.，第 3 页(1992 年)。595，67th Cong.，2d Sess.，第 3 页(1992 年)。

〔61〕 Raj Bhala，《国际贸易法：跨学科理论与实践》[INternational Trade Law：Interdisciplinary Theory and Practice 1647 (3d ed. 2008)]。

337条款可以将很多行为认定为是不公平的,但仅有少数几例根据337条款提起了诉讼。

1. 冒用商品外观

337条款下更不常见的案件类型为寻求对冒用商品外观的产品或包装进行排除。原告在由硬币操控的视听游戏[62]、新型眼镜[63]、墨水记号笔[64]、数字万用表[65]以及最近的电动护肤设备[66]和烘干机[67]调查案件中已经获得了救济。法律对"商品外观"定义为一个产品的"整体形象和外观",可能涉及形状、尺寸、颜色、文字和图案。[68] 委员会近期发起了一项调查针对的就是涉及袖珍打火机的注册商品外观。[69]

委员会的337调查中,要使商品外观侵权的诉讼请求成立,原告必须要证明争议的要素不是功能性的,且具备显著性。[70] 如果设计要素"对设备的使用或目的必不可少"或"影响装置的成本和质量",或如果"对装置的特征的垄断使用"将会使竞争者遭受一个重大的和其名誉无关的劣势,则这些设计要素被认为是功能性的。[71] 在评估非功能性的时候,委

---

[62] *Coin – Operated Audio – Visual Games*, Inv. No. 337 – TA – 87, USITC Pub. 1160, 委员会行动及命令, 第6页(1981年6月)。

[63] *Certain Novelty Glasses*, Inv. No. 337 – TA – 55, USITC Pub. 991, 委员会裁决、命令及意见, 第3页(1979年7月)。

[64] *Certain Ink Markers & Packaging Thereof*, Inv. No. 337 – TA – 522, USITC Pub. 3971, 委员会意见(2007年12月)。

[65] *Certain Digital Multimeters & Prods. with Multimeter Functionality* (*Digital Multimeters*), Inv. No. 337 – TA – 588, 委员会意见(2008年6月3日)。

[66] *Certain Elec. Skin Care Devices, Brushes & Chargers Therefor & Kits Containing the Same*, Inv. No. 337 – TA – 959, 委员会意见(2017年2月13日)。

[67] *Certain Hand Dryers & Hous. for Hand Dryers*, Inv. No. 337 – TA – 1015, 委员会意见(2017年10月30日)。

[68] Two Pesos, Inc. v. Taco Cabana, Inc., 505 U.S. 763, 764 n.1 (1992); *see also* Hartco Eng'g, Inc. v. Wang's Int'l, Inc., 142 Fed. Appx. 455, 460 (Fed. Cir. 2005).

[69] *Certain Pocket Lighters*, Inv. No. 337 – TA – 1142, 立案公告, 84 Fed. Reg. 3486 (2019年2月12日)。

[70] Wal – Mart Stores, Inc. v. Samara Bros., 529 U.S. 205, 210 (2000).

[71] TrafFix Devices, Inc. v. Mktg. Displays, Inc., 532 U.S. 23, 32 (2001).

员会考虑功效上的优势、替代设计的可获得性、替代设计的成本，以及是否商品外观因素被广告宣传为功能性的。值得注意的是，委员会表示，没有一个单独的因素对判断非功能性问题起到决定性作用。[72]

商品外观显著性可以是固有的或者通过第二含义获得。固有的显著性可以通过3种方法证明：(1)是否除了辨别生产厂家外，外观设计和产品没有别的关系；(2)是否设计是任意的、稀奇的或具备提示性的；(3)是否设计将一个产品的要素和其生产厂家之间联系起来。[73] 最高法院以前的判决认定，只有包装可以具有固有的显著性，因此，基于产品设计基础上的商品外观侵权的诉讼请求必须证明该商品外观通过第二含义获得了显著性。[74] 存在第二含义要求原告证明在公众的头脑里，争议的因素最本质的重要性不是辨认产品本身，而是产品的来源。[75]

要在指控商品外观侵权的337调查案件中获胜，原告必须证明——除了法定的存在进口和国内产业之外，很多消费者很可能对产品的来源或者发起产生混淆，[76] 并且存在对国内产业的实际的损害或损害威胁。[77]

2. 普通法下的商标侵权

根据《美国法典》第15章第1125节的规定，普通法商标侵权是不公平竞争的一种形式，并且根据《美国法典》第19章第1337(a)(1)(A)节的规定被认为是诉讼原因之一。[78] 为了主张普通法商标权，一方当事人

---

〔72〕 *Digital Multimeters*, Inv. No. 337 – TA – 588，第22号命令(初步裁决)，第7页(2008年2月4日)(未经复审)[引用了 *Certain Woodworking Machines*, Inv. No. 337 – TA – 174, USITC Pub. 1979，委员会意见，at 7 – 8 (Oct. 1985)]。

〔73〕 *Wal – Mart Stores*, 529 U. S. at 210.

〔74〕 同上。

〔75〕 同上书，at 211.

〔76〕 *Certain Chemiluminescent Compositions & Components Thereof & Methods of Using & Prods. Incorporating, the Same*, Inv. No. 337 – TA – 285, USITC Pub. 2370，委员会意见，第5页(1991年3月)。

〔77〕 参见《美国法典》第19章第1337(a)(1)(A)(i)节[19 U. S. C. § 1337(a)(1)(A)(i)]。

〔78〕 参见 *Certain Footwear Prods.*, Inv. No. 337 – TA – 936，委员会意见，第28 – 29页(2016年7月6日)；*Certain Endoscopic Probes for Use in Argon Plasma Coagulation Sys.* (*Endoscopic Probes*), Inv. No. 337 – TA – 569，第20号命令(2007年6月6日)。

必须证明:(1)其有权使用该商标;(2)该商标具有固有显著性或者具有第二含义;(3)该商标尚未成为通用商标;(4)该商标主要不是功能性的。[79] 商标权并不是基于《兰哈姆法》的成文法规定确定,而是通过"在商品或服务销售中首次使用商标……获得了该商标普通法权利"。[80]

一旦原告确立了其普通法商标,就必须通过举证他人未经授权使用该商标造成了"混淆的可能性"来证明存在侵权。[81] 在认定是否存在"混淆的可能性"时,委员会采用了《侵权行为重述》第729条中确立的标准。[82] 混淆的可能性要素旨在评估购买者一旦看到被告的产品或服务带有原告的商标就可能混淆或误用被告的产品或服务。[83]

3. 商标稀释

在"不公平竞争方式"和"不公平行为"的类别中,稀释联邦注册商标或普通法商标也是一个"不公平竞争方式"和"不公平行为"类别中被认可的诉由。商标稀释发生在原告的商标是牢固的、显著且驰名的情况下,且被告的商品或服务与原告的商品或服务无关但对原告的商标的显著性进行了稀释。[84]

最常见的是通过"模糊"(blurring)进行稀释,或者是通过"损坏名誉"(tarnishment)[85]进行稀释。当消费者看到原告的商标被另一实体使用并开始将原告的商标与其他实体或其商品相联系时,就会发生由模糊引起的稀释,从而使原告商标的独特性模糊。[86] 当一个实体在其自身或其

---

〔79〕 *Endoscopic Probes*, Inv. No. 337 - TA - 569,第20号命令,第3页。

〔80〕 *Certain Vacuum Bottles & ComponentsBearings & Packaging Thereof*, Inv. No. 337 - TA - 108, USITC Pub. 1305,委员会意见,第469页,初步裁决,第6页(1982年11月)22(2003年5月2日)[引用了 Allard Enters., Inc. v. Advanced Programming Res., Inc., 249 F.3d 564, 572 (6th Cir. 2001)]。

〔81〕 参见 *Digital Multimeters*, Inv. No. 337 - TA - 588,第22号命令(初步裁决),第11页(2008年2月4日); McCarthy, Trademarks and Unfair Competition § 23:1, at 34 (2008)。

〔82〕 参见 *Digital Multimeters*, Inv. No. 337 - TA - 588,第22号命令。

〔83〕 McCarthy, Trademarks and Unfair Competition § 23:1, at 34 (2008).

〔84〕 *Id.* § 34:4, at 2.2.

〔85〕 *Id.* § 24:67.

〔86〕 *Id.* § 24:69.

产品和服务与原告商标之间建立联系，从而降低了消费者对原告商标的积极联系，使商标中带有的商誉受到损坏。[87] 在委员会已经出现过多次[88]关于商标稀释的案件，并且是337条款规定[89]的诉由之一。

4. 窃取商业秘密

窃取商业秘密构成337条款规定的"不公平行为"。[90] 委员会可以裁定不公平行为发生"在货物进口到美国，或者其所有者、进口商或收货人的销售过程中"[91]。因此，委员会的管辖权取决于不公平行为和进口之间是否存在联系。[92] 基于窃取商业秘密作出的违法裁决需要证明被指控的不公平行为造成了实质性损害或损害威胁——通常情况为进口货物体现或使用了商业秘密对原告的美国市场份额造成了损害。

---

〔87〕 *Id.* § 24:70.

〔88〕 参见 *Certain Motorized Vehicles & Components Thereof*, Inv. No. 337 - TA - 1132, 起诉书（2018年8月1日）; *Certain Food Waste Disposers & Components & Packaging Thereof*, 337 - TA - 838, 起诉书（2012年3月16日）; *Certain Agricultural Vehicles & Components Thereof*, Inv. No. 337 - TA - 487, 起诉书（2003年1月8日）。

〔89〕 参见 *Certain Laundry & Household Cleaning Prods. & Related Packaging*, Inv. No. 337 - TA - 891, 立案公告（2013年8月23日）; *Certain Cigarettes & Packaging Thereof*, Inv. No. 337 - TA - 424, USITC Pub. 3366（2000年11月）; *Bearings*, Inv. No. 337 - TA - 469, USITC Pub. 3736（2004年12月）。

〔90〕 参见 *Certain Nut Jewelry & Parts Thereof*, Inv. No. 337 - TA - 229, USITC Pub. 1929（1986年11月）。

〔91〕 参见《美国法典》第19章第1337(a)(1)(A)节[19 U.S.C. § 1337(a)(1)(A)]。

〔92〕 如果合同是有效的并且进口是迫近的，则销售合同对于认定不公平行为与进口关系可能是充分的。参见 *Certain Variable Speed Wind Turbines and & Components Thereof*, Inv. No. 337 - TA - 376, USITC Pub. 3003, 初步裁决，第11 - 12页（1996年11月，6月20日）; *Certain Steel Rod Treating Apparatus & Components Thereof*, Inv. No. 337 - TA - 97, 215 U.S.P.Q.（BNA）237（1981）; *Certain Apparatus for the Continuous Prod. of Copper Rod*, Inv. No. 337 - TA - 52, 206 U.S.P.Q.（BNA）138, 150（1979）; *Certain Minutiae - Based Automated Fingerprint Identification Sys.*, Inv. No. 337 - TA - 156, 初步裁决，第82 - 83页（1983年12月5日）; *cf. Certain Ceramic Drainage Foils*, Inv. No. 337 - TA - 216, 第3号命令（1985年4月16日）（在出口前如果取消合同则没有管辖权）; 另见 Donald Knox Duvall:《联邦不公平竞争行为：1930年关税法第337节下的实践与程序》，第59 - 64页（1990年）。

虽然包括窃取商业秘密在内的案件数量远远少于常规的专利案件,但近年来也呈增长趋势。[93] 原告在这种案件中成功率很高,大多数案件达成了和解或认定存在违反337条款的行为而发布了救济命令。[94] 为了在委员会商业秘密侵权案中获胜,原告必须证明:(1)存在诉称的商业秘密和原告拥有所有权;[95] (2)该商业秘密不为大众所知悉;[96] (3)被告因为和原告存在保密或信任的关系而能够获得原告的商业秘密,或是通

---

〔93〕 参见 *Certain Botulinum Products*, Inv. No. 337 – TA – 1145; *Certain Amorphous Metal & Prods. Containing Same*, Inv. No. 337 – TA – 1078; *Certain Carbon & Alloy Steel Prods.*, Inv. No. 337 – TA – 1002; *Certain Activity Tracking Devices, Sys. & Components Thereof*, Inv. No. 337 – TA – 963; *Certain Stainless Steel Prods, Certain Processes for Mfg. or Relating to Same & Certain Prods. Containing Same* (*Stainless Steel*), Inv. No. 337 – TA – 933; *Certain Crawler Cranes & Components Thereof* (*Crawler Cranes*), Inv. No. 337 – TA – 887; *Certain Robotic Toys & Components Thereof* (*Robotic Toys*), Inv. No. 337 – TA – 869; *Certain Paper Shredders, Certain Processes for Mfg. or Relating to Same & Certain Prods. Containing Same & Certain Parts Thereof* (*Paper Shredders*), Inv. No. 337 – TA – 863; *Certain Rubber Resins & Processes for Mfg. Same* (*Rubber Resins*), Inv. No. 337 – TA – 849. 另见 Bryan Schwartz & Nicole Lai:《美国国际贸易委员会的商业秘密诉讼》,载 ABA 官方网, https://www.americanbar.org/groups/litigation/committees/intellectual – property/articles/2015/trade – secret – litigation – usitc/。

〔94〕 参见 *Rubber Resins*, Inv. No. 337 – TA – 849, 委员会意见, 第88页(2014年2月26日)(对多个窃取商业秘密行为认定违反了337条款,发布有限排除令); *Electric Fireplaces*, Inv. No. 337 – TA – 791/826, 委员会意见, 第14 – 15页(2013年5月30日)(对版权侵权和窃取商业秘密行为认定违反了337条款,发布有限排除令); *Robotic Toys*, Inv. No. 337 – TA – 869, 委员会对批准终止调查的联合动议的初步裁决不予复审的公告(2013年7月19日); *Paper Shredders*, Inv. No. 337 – TA – 863, 委员会对批准基于和解协议、同意令和撤诉而终止调查的联合动议的初步裁决不予复审的公告(2013年12月20日); *Stainless Steel*, Inv. No. 337 – TA – 933, 委员会意见, 第56页(2016年6月9日)(认定违反了337条款,确认对销毁与窃取商业秘密有关证据的处罚)。

〔95〕 *Certain Cast Steel Railway Wheels, Processes for Manufacturing or Relating to Same & Certain Prods. Containing Same*, Inv. No. 337 – TA – 655, 初步裁决, 第21页(2009年11月23日), *aff'd*, TianRui Group Co. Ltd. v. U. S. Int'l Trade Comm'n, 661 F. 3d 1322 (Fed. Cir. 2011)(再审及联合再审,2012年2月)。

〔96〕 同上。

过不法的或不公平的方法获得;[97](4)被告对窃取的原告商业秘密的使用对原告造成了损害。[98]

委员会越来越多地被用作解决窃取商业秘密案件的平台,部分原因可能源自联邦上诉巡回法院在天瑞诉委员会案[99](TianRui v. USITC)中的裁决。在天瑞案中,联邦上诉巡回法院认为在商业秘密案件中,委员会应当适用一个"统一的联邦标准"(联邦普通法),而不是某个州的侵权行为法。[100] 尽管联邦上诉巡回法院没有在其裁决意见中对窃取商业秘密的统一联邦标准作出定义,但在随后的调查中已经清楚地表明,该联邦普通法源于委员会的先例、《不公平竞争重述》(第3版)以及《统一商业秘密法》。[101] 在实践中,委员会适用的法律和州商业秘密法之间几乎没有差别,后者往往是相当统一的。但是,"统一联邦标准"避免了解决"法律选择"问题及特定州法律特殊性的需要。

在天瑞案中,联邦上诉巡回法院进一步裁定,委员会有权根据域外行为调查和颁布救济措施,"因为有必要保护国内产业免受国内市场上的不公平竞争造成的损害"。[102]具体来说,所谓窃取行为发生在国外,并且所涉行为受到外国法管辖,也不能成为认定违反337条款的障碍。[103]

在对原告有利的第三项裁决意见中,天瑞案重申了委员会的观点,即在窃取商业秘密案件中不需要证明"技术方面要素"——没有法律要求证明国内产业使用涉案的商业秘密。[104] 但原告仍需证明存在受到被告进

---

〔97〕 同本章注〔96〕。

〔98〕 同上书,第81页。

〔99〕 661 F.3d 1322 (Fed. Cir. 2011).

〔100〕 同上书,第1327页。

〔101〕 参见 *Rubber Resins*, Inv. No. 337 - TA - 849, 初步裁决, 第29页(2013年8月16日)(引用 *TianRui*, 661 F.3d at 1327); *Crawler Cranes*, Inv. No. 337 - TA - 887, 初步裁决, 第22-27页(2014年7月31日)。

〔102〕 *TianRui*, 661 F.3d. 第1324页。

〔103〕 同上书,第1328页; *Rubber Resins*, Inv. No. 337 - TA - 849, 初步裁决, 第17页(2013年8月16日)(拒绝了被告基于弃权及国际礼让原则应当驳回诉求的主张)。

〔104〕 *TianRui*, 661 F.3d. 第1337页。

口产品损害或损害威胁的国内产业。[105]

委员会在窃取商业秘密案件中的实践得到了继续演变和发展。例如,在履带起重机(Crawler Cranes)案中,委员会要求在对窃取商业秘密的分析中介绍几个要素,包括什么行为构成保护商业秘密的"适当措施",什么行为构成对商业秘密的"使用",如何免除对商业秘密的保护。[106] 在复审中,委员会确认了行政法官在初步裁决中认定的窃取商业秘密行为并发现了另外两项被保护的商业秘密也被窃取了。原告被认定已采取适当措施来保护其商业秘密的机密性,因为它要求其雇员签署了保密协议来防止泄露马克托瓦克(Manitowoc)的机密信息,原告制定了关于机密性的公司政策,控制对计算机系统的访问权限,控制对其设施的访问权限,并在其他安全措施中对保密性信息做了适当标记。[107]

关于"使用"的问题,委员会注意到《侵权行为重述》中"将'使用'定义为包括体现了商业秘密的商品的营销活动,该商业秘密被运用于制造或生产中,或者用于辅助或加速研发的开展"。[108] 被告被认定应当对其雇员的行为负有责任,因为"他们是在其雇佣范围内从事了该行为"。[109] 最后,委员会认定,即使其中两项商业秘密作为专利申请的一部分被披露,原告也可以"在包括商业秘密的专利申请公开前对窃取行为进行追偿"。[110] 因此,委员会裁决这两项商业秘密被窃取的行为成立。

如果发现违反了337条款,"在涉及窃取商业秘密的案件中排除令的执行持续时间被设定为独立开发商业秘密所需要的时间"。[111] 近期的排

---

〔105〕 *TianRui*,661 F. 3d. 第1336页。

〔106〕 *Crawler Cranes*, Inv. No. 337 - TA - 887,委员会对最终裁决进行部分复审的公告(2014年9月19日)。

〔107〕 *Crawler Cranes*, Inv. No. 337 - TA - 887,委员会意见,第46页(2015年5月6日)。

〔108〕 同上书,第52 - 53页[引用《不公平竞争重述》(第3版)第40条评议]。

〔109〕 同上。

〔110〕 同上书,第60页[引用citing Diomed, Inc. v. Vascular Solutions, Inc. ,417 F. Supp. 2d 137,144 (D. Mass. 2006)]。

〔111〕 *Rubber Resins*, Inv. No. 337 - TA - 849,委员会意见,第82页(2014年2月26日)(引用*Certain Cast Steel Wheels*, Inv. No. 337 - TA - 655,委员会意见,第8 - 9页)。

除令持续时间从5年至10年。[112]

5.其他不公平行为

如上所述,在将商品进口到美国时,任何法律上可以判定的不公平行为都可以作为进行337调查的基础。例如,“假冒”(passing off)以及其同义词“仿冒”(palming off),都是不公平行为,并有各种不同的解释。假冒用来指这几种情况:(1)当侵权人意图欺骗和混淆买家时的商标侵权;(2)当不能证明具有欺骗的意图,但是具有混淆的可能性时的商标侵权;(3)当买家购买一种产品时,卖家使用别的牌子的产品代替。[113]

普通法上的假冒行为是用来针对故意混淆公众使他们相信被告产品是原告产品的欺骗行为。[114] 判定是否存在假冒的焦点问题一般是被告的意图,而不是可能已经对买家构成的混淆。然而,委员会采取了不同的立场。在以往一些案件中,委员会似乎将假商标侵权与仿冒商业外观等同。[115] 337调查钢制玩具汽车、测量装置和插片式保险丝一案表明,证明商标侵权的要素(非功能性、第二含义和混淆的可能性)和欺骗的意图必须要同时存在,以用来证明假冒行为。这个观点的理由在于,为了使假冒发生,买家必须在其头脑里有一种意识,而这种意识导致对被告的产品产生了混淆,因此,有必要证明第二含义以及非功能性。

这种关于假冒的观点受到一些案例法的支持,然而,委员会最近的裁决和法院判决显示,对于假冒,当事人不需要证明商标侵权的要素。具体

---

[112] 同本章注[111],第82-83页(发布了10年的有限排除令;认定没有充分证据发布禁止令);*Electric Fireplaces*,Inv. No.337-TA-791/826,委员会意见,第16页(发布了5年的有限排除令)(2013年5月30日);*Crawler Cranes*,Inv. No.337-TA-887,委员会最终裁决公告;发布有限排除令及禁止令;终止调查,第3页(2015年4月16日)(由于被告制造的产品使用了6项商业秘密,委员会发布了10年的有限排除令和禁止令);*Stainless Steel*,Inv. No.337-TA-933,委员会意见,第40、43页(2016年6月9日)(由于被告缺席审判,委员会发布了16.7年的排除令和禁止令)。

[113] McCarthy,《商标和不公平竞争》§ 25:1,第169页(2008)。

[114] 同上书,第172页。

[115] 参见*Certain Steel Toy Vehicles*,Inv. No.337-TA-31,USITC Pub. 880,委员会意见(1978年4月);*Certain Surveying Devices*,Inv. No.337-TA-68,USITC Pub. 1085,委员会意见(1980年7月);*Certain Miniature Plug-In Blade Fuses*,Inv. No.337-TA-114,USITC Pub. 1337,委员会意见(1983年1月)。

来说,委员会视假冒行为是意在混淆公众,使其相信被告产品就是原告产品的故意欺骗行为。在轴承(Bearing)案里,委员会指出,要成立假冒行为的主张,“要求对被告在主观和明知情况下意图对购买者造成混淆进行举证”。[116] 在那个案件中,委员会并没有表明它对假冒的分析是建立在商标侵权的基础之上。

6. 反垄断

尽管针对反垄断的诉求并不是经常出现,仍然有少数关于反垄断违法的争议构成了 337 条款项下的“不公平竞争方式”。[117] 该法规的措辞明确涵盖了“进口产品中的不公平竞争方法和不公平行为”形成了“威胁或影响”,“限制或垄断了美国的贸易和商业”。[118] 尽管如此,多年来,337 条款仍然被认为不适合提出反垄断诉求,因为委员会一旦认定存在违法行为,可适用的救济措施就是排除令,这种措施是对贸易的限制而不是鼓励。[119] 正因如此,在 1974 年修订法规之前,委员会仅进行了两起关于反垄断行为的 337 调查,并且均没有认定成立反垄断违法行为。[120]

1974 年对法规的修订赋予了委员会对违反 337 条款的行为发布禁止令的权力,这对于解决反垄断违法行为来说可能是更具吸引力和更适当

---

〔116〕 *Certain Bearings & Packaging Thereof*, Inv. No. 337 – TA – 469,初步裁决,第 26 页(2003 年 5 月 2 日)。

〔117〕 参见 Ting – Ting Kao:《337 条款下的反垄断诉求再审查》,337 通讯,2007 年夏季刊,第 4 页;以上 Schaumberg 著,脚注〔59〕。

〔118〕 参见《美国法典》第 19 章第 1337(a)(1)(A)(iii)节[19 U. S. C. § 1337(a)(1)(A)(iii)](2012 年),另参见以上 Kao 著,脚注〔117〕。

〔119〕 参见 Will E. Leonard & F. David Foster:《1974 年贸易法下美国国际贸易委员会变形记》[*The Metamorphosis of the U. S. International Trade Commission under the Trade Act of* 1974,16 Va. J. Int'l L. 719,754 (1976)](由于限制竞争,排除令似乎一直被认为是对反垄断违法行为“不适当的救济方式”)。

〔120〕 *Certain Watches, Watch Movements & Watch Parts*, Inv. No. 337 – TA – 19, USITC Pub. 177 (1966 年 6 月); *Certain Tractor Parts*, Inv. No. 337 – TA – 22, USITC Pub. 443 (1971 年 12 月)。

的救济措施。[121] 随后一些评论预测根据 337 条款提起的反垄断起诉将会增加。[122] 但是,针对反垄断诉求的起诉仍然不常见。以往大多数 337 反垄断调查都以没有违法行为为结论终结了案件,[123] 只有一个案件中委员会认定存在违法行为,但总统基于公共政策的考虑推翻了委员会的禁止令。[124]

最近委员会考虑进行 337 调查下的反垄断调查的愿望受到了质疑,因为原告没有能证明“反垄断损害”已成立代表性,委员会驳回了原告的诉求。[125] 为了避免“破坏反垄断法律的根本目的”,委员会认为一方当事人基于《谢尔曼法》(Sherman Act)起诉时,必须满足联邦地区法

---

〔121〕 参见 *Certain Elec. Audio & Related Equip.* (*Electronic Audio*),Inv. No. 337 – TA – 7, USITC Pub. 768 at 30 (1976 年 4 月)(337 条款“显然是反垄断规定的一种形式”,并且将 337 条款的适用作为反垄断规则之一,通过法律授予委员会发布禁止令的权力“进行了证实”)。337 条款随后在 1988 年和 1994 年进行了修改,但这些修改没有对限制法律范围产生任何影响。

〔122〕 参见 L. Peter Farkas,《向国际贸易委员会提起反垄断诉讼及应诉》[*Litigating Antitrust Claims and Defenses before the International Trade Commission*,2 A. B. A. Antitrust 26 (1987)]; Schaumberg,前著述,脚注〔59〕。

〔123〕 参见 *Certain Electrically Resistive Monocomponent Toner & “Black Powder” Preparations Therefor*,Inv. No. 337 – TA – 253,USITC Pub. 2069,委员会行动及命令,第 1 – 2 页(1988 年 3 月); *Certain Airtight Cast – Iron Stoves*,Inv. No. 337 – TA – 69,USITC Pub. 1126,委员会意见,第 5 – 8 页(1981 年 1 月); *Certain Elec. Audio & Related Equip.*,Inv. No. 337 – TA – 7,USITC Pub. 768 (1976 年 4 月); *Certain Tractor Parts*, Inv. No. 337 – TA – 22,USITC Pub. 443 at 1 – 3 (1971 年 12 月); *Certain Watches, Watch Movements & Watch Parts*,Inv. No. 337 – TA – 19,USITC Pub. 177 (1966 年 6 月)。

〔124〕 *Certain Welded Stainless Steel Pipe & Tube*,Inv. No. 337 – TA – 29,USITC Pub. 863,委员会裁决及行动,第 1 – 4 页(1978 年 2 月)(认定日本生产商掠夺性定价并发布了禁止令); 1978 年 4 月 22 日,总统裁决:Presidential Determination of April 22,1978: Welded Stainless Steel Pipe & Tube Industry,43 Fed. Reg. 17,789 (1978 年 4 月 26 日)(引用了“避免美国不公平贸易实践法律行政程序中的重复与冲突的需要”)。

〔125〕 参见 *Certain Carbon & Alloy Steel Prods.*,Inv. No. 337 – TA – 1002,委员会意见(2018 年 3 月 19 日)。

院对反垄断损害的标准。[126] 当原告明确主张"《谢尔曼法》所指的反垄断损害"时[127],委员会发起了调查,但注意到反垄断代表性的问题是"复杂的"[128]。委员会最终没有对这起调查作出裁决,因此这种主张如何进行判断在今后的案件中有待观察。

7. 虚假广告和伪造原产地

《兰哈姆商标法》(Lanham Act)第43(a)节规定的虚假广告也是337条款下的一种不公平行为或者不公平竞争方法。[129] 广告的虚假性必须和被告最近的产品有关。[130] 就337条款而言,原告并不需要声称并证明实际上发生了欺骗,而仅仅具有欺骗的倾向就足够了。[131] 除了具体列出的虚假的原产地和虚假标注/虚假陈述之外,第43(a)节还被解释为允许以传统的普通法上的不公平竞争行为作为诉由,例如,商标侵权、商品外

---

[126] 参见 *Certain Carbon &Alloy Steel Prods.*,Inv. No. 337 – TA – 1002,委员会意见(2018年3月19日),第18、20页。但是,参见 *Certain Carbon &Alloy Steel Prods.*,Inv. No. 337 – TA – 1002,对 Meredith M. Broadbent(ITC委员之一)关于第38号命令的反对意见,第10页(2018年3月19日)[国会对在第337(a)(1)(A)节中的"不公平竞争方法和不公平行为"采用了广义及明确的定义,没有作出限制性的定义,目的是将扭曲国内竞争的不法行为纳入其中,无论这种不公平行为是否与地区法院认定的类似]。

[127] 参见 *Certain Programmable Logic Controllers (PLCS), Components Thereof & Prods. Containing Same*,Inv. No. 337 – TA – 1105,起诉书第2、7 – 8页(2018年1月18日)(指控被告及其授权的经销商"从事了非法的串谋行为",旨在防止在美国采购及转售,以及非法确定转售价格)。

[128] 参见 *Certain Programmable Logic Controllers (PLCS), Components Thereof & Prods. Containing Same*,Inv. No. 337 – TA – 1105,委员会否定关于进入早期处置试验计划请求的命令(2018年3月26日)。

[129] *Certain Carbon &Alloy Steel Prods.*,Inv. No. 337 – TA – 1002,初步裁决,第52页,脚注[32](2017年11月1日)[广告方面的虚假陈述应当依据《兰哈姆商标法》第43(a)(1)(B)节提出诉讼];*Certain Plastic Food Storage Containers*,Inv. No. 337 – TA – 152,USITC Pub. 1563,初步裁决,第66、86页(1984年8月);*Certain Plastic Food Storage Containers*,Inv. No. 337 – TA – 152,委员会不予复审的决定,49 Fed. Reg. 21,807(1984年5月23日)。

[130] *Certain Woven Textile Fabrics &Prods. Containing Same*,Inv. No. 337 – TA – 976,第21号命令(初步裁决),第13页(2016年11月21日)。

[131] 同上书,第7、13页。

观的模仿和假冒。[132] 事实上,第 43(a)节对大部分普通法上的反竞争行为授予联邦管辖权。所有违反第 43(a)节的共同因素使产品或者服务被虚假地陈述给买方,而买方很可能因此对产品的来源或者性质产生混淆。

虚假的原产地指定和虚假的描述或陈述在《兰哈姆商标法》第 43(a)节也有明确规定。[133] 委员会指出“对原产地的虚假指定”应该限制在对产地的地理位置的虚假指定,而词汇“虚假陈述”应该被用来指对生产厂家的虚假指定。[134] 委员会的这种解释受到权威法源的支持,这些权威法源将关于厂家来源的不当陈述归总在虚假陈述的大类之下,作为众多种类的诉讼请求之一。[135] 委员会对原产地的虚假指定和虚假陈述所作的区别在 337 条款下是符合逻辑的,因为当发现违反了 337 条款时,厂家的地理位置对决定适当的救济方式是一个非常重要的考虑因素。

---

〔132〕 J. Thomas McCarthy, McCarthy on Trademarks § 27:8,第 256 页。

〔133〕 同上书, § 27:3,第 247 页。

〔134〕 参见 *Certain Carbon &Alloy Steel Prods.*, Inv. No. 337 – TA – 1002,初步裁决,第 26 页(2017 年 11 月 1 日)(美国钢铁公司的主要指控是被告向位于第三国的第三方销售中国国内生产的钢铁产品,由后者向美国转运,并使用非中国原产的标识文件);*Certain Log – Splitting Pivoted Lever Axes*, Inv. No. 337 – TA – 113,委员会意见(1982 年 7 月 2 日)。

〔135〕 McCarthy 认为对生产商的虚假陈述属于虚假描述/陈述的一个类型, McCarthy, *supra* note 132, § 27:7,第 254 页。这一认定得到了以下案例支持:*Dastar Corp. v. Twentieth Century Fox Film Corp.*, 539 U. S. 23 (2003);*Federal – Mogul – Bower Bearings, Inc. v. Azoff*, 313 F. 2d 405 (6th Cir. 1963);*Franklin Mint, Inc. v. Franklin Mint, Ltd.*, 331 F. Supp. 827 (E. D. Pa. 1971);*Eastman Kodak Co. v. Royal – Paper Box Mfg. Co.*, 197 F. Supp. 132 (E. D. Pa. 1961); and *Geisel v. Poynter Prods.*, 283 F. Supp. 261 (S. D. N. Y. 1968)。

第四章

337 调查的参与人

337 调查的突出特征之一是除了委员会之外,还有很多的参与人。和大多数美国联邦地区法院的案件不同,337 调查涉及的不仅仅是通常作为原告和被告的知识产权所有人和被指控侵权人,委员会的不公平进口调查办公室也在许多 337 调查中扮演着积极的角色。此外,许多 337 调查还涉及其他的参与人,如涉案产品的进口商、美国子公司或客户,他们也可能在 337 调查的起诉书中被列为被告。行政法官和委员会间的两个层级相互作用也是 337 调查的另一个特点,这点在联邦地区法院诉讼程序中是没有的。本章对 337 调查中典型的参与人及其在 337 调查中各自的角色做一个介绍。

一、委员会

委员会由 6 名委员组成,来自同一个政党的委员不能超过 3 个。美国总统指定其中一名委员为主席,主席一职所属的政党每两年轮换。每名委员由美国总统提名并经过美国国会参议院确认,任期为 9 年。[1] 尽管每个 337 调查中大部分的日常问题由行政法官处理,委员会在 337 调

〔1〕 参见《美国法典》第 19 章第 1330(a)节(2006)。

查程序中自始至终都扮演着至关重要的角色。[2]

当收到 337 调查起诉书后,委员会有 30 日的时间决定是否立案调查。除非存在极特殊的情况,例如,当起诉书要求临时救济,委员会可能因此需要额外的时间来决定;或者原告提交了修改后的起诉书或要求委员会推迟立案调查或者撤回起诉书[3],如果原告满足了《委员会运作和程序规则》(Commission Rules of Practice and Procedure)(以下简称《委员会规则》)第 210.12 节[4]要求的话,委员会应当依法[5]立案调查。委员会也在《美国联邦纪事》上发布通知,以寻求关于公共利益和其他立案有关事项的评议。委员会考虑相关方和公众利益相关群体提交的书面评议,以决定是否将公共利益问题作为行政法官调查范围的一个部分。[6]《美国联邦纪事》上发布载有调查范围的公开通知后,调查即正式开始。[7] 如果委员会决定不发起调查,它会将不予立案的原因书面告知原告和所有在起诉书中列明的被告。[8] 然而,在 337 调查的历史上,委员会在审阅完起诉书后决定不立案调查的情况非常罕见。[9] 因为如果

---

[2] 2018 年 5 月 8 日,委员会在《美国联邦纪事》上发布了一个详述该机构对于其《委员会规则》修订的通知。参见 *Rules of General Application, Adjudication, and Enforcement*, 83 Fed. Reg. 21,240(2018 年 5 月 8 日)。这些规则自 2018 年 6 月 7 日起生效。

[3] 《美国联邦规章典集》第 19 章第 210.10(a)节(2014)。

[4] 强烈建议原告将其起诉书交付不公平进口调查办公室进行预览,以增加其满足委员会详细规则要求的可能性,详见《美国联邦规章典集》第 19 章第 210.12 节(2014)。

[5] 参见《美国法典》第 19 章第 1330(b)(1)节规定,"对于任何违反 337 条款的指控,委员会应该根据经宣誓的起诉书或者自行发起调查"。

[6] 请见本书第十一章第二部分。

[7] 参见《美国法典》第 19 章第 1337(b)(1)节(2006);《美国联邦规章典集》第 19 章第 210.10(b)节。

[8] 《美国联邦规章典集》第 19 章第 210.10(c)节。

[9] 委员会决定不立案调查的案例只有 4 起:Complaint concerning *Certain Synthetically Produced, Predominantly EPA Omega-3 Prods. in Ethyl Ester or Re-esterified Triglyceride Form*, USITC Docket No. 3247 (Oct. 27, 2017); Complaint concerning *Certain Elec. Hand-held Pulse Massagers & Components Thereof*, USITC Docket No. 2997 (Jan. 28, 2014); Complaint concerning *Certain Grain Oriented Silicon Steel*, USITC Docket No. 1479 (1989) and Complaint concerning *Certain Fruit Preserves in Containers Having Lids with Gingham Cloth Design*, USITC Docket No. 1056 (1984)。

原告的起诉书满足了《委员会规则》中关于起诉书基本格式和所需信息的要求[10]，委员会就必须立案调查，但是立案调查本身并不代表委员会就原告主张的实体问题作出了任何裁决。

一旦 337 调查正式立案，首席行政法官会指派一位行政法官负责主持该案的调查取证、庭前问题以及听证会。经过这些程序后，行政法官最终将对被告是否存在违反 337 条款的行为颁布一份“最终初步裁决”。在 337 调查的早期阶段，委员会的参与仅限于审查行政法官在这个阶段内颁布的各种中间初步裁决。这些中间初步裁决以及委员会的审查程序由《委员会规则》确定。与行政法官最后公布审理案件结果的“初步裁决”不同，中间初步裁决对判定是否违反 337 条款的最终问题不具有决定性作用，作出这种中间初步裁决的例子包括：根据《美国联邦规章典集》第 210.14 节批准请求修改起诉书和调查通知的动议，在被告不能证明其不属于《美国联邦规章典集》第 19 章第 210.16 节的缺席情形，或当行政法官依据《美国联邦规章典集》第 210.18 节发布简易程序裁决时。[11]

一旦行政法官对其颁布的“最终初步裁决”作出认证并向委员会签发，当事人对该 337 调查事项的任何进一步意见须向委员会直接递交。委员会可自行决定审查整个初步裁决或者初步裁决的某一部分，或者相关方可请求委员会审查整个初步裁决或裁决的某一部分。如果委员会不在初步裁决发布的 60 日内采取行动（如要求审查或延长截止期），认定违反 337 条款的最终初步裁决即为委员会的最终裁决。[12] 如果委员会的通知表示它将不审查行政法官的初步裁决，初步裁决即自动成为委员会

---

〔10〕《美国联邦规章典集》第 19 章第 210.12 节规定了起诉书所须包含的特定信息；《美国联邦规章典集》第 19 章第 210.8 节说明了提起一个起诉的特定要求。

〔11〕《美国联邦规章典集》第 19 章第 210.42(c)(1)节，规定了对于某些类型的动议，行政法官应该通过发布一项初步裁决（ID）或拒绝发布一个法令来批准或拒绝；《美国联邦规章典集》第 19 章第 210.42(c)(2)节要求行政法官通过发布一项初步裁决来批准或拒绝两种类型的动议。

〔12〕《美国联邦规章典集》第 19 章第 210.42(h)(2)节，类似地，委员会应在初步裁决发布的 45 日内作出行动；对于初步裁决附属的其他问题，委员会应 30 日内作出行动；否则，初步裁决即为委员会的最终裁决。《美国联邦规章典集》第 19 章第 210.42(h)(1)和(3)节。

的最终裁决。

在当事人提交要求进行审查的上诉请求后,委员会可要求当事人进一步提交法律评议。委员会随后会:(1)采纳行政法官的初步裁决;或(2)维持行政法官的裁决,但发布澄清其理由的观点;或(3)审查行政法官的初步裁决并推翻全部或部分该裁决。如果委员会基于公共利益的考量,发现存在违反337条款的情况,它将发布有限排除令或普遍排除令或禁止令形式的救济,并终止调查。如果委员会发现被告没有违反337条款,它将据此终止调查,并不发布任何救济措施。无论如何,任何受委员会最终裁决不利影响的当事人在委员会发布其最终裁决60日之内可以向美国联邦巡回上诉法院提起上诉。[13] 但如果委员会作出的是违反337条款的最终裁决,此委员会裁决在60日的行政审查期届满后才成为终裁,上诉的时限才开始起算。

二、行政法官

一旦337调查正式立案,首席行政法官会将其指派给一位行政法官审理。目前委员会至多可有6名行政法官,行政法官处理337调查的日常事项,并且是案件事实审的初探者(译者注:与联邦地区法院的民事诉讼不同,没有陪审团审理并决定案件的事实问题)。行政法官根据《委员会规则》[14]和《行政程序法》主持调查。[15] 虽然《联邦民事诉讼程序规则》和《联邦证据规则》并不具体适用于337调查的程序,但是行政法官在监督调查取证和进行庭审的时候可参考这些规定,特别是当委员会自己的规则存在空白的时候。

行政法官被指派一个调查案件后通常首先会颁布一个标准条款的委员会保护令,用来规制案件调查过程中商业秘密信息的披露问题。联邦地区法院诉讼中对类似这种保护令的具体条款内容经常有长达几个月的争论,委员会行政法官颁布的这种标准条款保护令避免了这个问题。被

---

〔13〕 参见《美国法典》第19章第1337(c)节。

〔14〕 《美国联邦规章典集》第19章第210节(2018)。

〔15〕 参见《美国法典》第5章第551-559节。

保护令保护的信息通常只披露给委员会的工作人员、当事人的外部律师和他们聘用的具有资格的专家。在每一个调查案件的早期，行政法官还会颁布一个包含其设定的基本规则(ground rules)的法令。这些基本规则对调查过程提供了非常详细的指引，并对《美国联邦规章典集》第 19 章第 210 节的《委员会规则》作了补充。[16] 基本规则会让当事人了解有关调查取证、动议和文件提交的形式、庭审前和庭审后的法律意见陈述、证据附件的要求和其他事项以及各事项的时间等其他要求。

行政法官必须在调查立案后的 45 日之内，颁布设定完成调查目标日期的命令。[17] 这是 337 条款鼓励快速裁决的一个机制。如果行政法官将目标日期设定为从调查立案(调查立案通知在《美国联邦纪事》上公布)之日起 16 个月，颁布该设定目标日期的命令是终局的，并不受委员会中间审查。但如果其设定的目标日期超过 16 个月，那么该设定目标日期的命令则构成了一个初步裁决，当事人可以上诉请求委员会审查(译者注:对于原告来说，选择提起 337 调查的原因就是能够快速获得救济)。[18]

委员会对 337 调查有最终的决定权，但行政法官根据《行政程序法》具有独立的裁量权。[19] 行政法官审理 337 调查案件就如美国联邦地区法院的法官审理案件一样，只是没有陪审团而已。他们对动议作出裁决、主持类似法庭审讯的庭审/听证会，以及在设定的目标日期内制定程序日期表。行政法官对案件的管辖权在其对颁布的"初步裁决"进行认证并向委员会签发后终止。[20] 自那时后，有关特定事项的任何沟通都须对委员会作出。

---

〔16〕 *See, e. g.*, *Certain Water Filters & Components Thereof*, Inv. No. 337 - TA - 1126, Order No. 2 (Aug. 13, 2018).

〔17〕 《美国联邦规章典集》第 19 章第 210. 51 节。

〔18〕 《美国联邦规章典集》第 19 章第 210. 51(a)(1)节。对于形式执行程序，如果目标日期不超过 12 个月，行政法官的法令就是终局的。对比《美国联邦规章典集》第 19 章第 210. 51(a)(2)节。

〔19〕 参见《美国法典》第 5 章第 557(b)节。

〔20〕 参见《美国法典》第 5 章第 557(d)(1)节。

在设定的目标日期至少4个月前,行政法官须对是否存在违反337条款的行为作最终初步裁决。[21] 除非委员会有其他指令,行政法官在确认其初步裁决后的14日内,还须发布一个关于救济措施和保证金的建议裁决。[22] 该建议裁决也将包含对事实的认定以及关于委员会指派给行政法官的公共利益问题的建议。[23] 违反337条款的初步裁决在送达后60日之内成为委员会的最终决定,除非委员会决定审查该初步裁决。[24] 如果委员会决定审查初步裁决的整体或者部分,将会发生下面讨论的三种情况中的一种:(1)如果委员会发布通知或观点,维持其审查的初步裁决的部分内容,这些部分将会成为具有拘束力的最终裁决(委员会在发布通知的时候可能发表自己的意见);(2)如果委员会不同意行政法官的初步裁决的任何部分或整体,它会发表自己的意见,而该意见将取代行政法官的初步裁决;(3)如果委员会审查初步裁决决定对某些问题"不予表明立场",那么该部分的初步裁决并没有被推翻,但是对将来的调查遇到的同样问题不具有先例约束力。[25] 就是否违反337条款作出最后裁决之后,委员会在斟酌本调查合适的救济方式时会考虑公共利益和行政法官所作的建议裁决。

委员会的行政法官们是根据《美国宪法》第1条设置的法官,须满足《行政程序法》规定的条件才能符合任职资格。行政法官有任期。从历史上来说,一般在任何时候都有3名或4名法官。由于337调查数量的激

---

〔21〕《美国联邦规章典集》第19章第210.42(a)(1)(i)节。

〔22〕《美国联邦规章典集》第19章第210.42(a)(1)(ii)节。

〔23〕《美国联邦规章典集》第19章第210.42(a)(1)(ii)(C)节。

〔24〕《美国联邦规章典集》第19章第210.42(h)(2)节。

〔25〕美国联邦巡回上诉法院对委员会"通知"其将对行政法官初步裁决的某些问题进行审查但是在委员会的意见里对通知要审查的这些问题不予表明立场的情况作了判决。委员会"通知"的效果是那些问题不能立即上诉,而委员会不予表明立场的结果导致败诉的当事人永远不能就这些问题进行上诉。美国联邦巡回上诉法院开始认为委员会"通知"要审查但是随后没有审查的问题仍然可以向美国联邦巡回上诉法院进行上诉。参见General Elec. Co. v. U.S. Int'l Trade Comm'n,670 F.3d 1206,1220 (Fed. Cir. 2012)。另参见Order 2010-1233 (Fed. Cir. July 6,2012)(撤回其早先意见的部分)。因此,委员会"通知"要审查但后来又没有审查的问题是否可以上诉仍然没有清楚的答案。请见本书第十二章第一部分对委员会的审查和the *General Electric* case的讨论。

增,截至本书出版时有 5 名现任行政法官。其中担任委员会行政法官时间最长的法官 Charles E. Bullock,在 2002 年被任命为行政法官并在 2011 年被指定为首席行政法官。[26] 首席行政法官“对保证缜密又快速地处理 337 调查案件提供行政指引和领导”。[27] 然而,同他的前任,首席行政法官 Donald K. Duvall、Jane D. Saxon 和 Paul J. Luckern 一样,首席行政法官 Judge Bullock 表达了对每一位行政法官独立性的尊重。

三、不公平进口调查办公室

不公平进口调查办公室的专职律师在 337 调查前和调查后的阶段都扮演了非常重要的角色。在起诉书提交给委员会之前,原告一般都会和不公平进口调查办公室会谈,以保证起诉书符合《美国联邦规章典集》第 19 章第 210. 12 节的规定,在形式和内容上都满足委员会对起诉书的要求。在这个起诉书正式提交前的阶段,委员会获得的任何信息被视为保密,受到保护而不被披露。审查起诉书的不公平进口调查办公室专职律师不必然在 337 调查正式立案之后被指派参与该案。

在原告向委员会提交起诉书后,不公平进口调查办公室对起诉书中提出的指控进行非正式的调查。在此期间,不公平进口调查办公室可以就起诉书中的各种问题和原告以及被告进行非正式的沟通。[28] 在这个调查基础上,不公平进口调查办公室就是否正式发起 337 调查向委员会提出建议。

一旦 337 调查立案,不公平进口调查办公室的专职律师可以作为一个中立方参与调查,其主要角色是在整个调查过程中保护公共利益。因为 337 条款法律和《委员会规则》明确要求作裁决者要对颁布救济措施或

---

〔26〕 新闻发布“Bullock 被任命为美国国际贸易委员会的首席行政法官”(2011 年 10 月 20 日),载 http://www. usitc. gov/press_room/news_release/er1020jjl. html。

〔27〕 同上。

〔28〕 委员会关于 337 调查的《常见问题答疑》(2009 年),15 页的问答 9,载 http://www. usitc. gov/intellectual_property/documents/337_faqs. pdf。

者终止调查是否符合公共利益进行考量,[29]不公平进口调查办公室的专职律师参与调查保证了委员会在所有问题上作出的决定都符合公共利益。

传统上,不公平进口调查办公室的专职律师参与委员会提起的每一起调查。但目前情况有变,这取决于案件量。2011年5月,委员会采纳了一个规则,实施了委员会为重新整合资源于2011年1月发布的2009~2013年《人力资源战略计划补充书》中关于337调查中不公平进口调查办公室专职律师的角色的提议。[30] 该规则没有改变不公平进口调查办公室在起诉书正式提交之前和原告会谈、审阅起诉书及就委员会是否应该立案调查提供意见的角色。但是,它去掉了要求不公平进口调查办公室的专职律师参与每一起调查的强制要求,允许在调查立案之后,不公平进口调查办公室在对每起案件具体问题分析的基础上指派律师参与,包括有限参与某个调查案件的某些具体问题。这样更集中的、有选择性的参与案件提高了调查效率,财政上也更加可行。

该规则修正案通过不公平进口调查办公室的专职律师在337调查中的三种参与模式来体现。对某个调查参与模式的选择取决于涉及的问题性质,并视每件案件具体的情况来决定。

第一种模式,保留了不公平进口调查办公室作为参与方的传统角色,参与所有或几乎所有的问题。不公平进口调查办公室的专职律师可以主动要求调查取证、提交动议、对其他当事人提交的动议作出回答,以及在证人质询和开庭的时候质询证人。不公平进口调查办公室的专职律师通常对所有在开庭时需要裁判的问题都有一个立场,一般认为行政法官和委员会在影响公共利益或者对私人当事人关注问题之外能够产生政策影响的问题上,相当地重视不公平进口调查办公室专职律师的立

---

〔29〕 参见《美国法典》第19章第1337(d)&(f)节。

〔30〕 The Strategic Human Capital Plan 对人员和预算的分配进行提议,对每年数量不断增长的337调查能够有效地使用委员会有限的资源提供解决方法。参见 Supplement to the Strategic Human Capital Plan 2009–2013 (Jan. 2011),载 http://www.usitc.gov/intellectual_property/documents/2009_13_SHCP.pdf;编撰于《美国联邦规章典集》第19章第210.3节。

场。因为不公平进口调查办公室本身也是337调查的一个参与方,私人当事人的律师和不公平进口调查办公室的专职律师之间的交流并不属于通常所说的禁止当事人单方面和委员会以及委员会雇员之间交流的情况。[31]

第二种模式,不公平进口调查办公室指派一名专职律师参与调查并着重处理“那些不公平进口调查办公室可以提供最大价值和专长的问题”。[32] 在这些案件里,不公平进口调查办公室将发布“委员会调查律师部分参与的通知”,并指出不公平进口调查办公室专职律师有限参与的具体问题。这样的问题通常包括国内产业、损害、公共利益和保证金,但也可能包括侵权和专利无效。[33]

第三种模式,对“不大可能需要不公平进口调查委员会的专长”的337调查案件,[34]不公平进口调查办公室将完全不参与。这些案件中,不公平进口调查办公室将颁布“委员会调查人员不参与调查的通知”并强调“不公平进口调查办公室将不会参与调查的任何阶段,包括调查取证、动

〔31〕 禁止和委员会雇员进行单方交流的法律可参见《美国法典》第5章第557(d)(1)(A)节。

〔32〕 Supplement to the Strategic Human Capital Plan 2009 – 2013,第3页注释〔31〕。

〔33〕 参见 *Certain Wireless Communications Equipment and Articles Therein*, *Inv. No.* 337 – 866, *Notice of Comm'n Investigative Staff's Partial Participation* (Mar. 27, 2013)(将参与的问题限制于7个涉诉专利中的4个,公共利益相关问题以及与被告欺诈问题和标注必要专利相关抗辩点); *Certain Flip – top Vials &Prods. Using the Same*, Inv. No. 337 – TA – 779, *Notice of Comm'n Investigative Staff's Partial Participation* (June 20, 2011)(将参与的问题限制在国内产业的经济方面、救济、公共利益和保证金);参见 *Certain Digital Televisions & Components Thereof & Certain Elec. Devices Having a Blu – Ray Player & Components Thereof*, Inv. No. 337 – TA – 764, *Notice of Comm'n Investigative Staff's Partial Participation* (May 16, 2011)(将参与的问题限制在与“争议的专利”有关的问题)。

〔34〕 Supplement to the Strategic Human Capital Plan 2009 – 2013,第3页脚注〔31〕。

议规则和证据听证”。[35]

四、委员会内部的其他办公室

委员会的年度报告披露了其内部各个办公室的组织机构,其中包括与337调查最相关的办公室/处,包括行政法官、不公平进口调查办公室、秘书处以及总法律顾问处。[36]

除了委员会、行政法官和不公平进口调查办公室,秘书处和总法律顾问处在337调查中也起非常重要的作用。

秘书处的官方任务为管理委员会的“官方档案记录和文件”。[37]在委员会进行诉讼的当事人在调查过程中频繁和秘书处互动。秘书处下属的诉讼案卷服务科(Docket Services)负责接收所有向委员会提交的文件,并且维护委员会的电子文件信息系统(Electronic Documents Information System,EDIS)。值得注意的是,委员会实行的电子提交文件的规则,强制要求以电子方式[38]提交大多数文件,不管是公开或者保密版本,都必须

---

[35] *See,e. g.*, *Certain Snowmobiles with Engines Having Exhaust Temperature - Controlled Engine Technology & Components Thereof*, Inv. No. 337 - TA - 940, Comm'n Investigative Staff's Notice of Nonparticipation (Jan. 16, 2015); *Certain Elec. Devices Having a Digital Television Receiver & Components Thereof*, Inv. No. 337 - TA - 774, Comm'n Investigative Staff's Notice of Nonparticipation (July 5, 2011); *Certain Mobile Tels. & Modems*, Inv. No. 337 - TA - 758, Comm'n Investigative Staff's Notice of Nonparticipation (July 22, 2011).

[36] ITC, Budget Justification Fiscal Year 2019, 第58页(2018年),载 https://www.usitc.gov/press_room/documents/final - 2019 - usitc - budget_2013508 - compliant.pdf,最后访问日期:2019年2月3日。

[37] ITC, *Office of the Secretary*, 载 http://www.usitc.gov/secretary.htm,最后访问日期:2019年2月3日。

[38] 必须注意具体的文件类型可能以电子方式提交之外还要求进行纸质版本的提交。这样的文件通常要求纸质版本(行政法官2份、委员会8份)在第二个工作日中午之前提交。

按《委员会规则》第 201.8 节和第 210.4 节的一般规定来提交。[39] 2018 年 9 月，委员会发布了新的 EDIS 文件提交程序及用户指南。[40] 此外，秘书处负责发布委员会通知、报告和法令，计划和参与所有委员会的会议和庭审，以及就委员会根据保护令接受的保密信息的处理和披露事宜作出决定。[41]

总法律顾问处的角色则是委员会的首席法律顾问，对 337 调查中出现的以及对委员会有重大意义的问题包括人员以及合同有关的法律问题提供意见。[42] 总法律顾问处是由经验丰富、经过技术训练的律师组成，他们对委员会的决策过程提供专业知识和持续支持。虽然总法律顾问处负责广泛的问题，就 337 调查来说，它的最重要的三个功能是：在调查过程中对起诉书的完整性提供建议；在审查行政法官的初步裁决时对委员会提供建议；在对 337 调查结果提起的美国联邦巡回上诉法院上诉案件中为委员会的最终裁决进行辩护。[43]

五、私人当事人

除了委员会的各个办公室/处，337 调查还涉及一些私人当事人，例如，提交起诉书的原告，在 337 调查中的列名被告，以及与调查中需要解决的问题有关的、与原告或被告有关的任何第三人。

---

〔39〕 在 the Commission Rules 和 the Handbook on Filing Procedures 中概括了例外的情况。经过秘书处同意，也可以给予进一步的例外处理，秘书处的这种决定可以通过提交书面豁免申请来获得。参见 ITC，Handbook on Filing Procedures（Aug. 8，2014），载 https://www.usitc.gov/secretary/documents/handbook_on_filing_procedures.pdf，最后访问日期：2020 年 5 月 2 日。另参见《美国联邦规章典集》第 19 章第 210.4(f)(3) 节。

〔40〕 参见 ITC，*EDIS Support*，载 https://www.usitc.gov/press_room/edissupport.htm，最后访问日期：2019 年 2 月 3 日；另参见 ITC，EDIS 3.10 User Guide for External Users（Sept. 2018），载 https://www.usitc.gov/documents/edis3_10userguide - external_final_optimized.pdf，最后访问日期：2020 年 5 月 2 日。

〔41〕 参见脚注〔38〕。

〔42〕 ITC，Annual Performance Report，FY 2017，at 75（2017），https://www.usitc.gov/documents/usitc 2018 – 2019 app and 2017 apr.pdf.

〔43〕 ITC，参见上注文第 25 – 26 页的脚注〔37〕。

(一)原告

337调查中的原告是向委员会提交起诉书,指控发生了《美国法典》第19章第1337节描述的一个或多个知识产权侵权行为或其他不公平竞争行为的人。起诉书可以由具体提起337调查资格的一个或多个实体提出。[44] 337调查中的原告和美国联邦地区法院的专利、商标或版权侵权案件中的原告在很多方面相似。但他们之间也存在很重要的区别。其中最重要的是337调查中的原告须最终证明原告或者至少有一个由原告授权的被许可人,[45]就争议的专利、版权、商标、半导体芯片集成电路布图设计(掩膜作品)、船体设计或更一般的权利存在已经建立起来的美国产业,或者该产业正在建立的过程之中。[46] 因此,并不是所有知识产权权利人都可以成功地提起337调查。美国国内产业可以通过对工厂设备的重大投资、大量的劳动力雇佣或资金,或者就专利、版权和注册商标而言,还可以通过对知识产权的使用,包括工程、研究、开发或授权许可方面的重大投资来证明。[47]

原告的注册地不一定在美国才能满足国内产业的要求。只要原告可以证明其拥有有效的美国知识产权,并在美国有足够的商业活动,原告就可提起337调查。提起337调查并且满足国内产业要求的外国原告的数量在不断增长。事实上,2014年,将近40%的原告的总部位于美国境

---

〔44〕《美国联邦规章典集》第19章第210.12(a)(7)节要求每个基于知识产权的起诉书(不论涉及哪类知识产权)的原告中至少包括一个该知识产权权利人或独占许可人。

〔45〕参见 *Certain Elec. Imaging Devices*, Inv. No. 337 - TA - 726, Order No. 18 (Initial Determination) (Mar. 8, 2011) (未经审查); *Certain Elec. Devices*, 337 - TA - 673/667, Order No. 49C (Initial Determination) (Nov. 16, 2009) (未经审查)。

〔46〕对于基于知识产权的337调查,国内产业的要求规定在《美国法典》第19章第1337(a)(2)(3)节。对于其他337调查,例如,基于商业秘密或其他"不公平竞争行为"的调查,国内产业要求则规定在《美国法典》第19章第1337(a)(1)(A)(i) - (iii)节并在适用的先例中作进一步解释。

〔47〕《美国法典》第19章第1337(a)(3)节;可见本书第五章第三部分。

外。[48] 在接近 2018 年年底的时候，将近 1/4 的原告是美国境外的实体。[49]

(二)被告

337 调查的被告是原告在起诉书中列名违反了 337 条款的当事人(之后列名在委员会颁布的调查通知中)。337 调查的被告在许多方面与美国联邦地区法院侵权诉讼的被告相似。例如，被告对其主张的积极抗辩负有举证责任。然而他们的一个主要区别在于，委员会的被告可以使用任何普通法或衡平法上的抗辩，但是如果反诉则必须将案件移送到美国联邦地区法院。[50] 另外，在委员会诉讼比美国联邦地区法院一般更容易从外国被告处获得调查取证结果，因此对寻求获得对外国实体实施救济措施的原告具有吸引力。[51]

原告可以选择在 337 调查中将哪些人列名为被告，并运用不同的策略来选择被告。一般来说，原告会将所有外国生产商以及已知的进口商列名为被告。决定哪些人为被告的重要性在联邦巡回上诉法院在京瓷天线公司诉美国国际贸易委员会(Kyocera Wireless Corp. v. U. S. International Trade Commission)案中再一次得到强调。[52] 该案判决原告只能获得针对在调查中列名为被告者生产的下游产品(包含了调查中涉案侵权产品组件的最终产品)的有限排除令的救济。换句话说，如果一个原告寻求有限排除令并希望获得针对下游产品的救济，它必须把希望采取排除令或禁止令措施的所有下游生产商列为被告。[53]

如果原告在调查立案后希望增加被告，它只能通过要求修改起诉书

---

〔48〕 此数据是根据委员会官网数据整合的，载 http://www. usitc. gov，最后访问日期：2019 年 2 月 3 日。

〔49〕 同上。

〔50〕 《美国法典》第 19 章第 1337(c)节；《美国联邦规章典集》第 19 章第 210. 14(e)节。

〔51〕 更多信息可参见本书第七章关于外国被告调查取证的部分。

〔52〕 Kyocera Wireless Corp. v. U. S. Int'l Trade Comm'n, 545 F. 3d 1340 (Fed. Cir. 2008).

〔53〕 *See, e. g.*, *Certain Digital Televisions & Components Thereof*, Inv. No. 337 - TA - 789, Order No. 22 (Dec. 6, 2011).

和调查通知来进行。[54] 行政法官批准修改的决定必须经认证并以初步裁决的形式向委员会签发。如果允许更多的私人当事人参与调查会导致不公平或者非常没有效率,行政法官或委员会可能不会批准原告增加被告的要求。

当一个实体被列名为 337 调查的被告,它可以作为一个积极参与方参与案件的全部调查,也可以为同意停止其被控侵权行为并签署同意令的目的有限地参与调查。[55] 如果它选择不参与,就可能面临被认定缺席而自动败诉,并受制于对其强制实行的救济措施。[56] 为节省成本并使抗辩更易实现,很多时候被告会共享资源,一起处理一些共性问题。

历经多年,337 调查涉及了世界范围内不同地区的许多被告。自 2008 年[57],大约 57% 的被告是美国公司,30% 的被告来自中国大陆、中国台湾地区、日本和韩国[58],剩余的则来自以下国家或地区:

澳大利亚、奥地利、比利时、伯利兹、巴西、英属维尔京群岛、加拿大、开曼群岛、智利、哥斯达黎加、捷克共和国、丹麦、芬兰、法国、德国、直布罗陀、中国香港地区、印度、印度尼西亚、爱尔兰、以色列、意大利、哈萨克斯坦、卢森堡、中国澳门地区、马来西亚、毛里求斯、墨西哥、摩尔多瓦、荷兰、新西兰、挪威、巴基斯坦、巴拿马、秘鲁、菲律宾、葡萄牙、塞尔维亚、新加坡、斯洛伐克、斯洛文尼亚、西班牙、瑞典、瑞士、泰国、土耳其、乌克兰、阿联酋、英国和越南。

和历史数据比起来,越来越多的总部设在美国的公司被列名为被告,反映了越来越多的美国公司在境外进行生产的趋势。[59]

(三)第三人

因为 337 调查的救济措施可能产生广泛的后果,它经常会涉及非当

---

[54] 《美国联邦规章典集》第 19 章第 210.14(b)节。

[55] 《美国法典》第 19 章第 1337(c)节;《美国联邦规章典集》第 19 章 210.21(c)节。另参见本书第八章第三部分对同意令的讨论。

[56] 更多请参见本书第八章第四部分关于缺席自动败诉的程序和效果。

[57] 数据从委员会官网上获取,见上脚注[49]。

[58] 2008 年至 2018 年,约 30% 的被告为亚洲的公司,其中约 15% 为中国大陆的公司,6% 为中国台湾地区的公司,6% 为日本的公司,3% 为韩国的公司。

[59] 参见本书第一章第一部分对被指控产品的历史起源进行的讨论。

事人的利益。对涉案产品的客户和进口商来说，尤其如此。或者当起诉书寻求普遍排除令，这将会排除所有涉案产品，而不仅仅是生产、进口或销售进入美国涉案产品的列名被告。当第三人的利益受到或可能受到337调查结果影响的时候，第三人可以根据《美国联邦规章典集》第19章第210.19节的规定申请作为第三人参与调查。[60]

如果非当事人想要作为案件第三人参与一项337调查，他必须递交书面的动议。[61] 他可以寻求像当事人一样完全参与调查的权利或者要求在一定的范围内参与调查。[62] 如果潜在第三人选择加入被告一方，他

---

〔60〕 参见 *Certain GPS Devices & Prods. Containing Same*, Inv. No. 337 – TA – 602, Garmin Int'l's Submission on Remedy, the Public Interest and Bonding (Nov. 13, 2008); *Certain Lithium Metal Oxide Cathode Materials, Lithium – Ion Batteries for Power Tool Prods. Containing Same & Power Tool Prods. with Lithium – Ion Batteries Containing Same* (*Lithium – Ion Batteries*), Inv. No. 337 – TA – 951, Comm'n Notice to Review in Part the Final ID at 3 (May 11, 2016)（拒绝非当事人的3M公司在最终初步裁决后提出的关于享有全部当事人权利来参与调查的动议，但在考虑救济措施、保证金和公共利益时考虑3M公司的公共利益陈述）; *Lithium – Ion Batteries*, Inv. No. 337 – TA – 951, Comm'n Op. (Pub. Version), at 44 (Jan. 26, 2017)（允许3M公司和其他非当事人的公司在委员会关于救济措施、保证金和公共利益的听证会上作证）。

〔61〕 《美国联邦规章典集》第19章第210.19节。

〔62〕 参见 *Certain Commc'ns or Computing Devices & Components Thereof*, Inv. No. 337 – TA – 925, Initial Determination (Sept. 9, 2014)（未审查）（批准Google申请作为第三人参与的请求并给予Google四个被指控专利中三个的全部参与者权利，但不属于被告地位）; *C Certain Opaque Polymers*, Inv. No. 337 – TA – 883, Notice of Comm'n Decision to Grant Motions to Intervene; Comm'n Decision to Review an Initial Determination Granting Default and Sanctions; Request for Written Submissions on Issues Under Review, Remedy, the Public Interest, and Bonding (Dec. 16, 2014)（批准Finnegan, Henderson, Farabow, Garret & Dunner, LLP's 和 Omur Yarsuva 要求仅为争议的经济制裁措施的连带责任而参与的第三人）; *Certain Rare – Earth Magnets & Magnetic Materials & Articles Containing the Same*, Inv. No. 337 – TA – 413, Order No. 15 (Nov. 30, 1998)（潜在的第三人仅未反对起诉方修改起诉书的目的参与调查）; *Certain Baseband Processor Chips & Chipsets, Transmitter & Receiver (Radio) Chips, Power Control Chips & Prods. Containing Same Including Cellular Tel. Handsets*, Inv. No. 337 – TA – 543, Order No. 27 (Feb. 15, 2006)（潜在的第三人仅为调查的救济措施阶段而参与调查）。

可以要求以“案件第三人”或是“被告”的身份参与。[63] 如果被准予以“被告”的身份参与,根据《美国法典》第28章第1659节,第三人有权在337调查进行期间,要求暂停和337调查平行的联邦地区法院诉讼。[64] 但是,被允许参与案件的“非当事人”不能获得作为被告地位的权利。[65]

行政法官有批准请求作为第三人参与调查动议的自由裁量权,“只要在案件的特定情况下该要求是适当的”。[66] 通常委员会和行政法官将《联邦民事诉讼程序规则》第24(a)条中设定的测试标准作为指导,来判断特定事项中第三人是否合适。[67] 当事人在以下情况下申请作为第三人参与时,委员会和行政法官通常会认为作为第三人参与是合理的:(1)及时提出动议;(2)诉称某物权或交易与本案利益相关;(3)按目前处理案件可能实际上会损害或阻碍保护该利益的能力;(4)目前当事人代表性不足;(5)第三人的参与不会过分延迟或者损害原当事人的权利。[68] 如果行政法官决定允许一个实体作为第三人参与调查,而且潜在的第三人申请和当事人一样的所有参与权利,行政法官必须决定是否以任何形

---

〔63〕 请见脚注〔62〕的案例。

〔64〕 *See also Certain Network Interface Cards & Access Points for Use in Direct Sequence Spread Spectrum Wireless Local Area Networks & Prods. Containing Same*, Inv. No. 337 – TA – 455, Comm'n Op., at 9 (July 17, 2001).

〔65〕 同上书, *See also Certain Elec. Devices, Including Mobile Phones & Tablet Computers & Components Thereof*, Inv. No. 337 – TA – 847, Order No. 3, Initial Determination Granting Google, Inc. Intervenor Status, but Denying Google, Inc.'s Request to Intervene as a Respondent (Aug. 7, 2012).

〔66〕 同上书, *see also Certain Garage Door Operators Including Components Thereof*, Inv. No. 337 – TA – 459, Order No. 7 (Nov. 20, 2001).

〔67〕 John Downing, Kati Hong & David Saunders, *Third – Party Intervention in Section* 337 *Investigations*, 22 *ITCTLA* 337 *Rep.* 54 (*Summer Associate Ed.*, 2006); *See also Certain Recombinant Erythropoietin*, Inv. No. 337 – TA – 281, Order No. 6 (Mar. 31, 1988).

〔68〕 *Certain Communications or Computing Devices & Components Thereof*, Inv. No. 337 – TA – 925, Order No. 6 Initial Determination (Sept. 9, 2014) (unreviewed) [citing *Certain Electronic Devices with Image Processing – Systems, Components Thereof & Associated Software*, Inv. No. 337 – TA – 724, Comm'n Op., 2012 WL 3246515, at * 36 (Dec. 21, 2011)].

式对其参与范围进行限制。[69] 行政法官对作为第三人参与调查动议的批准是可供委员会审查的初步裁决。[70]

在委员会颁布任何本案的救济措施法令之前,它会就救济方式、公共利益以及保证金问题向当事人、有关政府机构以及其他利益相关方征求意见。[71] 因此,即使潜在被排除令影响的第三人选择不参与调查,它仍可以提交有关救济措施或者公共利益问题的法律意见书。在可能颁布普遍排除令的调查中,这种普遍排除令可能排除第三人产品的进口,不参与的第三人对此自负后果。[72] "作为一般事项,委员会鼓励申请人在提交起诉书时列名所有已知的侵权产品进口商"[73],但是委员会的政策中使用了如"鼓励"一词的消极性术语,而非如"要求"一词的强制性术语。[74] 要求被排除于普遍排除令之外的第三人必须为此提出令人信服的理由,特别是当第三方知晓此调查却"不选择以参与调查的方式保护自己利益"时。[75] 不选择作为第三人参与调查的第三人不大可能提出以上理由,但可以向委员会寻求指导意见或向美国海关寻求一个关于某一物项是否属于某排除令的部分 177 裁决。[76]

---

〔69〕 Downing et al. ,见脚注〔68〕,第 55 页。

〔70〕 《美国联邦规章典集》第 19 章第 210.42(c)节。

〔71〕 参见《美国联邦规章典集》第 19 章第 210.50(a)(4)节。

〔72〕 参见 *Certain Collapsible Sockets for Mobile Elec. Devices & Components Thereof* (*Collapsible Sockets*), Inv. No. 337 – TA – 1056, Comm'n Op. , at 26 – 27 (July 9, 2018)(拒绝第三人要求委员会不得发布普遍排除令,或明确将 Quest 产品排除于普遍排除令之外的请求)。

〔73〕 参见 *Collapsible Sockets*, Inv. No. 337 – TA – 1056, Comm'n Op. , at 26 [quoting *Certain Ground Fault Circuit Interrupters & Prods. Containing Same*, Inv. No. 337 – TA – 739 (Modification), Comm'n Op. , at 8 (Nov. 13, 2012)][引用某些接地故障断路器及其产品案,调查案件号 337 – TA – 739(修订),委员会意见第 8 页(2012 年 11 月 13 日)]。

〔74〕 同上,请见第 25 – 26 页。

〔75〕 参见 *Ground Fault Circuit Interrupters*, Inv. No. 337 – TA – 739, Comm'n Op. , at 91 – 92 (June 8, 2012); 另参见 *Collapsible Sockets*, Comm'n Op. , at 25(第三人提出的将其排除于普遍排除令的请求被拒绝,因为第三人未能就此提出令人信服的理由)。

〔76〕 参见《美国联邦规章典集》第 19 章第 210.79 节(2018);同见 177 号裁决(2012)。

此外,第三人可以参与337调查的调查取证。337调查的当事人可以从非当事人那里寻求调查取证。[77] 对位于美国本土的第三人,调查取证的主要方法是传票传讯。[78] 对位于美国境外的第三人,337调查的当事人可以试图通过该公司的美国国内关联公司(如果存在的话),或者试图通过如《海牙公约》的国际程序获得调查取证。另外,如果第三人掌握的信息允许被调查取证并且允许调查的一方当事人占有,可以要求该当事人出示该信息。第三人在337调查中的角色可超过被调查取证的范围,例如,在高通公司和苹果公司间的两起调查中,英特尔公司被允许作为被告苹果公司的证人而起到了重要作用,特别是与公共利益相关。[79] 尽管不作为第三人干预,英特尔公司提交了证人证言并在证据听证会上作证。

---

〔77〕 然而,行政法官拒绝了原告要求从第三人 Google 那里获得有关公共利益的调查取证,并对从第三人 Broadcom 那里寻求调查取证进行了限制,因为第三人是对委员会关于公共利益的影响征求意见的邀请作出回复,而这个做法并不是原告从他们那里获得调查取证的基础。参见 *Certain Commc'ns Equip., Components Thereof & Prods. Containing the Same, Including Power Over Ethernet Tels., Switches, Wireless Access Points, Routers & Other Devices Used in LANs & Cameras*, Inv. No. 337 – TA – 817, Order No. 12 (May 29, 2012) and Order No. 13 (May 29, 2012)。更多有关第三人调查取证的讨论,可参见本书第七章第十三部分。

〔78〕 参见《美国法典》第19章第1330(a)节,关于委员会发传票的权力,也可见本文第七章。

〔79〕 参见 *Certain Mobile Elec. Devices & Radio Frequency & Processing Components Thereof*, Inv. No. 337 – TA – 1065; *Certain Mobile Elec. Devices & Radio Frequency & Processing Components Thereof*, Inv. No. 337 – TA – 1093。

第五章

337 调查的要素

一、进口

考虑到 337 条款的制定法的章节名称为“进口贸易中的不公平行为”,“进口”作为 337 调查的一个必备要素并不奇怪。基于对法定知识产权侵权指控而进行的调查,要求“所有人、进口商或收货人”包括其代理商[1]将侵权商品[2]“进口到美国、为销售而进口或进口后在美国境内出售”。相似地,制定法的语言要求基于知识产权侵权以外的其他不公平行为进行调查,须证明“进口物品……或销售这些物品”[3]的过程中存在不公平行为。因此,337 条款的制定法可以涵盖进口商以及进口前和进口后的销售商,所有违反 337 条款的调查案件都必须涉及进口商品。

委员会对“进口”一词的解释通常与美国海关一致,即“带着卸货的

---

〔1〕 参见《美国法典》第 19 章第 1337(a)(1)(B)(E)(a)(4)节。

〔2〕 在关于方法专利的案件中,可基于进口到美国、为销售而进口、进口后在美国销售被指控方法专利制造的产品认定违法。参见《美国法典》第 19 章第 1337(a)(1)(ii)(2012)节。

〔3〕 同上书,第 1337(a)(1)(A)节。

意图,将货物运到美国有管辖权的地方"[4]。337调查中的"美国"定义为"美国关税领土",包括美国本土各州、哥伦比亚特区及波多黎各,但不包括其他美国海外领土。[5] 只有当外国货物离开外贸区或者保税仓库,作为消费品进入美国时才被认为是进口。[6] 几乎所有其他类型的进口都可满足成文法对"进口"的要求。例如,对最初在美国生产而后被运到国外的商品,其重新进口(可能为进一步生产工序或是组装到下游产品中)也符合337条款下的"进口"。[7]

可能出乎意料的是,即使没有任何进口行为,也可能被委员会认定"为进口而进行的销售"。在变速风力涡轮机(Variable Speed Wind Turbines)案中,委员会认定执行目的为进口侵权的风力涡轮机到美国的销售合同就足以使委员会具有管辖权,而不需要合同的履行或者涉案产品的实际进口。[8] 如委员会在随后的履带起重机案中解释,"即使销售合同中的货物尚未被建造,其仍可以构成'为进口而进行的销售'",即使合同项下货物未被最终进口。[9] 但仅仅存在销售的要约,不足以满足"存在

---

[4] Headquarters Ruling 115311 (May 10,2001)[quoting Hollander Co. v. United States,22 C. C. P. A. 645,648 (1935) and United States v. Field & Co. ,14 Ct. Cust. App. 406 (1927)].

[5] 参见《美国法典》第19章第1330(m)节(2012);《美国联邦规章典集》第19章第101.1节(2012)("美国关税领土"只包括美国本土各州、哥伦比亚特区和波多黎各)。

[6] 保税仓库和外贸区就是设计用来允许从事涉及外国货物的国内活动,但使这些国内活动如同是在美国海关领域以外进行。参见《美国联邦规章典集》第19章第400节(2012)。

[7] *See Certain Sputtered Carbon Coated Computer Disks & Prods. Containing Same, Including Disk Drives*, Inv. No. 337 - TA - 350, USITC Pub. No. 2701, Comm'n Op., at 9 (Nov. 1993)(reversing the ALJ's initial determination).

[8] *See Certain Variable Speed Wind Turbines*, Inv. No. 337 - TA - 376, Initial Determination at 7 - 19 (June 20,1996), *aff'd on appeal*, Enercon GmbH v. U. S. Int'l Trade Comm'n, 151 F. 3d 1376,1383 (Fed. Cir. 1998).

[9] *Certain Crawler Cranes & Components Thereof*, Inv. No. 337 - TA - 887, Comm'n Op., at 12 (May 6,2015).

进口”这个要求。[10]

在没有直接参与进口的情况下，美国批发商和零售商一旦销售了进口货物，“一旦货物进口后，委员会 337 调查的管辖权就延伸至与进口行为无直接联系的、进行进口后销售的美国批发和零售商”。考虑到委员会针对这些实体颁布禁止令的能力，特别是当他们在美国有侵权商品的大量库存时，有必要在 337 调查中将这些批发商和零售商列为被告。

尽管 337 条款可覆盖进口前和进口后销售，“进口到美国”不要求进口的涉案产品必须是商业销售。例如，进口一件侵权商品的宣传样品[11]，或者用于临床试验[12]的进口均满足进口要求。[13] 然而，仅有“即将发生进

---

〔10〕 参见 *Certain Tool Handles, Tool Holders, Tool Sets & Components Therefor*, Inv. No. 337 – TA – 483, Order No. 13, at 3 (May 29, 2003)（因为销售要约可能会出现无限多种理由被受要约人拒接，从而根本无法与美国进口贸易的任何渠道产生关联，仅仅在存在销售要约的情况下不足以证明被控侵权产品流经了任何贸易渠道）。

〔11〕 参见 *Certain Abrasive Prods. Made Using a Process for Making Powder Preforms & Prods. Containing Same*, Inv. No. 337 – TA – 449, Initial Determination on Violation at 61 (Feb. 8, 2002) (unreviewed)（裁决认为被告没有在美国销售被控侵权产品的事实不影响认定违反了 337 条款。被控侵权的产品进口到美国这个事实足以满足“存在进口”这个标准）。

〔12〕 尽管第 337 节条款中有关于“进口目的”的规定，在制造、使用或销售药品或生物制品的联邦法律下进口的被指控产品，仅用于与发展和提交信息合理相关的目的时，适用《美国法典》第 19 章第 271 (e)(1) 节（2010）中的“安全港保护”从而不会被判侵权。参见 *Certain Prods. & Pharm. Compositions Containing Recombinant Human Erythropoietin*, Inv. No. 337 – TA – 568, Order No. 6 (unreviewed ID) (July 7, 2006)。

〔13〕 *See Certain Recombinantly Produced Human Growth Hormones*, Inv. No. 337 – TA – 358, Order No. 64 (Jan. 26, 1994); *See also Certain Modified Vaccinia Ankara (MVA) Viruses & Vaccines & Pharm. Compositions Based Thereon*, Inv. No. 337 – TA – 550, Initial & Recommended Determinations (Sept. 6, 2006) (unreviewed on this issue).

口”的证据而无实际销售,是否满足进口这个条件尚不清楚。[14]

“进口”的确是法条中经常出现的一个词,但在许多调查中,“进口”并非一个具有争议的问题。[15] 证明存在进口通常显而易见,常常是以出具被控侵权产品是在美国购买的声明,再附上显示该产品原产于外国的标记(如“日本制造”)的图片即可。[16] 原告通常在提交起诉书的同时提交这样一个购买的证据。为启动337调查,一个进口的实例即满足条件。但在证据开示环节应提交额外的进口证据。如果进口的证据仅为单笔销售,尤其当该笔销售还是原告主动促成时,委员会可能不愿意裁定被告违反了337条款,或者颁布救济命令。

在基于专利的337调查中,原告有时难以将列名被告与进口侵权货物联系起来。如在部分视觉驾驶辅助系统摄像机及其同类组件(Certain Vision – Based Driver Assistance System Cameras and Components Thereof)案中,唯一的列名被告销售用在进口汽车中的摄像机。委员会认为进口的要求无法满足,因为销售摄像机本身未侵犯被指控的专利而被告不涉及进口的被指控汽车。[17]

---

〔14〕 参见 Amgen, Inc. v. U. S. Int'l Trade Comm'n, 565 F. 3d 846, 853 (Fed. Cir. 2009)(判决没有必要决定委员会在337条款下是否有权处理“即将发生”的进口,因为存在实际进口),对更早的认为委员会有权处理的判决重作了修改,519 F. 3d 1343,第1350 – 52 (Fed. Cir. 2008); *Certain GPS Chips, Associated Software & Sys. & Prods. Containing Same*, Inv. No. 337 – TA – 596, Final Initial & Recommended Determinations at 54 (June 13, 2008)(unreviewed)(裁决委员会有权处理即将发生的进口,但因产品仍然在开发之中因此无证据支持存在这种即将发生的进口)。

〔15〕 *See, e. g.*, *Certain Integrated Circuits, Chipsets & Prods. Containing Same Including Televisions, Media Players & Cameras*, Inv. No. 337 – TA – 709, Order No. 43 (July 29, 2011); *Certain Mobile Tels. & Wireless Commc'n Devices Featuring Digital Cameras & Components Thereof*, Inv. No. 337 – TA – 703, Order No. 10 (Apr. 16, 2010); *Certain Digital Cameras*, Inv. No. 337 – TA – 671, Order No. 12 (Aug. 13, 2009).

〔16〕 参见 *Certain Digital Set – Top Boxes & Components Thereof*, Inv. No. 337 – TA – 712, Order No. 30, at 5 (Jan. 14, 2011) [quoting *Certain Purple Protective Gloves*, Inv. No. 337 – TA – 500, Order No. 17, at 5 (Sept. 23, 2004)(一个起诉书仅须证明存在单个被指控产品的进口)]。

〔17〕 Inv. No. 337 – TA – 907, Comm'n Op., at 11 (Dec. 1, 2015).

进口要求的限制在一些调查中受到挑战。在部分增生牙齿定位调节器及其制造用数字模型、数字数据、治疗方案,以及其相应制造方法(Certain Digital Models)案中,委员会宣称对以电子传输方式进口展示患者牙齿位置的电子数据具有管辖权。[18] 委员会注意到 337 调查的核心目的是“阻止伤害美国产业的进口过程中各类不公平贸易行为或做法”并且有义务这样解释成文法“实现 337 条款核心目的”。[19] 委员会因此得出如下结论:

成文法的用词“进口……产品”应该理解为包括电子传输数据,因为该调查中涉案的电子数据是真实被进口的国际贸易物项,并且将其包括在 337 调查中可实现成文法的核心目的。[20]

在上诉程序中,美国联邦巡回上诉法院撤销了委员会的裁决,认为对于 337 条款中的术语“物品”(articles)意为“实际物品”这点,国会的意图是毫不含糊的。并且因为 337 调查不能涵盖电子数据的传输,[21] 法官 Newman 表示异议。在她看来,委员会“正确地适用了 337 条款来适应现代形式的科技侵权”[22],委员会申请美国联邦巡回上诉法院的联席审理(en banc review),但被拒绝。[23]

即使一件侵权产品的进口在原告提交起诉书之后或甚至是之前就停止了,此类进口也可以导致违反 337 条款。在一个早先的 337 调查案件中,委员会裁决“仅仅停止了进口并不避免被认定存在违反 337 条款的可

---

〔18〕 *Certain Digital Models, Digital Data & the Treatment Plans for Use in Making Incremental Dental Positioning Adjustment Appliances, the Appliances Made Therefrom & Methods of Making the Same* (*Certain Digital Models*), Inv. No. 337 – TA – 833, Comm'n Op., at 21 – 22 (Apr. 9, 2014).

〔19〕 同上书,第 45 页。

〔20〕 同上书,第 55 页。

〔21〕 Clear Correct Operating, LLC, v. Int'l Trade Comm'n, 810 F. 3d 1283, 1286 (Fed. Cir. 2015).

〔22〕 同上书,第 1304 页(Newman 持异议)。

〔23〕 819 F. 3d 1334 (Fed. Cir. 2016).

能性”。[24]与此类似,在用于连续生产铜棒的设备(Apparatus for the Continuous Production of Copper Rod)案中,委员会维持了行政法官的下列裁决:即使被告的所有做法均发生在调查通知发出之前,他们的做法仍然在委员会的管辖权范围内,因为它们可显示违反337条款的行为是否可能在将来发生。[25]

愿意停止或已经停止进口被指控产品到美国的被告可如第八章所讨论的,通过签署同意令的形式使其被排除于调查之外。

二、不公平行为

如同在第三章中讨论的那样,337调查可以基于对制定法规定的知识产权权利,也可以是其他类型的“不公平竞争方法”[26]。不论被指控的理由如何,证明存在“不公平行为”通常要求申请人证明同样的因素并克服在涉及同样案由的地区法院诉讼中被要求战胜的肯定性抗辩。被告可提出反诉,但这不由委员会作出裁决,并会立即移交给美国地区法院。[27]

---

〔24〕 *Certain Steel Toy Vehicles*, Inv. No. 337 – TA – 31, USITC Pub. No. 880, Comm'n Op., at 4 (Apr. 1978); *see also Certain Rotary Printing Apparatus Using Heated Ink Composition, Components Thereof & Sys. Containing Said Apparatus & Components*, Inv. No. 337 – TA – 320, Order No. 1 (Jan. 14, 1991); *Certain Optical Disk Controller Chips & Chipsets & Prods. Containing Same, Including DVD Players & PC Optical Storage Devices II*, Inv. No. 337 – TA – 523, Order No. 8 (Dec. 9, 2004).

〔25〕 *Certain Apparatus for the Continuous Prod. of Copper Rod*, Inv. No. 337 – TA – 52, 1979 WL 61155, Recommended Determination at *13 (Aug. 13, 1979).

〔26〕 《美国法典》第19章第1330(a)(1)节(2012)。

〔27〕 同上书,第1330(c)节(被告可能提出委员会规定的反诉。委员会在收到反诉后,提出反诉的被告应根据第1391节第28章下的规定,向有提出反诉的任意一方所在地的美国地区法院提交一份消除令……关于反诉的任何行为不应该延迟或影响本节项下的调查程序,包括此子节下可能提出的法律和相应抗辩);《美国联邦规章典集》第19章第210.14(e)节。

对于普通法下的“不公平行为”,委员会并不适用任何特定州的法律,而是在美国联邦巡回上诉法院指示下适用“联邦普通法”。[28]

基于专利侵权的 337 调查,在很多重要、实质的方面和地区法院诉讼不同。例如,除基于对违反 337 条款的行为作出防卫性裁决之外,委员会对宣布专利无效或无法实施缺乏管辖权。[29] 但这个区别一般来说影响不大(除了以上说的委员会的裁决不具有既判力的情况),因为委员会在裁决被告是否违反 337 条款的时候是有权考虑专利无效和不可实施的抗辩的。[30] 委员会也无权纠正 337 调查中被指控专利的发明权错误。[31] 如联合诉讼人中没有一个是被指控专利的真正发明人,该专利在委员会是无法审理的,除非或直到发明权的错误在美国商标局得到纠正为止。[32]

历史上,在基于专利的 337 调查中,使用“懈怠(laches)原则”作为肯定性抗辩是无用的,基于同样的理由在地区法院的案件中也不可主张预

---

〔28〕 *See* TianRui Group Co. Ltd. v. U. S. Int'l Trade Comm'n, 661 F. 3d. 1322, 1327 (Fed. Cir. 2011).

〔29〕 参见 S. Rep. No. 1298, at 196 (1974)(当然委员会在现行法律下无权使专利无效或使其不可实施,在本法案下委员会的职权是考虑这些抗辩,并基于决定是否违反 337 节条款而作出裁决)。

〔30〕 *See, e. g., Corning Glass Works v. U. S. Int'l Trade Comm'n*, 799 F. 2d 1559, 1566 (Fed. Cir. 1986) [citing S. Rep. No. 1298, at 196 (1974)].

〔31〕 参见《美国法典》第 35 章第 256 节(2006)。

〔32〕 *See certain Home Vacuum Packaging Prods.*, Inv. No. 337 – TA – 496, USITC Pub. No. 3681 (Temporary Relief Proceeding), Order No. 36 (Initial Determination) at 67 (Dec. 16, 2004) (*aff'd in relevant part* on Commission review); *Certain EPROM, EEPROM, Flash Memory & Flash Microcontroller Semiconductor Devices & Prods. Containing Same*, Inv. No. 337 – TA – 395, Final Initial & Recommended Determinations at 95 – 96 (Mar. 19, 1998) (unreviewed on this issue).

先排除可能的救济措施。[33] 但是在一个2015年的裁决中,美国联邦巡回上诉法院认为"懈怠原则"可能与是否应对专利侵权颁布禁止令这种救济措施相关。[34] 美国最高法院未对可能的救济措施是否适用"懈怠原则"得出结论,而是基于其他理由推翻了联邦巡回上诉法院的裁决。[35] 截至写作时,尚不清楚"懈怠原则"在委员会是否可行。[36]

337调查和美国联邦地区法院专利诉讼案件的另外一个重要的区别是在国外使用受美国专利保护的工艺流程的问题上。传统上337条款一直涵盖这类产品,但是在1988年《美国法典》第35章第271(g)节制定后这类产品也成了联邦地区法院侵权诉讼的主体。《美国法典》第35章第271(g)节规定进口、销售,或者使用一个被美国专利保护的工艺流程制造的产品也构成了侵权。[37] 第271(g)节有两个例外:如果使用受美国专利保护的工艺流程的产品"被接下来的工艺流程实质性地进行了改

---

〔33〕 参见 A. C. Aukerman Co. v. R. L. Chaides Constr. Co., 960 F. 2d 1020, 1040 – 41 (Fed. Cir. 1992)(en banc)(懈怠原则仅阻止专利所有权人对诉讼前发生的损害请求的救济);*Certain Coaxial Cable Connectors & Components Thereof & Prods. Containing Same*, Inv. No. 337 – TA – 650, Order No. 19, at 7 (Apr. 17, 2009)(懈怠原则对于337调查中被指控专利侵权的被告来说,不能作为有意义的抗辩理由);*Certain Bearing & Packaging Thereof*, Inv. No. 337 – TA – 469, Initial Determination Concerning Violation of Section 337 at 27 (May 2, 2003)(懈怠原则从不是委员会调查中对专利侵权的有效抗辩);*Certain Methods of Making Carbonated Candy Prods.*, Inv. No. 337 – TA – 292, USITC Pub. No. 2390, Initial Determination (Pub. Version) at 116 – 17 (June 1991)(明确的是,联邦上诉法庭的先例效应强于基于专利的诉讼中适用懈怠原则来获得起诉前金钱损失返还的结果,并且不适用于保护救济令)。

〔34〕 参见 SCA Hygiene Prods. v. First Quality Baby Prods., 807 F. 3d 1311, 1331 (Fed. Cir. 2015)(地区法院应考虑所有重大事实,包括那些在eBay案中行使的准予或拒绝禁令、被忽视的事实)。

〔35〕 137 S. Ct. 954 (2017)。

〔36〕 参见 *Certain Network Devices*, Inv. No. 337 – TA – 944, Comm'n Op., at 25 (July 26, 2016)(拒绝就"懈怠原则是否可用作委员会案件中的抗辩理由"作出结论);*Accord Certain Lithium Metal Oxide Cathode Materials*, Inv. No. 337 – TA – 951, Comm'n Op., at 15 – 16 (Jan. 26, 2017).

〔37〕 参见《美国法典》第35章第271(g)节(2012)。

变”[38]则不适用，或者如果使用受美国专利保护的工艺流程的产品“成为另一个产品的微小并不起重大作用的组成部分”[39]则也不适用。值得注意的是，这两个例外不适用于委员会进行的 337 调查。[40] 因此，针对受美国专利保护的工艺流程生产的货物，无法在美国联邦法院获得救济的情况下仍然可以作为受第 337(a)(1)(B)(ii)节规制的不公平行为而接受 337 调查。

三、国内产业

与其作为贸易成文法的性质一致，337 调查的一个显著特征是要获得 337 条款的救济必须要有在美国的产业。[41]

这个(国内产业)的要求仍然要保留，是为了防止那些除了拥有美国的知识产权外和美国没有其他联系的美国知识产权所有人利用 337 条款。委员会的目的是裁决美国产业和那些寻求从国外进口产品的人之间的贸易纠纷。保证要求利用 337 条款的人在美国有产业，保存了这个重

〔38〕 参见《美国法典》第 35 章第 271(g)(1)节。

〔39〕 同上书，第 271(g)(2)节。

〔40〕 参见 *Certain Sucralose, Sweeteners Containing Sucralose & Related Intermediate Compounds Thereof*, Inv. No. 337 – TA – 604, Comm'n Op., at 13 – 16 (Apr. 28, 2009); Kinik Co. v. U. S. Int'l Trade Comm'n, 362 F. 3d 1359, 1363 (Fed. Cir. 2004)(裁决认定，美国国会并未试图通过制定《美国法典》第 35 章第 271 节而改变 337 调查的范畴)。与之相反的是，《美国法典》第 35 章第 271(e)(1)节下的“安全港”原则，即免除根据联邦药物法规，基于发展和提交信息的目的而使用或销售专利药物产品的规定，在委员会是适用的。参见 Amgen, Inc. v. U. S. Int'l Trade Comm'n, 565 F. 3d 846, 851 – 52 (Fed. Cir. 2009)[裁决认为，国会旨在消除所有基于专利的障碍，以达到对医疗产品进行联邦监管审批的目的，严重影响对第 271(e)(1)节下豁免的适用，该豁免是否适用取决于侵权诉讼是在地方法院还是在委员会进行]。

〔41〕 参见 *Certain Stringed Musical Instruments & Components Thereof*, Inv. No. 337 – TA – 586, Initial & Recommended Determinations at 25 (Dec. 3, 2007)(委员会审查后维持了行政法官的裁决，存在美国国内产业的要求起到了阻止根据 337 条款滥用委员会诉讼的守门人的作用，在此忽略引述)。

要的连结点。[42]

对基于知识产权权利的调查,337条款规定满足以下情况中的一种可以视为存在美国国内产业:有关争议的专利、版权、(注册)商标或者半导体集成电路布图设计(掩膜作品),如果在美国有:

(A)工厂和设备的重大投资;

(B)雇用了大量的劳动力或者投入大量的资本;

(C)在使用知识产权方面(包括工程、研究和开发或是授权许可)有实质的投资。[43]

原告只需要满足(A)、(B)或者(C)中一个标准就可以满足国内产业经济方面要素的要求。[44] 因为成文法要求"存在"国内产业——而不是要求原告本身构成一个国内产业——长时间以来的先例证明"337调查中的国内产业包含专利权人和任何被允许使用专利的被授权人"[45]。因此,无重大国内活动或投资的专利权人可以基于被授权人的活动而满足国内产业要求,不论授权项目是否为生产或收入驱动。[46]

要求证明"重大"或"实质"投资是指国内产业要求的"经济方面要素",而要求投资与"受到被指控知识产权保护的货物相关"是指"技术方面要素"[47]。通常这两个方面的要素是分别说明的。

---

〔42〕 参见H. R. REP. No. 100 - 140, at 156 - 57 (1987); S. REP. No. 100 - 71, at 129 (1987);《美国法典》第19章第1337(a)(1)(A)(i) - (iii)节,第1337(a)(2)节(2012)。

〔43〕 参见《美国法典》第19章第1330(a)(3)节(2012)。

〔44〕 *See*, *e. g.*, *Certain Air Mattress Sys.*, *Components Thereof & Methods of Using the Same*, Inv. No. 337 - TA - 971, Comm'n Op., at 40 (June 20, 2017).

〔45〕 *Certain Variable Speed Wind Turbines & Components Thereof*, Inv. No. 337 - TA - 376 Remand, Comm'n Op., at 12 (Oct. 28, 1997).

〔46〕 *See Certain Optical Disc Drives*, Inv. No. 337 - TA - 897, Corrected Order Remanding the Investigation (Sept. 29, 2014).

〔47〕 *See* InterDigital Commc'ns v. U. S. Int'l Trade Comm'n, 707 F. 3d 1295, 1298 (Fed. Cir. 2013) (the "economic prong," ... requires that there be an industry in the United States, and the "technical prong," ... requires that the industry relate to articles protected by the patent).

（一）经济方面要素

1. 符合作为国内产业的活动

在通常情况下，原告通常通过生产或与生产相关的投资来满足国内产业要求，但也曾因非生产性的活动而满足经济方面要素，如客户服务/支持和维修活动，[48] 运营向客户提供产品技术服务支持的美国呼叫中心。[49] 甚至单独无法满足国内产业要求的销售和营销活动[50]，也被认为是“整体评估原告是否符合经济方面要素的一个部分”。[51]

子段（A）和（B）历史上曾被视作要求和生产受专利保护物品有关的国内活动和投资，而子段（C）被认为承认某些非生产性活动也构成“国内

---

〔48〕 *See, e. g.*, *Certain Multiple Mode Outdoor Grills & Parts Thereof*, Inv. No. 337 – TA – 895, Final Initial Determination at 85 – 103 (Oct. 23, 2014) (unreviewed) in relevant part); *Certain Printing & Imaging Devices & Components Thereof*, Inv. No. 337 – TA – 690, Comm'n Op., (Pub. Version) at 29 – 30 (Feb. 17, 2011) [citing *Certain Battery – Powered Ride – on Toy Vehicles & Components Thereof*, Inv. No. 337 – TA – 314, USITC Pub. No. 2420, Initial Determination at 20 – 21 (Aug. 1991) (unreviewed)]; *Certain Airtight Cast – Iron Stoves*, Inv. No. 337 – TA – 69, USITC Pub. No. 1126, Comm'n Op., at 10 – 11 (Jan. 1981); *Certain Airless Spray Pumps & Components Thereof*, Inv. No. 337 – TA – 90, USITC Pub. No. 1199, Comm'n Op., at 10 – 11 (Nov. 1981); *Certain Male Prophylactic Devices*, Inv. No. 337 – TA – 546, Comm'n Op., at 41 – 45 (Aug. 1, 2007); *Certain Video Displays, Components Thereof & Prods. Containing Same*, Inv. No. 337 – TA – 687, Order No. 20 (Initial Determination) (June 7, 2010) (unreviewed).

〔49〕 *See, e. g.*, *Certain Devices for Improving Uniformity in a Backlight Module & Components Thereof & Prods. Containing Same*, Inv. No. 337 – TA – 805, Initial Determination at 56 (Nov. 1, 2012); *Certain Video Displays, Components Thereof & Prods. Containing Same*, Inv. No. 337 – TA – 687, Order No. 20 (Initial Determination) at 11 (June 7, 2010) (unreviewed); *Certain Liquid Crystal Display Devices & Prods. Containing Same*, Inv. No. 337 – TA – 631, Order No. 18 (Initial Determination) at 8 (Oct. 17, 2008) (unreviewed).

〔50〕 *See, e. g.*, *Certain Television Sets, Television Receivers, Television Tuners & Components Thereof (Television Sets)*, Inv. No. 337 – TA – 910, Comm'n Op., at 73 (Oct. 30, 2015).

〔51〕 *Certain Solid State Storage Drives*, Inv. No. 337 – TA – 1097, Comm'n Op., at 22 (June 29, 2018).

产业”,包括工程、研发和专利授权。但是委员会最近明确,子段(A)和(B)不限于生产相关的活动,也包括工程、研发,尽管这些活动可能已经被算在子段(C)下。[52] 然而,与专利授权相关的投资活动还是不属于子段(C)。

2. “重大”和“实质”

为证明存在国内产业,依据的活动和投资必须是“重大的”[根据子段(A)和(B)]或者“实质的”[根据子段(C)]。美国联邦巡回上诉法院认为这些可量化标准,反驳了认为投资数量微小仍可以因其定性重要性而满足国内产业要求的意见。[53] 尽管如此,委员会继续对重大/实质性分析采取灵活的方式,重复强调不根据严格僵硬的数学公式估计重要性大小。然而,委员会通过“每个调查中的事实、商业物品和市场地位的现实”来检验。决定考虑投资的性质和雇佣获得“涉案的行业和原告的相对规模”。[54] 在分析关于授权的投资是否属于实质性,可考虑原告授权项目产生的收入。[55] 委员会进一步认为“质量性的证据,尽管单独看不足”

---

〔52〕 *Certain Solid State Storage Drives*, Inv. No. 337 – TA – 1097, Comm'n Op., at 5 – 14 (June 29, 2018).

〔53〕 Lelo Inc. v. Int'l Trade Comm'n, Appeal No. 2013 – 1582, Op., at 11 (Fed. Cir. May 11, 2015).

〔54〕 *Certain Magnetic Data Storage Tapes & Cartridges Containing the Same*, Inv. No. 337 – TA – 1012, Comm'n Op., at 21 – 22 (Apr. 2, 2018) [quoting *Certain Printing & Imaging Devices & Components Thereof*, Inv. No. 337 – TA – 690, Comm'n Op., at 27 (Feb. 17, 2011)].

〔55〕 参见 *Certain Digital Processors & Digital Processing Sys., Components Thereof & Prods. Containing Same*, Inv. No. 337 – TA – 559, Initial Determination at 93 – 94, 98 (June 18, 2007) (unreviewed in relevant part) (请注意起诉人因成功地将包括涉案专利在内的专利组合授权出去而获得了大量使用权费用收入); *Certain Semiconductor Chips with Minimized Chip Package Size & Prods. Containing Same* (*Semiconductor Chips*), Inv. No. 337 – TA – 432, Order No. 13 (Initial Determination) at 6 (Jan. 24, 2001) (unreviewed) (请注意起诉人曾因其专利授权活动而获得大量使用权费收入); *Integrated Circuit Telecomm. Chips*, Inv. No. 337 – TA – 337, Initial Determination at 98 (请注意起诉人因为涉案专利的授权获得了大量的收入)。

可以支持作出“重大或实质性”的结论。[56] 作为灵活方式的结论，证明存在“重大的”或“实质性的”投资并不是特别难，尽管可忽略不计的投资曾被视为是不足的。[57]

原告必须依据展示国内活动和投资的详细、可信证据来证明存在国内产业。[58] 原告也通常会从展示包括国内投资在内的证据中获益，例如，关于受专利保护物品的市场大小信息、或证明在美国的物品有“增值”。例如，在一项调查中，原告存在一项美国国内产业，因为“（虽然）原告产品的一部分是在巴西生产的，但整个机器的 30% ~40% 是在美国生产的”。[59] 对于国内和国外支出的比较仅是一个委员会可以考虑但不被要求考虑的因素。[60]

3. “关于”受专利保护的物品

如后文“（二）技术方面要素”部分讨论的那样，国内产业必须与受专利（或其他知识产权权利）保护的物品相关。委员会将这一字面解释为对包含受专利保护的商品进行投资。例如，气垫床及其组件案中，涉案的专利包括用在气垫床系统中的空气调节器。委员会认为气垫床系统而不是

〔56〕 *Certain Collapsible Sockets for Mobile Elec. Devices*, Inv. No. 337 – TA – 1056, Comm'n Op., at 20 (July 9, 2018).

〔57〕 参见 *Certain Stringed Musical Instruments & Components Thereof* (*Stringed Musical Instruments*), Inv. No. 337 – TA – 586, Comm'n Op., at 26 – 27 (May 16, 2008)（裁决认为，因起诉人在超过 17 年的期间内仅投资了 8500 美元且是不合格的“人力资产”，不满足经济方面要求）。

〔58〕 参见 *Certain Television Sets, Television Receivers, Television Tuners & Components Thereof* (*Television Sets*), Inv. No. 337 – TA – 910, Comm'n Op., at 66 (Oct. 30, 2015)（因起诉人投资数据不可信而裁决不存在国内产业）。

〔59〕 *Certain Woodworking Machs.*, Inv. No. 337 – TA – 174, USITC Pub. No. 1979, Initial Determination (Pub. Version) at 30 (May 1987); *See also Certain Microlithographic Machs. & Components Thereof* (*Microlithographic Machs.*), Inv. No. 337 – TA – 468, Initial & Recommended Determinations at 341 – 61 (Jan. 29, 2003) (unreviewed)（比较原告的国内活动和其国外活动，发现因为原告在美国的支出只构成了其关于争议产品的总投资的一小部分，因而没有“大量的”劳动力雇佣和资本投入）.

〔60〕 *See Certain Magnetic Data Storage Tapes*, Inv. No. 337 – TA – 1012, Comm'n Op., at 117.

调节器是真正的商品,因此将原告对气垫床系统的投资视为对“受专利保护物品”的投资是合适的。[61]

商业中并不总是按照产品种类维度来记录成本或估计的雇员时间(为分摊系数),来将投资分摊到涉案的专利物品上。委员会没有指定特定的方法,允许依情形而定的灵活性。[62]

4. “使用”专利

子段(C)包括不适用于子段(A)和(B)的其他要求,即依据的投资必须“使用”了涉案的知识产权。[63] 因此,根据子段(C),原告必须“在被指控专利和在使用该专利的美国投资之间建立关联”。[64] 但并不要求将投资分配到每一个专利。[65] 证明投资和受专利保护的物品相关不一定足以证明存在关联。例如,在集成电路芯片案中,涉案专利描述了集成电路焊盘中的一种结构,而原告想依赖致力于提高这些集成电路其他方面的研发。委员会认为关联关系的要求不能被满足,因为不存在对于受专利保护的焊盘技术本身,或提升、发展或利用该技术的国内投资。[66]

关联关系的要求也适用于基于子段(C)专利授权活动的行业。委员会基于承认“市场的现实状况”通常形成的是专利组合授权而非单独的专利授权许可,不要求原告将专利授权的投资分摊到每个涉案专利上。但在多媒体显示和导航设备(Multimedia Display & Navigation Devices)案中,委员会发现原告的专利组合授权活动并不构成对所争议专利的实质

[61] *Certain Air Mattress Sys.*, *Components Thereof & Methods of Using the Same*, Inv. No. 337 - TA - 971, Comm'n Op., at 43 (June 20, 2017).

[62] 参见 *Certain Marine Sonar Imaging Devices*, Inv. No. 337 - TA - 921, Comm'n Op., at 61 (Jan. 7, 2016)(批准使用基于销售的加权分配方法计算保修和技术客户支持支出);*Certain Mobile Device Holders*, Inv. No. 337 - TA - 1028, Comm'n Op., at 18 - 19 (Mar. 22, 2018)(支持使用基于利润分摊的计算方法)。

[63] *See Certain Robotic Vacuum Cleaning Devices*, Inv. No. 337 - TA - 1057, Comm'n Op., at 13 (Aug. 1, 2018).

[64] *Certain Integrated Circuit Chips & Prods. Containing the Same*, Inv. No. 337 - TA - 859, Comm'n Op., at 30 - 51 (Aug. 22, 2014).

[65] 同上书,第41 - 43页。

[66] 同上书,第45、50页。

性使用,部分原因是被指控的专利在专利授权项目中起到的作用是最小的(minimal)。[67] 与此形成对比的是,在液晶显示设备(Liquid Crystal Display Devices)案中,尽管原告也是专利组合授权模式,委员会认为其关联关系得到满足,因为被指控专利被证明在专利授权活动中起特别重要的作用且原告对被指控专利的投资比其他专利更多。[68]

5. 所依赖活动的时间

对于是否存在国内产业的评估截至原告提交起诉书之日,因此"一般来说,决定是否存在一个国内产业或者在建立过程之中的仅限于发生在起诉书提交之前的活动"。[69] 只要原告在起诉时继续进行符合资格的投资,在起诉书提交几年前的支出也可被用于"支持存在国内产业的主张"。[70] 例如,在船用声纳成像设备案中,关于国内产业产品的投资发生在 2009 年至 2012 年,当 2014 年原告起诉时该产品已停产,由于原告继续投资保证、客户技术支持和软件升级,原告成功据此得到了存在国内产业的认定。[71] 如原告所属行业由于调查所涉及的不公平竞争行为而被摧毁,原告也可以依据过去的支出主张存在国内产业。[72] 除非同一般的情形外,通常起诉书提交之后发生的活动和投资不被考虑。[73]

如果原告提交起诉书时国内产业尚无可能建立,原告可主张存在"正在建立中"的国内产业。委员会对于确定是否存在"正在建立中"的国内产业制定了两步走的测试:(1)原告必须"证明其已为在美国建立此类国

---

〔67〕 *Navigation Devices*, Inv. No. 337 – TA – 694, Comm'n Op., at 20, 25.

〔68〕 *LCD Devices*, Inv. No. 337 – TA – 741/749, Comm'n Op., at 123 (July 6, 2012).

〔69〕 *Certain Video Game Sys. & Controllers*, Inv. No. 337 – TA – 743, Comm'n Op., at 5 – 6 (Jan. 20, 2012), aff'd sub nom. *Motiva*, MC v. Int'l Trade Comm'n, 716 F. 3d 596, 601 n. 6 (Fed. Cir. 2013).

〔70〕 *Certain Television Sets, Television Receivers, Television Tuners & Components Thereof*, Inv. No. 337 – TA – 910, Comm'n Op., at 68 (Oct. 30, 2015).

〔71〕 Inv. No. 337 – TA – 921, Comm'n Op., at 55 – 57.

〔72〕 See Bally/Midway Mfg. v. U. S. Int'l Trade Comm'n, 714 F. 3d 1117, 1121 (Fed. Cir. 1983).

〔73〕 *See, e. g., Collapsible Sockets for Mobile Elec. Devices*, Inv. No. 337 – TA – 1056, Comm'n Op., at 14 – 15 (July 9, 2018) (declining to consider complainant's post – filing expenditures).

内产业作出必要、切实的步骤";(2)原告必须证明"将来符合国内产业要求的可能性是重大的"。[74] 为强调这个测试,委员会说明"通过要求证明该产业将来被建立的可能性,建立中必然招致能激发新兴行业建立的活动"[75],如"产品原型、与潜在生产商的技术合作、吸引潜在投资者的其他努力"可被视作导致使用该知识产权的步骤。[76]

(二)技术方面要素

申请人为证明其投资与"受(被指控知识产权)保护的物品有关",必须满足国内产业要求中的"技术方面要素"。[77] 该要求适用于所有类型的国内产业,包括那些基于专利授权的产业。[78] 技术方面的分析通常与裁决是否存在侵权的分析方法相同:对主张的专利权利要求范围进行解释然后和被指控该权利要求范围涵盖的国内产业产品进行比较。[79] 使用被指控专利的一个权利要求是足够的[80],用于证明技术方面存在国内产业的专利权利要求可能和原告声称被告的产品侵权的专利权利要求截

---

〔74〕 *Certain Stringed Musical Instruments & Components Thereof*, Inv. No. 337 – TA – 586, Comm'n Op., at 13 (May 16, 2008).

〔75〕 *Certain Computers & Computer Peripheral Devices & Components Thereof & Prods. Containing Same*, Inv. No. 337 – TA – 841, Comm'n Op., at 40 (Jan. 9, 2014).

〔76〕 *Certain Video Game Sys. & Controllers* (*Video Game Sys.*), Inv. No. 337 – TA – 743, Comm'n Op., at 7 (Apr. 14, 2011).

〔77〕 参见 *Certain Microlithographic Machs. & Components Thereof* (*Microlithographic Machs.*), Inv. No. 337 – TA – 468, Initial & Recommended Determinations at 341 – 61 (Jan. 29, 2003) (unreviewed); *Certain Video Graphic Display Controllers*, Inv. No. 337 – TA – 412, USITC Pub. No. 3224, Initial Determination at 14 – 15 (Aug. 1999) (unreviewed)(裁定因起诉人不准备继续使用涉案的技术,起诉人不满足"国内产业"要求中的技术方面要求)。

〔78〕 参见 *Certain Computers & Computer Peripheral Devices & Components Thereof & Prods. Containing Same*, Inv. No. 337 – TA – 841, Comm'n Opinion at 24 – 40 (Jan. 9, 2014)(基于联邦上诉法庭最近在英特尔和微软的裁决中,改变了委员会在基于专利的国内产业的经济方面立场)。

〔79〕 *See Certain Excimer Laser Sys. for Vision Corr. Surgery & Components Thereof & Methods for Performing Such Surgery*, Inv. No. 337 – TA – 419, USITC Pub. No. 3299, Initial Determination (Pub. Version) at 133 – 46 (May 2000).

〔80〕 *See, e. g.*, *Marine Sonar Imaging Devices*, Inv. No. 337 – TA – 921, Comm'n Op., at 53.

然不同。[81]

基于其他类型知识产权，如对商标进行的337调查适用类似的程序。[82]

四、损害

对非基于侵犯法定知识产权，而是基于其他“不公平行为”或“不公平竞争方法”的调查，原告必须证明不公平行为具有“损害或实质性损害美国国内产业”的“影响或威胁”。[83]

委员会最近澄清成文法该部分的“产业”不一定必须符合此前讨论的(A)、(B)或(C)类别。[84] 同样地，在基于诸如商业秘密的非法定知识产权的337调查中，没有技术方面要素的要求(例如，证明国内产业使用涉案知识产权不是必需的)。[85] 取而代之的是，起诉方仅需证明美国国内产业是“不公平行为和做法的目标”。[86]尽管证明存在损害的要求给起

---

[81] *See Certain Microsphere Adhesives, Processes for Making Same, & Prods. Containing Same*, Inv. No. 337 – TA – 366, Comm'n Op., at 13 – 16 (Jan. 16, 1996).

[82] 参见 *Certain Agric. Tractors under* 50 *Power Take – Off Horsepower*, Inv. No. 337 – TA – 380, Order No. 39, at 5 (Aug. 8, 1996)(裁决认为，每一个争议的商标权都必须要证明存在国内产业)。

[83] 《美国法典》第19章第1330(a)(1)(A)节(2012)。

[84] *Certain Hand Dryers & Hous. for Hand Dryers*, Inv. No. 337 – TA – 1015, Comm'n Op., at 4 (Oct. 30, 2017)[第337(a)(3)节没有要求通过投资来证明违反第337(a)(1)(A)节].

[85] *See* TianRui Group Co. Ltd. v. U. S. Int'l Trade Comm'n, 661 F. 3d. 1322, 1335 – 37 (Fed. Cir. 2011).

[86] *See Certain Nut Jewelry & Parts Thereof*, Inv. No. 337 – TA – 229, USITC Pub. No. 1929, Comm'n Op., at 8 (Nov. 1986); *Certain Cast Steel Railway Wheels, Certain Processes for Mfg. or Relating to Same & Certain Prods. Containing Same* (*Cast Steel Railway Wheels*), Inv. No. 337 – TA – 655, Initial Determination at 76 (Oct. 16, 2009) (unreviewed) [citing *Certain Processes for the Manufacture of Skinless Sausage Casings & Resulting Prod.*, Inv. No. 337 – TA – 148/169, Initial Determination at 341 – 43 (Dec. 1984) (unreviewed)].

诉方施加了额外的举证责任,实际上这并不困难。

(一)在损害分析中考虑的因素

在判定是否存在损害时,委员会并不依照一个标准的公式来处理。它采取具体案件具体分析的方法,对损害的证据进行审查,根据在特定的调查案件中涉及的产业而对特定相关因素给予不同的比重。[87] 历史上,委员会在其分析中通常考虑以下几个因素,包括:

(1)原告的客户因被侵权的进口产品而作出重大直接的替换(销售机会丧失);[88]

(2)侵权商品的进口量和销售量的增加;[89]

(3)由于进口侵权产品失去的销售机会导致受专利保护的产品的生产量下降;[90]

(4)因为进口的侵权产品而导致原告的利润下降;[91]

---

[87] *See, e. g.*, *Certain Surveying Devices*, Inv. No. 337 – TA – 68, USITC Pub. No. 1085, Comm'n Op., at 34 (July 1980); Corning Glass Works v. U. S. Int'l Trade Comm'n, 799 F. 2d 1559, 1568 (Fed. Cir. 1986)(裁决是否存在损害必须依赖每个具体案件的具体事实).

[88] *See Certain Inclined – Field Acceleration Tubes & Components Thereof*, Inv. No. 337 – TA – 67, USITC Pub. No. 1119, Comm'n Op., at 20 (Dec. 1980).

[89] *See Certain Multicellular Plastic Film*, Inv. No. 337 – TA – 54, USITC Pub. No. 987, Comm'n Op., at 21 – 22 (June 1979); *Certain Reclosable Plastic Bags*, Inv. No. 337 – TA – 22, USITC Pub. No. 801, Comm'n Op., at 14 (Jan. 1977); *Certain Stabilized Hull Units & Components Thereof & Sonar Units Utilizing Said Stabilized Hull Units* (*Stabilized Hull Units*), Inv. No. 337 – TA – 103, USITC Pub. No. 1260, Comm'n Op., at 39 – 40 (June 1982).

[90] *See Certain Roller Units* (*Roller Units*), Inv. No. 337 – TA – 44, USITC Pub. No. 944, Comm'n Op., at 10 (Feb. 1979); *Certain Vacuum Bottles & Components Thereof*, Inv. No. 337 – TA – 108, USITC Pub. No. 1305, Comm'n Op., at 29 – 30 (Nov. 1982).

[91] *See Certain Thermometer Sheath Packages*, Inv. No. 337 – TA – 56, USITC Pub. No. 992, Comm'n Op., at 25 – 27 (July 1979); *Stabilized Hull Units*, Inv. No. 337 – TA – 103, Comm'n Op., at 39 – 40.

（5）侵权产品比原告产品的销售价格低；[92]

（6）国内产业的雇佣和生产活动的下降；[93]

（7）原告为和侵权产品竞争而降低其产品价格；[94]

（8）如果侵权产品没有被卖给某些顾客，原告失去的本可能获得的针对这些顾客的销售机会；[95]

（9）由于进口的侵权产品的销售导致本国产业生产的产品销售的减少或由于该进口侵权产品的销售导致缺乏被许可人或者被许可人数目的减少，并进一步造成原告授权许可费的损失或潜在的从被许可人那里可能获得的收入减少；[96]

（10）外国厂商大规模生产进口侵权产品的能力，包括证明外国厂家进一步进军美国市场的意图；[97]

（11）进口侵权产品大量渗透了美国市场；[98]

（12）原告的产品和进口侵权产品之间直接竞争，且不存在其他相似的不受专利限制的竞争产品。[99]

在数字万用表（Digital Multimeters）案中，原告声称注册商标的侵权

---

〔92〕 *See Certain Molded – In Sandwich Panel Inserts & Methods for Their Installation* (*Sandwich Panel Inserts*), Inv. No. 337 – TA – 99, USITC Pub. No. 1246, Comm'n Op., at 9 – 10 (May 1982).

〔93〕 *See Certain Vacuum Bottles & Components Thereof*, Inv. No. 337 – TA – 108, USITC Pub. No. 1305, Comm'n Op., at 29 – 30 (1982).

〔94〕 *See id.*; *Stabilized Hull Units*, Inv. No. 337 – TA – 103, Comm'n Op., at 39 – 40.

〔95〕 *See Roller Units*, Inv. No. 337 – TA – 44, Comm'n Op., at 9 – 10.

〔96〕 参见 *Certain Limited – Charge Cell Culture Microcarriers*, Inv. No. 337 – TA – 129, Initial Determination at 264 (June 6, 1983)（裁决认为，商誉的损失没有带来损害）。

〔97〕 *See Certain Reclosable Plastic Bags*, Inv. No. 337 – TA – 22, USITC Pub. No. 801, Comm'n Op., at 13 – 14 (Jan. 1977).

〔98〕 参见 *Certain Combination Locks*, Inv. No. 337 – TA – 45, USITC Pub. No. 945, Comm'n Op., at 9 – 12 (Feb. 1979)（销售虽增长了但缺乏市场渗透，因此作出无实质损害倾向的裁决）。

〔99〕 *See Sandwich Panel Inserts*, Inv. No. 337 – TA – 99, Comm'n Op., at 9 – 10.

和商品外观的复制造成了威胁,用更集中的方式做了损害分析。[100] 在该案件中,行政法官澄清委员会在判定是否存在损害时会考虑"广泛的衡量标准",5个主要的考量因素为:

(1)被告进口产品的数量和对市场的渗透;

(2)原告失去的销售;

(3)被告以低于原告价格销售;

(4)原告生产量、利润额和销售的下降;

(5)商誉和名誉的损害。[101]

(二)实质损害的威胁

仅当"对被控进口侵权商品存在的市场的相关条件或特定情况下进行评估可以推断将来会发生损害"时,损害要求可以被满足。[102] 存在未来的可能损害的推断,或通过威胁或趋势[103]而实质性地损害了国内产业,是基于对被控侵权产品出现的市场的评估进行。[104]

---

〔100〕 *Digital Multimeters*, Inv. No. 337 – TA – 588, Order No. 22 (Initial Determination) at 8 (Jan. 14, 2008) (unreviewed).

〔101〕 *Id.* (citation omitted); *See also Certain Cast Steel Railway Wheels, Processes for Mfg. or Relating to Same & Certain Prods. Containing the Same* (*Cast Steel Railway Wheels*), Inv. No. 337 – TA – 655, Initial Determination at 26 (Oct. 16, 2009) (unreviewed) [citing *Certain Elec. Power Tools, Battery Cartridges & Battery Chargers*, Inv. No. 337 – TA – 284, Initial Determination at 246, USITC Pub. No. 2389 (1991)].

〔102〕 参见 *Cast Steel Railway Wheels*, Inv. No. 337 – TA – 655, Initial Determination at 26(此处省略内部引述)(认定因为被告的侵权,原告的国内产业面临持续地遭受实质损害的威胁);*See also Certain Ink Markers & Packaging Thereof*, Inv. No. 337 – TA – 522, Order No. 30 (Initial Determination) at 57 (July 25, 2005) (unreviewed)(因为被告缺席,行政法官因其直接挖走原告的顾客、差劣的产品质量和其他负面推论而认定其对原告造成了损害)。

〔103〕 1988年的法案修改了337条款,在第337节(a)(1)(A)小节规定的损害要求方面用"威胁"代替了"倾向"。这个改变看起来不是有意作为对损害要求的范围的实质变化。参见 *Certain Elec. Power Tools, Battery Cartridges & Battery Chargers* (*Electric Power Tools*), Inv. No. 337 – TA – 284, USITC Pub. No. 2389, Initial Determination at 246 n. 38 (June 1991)。

〔104〕 同上书,第248页。

为确定国内差别是否遭受实质损害威胁，委员会考虑以下因素：

(1)外国实质产能；

(2)进口产品对国内产品形成压价的可能性；

(3)进入美国市场的明确意图；

(4)由于极低的外国生产成本和价格，国内产业无法和外国商品竞争；

(5)对国内产业可能产生的重大负面影响。〔105〕

即使是某种程度的怀疑，未来销售的丧失也可能支持得出存在对国内产业实质性损害威胁的裁决。〔106〕

关于实质损害，损害威胁必须是“实质且可以清晰预见的”，并且在不公平行为和声称的未来损害之间存在因果关系。〔107〕

在数字万用表案中，行政法官裁决原告由于侵犯其产品外观的进口商品而遭受损害或受到实质损害的威胁。〔108〕具体来说，其基于此前列举的几个因素裁决损害在将来有可能发生。行政法官同意原告的主张：(1)被告的产品在同样的分销渠道和原告直接竞争；(2)被告低于原告价格销售；(3)被告有大量的生产能力和维持在美国大量的库存。〔109〕行政法官还注意到顾客在购买了侵权产品后不满的可能性以及对原告的声誉的损害表明未来有可能造成原告损失。〔110〕

(三)对实质损害进行定义

直接的经济竞争通常对现实的或是实质损害威胁的认定来说都是必

---

〔105〕 *Certain Rubber Resins & Processes for Mfg. Same* (*Rubber Resins*), Inv. No. 337 – TA – 849, Comm'n Op., at 64 (Feb. 26, 2014).

〔106〕 参见 *In re* Von Clemm, 229 F. 2d 441, 445 (C. C. P. A. 1955) [虽然记录并没有显示(原告)已经因 Von Clemm 的行为受到实质的损害，我们的意见是它足够支持我们得出这种行为具有造成 337 条款意义上的“实质损害的倾向”的结论……]。

〔107〕 参见 *Rubber Resins*, Inv. No. 337 – TA – 849, Comm'n Op. (Pub. Version), at 64; *Digital Multimeters*, Inv. No. 337 – TA – 588, Order No. 22 (Initial Determination) at 8 [引用自空气冲击扳手案，调查案件号 337 – TA – 311，初步裁决见第 139 页]。

〔108〕 *Digital Multimeters*, Inv. No. 337 – TA – 588, Order No. 22 (Initial Determination) at 8 – 9.

〔109〕 同上书，第 8 页。

〔110〕 同上。

要条件。界定受到实质损害威胁或产生实际损害效果的国内产业的范围——细分的市场,有时候是一个很重要的考虑。例如,在带有Gremlins小精灵卡通人物描绘的产品(Characters with Gremlins Depictions)案中,被控侵权的进口产品虽然和被授权许可的进口产品竞争,但并不和美国国内被授权许可的产品进行竞争,所以裁决认为没有发生损害。[111] 类似地,在转轮印刷系统(Rotary Wheel Printing Systems)案中,当美国国内生产的产品和被控侵权进口产品在不同的市场上竞争时,裁定不存在损害。[112]

美国联邦巡回上诉法院维持了委员会的基本原则,即一个侵权者必须占有美国国内市场中争议产品的重大份额,或者对占有重大份额具备威胁,或者就争议产品已经成功进行了重大数额的销售。[113] 美国联邦巡回上诉法院在康宁玻璃厂(Corning Glass Works)案中判决,被告价值几百万美元的侵权产品的销售不是可以导致认定发生实质损害的"重大数额"的销售,因为对损害的认定不能仅仅根据美元销售额而不在更大背景下检查这些销售。[114] 法庭认为,通过对一位被告的销售额和美国市场总共的销售额进行对比(市场份额的比较)很有意义,并且也许是销售水平较高的重要标志。[115] 然而,在美国国内产业产能相当紧张、产品供不应求的情况下,原告不能证明因为进口侵权产品而损失了销售额。[116] 这一裁决成了1988年修正案将"损害要求"从法定知识产权侵权案件中移除的部分动力。在铸铁车轮(Certain Cast Steel Railway Wheels)案中,美国国内生产商禁止使用被盗商业秘密,而起诉方和被告是仅有的两个经认证

---

〔111〕 *See Certain Prods. with Gremlins Character Depictions*, Inv. No. 337 - TA - 201, USITC Pub. No. 1815, Views of Comm'n at 14 - 16 (Mar. 1986).

〔112〕 *See Certain Rotary Wheel Printing Sys.*, Inv. No. 337 - TA - 185, USITC Pub. No. 1857, Additional Views of Comm'n at 56 (May 1986).

〔113〕 *See* Corning Glass Works v. U. S. Int'l Trade Comm'n, 799 F. 2d 1559 (Fed. Cir. 1986).

〔114〕 同上书,第1569页(销售数量和损害判定高度相关;但是,数量是否"重大"不能仅由与现实脱节的美元金额决定,应在得到销售数量后进一步调查)。

〔115〕 同上。

〔116〕 同上。

的美国铸铁车轮供应商。[117] 被告被指控因为滥用商业秘密并特别针对起诉方的客户，而在进入美国市场上有不公平的优势。[118] 行政法官关注"市场地位的现实"并且不论双方技术的不同，[119] 依据因被告失去的销售份额、降低的价格以及起诉方销售份额和盈利能力的下降得出结论——"考虑到美国铸铁车轮市场的性质，不可避免的结论是被告的销售是直接以牺牲起诉方为代价的，因此直接损害了起诉方"。[120]

总之，判定是否存在损害"必须基于每个（调查案件）的特定事实"。[121] 委员会或是美国联邦巡回上诉法院都没有强加主观的、一成不变的市场份额的门槛来认定是否存在实质性的损害。

（四）因果关系

当没有直接证据证明在国内产业遭受的实质损害和被告的不公平行为之间有因果关系的时候，委员会拒绝认定存在损害。例如，另外的介入因素或替代因素（如消费者需求的改变），而不是原告指控的或实际存在的被告不公平行为，有可能是造成原告损失的真正原因。[122] 在立式舷窗（Vertical Milling Machines）案中，委员会认为虚假广告行为违反了《兰哈姆商标法》第43(a)节，因此原告遭受了销售份额的损失、市场份额的下降以及雇佣劳工的减少。[123] 然而，委员会认定在不公平行为和对国内产业的损害之间不存在因果关系，部分原因是在原告改变其供应链的同时，其所在的产业整体出现了需求量的大幅下降。[124] 委员会进一步发现，原

---

〔117〕 *Certain Cast Steel Railway Wheels*, Inv. No. 337 – TA – 655, Initial Determination (Pub. Version) at 83 – 34, *aff'd*, 661 F. 3d 1322 (Fed. Cir. 2011).

〔118〕 同上书，第86页。

〔119〕 同上书，第77 – 79页。

〔120〕 同上书，第84页。

〔121〕 *Corning Glass Works*, 799 F. 2d at 1568.

〔122〕 *See Certain Large Video Matrix Display Sys.*, Inv. No. 337 – TA – 75, USITC Pub. No. 1158, Comm'n Op., at 25 (June 1981).

〔123〕 *Certain Vertical Milling Machs. & Parts, Attachments & Accessories Thereto*, Inv. No. 337 – TA – 133, USITC Pub. No. 1512, Views of the Comm'n at 42 – 45 (Mar. 1984).

〔124〕 同上书，第45 – 46页。

告作出的提高生产能力的决定增加了其固定支出并导致在产品整体需求萎缩期间价格大幅提高,这个现象表明被告的不公平竞争并没有造成国内产业实质性损害的效果或趋势。[125]

---

[125] *Certain Vertical Milling Machs. & Parts, Attachments & Accessories Thereto*, Inv. No. 337 – TA – 133, USITC Pub. No. 1512, Views of the Comm'n at 46 – 47 (Mar. 1984).

第六章

337 调查程序的开始

337 调查程序在私人当事人向委员会提交起诉书的基础上启动，或由委员会自主启动（已多年未出现自主立案）。[1]

一、准备起诉书

《委员会规则》要求起诉书中附原告的宣誓及签名（具有真实性、准确性）；列明指控构成不公平竞争的方法和行为事实；描述指控的非法进口或销售的具体情况；列明指控违反 337 条款的每个实体的名称、地址和经营活动性质；并附说明是否在另一法院或机构进行指控不公平竞争方法和行为的诉讼（或争议解决程序）。[2] 起诉书还须包括对原告经营活动及其与美国相关国内产业或商贸利害关系的描述，一份用浅显平实的英语表述的、对所指控产品类别的声明，以及要求救济措施的申请。[3] 如涉及专利侵权，《委员会规则》特别要求提供证明被指控侵权的产品进

〔1〕 *See Certain Airtight Cast – Iron Stoves*, Inv. No. 337 – TA – 106, Notice of Investigation, 46 Fed. Reg. 35,386 – 03 (July 8, 1981).

〔2〕 参见 19 C. F. R. § 210.12 (2018)。另外，起诉方须在起诉书中表明其针对的是已经存在的国内产业还是正在建立中的产业；清晰说明指控产品或指控产品的范围；明确所寻求的救济措施。

〔3〕 同上。

口至美国的事实、证明存在侵权的事实(包括“可行情况下”,一份专利权利要求表),[4]及证明存在美国国内产业的事实,包括展现该专利应用于起诉方国内产业产品的权利要求表。此外,起诉书须附争议专利的副本及其申请历史,争议专利在美国之外进行的专利申请及授权协议的状况。

该规则还要求起诉方或经其正式授权的管理人员、律师或代理人证实,起诉书中所提出的事实论点有证据支持、非基于不当目的,且有正当理由起诉。[5] 委员会有权对违反这类诚信义务(duty of candor)的行为施以罚款。[6]

(一)公共利益声明

起诉方须在提交起诉书的同时,提交一份单独的“公共利益声明”。[7] 该声明的篇幅不得超过5页,应说明若裁决准予实施起诉方所请求的救济措施(如普遍排除令、有限排除令或禁止令),会对美国公众的健康和福利、美国经济的竞争状况、美国国内类似或直接竞争的产品的生产或美国消费者产生的影响。[8] 在正式启动337调查程序之前,委员会也会在《美国联邦纪事》上发表公告,就公共利益问题向公众和潜在被告者征求立案前评议。[9] 起诉方可针对这些评议提交回应评议。[10]

根据起诉方、公众及潜在被告者所提交的评议,委员会可通过指令行政法官采纳证据并就公共利益问题作出建议裁决的方式,授权行政法官考虑公共利益问题[11]。在此情况下,《委员会规则》要求被告在提交答辩书的同时提交一份不超过5页的公共利益声明(如果其之前没有提交的话)。[12] 《委员会规则》还要求行政法官适当地限制关于公共利益问题

[4] 参见《美国联邦规章典集》第19章第210.12(a)(9)(Ⅷ)节(2018)。

[5] 同上书,第210.4(c)(1)(3)节(2013)。

[6] 同上书,第210.4(d)节(2013)。

[7] 同上书,第210.8(b)节(2018)。

[8] 同上。

[9] 同上书,第210.8(c)(1)节(2013)。

[10] 同上书,第210.8(c)(2)节(2013)。

[11] 同上书,第210.10(b)节(2018)。

[12] 同上书,第210.14(f)节(2018)。

的调查取证,特别是要考虑对第三人的影响。[13]

(二)修改起诉书

起诉方有权在 337 调查启动前的任何时候修改起诉书的内容。[14]但如起诉方实质性修改了起诉书内容(例如,增加被告或新不公平行为),该修改将导致 30 日内决定是否立案的常规程序被重启。337 调查发起后,原告须取得行政法官的同意,表明正当理由,且在公共利益和各方当事人权利不受影响的前提下才可修改起诉书。[15]

二、起诉书正式提交前的预审

正式提交起诉书前,原告最好提交一份起诉书草案给委员会的不公平进口调查办公室,供其进行非正式评估,以确保起诉书符合《委员会规则》的要求。不公平进口调查办公室的一名政府专职律师会对起诉书草案进行审查,并就其是否充分满足了《委员会规则》的要求提出反馈意见。预审中发现的问题一般与原告指控的支持性事实部分有关。非正式预审程序可在起诉书正式提交前,帮助当事人发现可快速纠正的问题或可及时进行补充的材料。此预审是不公平进口调查办公室提供的非常有价值的福利,且不属于公开调查取证的范围。

(一)《委员会规则》未明确规定启动调查前的提交材料

一旦起诉方向委员会提交了起诉书,起诉书中列名的潜在被告可采取《委员会规则》中未明确规定的一系列行动。例如,在最近的调查中,被告曾致信委员会,要求不进行立案调查,[16]或主张采用"百日速

〔13〕 参见《美国联邦规章典集》第 19 章第 210. 10(c)节(2018)。

〔14〕 同上书,第 210. 14(a)节(2018)。

〔15〕 同上书,第 210. 14(b)节(2018)。修改起诉书以增加被告的动议必须送达每一位列名的被告。

〔16〕 *See Certain Clidinium Bromide & Prods. Containing Same* (*Clidinium Bromide*), Inv. No. 337 – TA – 1109, Letter from Don J. Mizerk, Partner, Husch Blackell LLP, to The Hon. Rhonda K. Schmidtlein, Chairman, ITC (Mar. 5, 2018).

裁”程序。[17] 《委员会规则》未对这些调查启动前的提交材料作出特别规定,但允许潜在被告采取积极应对步骤,质疑起诉书的充分性。

当然,潜在被告也需注意,启动调查前提交的材料不一定在任何情况下提供策略性优势。例如,在固态存储驱动器(Solid State Storage Drives)案[18]中,被告 Hewlett Packard Enterprise Co.(HPE)在启动调查前提交信函,要求如委员会正式立案,也不将 HPE 作为被告。[19] 此外,被告 SK hynix Inc. 和 SK hynix America Inc.(SK hynix)则在他们的公共利益声明中要求委员会对此调查进行“百日速裁”,以决定起诉是否满足经济方面和国内产业的要求。[20] 委员会最终启动正式调查,并将 HPE 作为被告且依 SK hynix 要求采用“百日速裁”程序。[21]“百日速裁”的结果是行政法官裁决[22]且委员会支持认为起诉满足经济方面和国内产业的要求。[23]

(二)《委员会规则》明确规定的分割调查

2018 年修改后的《委员会规则》赋予行政法官一项新的权力:能“分割一项调查”(sever an investigation)。《委员会规则》第 210. 14(h)节规定“如分割调查对于提高判决效率必要,在调查正式启动前的任何时候或调查发起后的 30 日内,行政法官可依据任何相关方的动议或根据行政法官自己的判断将一个调查分割成两个或更多”。[24] 截至本书(英文原

---

〔17〕 *See Certain Recombinant Factor Ⅷ Prods.*, Inv. No. 337 – TA – 956, Letter from David B. Tulchin, Partner, Sullivan & Cromwell LLP, to The Hon. Lisa R. Barton, Secretary to the Commission (May 7, 2015).

〔18〕 *Certain Solid State Storage Drives, Stacked Electronics Components, & Prods. Containing Same (Solid State Storage Drives)*, Inv. No. 337 – TA – 1097.

〔19〕 *Solid State Storage Drives*, Inv. No. 337 – TA – 1097, Letter from E. Namrow, Partner, Morgan, Lewis & Bockius LLP, to the Hon. Lisa R. Barton, Secretary to the Commission (Dec. 29, 2017).

〔20〕 *Solid State Storage Drives*, Inv. No. 337 – TA – 1097, SK hynix's Statement on the Public Interest (Jan. 5, 2018).

〔21〕 *Solid State Storage Drives*, Inv. No. 337 – TA – 1097, Notice of Institution of Investigation (Jan. 19, 2018).

〔22〕 同上,初步裁决(2018 年 6 月 7 日)。

〔23〕 同上,委员会意见(2018 年 6 月 29 日)。

〔24〕 《美国联邦规章典集》第 19 章第 210. 14(h)节(2018)。

版）出版时，尚无相关方要求或行政法官采用“分割调查”，因此《委员会规则》第 210.14（h）节的实际影响还有待检验。

三、准备答辩书

自委员会或当事人送达起诉书和发出调查公告之日起，被告通常有 20 日的时间针对起诉书提交一份答辩书。[25]《委员会规则》第 210.6 节、第 201.14 节以及第 201.16（d）节和第 201.16（e）节规定了“日”的计算规则。通常来说，“工作日”不包括星期六、星期日或联邦假日，因此如规定截止日期为星期六、星期日或联邦假日中的某一天，截止日期则顺延至下一个工作日。[26] 此外，如被告在美国国内、起诉书通过邮寄（mail）到达，则规则规定的提交答辩书的时限增加 3 个自然日；如被告在美国国外，提交答辩书的时限增加 10 个自然日。[27] 如果通过次日快递送达美国国内，提交答辩书的时限增加 1 日；通过次日快递送达美国国外，提交答辩书的时限增加 5 日。[28]

每个被告须对起诉书和调查公告中的每一项指控作出回应，且每条答辩意见中须简要陈述所依据事实。被告须针对起诉书和调查公告中指控的每一个事实作出承认、否认，或者解释说明，或者指出并不知晓相关事实详情。如被告未以前述任何一种方式作出回应，则可视作承认了相关指控。[29] 此外，在可行情况下，每条答辩意见须包含涉及的进口货物数量和金额的统计数据；进口商还须提供所指控进口侵权商品的《美国协调关税表》（Harmonized Tariff Schedule of the United States，HTS）编码。每一位被告的答辩意见中须附其生产被控侵权产品的产能及美国市场对其经营的相对重要程度。不生产被控侵权产品的被告还须列明其进口的

---

〔25〕《美国联邦规章典集》第 19 章第 210. 13（a）节（2013）。

〔26〕同上书，第 210. 14（a）节（2018）。

〔27〕同上书，第 210. 16（d）节（2013）。

〔28〕同上书，第 210. 16（e）节（2013）。

〔29〕同上书，第 210. 13（b）节（2013）。

被控侵权产品的供应商名称和地址。[30]

如被告的答辩意见包括任何“积极抗辩”(affirmative defense)(译者注:被告并不否认原告所控事实,但证明自身行为具有正当性、合理性或从轻情节,故而应不承担或减轻承担法律责任的答辩),则应当在答辩书中提出该积极抗辩并尽可能具体阐明。[31] 为满足“具体性”的要求,被告须在主张“积极抗辩”时提供事实支持。[32] 《委员会规则》第210.13(b)节也“鼓励但不要求”被告提供特定信息。[33] 例如,如被控不公平行为系基于侵犯有效的美国专利的指控,鼓励被告证明被控侵权产品不涉及有关专利,包括在可行的情况下,通过专利权利要求对照表及被控侵权产品的直观形象图示进行说明。[34] 如被告主张所涉及的美国专利无效或者不可执行,应阐明依据,包括证明现有技术如何使专利请求无效或不可执行。[35] 有合理理由的情况下,首席行政法官可能豁免此条款下的任何实

---

〔30〕 同本章注〔29〕。

〔31〕 同上;*Certain Digital Models, Digital Data & Treatment Plans for Use in Making Incremental Dental Positioning Adjustment Appliances, the Appliances Made Therefrom & Methods of Making the Same* (*Digital Models*), Inv. No. 337 – TA – 833, Comm'n Op., at 138 (Apr. 9, 2014)(确认行政法官关于被告已放弃其寻求实施许可和专利失效的抗辩的认定并解释委员会要求对起诉书的答辩尽可能具体)。

〔32〕 参见 *Certain NAND Flash Memory Devices & Prods. Containing Same*, Inv. No. 337 – TA – 553, Order No. 10, at 2 (Mar. 1, 2006)(确实如此,长久以来公认的是根据《委员会规则》,对起诉书的答辩中须有事实支撑);*Certain Dynamic Random Access Memory Devices & Prods. Containing Same*, Inv. No. 337 – TA – 595, Order No. 7, at 3 (June 1, 2007)(驳回积极抗辩,“因为其为包含极少事实的样本文书”);*cf. Certain Elec. Connectors, Components Thereof & Prods. Containing the Same*, Inv. No. 337 – TA – 1043, Order No. 14, at 2 (May 18, 2017)(认为被告的积极抗辩“显然缺少要求的具体性”,因为他们“仅仅陈述了抗辩而无事实支撑”,因为调查取证才刚开始而拒绝在调查的早期阶段就驳回积极抗辩)。

〔33〕 *Certain DC – DC Controllers & Prods. Containing the Same*, Inv. No. 337 – TA – 698, Order No. 8, at 2 (Apr. 12, 2010).

〔34〕 参见《美国联邦规章典集》第19章第210.13(b)(1)(2)节(2013)。

〔35〕 同上书,第210.13(b)(3)节(2013)。

质要求或者提出额外的要求。[36]

通常来说,委员会不倾向于直接驳回被告的“积极抗辩”。[37] 委员会通常会在驳回不符合答辩书要求的“积极抗辩”前给予被告一个补充的机会。[38]

有关《委员会规则》[39]允许经(行政法官)批准而修改答辩书,且在作出请求的一方能够证明修改有合理原因并且不会对另一方或公共利益造成不利影响的情况下,修改答辩书的请求通常会得到批准。[40] 例如,在电子设备(Electronic Devicecs)案中,行政法官批准了苹果公司修改答辩书的动议,行政法官指出“苹果公司提出答辩书需修改是勤勉行为,其所提议在答辩书中增加和澄清的部分与苹果公司在调查取证程序中新发现的事项相关”。[41]

被告也可在337调查启动之后的任何时间(但不得迟于证据听证会开始前10个工作日),根据《美国1930年关税法》第337(c)节提起反

---

〔36〕 参见《美国联邦规章典集》第19章第210. 13(b)(3)节(2013);*Certain Bulk Welding Wire Containers & Components Thereof & Welding Wire*, Inv. No. 337 – TA – 686, Order No. 21, at 3 (Dec. 7, 2009)[为反映《联邦民事诉讼程序规则》第9(b)条而要求提升对不公平行为的答辩书]。

〔37〕 参见 *Certain Elec. Connectors, Components Thereof & Prods. Containing the Same*, Inv. No. 337 – TA – 1043, Order No. 14, at 1 (May 18, 2017)(通常来说不倾向于驳回积极抗辩……)[援引自LED灯丝和相关产品一案,调查案件号337 – TA – 512,第11号法令,第2页)(2004年8月24日)];*Certain Absorbent Garments*, Inv. No. 337 – TA – 508, Order No. 8, at 2 (Sept. 29, 2004)。

〔38〕 参见 *Certain Light Emitting Diodes & Prods. Containing Same*, Inv. No. 337 – TA – 512, Order No. 11, at 2 (Aug. 24, 2004); *Certain Absorbent Garments*, Inv. No. 337 – TA – 508, Order No. 8, at 2(行政法官认为基于不公平行为而驳回被告积极抗辩是不合理的,因为未披露的在先技术通常属专利权所有人独占)。

〔39〕 参见《美国联邦规章典集》第19章第210. 14(b)(2)节(2018)。

〔40〕 *Certain Elec. Devices, Including Mobile Phones, Portable Music Players & Computers* (*Electronic Devices*), Inv. No. 337 – TA – 701, Order No. 28, at 2 (Aug. 16, 2010)(《委员会规则》允许起诉方除了有合理理由外,在谨慎考虑不对其他相关方和公众造成损害的前提下修改起诉书)(引用省略)。

〔41〕 同上。

诉。[42] 然而,反诉须立即被移送至联邦地区法院,因此对委员会的337调查无实质影响。[43]

四、337调查的启动

起诉书提交后即成为一份公开文件,其所包含的商业机密信息除外。起诉书提交后,一般情况下被告会迅速得知被起诉且在调查正式启动前有至多30日的准备时间。[44] 起诉书提交后,委员会将案件发往不公平调查办公室的专职政府律师,他们会在20日的时限内调查起诉的相关背景情况,并决定起诉书是否满足了相关程序性规则的要求。然后,不公平进口调查办公室就起诉书是否满足了要求、是否表明了应由委员会考虑展开337调查的诉由等事宜,向委员会提出建议。

如委员会决定应当启动337调查(通常是决定启动调查[45]),应在《美国联邦纪事》上发布公告,并将起诉书副本送达调查中列名的被告。如被告在美国国外,则美国驻外大使馆也接受送达。[46] 不公平进口调查办公室的一名专职政府律师可被指定作为正式的当事方参与337调查程序的所有阶段。337调查案件会被分配至一位掌控整个调查程序进程的行政法官,他对调查的掌控至裁定被告是否违法的初步裁决以及关于救济措施和保证金的建议裁决作出为止。

尽管委员会对绝大多数337起诉均予以立案调查,其最近拒绝根

---

〔42〕 参见《美国联邦规章典集》第19章第210.14(e)节(2018)。

〔43〕 参见《美国法典》第19章第1337(c)节(2004)。

〔44〕 参见《美国联邦规章典集》第19章第210.10节(2018)。

〔45〕 委员会几乎不会因337调查起诉书的问题而决定不予立案调查,但当起诉方的诉由不属于第337节条款规定的不公平竞争方法或不公平行为时,委员会曾因此不予立案。参见 Complaint of KV Pharmaceutical Co. Concerning Hydroxyprogesterone Caproate and Prods. Containing Same (Docket No. 2919), Determination Not to Institute Investigation (Dec. 21, 2012) [委员会决定不予立案调查,因为这一不公平行为显然是属于食品药品行政部门负责的联邦《食品、药品和化妆品法》(Federal Food, Drug and Cosmetic Act, FDCA)]。

〔46〕 参见《美国联邦规章典集》第19章第210.11(a)(1)(ii)节(2018)。

据起诉方提起的某些诉由立案。在脊椎固定板一案[47]中,委员会拒绝就起诉方指控的普通法商标侵权进行 337 调查。在克利溴铵一案中,起诉方要求委员会根据以下两个诉由进行 337 调查:确定被告是否因《兰哈姆商标法》规定的虚假广告和不公平竞争而违反第 337(a)(1)(A)节以及联邦《食品、药品和化妆品法》。[48] 委员会不以 FDCA 为调查案由,而仅以"确定是否因在美国进口或进口后销售某些克利溴铵和相关产品中存在《兰哈姆商标法》及《美国法典》第 15 章第 1125(a)节下规定的虚假广告和不公平贸易行为,以及是否对美国国内产业存在威胁或摧毁或严重损害效果而违反第 337(a)(1)(A)节"为由立案调查。[49]

2013 年 6 月,委员会启动了一个试点项目,这一项目最近成了委员会永久性规则。行政法官可据此规则在立案后 100 日内决定潜在案件决定性问题。[50] 第一个适用"百日速裁"规则的 337 调查是层压包装案(Laminated Packaging)[51]。该案中,在被缩短的调查取证阶段后,一个关于国内产业问题的加速听证会被举行。行政法官裁定起诉方未证明其符合《美国法典》第 19 章第 1337 (a)(2)节规定国内产业的经济

---

[47] *Certain Carbon Spine Board, Cervical Collar, CPR Masks & Various Trademarks, Copyrights of Prod. Catalogues, Prod. Inserts & Components Thereof*, Inv. No. 337 – TA – 1008, Notice of Institution of Investigation at 2 – 3 (June 20, 2016).

[48] 参见 *Clidinium Bromide*, Inv. No. 337 – TA – 1109, Amended Complaint at 4, 37, 74 (Mar. 19, 2018)。

[49] *Clidinium Bromide*, Inv. No. 337 – TA – 1109, Notice of Institution of Investigation at 2 (Apr. 18, 2018).

[50] 参见《美国联邦规章典集》第 19 章第 210.10(b)(3)节[根据第 19 章第 210.42(a)(3)节关于对立案公告中潜在决定性问题作出裁决的规定,委员会可指令行政法官在立案后 100 天之内作出初步裁决。主管行政法官可根据第 210.10(b)(3)节的授权举行关于指定问题的加速听证会,并就自由裁量权是否在"百日速裁"程序中对其他问题进行调查取证]。

[51] *Certain Prods. Having Laminated Packaging, Laminated Packaging & Components Thereof*, Inv. No. 337 – TA – 874, Notice of Investigation, at 2 (Mar. 22, 2013).

方面要求。委员会支持了这一裁决并终止调查[52]。起诉方上诉但后因和解而撤销上诉。[53] 自层压包装案案始,委员会在"百日速裁"中认定了各类问题,包括国内产业经济方面问题[54]、国内产业资格[55]、专利适格问题[56]和损害问题[57]。在这些问题中,委员会允许行政法

---

[52] *Certain Prods. Having Laminated Packaging, Laminated Packaging & Components Thereof*, Inv. No. 337 – TA – 874, Comm'n Op., at 22 – 23 (Sept. 3, 2013).

[53] Lamina Packaging Innovations, LLC v. U. S. Int'l Trade Comm'n, Case No. 2014 – 1013, Stip. of Withdrawal of Appellant Lamina Packaging Innovations, LLC (Fed. Cir. Feb. 2, 2014).

[54] 参见 *Certain Inflatable Prods. with Tensioning Structures & Processes for Making the Same*, Inv. No. 337 – TA – 1009, Notice of Institution of Investigation (June 20, 2016)(法令要求在100天内对"起诉人是否满足国内产业要求的经济方面要求"作出初步裁决); *Certain Silicon – on – Insulator Wafers*, Inv. No. 337 – TA – 1025, Notice of Institution of Investigation (Oct. 19, 2016)(法令要求在100天内对"起诉人是否满足国内产业要求的经济方面要求"作出初步裁决); *Certain IOT Devices & Components Thereof (IOT, The Internet of Things)—Web Applications Displayed on a Web Browser*, Inv. No. 337 – TA – 1094, Notice of Institution of Investigation (Jan. 17, 2018)(法令要求在100天内对"起诉人是否满足国内产业要求的经济方面要求"作出初步裁决); *Certain Solid State Storage Drives, Stacked Elec. Components & Prods. Containing Same*, Inv. No. 337 – TA – 1097, Notice of Institution of Investigation (Jan. 19, 2018)(法令要求在100天内对"起诉人是否满足国内产业要求的经济方面要求"作出初步裁决)。

[55] 参见 *Certain Audio Processing Hardware & Software & Prods. Containing Same*, Inv. No. 337 – TA – 949, Notice of Institution of Investigation (Mar. 12, 2015)(法令要求在100天内对"起诉人是否具有起诉被指控专利的资格"作出初步裁决)。

[56] 参见 *Certain Portable Elec. Devices & Components*, Inv. No. 337 – TA – 994, Notice of Institution of Investigation (May 5, 2016)(法令要求在100天内对"被指控专利的被指控权利要求是否列举了《美国法典》第35章第101节规定的专利有效性问题"作出初步裁决)。

[57] 参见 *Certain Clidinium Bromide & Prods. Containing Same*, Inv. No. 337 – TA – 1109, Notice of Institution of Investigation (Apr. 18, 2018)(法令要求在100天内对"起诉方是否已证明美国国内产业受到损害或损害威胁"作出初步裁决)。

官有将裁决时间延长超过 100 日的裁量权。[58]

五、庭审前程序

《调查公告》在《美国联邦纪事》发布之日，即开启了委员会 337 调查程序，包括设定一个调查完成的目标日期。[59] 重要的是，通过设定该目标日期（一般为 14 ~ 16 个月），委员会能够保持快速结案的记录。

《调查公告》在《美国联邦纪事》刊登之日起，有关各方可开始调查取证程序。出于 337 调查进程快速的特点，调查取证程序中的回应书面询问、出示文件、获取证人证言等花费的时间都很短。整个调查取证程序一般情况下在 5 ~ 7 个月内完成。在此期间，相关方间有常规计划

---

〔58〕 参见 *Certain Portable Elec. Devices & Components*, Inv. No. 337 – TA – 994, Notice of Institution of Investigation (May 5, 2016)（除非负责的行政法官基于合适理由给予初步裁决一定延期，委员会预期立案 100 日之内会发布关于第 101 节的早期初步裁决）；*Certain Inflatable Prods. with Tensioning Structures & Processes for Making the Same*, Inv. No. 337 – TA – 1009, Notice of Institution of Investigation (June 20, 2016)（除非负责的行政法官基于合适理由给予初步裁决一定延期，委员会预期立案 100 日之内会发布关于国内产业经济方面的早期初步裁决）；*Certain Silicon – on – Insulator Wafers*, Inv. No. 337 – TA – 1025, Notice of Institution of Investigation (Oct. 19, 2016)（除非负责的行政法官基于合适理由给予初步裁决一定延期，委员会预期立案 100 日之内会发布关于国内产业经济方面的早期初步裁决）；*Certain IOT Devices & Components Thereof (IOT, The Internet of Things)—Web Applications Displayed on a Web Browser*, Inv. No. 337 – TA – 1094, Notice of Institution of Investigation (Jan. 17, 2018)（除非负责的行政法官基于合适理由给予初步裁决一定延期，委员会预期立案 100 日之内会发布关于国内产业要求的早期初步裁决）；*Certain Solid State Storage Drives, Stacked Elec. Components & Prods. Containing Same*, Inv. No. 337 – TA – 1097, Notice of Institution of Investigation (Jan. 19, 2018)（除非负责的行政法官基于合适理由给予初步裁决一定延期，委员会预期立案 100 日之内会发布关于国内产业经济方面的早期初步裁决）；*Certain Clidinium Bromide & Prods. Containing Same*, Inv. No. 337 – TA – 1109, Notice of Institution of Investigation (Apr. 18, 2018)（除非负责的行政法官基于合适理由给予初步裁决 50 天以内的延期，委员会预期立案 100 日之内会发布关于美国国内产业是否遭受损害的早期初步裁决）。

〔59〕 参见《美国联邦规章典集》第 19 章第 210.10(b) 节（2018）。

的调查取证会议以非正式地解决争议,以及如有必要,可向行政法官提出动议或进行电话会议。行政法官掌控整个调查取证程序,就各项动议作出裁决,并且处理当事人的各项请求,比如,请求获得更多信息或请求允许不出示另一方所要求的某信息。对于商业机密信息,行政法官原则上都会签发保护令。〔60〕保护令确立了在337调查过程中,各方当事人的外部律师、独立专家之间会经常性地交换各自的商业机密信息,但该信息不得公开披露,也不得向对方当事人披露。立即签发保护令使调查取证程序能够在337调查启动时开始。违反保护令的惩罚是十分严厉的。〔61〕

行政法官将发布法令,确立该337调查案件的基本规则(ground rules)、程序进度时间表(procedural schedule)和目标日期(target date)。基本规则解决行政法官开展337调查的方式问题。〔62〕每一位行政法官单独发布大体相似但细节上又各有不同的基本规则。基本规则对在行政法官前进行337调查的所有方面作出了规定,包括提交动议、调查取证程序(包括调查取证程序的截止日期)、专家证人和专家报告、和解会议、庭审程序以及审前和审后的意见书。

一项337调查的时间表由行政法官发布的程序进度时间表规定,行政法官有时会听取各当事人的建议作出时间安排。程序进度时间表中的各个截止日期通常由行政法官设定的337调查最终结案的目标日期决定。行政法官可通过发布法令设定337调查的目标日期,使调查最长可达16个月。〔63〕行政法官的该项命令,不像期限更长的法令那样将受委员会的审查。〔64〕目标日期长于16个月的情况主要发生在案件

---

〔60〕 参见《美国联邦规章典集》第19章第210.34节(2018)。

〔61〕 同上书,第210.34(c)(3)节(2018)。

〔62〕 同上书,第210.5节(2013)。

〔63〕 同上书,第210.51(a)节(2013)。

〔64〕 行政法官只能通过颁布初步裁决设定超过16个月的目标日期,该裁决须有国际贸易委员会审查。同上书,第210.42节(2018)。

突然呈指数化增长的时候。[65] 在设定目标日期时，行政法官考虑该案相关问题的复杂程度、当事人在调查取证要求和初始会议中所提出的论点、法庭房间使用安排以及行政法官处理的其他案件数量等因素后作出决定。[66]

程序进度时间表为具体规定 337 调查的时间表。它规定包括确定专家证人、现有技术公告（专利案件）、证人名单、调查取证程序截止、和解会议、强制取证的动议、简易程序裁决的动议、审前声明和审前意见书，交换附件、反对意见、动议、庭审和审后意见书等各种事项的日期。个别情况下，各当事人会请求在程序进度时间表中规定更多事项的日期，例如，双方交换专利权利要求范围的解释的日期，或者回应论点质询的日期。如果不存在程序暂停（很少准予程序暂停）或发生其他事件需要延长目标日期的情况，程序进度时间表规定的日期是严格执行的，能够保证 337 调查程序按时进行。

---

〔65〕 参见 *Certain Integrated Circuits, Chipsets & Prods. Containing Same, Including Televisions*, Inv. No. 337 – TA – 822, Order No. 8, at 1 (Feb. 17, 2012)（设定 16 个月的目标日期）; *Certain Mobile Devices & Related Software*, Inv. No. 337 – TA – 750, Order No. 3, at 1 (Jan. 7, 2011); *Certain Elec. Imaging Devices*, Inv. No. 337 – TA – 726, Order No. 4, at 3 (Aug. 13, 2010) (same); *Certain Game Devices, Components Thereof & Prods. Containing the Same (Game Devices)*, Inv. No. 337 – TA – 757, Order No. 4 (Initial Determination), at 1 (Mar. 1, 2011) (unreviewed)（设定 17 个月的目标日期）; *Certain Gaming & Entm't Consoles, Related Software & Components Thereof*, Inv. No. 337 – TA – 752, Order No. 5 (Initial Determination), at 1 (Jan. 13, 2011) (unreviewed) (same); *Certain Digital Televisions & Components Thereof*, Inv. No. 337 – TA – 789, Order No. 5 (Initial Determination), at 1 (Aug. 2, 2011) (unreviewed)（设定 18 个月的目标日期）。

〔66〕 参见 *Certain Gaming & Entm't Consoles, Related Software & Components Thereof*, Inv. No. 337 – TA – 752, Order No. 5 (Initial Determination), at 1 (Jan. 13, 2011) (unreviewed) (same); *Certain Digital Televisions & Components Thereof*, Inv. No. 337 – TA – 789, Order No. 5 (Initial Determination), at 1 (Aug. 2, 2011) (unreviewed)（考虑法庭房间的可获得性）; *Game Devices*, Inv. No. 337 – TA – 757, Order No. 4 (Initial Determination), at 2（考虑法庭房间的使用安排、当事人在调查取证要求和前期会议中所提出的论点、行政法官的日程安排以及为调查取证程序留出足够时间等因素）。

六、修改基本规则或程序进度时间表

各当事人可通过共同约定请求或通过单方面提出动议的方式寻求修改行政法官的基本规则或程序进度时间表的规定。当事人寻求修改的最常见的事项涉及电子送达[67]、电子调查取证、有关无意中披露保密文档的规定、保护源代码、排除专利申请律师根据保护令参与337调查,以及允许公司内部律师接触对方的商业机密信息(通常通过双方间协议)。为对敏感信息进行最小化的调查取证,传统情况下公司内部律师及外国律师是被排除于保密信息之外的。另外,具有美国律师资格的外国律师被允许在保护令下查阅保密信息并可完整地参与337调查。[68]

各方当事人经常通过共同约定请求修改关于限制电子调查取证的程序性基本规定。例如,在闪存控制器(Flash Memory Controllers)案中,行政法官采纳了各方当事人关于同意进行调查取证请求与回应请求的规则的共同约定。[69] 此类事项通常包括:通过电子邮件送达文书(包括送达在当日的截止时间)、以Word文档格式交换调查取证请求、(电子文档的)元数据是否可以作为调查取证的对象、提交取证的电子文档的格式(例如,规定采用TIFF格式而不是PDF格式)。另外,在一些调查中,行政法官已要求各方提交一份共同的电子调查取证文件并且提供一份覆盖

---

[67] 《委员会规则》现在明确说明相关方可以使用电子传输方式(并提供其他传输方式),参见《美国联邦规章典集》第19章第210.16(f)节。

[68] 参见 *Certain Rubber Resins & Processes for Mfg. Same*, Inv. No. 337 – TA – 849, Order No. 13, at 4 (Nov. 6, 2012)(允许两名持有纽约法律执业资格的中国律师查阅另一方的保密信息,因为如果他们违反保护令将受制于律协的惩罚措施);*Certain L – Lysine Feed Prods., Their Methods of Prod. & Genetic Constructs for Prod.*, Inv. No. 337 – TA – 571, Order No. 4, at 4 – 5 (July 7, 2006)(该案裁决汇总,如果外国律师同时也具有美国一州的律师资格并且该律师资格处于良好状态,则允许其接收商业机密信息);*cf. Certain Sortation Sys., Parts Thereof & Prods. Containing Same*, Inv. No. 337 – TA – 460, Order No. 9, at 3 – 4 (Nov. 20, 2001)(因缺乏执行保护令的手段,排除不具有美国一州律师资格的外国律师接收商业机密信息)。

[69] *See Certain Flash Memory Controllers, Drives, Memory Cards & Media Players & Prods. Containing Same*, Inv. No. 337 – TA – 619, Order No. 17, at 1 – 2 (Feb. 19, 2008).

其关于文件保存、查询、查阅及开示电子存储信息方法的建议法令。[70]

追回条款旨在防止无意泄露的保密信息,包括受制于律师——当事人权利、工作成果原则、公共利益原则和共同抗辩原则的信息。申请追回条款的相关方理解,当保密文件被无意透露给对方时,透露方将在特定时限内联系对方并要求对方返回保密信息。[71] 如果追回条款的条件得以满足,则文件的保密性质不会改变。

对程序进度时间表的微小修改也可通过规定进行,前提是相关修改不会影响时间表中的其他日期,特别是庭审日期。例如,在射频集成电路及其装置(Radio Frequency Integrated Circuits & Devices Containing Same)[72]案中,各当事人寻求撤销关于提交技术性条款的要求并更早举行技术性辅导(technology tutorial),行政法官认为这是修改程序进度时间表的合理原因。

---

〔70〕 *See Certain Windshield Wiper Devices & Components Thereof*, Inv. No. 337 – TA – 881, Order No. 2 (Exhibit B) (June 11, 2013); *Certain Elec. Devices Having Placeshifting or Display Replication Functionality*, Inv. No. 337 – TA – 878, Order No. 3 (Exhibit B) (May 9, 2013); *Certain Balloon Dissection Devices & Prods. Containing Same*, Inv. No. 337 – TA – 865, Order No. 2 (Exhibit B) (Jan. 31, 2013).

〔71〕 参见 *Certain Digital Television Prods. & Certain Prods. Containing Same & Methods of Using Same* (*Digital Television Products*), Inv. No. 337 – TA – 617, Order No. 7, at 7 – 8 (Dec. 17, 2007)(要求提交证据的一方发现保密或受保护的信息无意中被披露时书面通知接收证据的一方,并要求对方在 10 个工作日内返还);某些 GPS 设备和相关产品(GPS 设备)案,调查案件号 337 – TA – 602,法令第 3 号,第 1 – 2 页(2007 年 7 月 26 日)(修改保护令已包含追回条款)。

〔72〕 *See Certain Radio Frequency Integrated Circuits & Devices Containing Same* (*Radio Frequency Integrated Circuits*), Inv. No. 337 – TA – 848, Order No. 7, at 1 (Sept. 21, 2012); *Certain Buffer Sys. & Components Thereof Used in Container Processing Lines*, Inv. No. 337 – TA – 609, Order No. 14, at 1 – 2 (Feb. 12, 2008); *See also Certain Semiconductor Chips with Minimized Chip Package Size & Prods. Containing Same* (*Semiconductor Chips*), Inv. No. 337 – TA – 605, Order No. 12, at 1 – 2 (Nov. 20, 2007).

七、修改保护令

同样地,各当事人可能为了对商业机密信息提供额外保护而寻求修改保护令。行政法官通常准予该类请求,特别是当各当事人一致同意时。最常见的有关修改保护令的问题包括:增加所谓"追回"条款,关于源代码的条款,排除专利申请律师接触商业机密信息的条款,以及允许公司内部律师接触商业机密信息的条款。

各当事人可寻求修改保护令以增加有关保护和处理源代码的条款。[73] 在闪存芯片和所含产品(Flash Memory Chips and Products Containing Same)案中,行政法官发布了一个行政保护令附录并在其中规定了关于编写、检视和使用保密源代码和硬件代码(包括原理图和GDS文件)的条款等。[74]

各方当事人也可寻求增加条款以排除专利申请律师根据保护令参与337调查。[75]"对专利申请律师的禁止"条款旨在禁止为任一方当事人的相关专利从事专利申请服务的律师个人参与委员会的337调查,并禁止

---

〔73〕 *See, e. g. , Digital Television Prods.* , Inv. No. 337 - TA - 617, Order No. 7, at 1; GPS Devices, Inv. No. 337 - TA - 602, Order No. 3, at 1 - 2.

〔74〕 *Certain Flash Memory Chips & Prods. Containing Same*, Inv. No. 337 - TA - 893, Order No. 8 (Dec. 19, 2013); *see also GPS Devices*, Inv. No. 337 - TA - 602, Order No. 3, at 1 - 2.

〔75〕 参见 *Certain Microelectromechanical Sys.* ("*MEMS Devices*") *& Prods. Containing the Same* (*MEMS Devices*), Inv. No. 337 - TA - 876, Order No. 8, at 2 - 3 (July 15, 2013); *Digital Television Prods.* , Inv. No. 337 - TA - 617, Order No. 7, at 8; *Certain Data Storage Sys. & Components Thereof* (*Data Storage Sys.*), Inv. No. 337 - TA - 471, Order No. 5, at 1 - 2 (July 12, 2002); *Certain Set - Top Boxes & Components Thereof*, Inv. No. 337 - TA - 454, Order No. 6, at 6 (May 17, 2001) [案例法明确确立了以下规则:处理专利申请并且根据保护令知晓关于原告或被告特定产品的机密信息的专利律师,即使具备充分善意行事,也不可能指望其忘记(申请专利过程中接触的)那些信息]。

其根据保护令取得机密信息。[76] 各方当事人担心,获取了对方机密信息的专利律师可能会在起草专利申请过程中使用有关机密信息,即使可能仅仅是无意的使用;故前述对专利申请律师的禁止条款试图缓解各方的疑虑。[77] 此外,"对专利申请律师的禁止"条款也规定,在将来特定的一段时间内,可不允许参与了 337 调查的律师在相关技术领域内从事专利申请工作。[78]

对于(当事人的)公司内部律师而言,通行的法律规制是,在各方当事人未有特别协议约定的情况下,公司内部律师不得根据保护令接触(对方的)商业机密信息。[79] 但是,如果各方当事人就此问题达成一致意见,行政法官将允许公司内部律师接触商业机密信息。[80] 各方当事人可就公司内部律师根据保护令接触的商业机密信息的类别作出约定。例如,在车辆保安系统(Vehicle Security Systems)案中,被告同意允许原告的公司

---

〔76〕 *MEMS Devices*, Inv. No. 337 – TA – 876, Order No. 8, at 2 – 3; *Digital Television Prods.*, Inv. No. 337 – TA – 617, Order No. 7, at 8; *Data Storage Sys.*, *Inv.* No. 337 – TA – 617, Order No. 5, at 1 – 2; *Certain Set – Up Boxes & Components Thereof*, Inv. No. 337 – TA – 454, Order No. 6, at 6.

〔77〕 参见 *Certain Microlithographic Machs. & Components Thereof* (*Microlithographic Machines*), Inv. No. 337 – TA – 468, Order No. 5, at 1 – 3 (Mar. 21, 2002)。*But see MEMS Devices*, Inv. No. 337 – TA – 876, Order No. 8, at 2(裁决当 337 调查的起诉人律师未参与专利诉讼并且未参与竞争的决策时,不颁布诉讼禁止令)。

〔78〕 *See Microlithographic Machines*, Inv. No. 337 – TA – 468, Order No. 5, at 1 – 3.

〔79〕 *See Certain Flash Memory Chips & Prods. Containing Same*, Inv. No. 337 – TA – 735, Order No. 10, at 6 (Oct. 13, 2010)(称在 337 调查中将机密信息披露给公司内部法务是例外情况,因而拒绝向该案公司内部法务披露); *Certain Auto. Parts*, Inv. No. 337 – TA – 557, Order No. 5, at 1 (Mar. 10, 2006)(337 调查明确确立的规则是,在缺乏各当事人协议约定的情况下,将机密信息披露给公司内部律师不是原则,而是例外)(内部引号省略).

〔80〕 *See Certain Vehicle Security Sys. & Components Thereof* (*Vehicle Security Systems*), Inv. No. 337 – TA – 355, Order No. 15, 1994 WL 930093, at ∗1 (Feb. 2, 1994); *Certain Plastic Encapsulated Integrated Circuits*, Inv. No. 337 – TA – 315, Order No. 13, 1990 WL 710750, at ∗1 – 2 (Nov. 30, 1990); *see also Certain Coamoxiclav Prods.*, *Potassium Clavulanate Prods. & Other Prods. Derived from Clavulanic Acid* (*Coamoxiclav Products*), Inv. No. 337 – TA – 479, Order No. 5, at 1 – 3 (Nov. 12, 2002).

内部律师接触被告拟提交的8份庭审材料附件。[81] 各当事人也取得了文件的拥有者——第三方供应商的同意。[82] 行政法官批准了原告的修改保护令的动议并裁决表示因为动议未受到被告的反对且实现了第三方供应商的愿望,原告的公司内部律师可以接触此8份附件。[83] 在阿莫西林克拉维酸产品(Coamoxiclav Products)案中,保护令未被修改,但行政法官仍然认可了(在遵守保护令的前提下)各当事人达成的关于特定的公司内部律师可接触(对方)某些信息的协议。[84] 尽管没有那么及时,频繁交换清洁版的起诉状和裁决可以协助不在行政保护令下的公司内部律师。

八、暂停程序进度时间表

在委员会337调查程序中的各方当事人有时想要等待其他同时进行的相关争议解决程序[85],在这些程序结果出炉之前暂停委员会的337调查。委员会337调查之外的其他程序,例如,专利复审或联邦地区法院民事诉讼的结果,可能会影响各当事人在委员会337调查程序中的诉求。非在委员会进行的诉讼可能减少(争议的专利)所请求的权利的范围,或强化关于损害的索赔要求。各方当事人可能希望避免同时参与多个争议解决程序所带来的时间和现金流方面的压力。委员会有权暂停其337调查程序,但委员会此权力及其行使此权力的意愿均是有限度的。

在1994年《乌拉圭回合协议法》出台之前,委员会有权因为"其他美国法院或行政机构中涉及337调查内容的类似问题的争议解决程序尚在进行中"而搁置其337调查程序。[86] 这给予了委员会广泛的可搁置337

〔81〕 *Vehicle Security Systems*, Inv. No. 337 - TA - 355, Order No. 15, 1994 WL 930093, at * 1.

〔82〕 同上。

〔83〕 同上。

〔84〕 *Coamoxiclav Products*, Inv. No. 337 - TA - 479, Order No. 5, at 2.

〔85〕 行政法官和委员会的文书中术语"suspend/搁置"和"stay/等待"均被使用。1994年《乌拉圭回合协议法》中解释如下,"suspend/搁置"和"stay/等待"作用相同,并且导致的结果相同。

〔86〕 参见《美国法典》第19章第1337(b)(1)节(1998)(在《乌拉圭回合协议法》之前)。

调查的权力。也许这样广泛的权力被认为是必要的，因为那时法律对委员会审结案件有严格的“337 调查公告发布日期后一年的时限（更复杂的案件则是 18 个月）”限制。[87] 通过搁置调查程序并相应延后审结案件的截止期限，[88] 委员会可在同步进行多个争议解决程序的情况下，更好地利用其他争议解决机构的调查权。例如，委员会可以运用其权力“搁置 337 调查，以等待争议专利在美国专利和商标局的专利复审程序或再颁程序，或在联邦地区法院同步进行的民事诉讼的结果”。[89]

1994 年《乌拉圭回合协议法》废除了案件审结的严格时限限制。该法仅要求委员会在“最早可行的时间范围内”作出裁决，并在启动调查后的 45 日内确定一个作出最终裁决的目标日期。[90] 在增加灵活性的同时，该法也在另一方面有所改变：委员会失去了根据原《美国 1930 年关税法》第 337(b)(1) 节授权可搁置 337 调查的大部分权力。[91]

然而，委员会很快就根据“1994 年《乌拉圭回合协议法》之前老规则下可搁置 337 调查的情形”确立了其可延后审结案件目标日期的权力。[92] 有关情形是否适用于暂停调查，一般通过考虑多个因素决定。这些因素通常包括：(1) 调查取证程序的状况和庭审日期；(2) 暂停程序是否能够简化问题和对案件的审理；(3) 是否会对任何一方当事人造成不利影响或使其明确处于战术上的劣势地位；(4) 同步进行的其他争议解决程

---

〔87〕 同本章注〔86〕。

〔88〕 同上。

〔89〕 *See Certain Personal Computer/Consumer Elec. Convergent Devices, Components Thereof & Prods. Containing Same* (*Convergent Devices*), Inv. No. 337 – TA – 558, Order No. 6 (Initial Determination), at 4 (Feb. 7, 2006) (unreviewed).

〔90〕 参见《乌拉圭回合协议法》第 321 节，Pub. LL. 103 – 465, 108 Stat. 4809 (1994)。

〔91〕 同上。

〔92〕 *See Convergent Devices*, Inv. No. 337 – TA – 558, Order No. 6 (Initial Determination), at 7 [citing 59 Fed. Reg. 67,622, 67,626 (1994)].

序所处的阶段;(5)是否有效利用了委员会的资源。[93]

在经常被引用的半导体芯片(四)[Semiconductor Chips(Ⅳ)]案(后案)中,行政法官裁决认为,该案四个争议专利中的两个同时是委员会正在进行的另一337调查案件(前案)中的争议问题,且委员会在前案中已决定将要审查行政法官的初步裁决。[94] 后案的行政法官认为,暂停该案的337调查程序将简化对相关争议问题的庭审审理。[95] 相反,在集成电路(Integrated Circuits)案中,行政法官权衡了多个因素后拒绝了被告要求暂停337调查程序的动议并特别指出相关事实表明,该案的调查取证程序已经开始,若暂停调查,会对原告造成不利影响,并且会增加调查的成本。[96] 在蓝光光碟播放器(Blue - Ray Disc Players)案中行政法官作了相同的结论,裁决认为,在考虑了前述五个因素后,关于其中四个因素的结论不支持暂停337调查程序。[97]

曾有一次,一家联邦破产法院批准一方当事人的请求,在该法院的企业破产判决生效前,暂停委员会337调查的庭审。在关于奇梦达公司(in re Qimonda AG)案中,弗吉尼亚州东区的联邦破产法院准予337调查案

---

〔93〕 *See, e. g., Certain Network Devices, Related Software & Components Thereof* (Ⅱ), Inv. No. 337 - TA - 945 (Modification Proceeding 2), Order No. 20, at 5 (Apr. 4, 2018); *Certain Mobile Commc'ns & Computer Devices & Components Thereof* (*Mobile Commc'ns & Computer Devices*), Inv. No. 337 - TA - 704, Order No. 58, at 1 - 2 (Oct. 26, 2010) [citing *Certain Semiconductor Chips with Minimized Chip Package Size & Prods. Containing Same* (*Semiconductor Chips*), Inv. No. 337 - TA - 605, Comm'n Op., at 3 (May 27, 2008)].

〔94〕 *Certain Semiconductor Chips with Minimized Chip Package Size & Prods. Containing Same* (Ⅳ), Inv. No. 337 - TA - 649, Order No. 18 (Initial Determination), at 6 (Feb. 10, 2009) (unreviewed).

〔95〕 同上,等待[*Semiconductor Chips*, Inv. No. 337 - TA - 605]中的委员会意见将会简化本调查中的问题和庭审程序,也是一种有效利用资源。

〔96〕 *Certain Integrated Circuits, Chipsets & Prods. Containing Same Including Televisions, Media Players & Cameras*, Inv. No. 337 - TA - 709, Order No. 13, at 3 - 4 (July 28, 2010).

〔97〕 *Certain Blue - Ray Disc Players, Components Thereof & Prods. Containing the Same*, Inv. No. 337 - TA - 824, Order No. 13, at 6 - 12 (Apr. 16, 2012).

件的被告暂停参与 337 调查，判决指出，根据《美国法典》第 11 章第 362(a)节和第 1520 节，据《破产法》第 15 章作出的破产申请自动暂停美国的其他未决争议解决程序。该判决进一步指出，该自动暂停的一项例外——《美国法典》第 11 章第 362(b)节规定的“政府的警察权和监管权例外”不适用于委员会的 337 调查程序。[98] 然而，美国联邦弗吉尼亚东区法院推翻了前述破产法院的判决，认定“政府的警察权和监管权例外”适用于委员会的 337 调查程序。[99]

各当事人也可提交动议要求在对涉案专利进行复审(reexamination)或专利重审 (inter partes review，IPR)时暂停委员会 337 调查。当存在美国专利与商标局的平行程序时，在决定是否准予暂停 337 调查的问题上，委员会将权衡与以其他理由暂停 337 调查同样的前述五个因素。在半导体芯片(Semiconductor Chips)案中，委员会在考虑了这五个因素后，推翻了行政法官的准予在该案专利复审期间暂停 337 调查的裁决；委员会结论指出，在该案的情况下如果暂停 337 调查实质等同于终止 337 调查，因为在复审结束前该案争议的专利权几乎一定就将期满。[100] 自那时起，行政法官一贯拒绝以涉案专利在专利与商标局进行专利重审为由的暂停

---

〔98〕 *In re* Qimonda AG，433 B. R. 547 (Bankr. E. D. Va. 2010) [staying Respondent Qimonda AG's participation in *Certain Semiconductor Integrated Circuits Using Tungsten Metallization & Prods. Containing Same*，Inv. No. 337 – TA – 648，Order No. 110 (July 15，2009)].

〔99〕 See U. S. Int'l Trade Comm'n v. Jaffe，433 B. R. 538，547 (E. D. Va. 2010). 同样的事情发生在 *In re Spansion，Inc.* 案中，该案中特拉华州的美国联邦破产法院命令委员会暂停对被告的 337 调查程序。联邦地区法院在该案上诉中没有触及这个问题，因为该法院批准了原告同意撤诉并且同意不再重新申请委员会 337 调查的书面协议。See *In re* Spansion，Inc.，418 B. R. 84，97 (Bankr. D. Del. 2009)，*vacated by In re* Spansion，Inc.，No. 09 – 1069 (KJC)，2011 WL 3268084，at *8 (D. Del. 2011).

〔100〕 *Certain Semiconductor Chips with Minimized Chip Package Size & Prods. Containing Same* (*Semiconductor Chips*)，Inv. No. 337 – TA – 605，Comm'n Op.，at 4 – 5 (May 27，2008).

ITC 调查要求,除非相关方对这一暂停无反对意见。[101]

此外,在 337 调查的当事双方或各方已经或正在达成和解协议的情况下,各方通常也会要求暂停 337 调查程序,此类要求通常也会得到准许。[102] 在此情况下,暂停 337 调查程序的理由是避免各当事人可能因不得不继续进行调查取证程序或准备庭审而产生的"过高的及不必要的费用",毕竟如果各方即将达成和解协议,这些努力将付诸东流,继续进行调查缺乏合理性和必要性。[103]

九、合并 337 调查程序

根据《委员会规则》第 201.7(a)节的规定,"为了加快其履行职能",委员会有权"在正式进行一项 337 调查前或为助其进行已经开始的一项 337 调查,而开展调查活动、合并数个 337 调查程序,并决定从事调查的范围和方式"。在 2018 年 6 月《委员会规则》修改前,《委员会规则》并未明确授权行政法官在被分配了特定 337 调查案后,有权合并数个案件。然

〔101〕 *See Certain Laser - Driven Light Sources*, Inv. No. 337 - TA - 983, Order No. 8 (Mar. 3, 2016); Certain Microelectromechanical Sys. (MEMS Devices) & Prods. Containing Same, Inv. No. 337 - TA - 876, Order No. 6 (May 31, 2013); *see also* Certain Semiconductor Chips with Minimized Package Size & Prods. Containing Same, Inv. No. 337 - TA - 605, Notice of Comm'n Decision to Review and Reverse ALJ Order No. 52 (Mar. 27, 2008)(推翻了关于准予被告留在未决的重新审查程序中的最初决定).

〔102〕 *See, e. g., Certain Integrated Solar Power Sys. & Components Thereof*, Inv. No. 337 - TA - 811, Order No. 10, at 1 (June 1, 2012); *Certain Buffer Sys. & Components Thereof Used in Container Processing Lines (Buffer Systems)*, Inv. No. 337 - TA - 609, Order No. 25, at 1 (May 7, 2008); *Certain Base Stations & Wireless Microphones*, Inv. No. 337 - TA - 653, Order No. 14, at 1 - 2 (Dec. 15, 2008); *Certain Lighting Prods., Components Thereof & Prods. Containing Same*, Inv. No. 337 - TA - 594, Order No. 4, at 1 (May 4, 2007); *Certain Tissue Converting Mach., Including Rewinders, Tail Sealers, Trim Removers & Components Thereof*, Inv. No. 337 - TA - 548, Order No. 13, at 1 (Feb. 22, 2006); *Certain Digital Image Storage & Retrieval Devices*, Inv. No. 337 - TA - 527, Order No. 31, at 1 (Aug. 3, 2005).

〔103〕 *Buffer Systems*, Inv. No. 337 - TA - 609, Order No. 25, at 1.

而,委员会曾特别将与前案存在重合问题的调查分配给同一个行政法官并授权他如认为合适,可将两调查合并。[104] 行政法官们曾依据《委员会规则》第201.7(a)节合并了在主要事项、争议产品、提交证据以及待决争议问题等方面实质重合的数个相关联的337调查案件。[105]

在一项调查中,一位行政法官驳回了原告"在行政法官合并337调查案件之前,必须就案件合并问题得到委员会的某种指示"的观点。[106] 与之相反,行政法官们多次裁决表示,无论委员会是否在337调查公告中宣布行政法官有权合并案件,此种宣示仅仅是行政法官考虑是否进行案件合并的一个因素[107](译者注:但并非唯一的决定性因素)。行政法官们可考虑的其他因素包括:两个337调查案件是否有共同的原告、共同的被告、共同的专利、共同的权利主张、共同的被控侵权产品、共同的行政法官,以及共同的(不公平进口调查办公室)专职律师。[108] 例如,在液晶显示设备(Liquid Crystal Display Devices)案中,该案行政法官合并了两个337调查案件,行政法官指出,两个337调查案件具有共同的原告、共同的行政法官以及共同的(不公平进口调查办公室)专职律师,并且在第749

---

[104] *See Certain Windshield Wipers & Components Thereof*, Inv. No. 337 – TA – 937, Notice of Investigation, 79 Fed. Reg. 69,525 – 26 (Nov. 21, 2014).

[105] *See Certain Integrated Repeaters, Switches, Transceivers & Prods. Containing Same (Integrated Repeaters)*, Inv. No. 337 – TA – 435, Order No. 3 (Oct. 12, 2000) (consolidating Inv. Nos. 337 – TA – 430 and 337 – TA – 435). 在集成中继器的立案公告中,委员会说明,"在合适情况下主审行政法官有权将Inv. No. 337 – TA – 430和本案合并审理"。*Integrated Repeaters*, Inv. No. 337 – TA – 435, Notice of Investigation, at 3 (Aug. 17, 2000).

[106] *See Certain 3G Wideband Code Division Multiple Access (WCDMA) Handsets & Components Thereof*, Inv. No. 337 – TA – 613, Order No. 5, at 9 (Oct. 24, 2007).

[107] *See Certain Motion – Sensitive Sound Effects Devices & Image Display Devices & Components & Prods. Containing Same*, Inv. No. 337 – TA – 787, Order No. 12, 2011 WL 2742559, at ∗1 (July 13, 2011).

[108] *See Certain Elec. Devices Including Handheld Wireless Commc'n Devices*, Inv. No. 337 – TA – 673, Order No. 8, at 4 (Apr. 23, 2009).

号 337 调查中所主张的所有专利权同样在第 741 号 337 调查中主张。[109] “因此,两项调查包含很多相互重合的争议法律问题,例如专利权要求范围的解释、美国国内产业、专利无效以及专利不可执行”。[110] 同样地,行政法官合并了丁腈手套(Nitrile Gloves,案件编号:Inv. No. 337 – TA – 608)和丁腈橡胶手套(Nitrile Rubber Gloves,案件编号:Inv. No. 337 – TA – 612)两项 337 调查,因为这两项调查由同样的原告就同样的专利和被控侵权产品发起。[111] 该案行政法官指出,“第 612 号 337 调查的全部内容与第 608 号 337 调查重合,因为第 608 号 337 调查的原告所请求的救济措施——普遍排除令也可包含第 612 号 337 调查的被告”。[112] 在集成中继器(Integrated Repeaters)案中,行政法官决定合并发起时间间隔约 4 个月的两项 337 调查,这两项调查由相同的原告针对相同的被告发起。[113] 在批准准予两项调查合并的动议时,行政法官指出这两项调查在争议问题上广泛重合,“特别考虑到合并两个案件将提高时间和资源利用效率”。[114] 相似地,在挡风玻璃刮水器(Windshield Wipers)案中,行政法官认为虽然调查发起的时间间隔近 3 个月,在技术方面和经济方面的重大重合促成合并审理,特别是因为这样行政法官可仅举行一次马克曼听证会(Markman hearing)。[115]

《委员会规则》第 210.14(g)节现明确允许委员会进行 337 调查合并

---

[109] *Certain Liquid Crystal Display Devices, Including Monitors, Televisions & Modules & Components Thereof* (*LCD Devices*), Inv. No. 337 – TA – 749, Order No. 6, at 2 (Dec. 16, 2010).

[110] 同上。

[111] 第 612 号调查列名了其他被告公司。

[112] *Certain Nitrile Gloves*, Inv. No. 337 – TA – 608, Order 19 (Initial Determination), at 3 (Sept. 19, 2007) (unreviewed).

[113] *See Integrated Repeaters*, Inv. No. 337 – TA – 435, Order No. 3, at 5 – 6. 第二次发起的调查涉及额外一位原告:英特尔公司;但行政法官明确指出英特尔公司系另一名原告的母公司。

[114] 同上书,第 5 页。

[115] *See Certain Windshield Wipers & Components Thereof*, Inv. No. 337 – TA – 937, Order No. 3 (Dec. 9, 2014) (consolidating Inv. No. 337 – TA – 928 and Inv. No. 337 – TA – 937).

审理：

> 委员会可以将两个或多个 337 调查合并审理。如果主审的行政法官是同一人，他/她可以将调查进行合并审理。上述合并审理调查的案件号将包括被合并的调查的案件号。在合并的案件标题中第一个命名的案件号是将要进行的案件（主导调查）的案件号。[116]

反对合并案件的当事人一般援引两大根本性问题，这些是《委员会规则》第 210.14（g）节未解决的：在庭审过程中以及在向委员会提交的案件档案记录中可能会造成两案混淆，并且程序上的拖延可能会对首先发起的那项 337 调查的原告造成不利影响。部分出于以上原因，在一个 337 调查案件中，当反对合并案件的一方当事人证明两案在争议专利、争议被控侵权产品、美国国内产业等问题上足够不同时，行政法官驳回了请求合并案件的动议。[117] 特别是，行政法官在考虑是否驳回一项请求合并案件的动议时，被合并的案件中相关专利的数量和范围是其考虑的重要因素。在移动电话（Mobile Telephones）案中，行政法官驳回了被告请求合并两个 337 调查案件的动议，两案中，一案涉及 2 项专利、10 项专利请求，另一案涉及 3 项专利、17 项专利请求。[118] 行政法官指出，合并两案"将形成一个不同寻常的大规模、复杂 337 调查案件"，并且这个因素与每项调查中被告的数量多也是不支持案件合并的重要原因。[119]

需要特别注意的是，通过案件合并所能得到的某些好处也能够通过案件部分合并或其他方式获得。例如，通过统一协调调查取证程序、签发

---

〔116〕《美国联邦规章典集》第 19 章第 210.14（g）节（2018）。

〔117〕*See LCD Devices*, Inv. No. 337 – TA – 749, Order No. 7, at 4 [citing *Certain NAND Flash Memory Devices & Prods. Containing Same*, Inv. No. 337 – TA – 553, Order No. 3, at 7 – 8 (Dec. 21, 2005)]; *see also Certain SDRAMs, DRAMs, ASICs, RAM & Logic Chips, Microprocessors, Microcontrollers, Processes for Mfg. Same & Prods. Containing Same*, Inv. No. 337 – TA – 404, Order No. 8 (Jan. 13, 1998).

〔118〕*See Certain Mobile Tels. & Wireless Commc'n Devices Featuring Digital Cameras & Components Thereof*, Inv. No. 337 – TA – 663, Order No. 16 (June 11, 2009).

〔119〕同上书，第 4 页。

统一的保护令,以及共同举行会议等,可以减轻各当事人的负担,同时也不会给专利和其他复杂问题带来不必要的混淆。[120] 同样地,对案件进行部分合并,也就是对部分争议问题进行合并,同时保证其他争议问题的相互独立,可以为当事双方及委员会带来效率提升的好处。[121] 例如,在发光二极管(Light – Emitting Diodes)案中,委员会同意在第784号调查和第785号调查正式启动前,对这两项调查进行部分合并。[122] 在调查启动后,两案中被告请求两案的行政法官完全合并这两个337调查案件。但两位行政法官都驳回了请求合并的动议。[123]

十、临时救济措施的程序

337条款规定原告可请求委员会进行能够给予临时救济措施的快速调查,并在337调查结案前颁布临时排除令或禁止令(Cease and Desist Order),这种临时排除令、禁止令和联邦法院的临时禁制令相似。[124] 原告并不常请求临时排除令,委员会也不常颁布临时排除令。这也许是因为委员会337调查的程序已经相当快捷,并且与在联邦法院获颁临时禁

---

〔120〕 参见 *Certain Programmable Logic Devices & Prods. Containing Same*, Inv. No. 337 – TA – 453, Order No. 3, at 8 (Apr. 17, 2001)(拒绝起诉方关于合并审理的动议,但命令各当事人"会见并商讨如何在其认为必要且合适的情况下,在两项调查相重合的领域,统一协调进行调查取证程序及其日程安排、与调查取证有关的动议、审判会议、与简易裁决有关的动议、审前诉讼请求、附件、计划的庭审日程、审后意见书……等事宜,以便于尽可能地节省资源、提高效率")。

〔121〕 参见 *Mobile Commc'ns & Computer Devices*, Inv. No. 337 – TA – 704, Order No. 5 (Apr. 26, 2010)(准予两项调查部分合并,并且将5项重复的专利移送至另一位行政法官审理)。

〔122〕 *Certain Light – Emitting Diodes & Prods. Containing the Same*, Inv. No. 337 – TA – 784, Order No. 3, at 2 – 3 (Aug. 23, 2011); *Certain Light – Emitting Diodes & Prods. Containing the Same*, Inv. No. 337 – TA – 785, Order No. 4, at 2 (Aug. 23, 2011).

〔123〕 *Certain Light – Emitting Diodes & Prods. Containing the Same*, Inv. No. 337 – TA – 784, Order No. 3, at 2 – 3 (Aug. 23, 2011); *Certain Light – Emitting Diodes & Prods. Containing the Same*, Inv. No. 337 – TA – 785, Order No. 4, at 2 (Aug. 23, 2011).

〔124〕 参见《美国法典》第19章第1337(e)(1)节(2012)。

制令相类似，对原告而言获颁临时排除令的要求标准相当高。然而，当原告面临进口侵权产品造成的实质的、直接的损害时，临时排除令也是原告可考虑的一项有价值的救济措施。

《委员会规则》第210.52节至第210.69节规定了有关临时救济措施的程序。根据第210.52(a)节，委员会决定是否颁布临时排除令时，所适用的标准与美国联邦巡回上诉法院决定是否维持下级联邦法院颁布临时禁令时所适用的标准相同。请求临时救济措施可通过动议提出。请求临时救济措施的动议必须详细地陈述有关事实，这些事实必须满足美国联邦巡回上诉法院曾列明的联邦地区法院颁布临时禁制令必须考虑的因素，它们包括：[125]

1. 原告在实体问题上胜诉具有合理的可能性；

2. 如不给予临时救济措施，美国国内产业会遭受到不可回复之损害；[126]

3. 对原告和被告双方可能面临的损害作权衡考量后，应给予原告临时救济措施；

4. 临时救济措施对公共利益的影响处于可容忍的范围内。

美国联邦巡回上诉法院已明确指出，在专利侵权诉讼中，如专利权人无法证明前述四要素前两个要素中的任何一个，不应颁布临时禁制令（或其他形式的临时救济措施）。尽管如此，仍然必须考虑所有四个要素。[127]

---

〔125〕 *See Certain Hardware Logic Emulation Sys. & Components Thereof* (*Hardware Logic*), Inv. No. 337 – TA – 383, Order No. 34 (Initial Determination), 1996 WL 965338, at *5 (July 8, 1996) (unreviewed) [citing Sofamor Danek Group, Inc. v. Depuy – Motech, Inc., 74 F.3d 1216 (Fed. Cir. 1996)]; *see also Certain Auto. Fuel Caps & Components Thereof*, Inv. No. 337 – TA – 532, Order No. 10 (Initial Determination), 2005 WL 1492510, at n.4 (June 30, 2005) (unreviewed).

〔126〕 在美国联邦地区法院的诉讼中，不可回复之损害是对专利权人造成的，而不是对美国国内产业。参见 Tate Access Floors, Inc. v. Interface Architectural Res., Inc., 279 F.3d 1357, 1362 (Fed. Cir. 2002)。

〔127〕 参见 Amazon.com, Inc. v. Barnesandnoble.com, Inc., 239 F.3d 1343, 1350 (Fed. Cir. 2001) [指出"我们的判例法和逻辑都要求：除非提出动议的一方能够同时证明前两个要素（也就是在实体问题上胜诉的可能性以及不可回复之损害），不应给予临时禁制令的救济措施"]。

根据《委员会规则》第210.52(b)节,提出临时救济措施动议的一方必须讨论缴纳保证金是否合适的问题。因此,在请求临时救济措施的动议中,须详细地陈述与原告是否应被要求缴纳保证金作为获颁临时救济措施之前提有关的事实。该动议还必须列明合适的保证金数额。

由于是否给予临时救济措施的决定可不经庭审作出,[128]原告必须在提交的书面动议请求中完整地列明其支持动议的事实、观点和理由。因此,根据《委员会规则》第210.52(d)节,原告在提交请求临时救济措施的动议时必须同时提交下列文件和信息:

1.一份含有支持该动议的论点和法律依据的备忘录;

2.知悉该动议中所列相关事实的人士签署的宣誓陈述书;

3.原告持有的并欲提交以支持该动议的所有文档、信息和其他证据。[129]

实际上,请求临时救济措施的动议应该与起诉书同时提交。[130] 该动议也可在起诉书之后提交,但必须在337调查启动之前提交。然而,如果请求临时救济措施的动议在起诉书之后提交,原告必须提出非常特殊的状况作为延迟提交的合理理由。[131]

《委员会规则》第210.54节规定了原告对动议的送达。一份经签署的送达证明必须与起诉书和请求临时救济措施的动议同时提交;否则委员会的秘书处将不会受理起诉书或该动议。[132] 此外,所送达的每一份起诉书和请求临时救济措施的动议必须同时包括一份包含《委员会规则》第210.56节所规定文字的通知,通知须解释该动议的性质。如果起诉书和请求临时救济措施的动议在通知所列明的日期之后提交,原告必须向所有列为被告者和有关大使馆送达一份列明了实际提交起诉书的日期的补充通知以及一份送达证明。[133]

---

〔128〕 参见《美国联邦规章典集》第19章第210.62节(2013)、第210.50节(2018)。

〔129〕 同上书,第210.52节(1995)。

〔130〕 同上。

〔131〕 同上书,第210.53节(2013)。

〔132〕 同上书,第210.54节(2013)。

〔133〕 同上。

根据《委员会规则》第 210.57 节,在正式发起 337 调查之前可以修改请求临时救济措施的动议。但是,在正式发起 337 调查之后,不得为了扩展临时救济措施请求的范围而修改该动议。[134]

根据《委员会规则》第 210.58 节,委员会在决定是否启动一项 337 调查的同时,决定是否批准请求临时救济措施的动议。[135] 该决定在提交起诉书和请求临时救济措施的动议之后 35 日内(通常为 30 日)作出,除非请求临时救济措施的动议在起诉书之后(但在委员会正式启动 337 调查之前)提交,该 35 日的时限自请求临时救济措施的动议提交之日起重新计算。

通常情况下,一方当事人可在委员会送达请求临时救济措施的动议之后 10 日内针对该动议提出回复动议。该回复动议必须包括以下内容:(1)反对给予临时救济措施的具体反对意见;(2)与美国联邦巡回上诉法院曾列明的联邦地区法院颁布临时禁止令必须考虑的四要素标准有关的具体事实陈述;(3)一份含有反对给予临时救济措施的论点和法律依据的备忘录;(4)如可能的话,知悉该回复动议中所列相关事实的人士签署的宣誓陈述书。此外,每一份对请求临时救济措施动议的回复必须与被告回应起诉书和调查公告的答辩书同时提交。[136]

正常情况下,委员会必须在启动 337 调查的公告发布后 90 日内(对被认为"更为复杂案件",150 日内)对请求临时救济措施的动议做出响应。[137] 该法定截止期是 1994 年相关法律修订之前某些类似法定截止期限的残留,而这些其他涉及永久救济措施所规定的法定截止期限,则因为《关税和贸易总协定》的裁决而修订法律删除了(译者注:因为这些美国国内法的规定被世界贸易组织的前身——《关税和贸易总协定》裁决违反

[134] 参见《美国联邦规章典集》第 19 章第 210.57 节(2013)。

[135] 同上书,第 210.58 节(2013)。

[136] 同上书,第 210.59 节(2013)。

[137] 同上书,第 210.51(b)节(2013)。

国际贸易法的国民待遇和非歧视原则)。[138]《委员会规则》第210.60节规定了为审理请求临时救济措施的动议的目的而将一个337调查案件归类为“更为复杂案件”的情形。一般而言,委员会根据案件问题的复杂程度决定是否将一个337调查案件归类为“更为复杂案件”,[139]或者,行政法官可主动或根据当事人提出的动议颁布命令将一个337调查案件归类为“更为复杂案件”。无论是委员会还是行政法官做出的该命令,均为委员会在该问题上的最终裁决。法律要求委员会在《美国联邦纪事》上发表公告公布该命令。[140] 被归类为“更为复杂案件”的,审理时限延长为150日。[141]

在关于临时救济措施的终裁作出后,该案将和其他337调查案件一样正常进行。如果原告获得临时救济却在最后未能赢得337调查的胜诉,其按要求缴纳的保证金将作为最终措施被没收。在临时排除令程序审结时所颁布的命令也同样受到美国总统审查。[142]

获得337条款下临时救济措施的程序相对烦琐和要求多,这使提出这类救济措施的请求不频繁,而被批准的情况就更少见了。337条款下的临时救济措施最近一次获批是1996年的触控移动设备、计算机及其组件案[Certain Hardware Logic Emulation Sys. & Components Thereof,调查案

---

[138] 比较《美国法典》第19章第1337(b)节(1998)和《美国法典》第19章第1337(b)节(1994);参见Vast Fame Camera, Ltd. v. U. S. Int'l Trade Comm'n, 386 F. 3d 1108, 1113 (Fed. Cir. 2004);(援引立法历史称:“对法律的这些修订是必要的,以保证处理被控进口侵权产品的美国国内法程序符合《1994年关税和贸易总协定》‘国民待遇’原则的规定,与此同时保证能在美国边境口岸有效进行知识产权维权。”) S. rep. No. 103-412, at 120 (1994); H. R. rep. No. 103-826, at 140-42 (1994)。

[139] 参见《普遍适用、审判与执法规则(草案)》,载《美国联邦纪事》第77卷第134号第41、125页(增加了对之前被删除的“更为复杂”这一表述的定义,并明确该规则仅适用于临时救济措施的阶段,而不适用于整个337调查程序)(于2012年7月11日提议)(编撰于《美国联邦规章典集》第19章第210部分)。

[140] 参见《美国联邦规章典集》第19章第210.60节(2013)。

[141] 同上书,第1337(e)(2)节 (2004)。

[142] 同上书,第1337(e)&(j)节 (2004)。

件号 337 - TA - 383(1996 年 9 月)]。[143] 自 1996 年以来提出的临时救济措施要求,大多都因无法证明在实体问题上胜诉具有合理的可能性或存在不可回复之损害而被拒绝;[144] 但也有一些因和解、起诉方撤诉和/或缺

---

[143] 自 1976 年,请求临时救济措施的动议仅有 50 个,且仅有 9 个被批准。参见 *Certain Apparatus for the Continuous Prod. of Copper Rod*, Inv. No. 337 - TA - 89, Comm'n Op. (Apr. 1981); *Certain Coin - Operated Audiovisual Games & Components Thereof*, Inv. No. 337 - TA - 105, Comm'n Op. (July 1982); *Certain Grooved Wooden Kitchen Utensils & Gadgets*, Inv. No. 337 - TA - 125, Comm'n Op. (July 1983); *Certain Double - Sided Floppy Disk Drives & Components Thereof*, Inv. No. 337 - TA - 215, Comm'n Op. (Jan. 11, 1986); *Certain Reclosable Plastic Bags & Tubing*, Inv. No. 337 - TA - 266, Comm'n Op. (Jan. 1988)(除了保证金和许可部分,动议被部分批准); *Certain Cellular Radiotelephones & Subassemblies & Component Parts Thereof*, Inv. No. 337 - TA - 297, Order No. 21 (Aug. 9, 1989); *Certain Dielectric Miniature Microwave Filters & Multiplexers Containing Same*, Inv. No. 337 - TA - 359, Comm'n Op. (June 1994); *Hardware Logic*, Inv. No. 337 - TA - 383, Comm'n Op. (Sept. 1996)。

[144] *Certain Sulfentrazone, Sulfentrazone Compositions & Processes for Making Sulfentrazone*, Inv. No. 337 - TA - 914, *Notice of Comm'n Determination Denying Complainant's Motion for Temporary Relief*, 79 Fed. Reg. 55,826 - 27 (Sept. 17, 2014); *Certain Muzzle - Loading Firearms & Components Thereof*, Inv. No. 337 - TA - 777, Initial Determination, at 62 - 63 (Nov. 9, 2011) (*aff'd* on Comm'n review); *Certain Silicon Microphone Packages & Prods. Containing Same*, Inv. No. 337 - TA - 695, Initial Determination, at 92 - 103 (Apr. 6, 2010) (*aff'd* on Comm'n review); *Certain Home Vacuum Packaging Prods*, Inv. No. 337 - TA - 496, *Notice of Comm'n Determination Denying Motion for Temporary Relief*, 69 Fed. Reg. 3,176 - 77 (Jan. 22, 2004); *Certain Universal Transmitters for Garage Door Openers*, Inv. No. 337 - TA - 497, Notice of Commission Determination to Affirm Initial Determination Denying Temporary Relief, 68 Fed. Reg. 67,214 - 215 (Dec. 1, 2003).

席而结案的。[145]

---

〔145〕 *Certain Personal Computers, Mobile Devices, Digital Media Players & Microconsoles*, Inv. No. 337 – TA – 1083, Notice of Comm'n Determination Not to Review an Initial Determination (Order No. 7) Terminating the Investigation (Jan. 19, 2018); *Certain Elec. Bark Control Collars*, Inv. No. 337 – TA – 870, Comm'n Notice, 78 Fed. Reg. 23,592 – 93 (Apr. 19, 2013); *Certain Low Antimony Phosphoric Acid*, Inv. No. 337 – TA – 620, Notice of Comm'n Determination Terminating the Investigation on the Basis of a Settlement Agreement, 73 Fed. Reg. 16,909 – 10 (Mar. 31, 2008); *Certain Auto. Fuel Caps & Components Thereof*, Inv. No. 337 – TA – 532, Notice of Commission Determination Not to Review an Initial Determination Granting a Motion to Withdraw the Complaint and Terminate the Investigation (July 6, 2005); *Certain Agricultural Tractors, Lawn Tractors, Riding Lawnmowers & Components Thereof*, Inv. No. 337 – TA – 486, Notice of Commission Issuance of Limited Exclusion Order and Termination of Investigation (July 1, 2003); *Certain Enhanced DRAM Devices Containing Embedded Cache Memory Registers, Components Thereof & Prods. Containing Same*, Inv. No. 337 – TA – 421, Notice of Commission Determination Not to Review an Initial Determination Terminating the Investigation on the Basis of a Settlement Agreement (Jan. 20, 2000); *Certain Fluid – Filled Ornamental Lamps*, Inv. No. 337 – TA – 399, Notice of Commission Decision Not to Review an Initial Determination Terminating the Investigation in its Entirety and Issuance of Consent Orders (Mar. 24, 1998).

第七章

调 查 取 证

委员会 337 调查程序中的调查取证与联邦地区法院的调查取证相似,但有一个重要的不同——委员会的加速程序。在委员会的 337 调查案件中,对书面质询和文件要求在收到后 10 日内就要进行答复。调查取证的要求可以从调查一开始就发出(在调查通知在《美国联邦纪事》上发表后第二日),整个调查取证过程,包括事实部分、专家证词以及对第三方的调查取证,一般在 5 ~ 7 个月完成。这个加速程序对原告来说是有利的,因为原告一般在提交起诉书之前就准备好了调查取证的要求了。这也使得被告必须要快速地聘请律师,从而可以尽早地向原告发出调查取证的要求。

委员会调查取证规则包括《委员会规则》和每个行政法官个人指定的基本规则,与《联邦规则》的调查规则类似。因此,对具有美国联邦地区法院实践经验的律师来说,对委员会的调查取证规则并不完全陌生。然而,虽然行政法官可能使用《联邦规则》作为指导,但委员会的规则和联邦的做法仍然存在很大的不同,而且最终来说,委员会程序适用的是《委员会规则》而非《联邦规则》,《联邦规则》只对《委员会规则》的解释和使用起指导作用〔1〕。另外,我们还建议337调查案件的执业律师要好好掌握每个行政法官个人的基本规则(Ground Rules),这些规则之间往往又有些许的不同。

一、基本规则

在每个调查的最初,负责该调查的行政法官会颁布其个人的基本规则,这些规则是《美国联邦规章典集》第19章第210部分规定的《委员会规则》的补充。各个法官的基本规则在某些程度上有所不同,通常来说对如何出示和送达文件、提交动议的内容和时间、调查取证如何进行、庭审前文件提交、庭审的程序以及庭审后文件的提交等问题进行规定。有些行政法官要求当事人成立一个"调查取证"委员会,定时碰头并磋商〔2〕。所有的行政法官都要求当事人应促进调查取证的进行,并在不需要行政法官介入的情况下自己解决调查取证中的争议。遵守行政法官的

---

〔1〕 参见 *Certain Network Interface Cards & Access Points for Use in Direct Sequence Spread Spectrum Wireless Local Area Networks & Prods. Containing Same*, Inv. No. 337 – TA – 455,第24号命令,第5页 (2001年7月26日)。参见 *Certain Integrated Circuits, Chipsets & Products Containing Same Including Televisions, Media Players & Cameras*, Inv. No. 337 – TA – 709,第32号命令,第3 – 4页 (2011年7月27日)[认为《委员会规则》第210.13(b)节专门解决了专利不可执行性的肯定性辩护;因此,《委员会规则》第210.13(b)节适用,而不是《联邦规则》第9(b)节或基于该规则的联邦法院先例]。某些用于直接序列扩频无线局域网的网络接口卡和接入点及产品。Inv. No. 337 – TA – 455,第24号命令,第5页(2001年7月26日)。另请参见某些集成电路、芯片组和包含相同产品的产品,包括电视机、媒体播放器和摄像机,第337 – TA – 709号发明,第32号命令,第3 – 4页(2011年7月27日)[认为《委员会规则》第210.13(b)节专门针对专利不可执行性的肯定性抗辩;因此,《委员会规则》第210.13(b)节适用,而不是《联邦规则》第9(b)节或基于该规则的联邦法院先例]。

〔2〕 同上书,第7条。

基本规则对赢得委员会审理的337调查案件的胜诉非常重要[3]。

二、保护令

和联邦地区法院的做法不同,委员会337调查中的保护令(protective order)并不是由当事人协商好以后提交给法官的。相反,行政法官颁布一个标准的保护令,并不要求当事各方提供建议、意见。行政法官可依据当事方后续提交的动议修改保护令,以给予(机密信息)额外保护。保护令对应该受到保护的机密信息进行了涵盖内容非常广泛的定义。保护令还对机密文件的标记和处理进行了非常详细的规定。委员会行政保护令最引人注意的是只允许和案件有关的政府工作人员、提交了书面协议承诺受到保护令条款约束的当事人的外部律师及其聘请的专家接触这些机密信息。

《委员会规则》不允许当事人内部法务接触对方的保密信息,但征得

---

〔3〕 参见 *Certain Digital Media Devices, Including Televisions, Blu - ray Disc Players, Home Theater Sys., Tablets & Mobile Phones, Components Thereof & Associated Software*, Inv. No. 337 - TA - 882,第27号命令(2013年11月18日)[驳回原告关于禁止三星公司就某些议题进行争论以及要求三星公司因未遵守《基本规则》第5.e条和第5.1条而进一步提供第30(b)(6)条证词的动议]; *Certain Muzzle - Loading Firearms & Components Thereof*, Inv. No. 337 - TA - 777,第17号命令,第3-8页(2011年11月7日)(驳回因未遵守《基本规则》而超时送达对接纳请求的答复的动议,同时强调在ITC执业的各方需要遵守《委员会规则》和行政法官的《基本规则》); *Certain Adjustable Keyboard Support Sys. & Components Thereof*, Inv. No. 337 - TA - 670,第13号命令,第1-4页(2009年9月18日)(驳回原告和被告因未遵守《基本规则》而提出的强制执行动议)。参见,例如,某些数字媒体设备,包括电视机、蓝光光盘播放机、家庭影院系统、平板电脑和移动电话,包括其中的部件及相关软件,以及平板电脑和移动电话,其部件及相关软件, Inv. No. 337 - TA - 882(2011年11月7日)(驳回因未遵守《基本规则》而超时送达对受理请求的答复的动议,同时强调在ITC执业的各方需要遵守委员会规则和行政法官的《基本规则》);"某些可调节键盘支撑系统及其部件",第337 - TA - 670号,第13号命令,第1-4页(2009年9月18日)(驳回原告和被告因未遵守《基本规则》而提出的强制动议)。

提交人同意的情况除外。[4] 一方若寻求这一普遍性规则的例外情形,需要满足三方平衡测试。[5] 或者,如果原告和被告同意他们的内部法务可以查看通过调查取证而获得的部分或全部的对方的机密信息,行政法官可以对保护令进行修改以反映这个一致的约定。[6] 然而,行政法官一般不愿意通过修改保护令以使内部法务可以查看当事人通过传票方式而获得的、标识为受保护令保护的第三方的机密信息。[7]

三、时间和时机

调查取证程序在调查通知于《美国联邦纪事》上公布之日起正式启动。当事人可以在公告后第二天或行政法官规定的公告后任何时间送达调查取证请求。[8] 因此,调查取证请求可以在行政法官还没有发布其《基本规则》,甚至在委员会还没有指定行政法官之前就可以送达了。[9] 事实阶段取证持续到行政法官确定的程序进度时间表中的截止期前。对专家的调查取证通常要持续到事实阶段的调查取证之后。程序进度时间表通常也会对提交强制进行调查取证的动议的截止日期作出规定。[10]

---

〔4〕 19 C. F. R. § 210.5 (2013).

〔5〕 参见 *Certain Flash Memory Chips & Prods. Containing Same*, Inv. No. 337 – TA – 735, 第10号命令, 第4 – 6页 (2010年10月13日)。

〔6〕 参见 *Certain Recombinantly Produced Human Growth Hormones*, Inv. No. 337 – TA – 358, 第37号命令, 1993 WL 852869 (1993年11月5日)。

〔7〕 参见 *Certain Monolithic Microwave Integrated Circuit Downconverters & Prods. Containing the Same, including Low Noise Block Downconverters*, Inv. No. 337 – TA – 384, 第8号命令, 第8页 (1996年5月15日)。

〔8〕 参见 19 C. F. R. § § 210. 28(a)(2018), 210. 29(b)(1)(2013), 210. 30(b)(1)(2008), 210. 31(a)(2008)。《基本规则》通常要求当事人在投诉和调查通知送达后至少要等20天才能发出受理请求。*Certain Wireless Standard Compliant Elec. Devices, Including Comm'cn Devices & Tablet Computers*, Inv. No. 337 – TA – 953, 第2号命令, 第8页(2015年4月1日)。

〔9〕 参见 *Certain Toy Figurines & Toy Sets Containing the Same*, Inv. No. 337 – TA – 948, 第4号命令 (2015年4月9日)。

〔10〕 同上。

总体而言，在委员会程序中分配给调查取证的时间大大少于当事方可能在地方法院诉讼的时间，并且仅有 5 ~ 7 个月。因此，应诉策略中应包括发出调查取证请求的时机，以便有充分时间获取信息并使得这些信息在调查中被予以考量。例如，在一些调查中，被告选择通过对其产品进行重新设计的努力来“设计规避”受到侵权的专利。[11] 从被告的角度来看，理想的目标是在针对侵权行为的原始调查期间向委员会提出任何可能的重新设计，以便行政法官和委员会可以对设计进行考虑和“加持”（确定不侵犯所主张的知识产权）。[12] 这种认定不存在侵权的肯定性裁决可以防止如被告开始进口新设计产品时在海关程序中遭遇迟延。[13] 时机是考虑重新设计的关键因素：如果在事实取证阶段结束前没有提供足够的证据证明被告的重新设计是确定的、最终的并且准备紧急进口，则

〔11〕 委员会根据其 2015 年推出的试点方案开展工作，以加快现有规则下可用的修改和咨询意见程序，努力为受补救令影响的当事人更及时地提供决定。*Certain Network Devices, Related Software & Components Thereof*（Ⅱ），Inv. No. 337 – TA – 945，委员会公告，第 2 页（2017 年 10 月 27 日）。该计划允许受影响方在适当情况下向委员会提交修改申请，其中包括“支持重新设计或新产品不受现有排除、同意或停止并终止令涵盖之主张的事实指控。”委员会随后将评估该主张（可能会将该事项提在新的三个时间表上，提交总法律顾问办公室，不公平进口调查办公室，或一位行政法律法官），然后可能会修改现有法令，以明确豁免重新设计或新产品（《美国贸易委员会概况汇总表》，2015 年 2 月）。参见 http://usitc. gov/press – room/featured_news/pilot_program_will_test_expedited_procedures_usitc. htm。此外，任何人均可就基于强制性业务的重新设计或新产品向委员会征求咨询意见，根据试点方案，这类重新设计或新产品可在三个阶段中的任何一个阶段进行类似的修改程序。

〔12〕 参见 *Certain Elec. Digital Media Devices & Components Thereof*, Inv. No. 337 – TA – 796，Comm'n Op.，第 103 页（2013 年 9 月 6 日）（处理行政法官的通过重新设计来判定侵权的决定，并发现设计不侵犯所声明的专利）。*Certain Sleep – Disordered Breathing Treatment Sys. & Components Thereof*, Inv. No. 337 – TA – 879，咨询意见，第 2 页（2014 年 8 月 11 日）（找到被告重新设计的产品未被所述同意令涵盖）。

〔13〕 参见 *Elec. Digital Media Devices*，Inv. No. 337 – TA – 796，Comm'n Op.，第 104 页（我们注意到，在行政法官的诉讼过程中，对产品周边设计的考虑为美国海关和边境保护局执行该命令提供了可预见性）。

委员会可能会拒绝考虑新的设计。[14] 如果被告成功地将重新设计引入调查之中,则原告应谨慎地就此问题寻求证据收集,并在适当的情况下通过排除动议或禁止使用某些证据的动议对是否形成最终设计进行挑战。[15]

四、送达方式

委员会调查取证实践的一个独特方面是从外国当事人获得信息相对比较容易。由于 337 调查的对物诉讼的性质,不需要在满足送达要求或获得属人管辖权问题的裁定上花费时间。在启动调查后不久,调查取证请求就可以直接向对方当事人或其记录在案的代理律师送达。[16] 可以要求外国当事人在美国或其他允许进行质询的地点作证。[17] 在专利和商业秘密的案件中,外国被告也经常被要求在美国境外进行对工厂的实

---

〔14〕 参见 *Certain Wireless Comm'cns Equip. &Articles Therein*, Inv. No. 337 – TA – 866,命令第 44 号,第 4 页 (2013 年 10 月 28 日)(驳回被告关于在对新设计是否"固定而非假设"存在真正争议的情况下,简易裁定新设计不侵权的动议); *Certain GPS Chips*, Inv. No. 337 – TA – 596,初始决定,USITC 出版号 4133,2010 WL 1502175,第 34 – 35 页 (2010 年 3 月 1 日)(拒绝对仍在开发中的新产品行使管辖权,因为设计尚未定稿,没有销售合同,没有进口或部分进口,也没有关于进口即将来临的断言)。

〔15〕 参见 *Certain Multiple Mode Outdoor Grills & Parts Thereof*, Inv. No. 337 – TA – 895,第 47 号命令,第 2 页 (2014 年 7 月 11 日)(准许 MIL 公司将重新设计排除在考虑范围之外,因为即使假设重新设计被适当地纳入争论范围,与设计有关的证据仍然是在事实发现结束后提出的,而专家报告的到期日也是在这之后)。

〔16〕 参见 19 C. F. R. ¶¶210. 29 (b)(1),210. 30(b)(1)。

〔17〕 参见 *Certain Hardware Logic Emulation Sys. & Components Thereof*, Inv. No. 337 – TA – 383,命令第 69 号,第 13 – 14 页 (1997 年 1 月 28 日)(即使是在一项外国政府禁止被告参与披露的调查中,委员会也发现,行政法官"不排除命令在本国进行披露,包括取证和出示文件")[引用 *Certain Mass Flow Devices*, Inv. No. 337 – TA – 91, Comm'n Op.,第 7 页 (1981 年 4 月 21 日)]; 参见 *Certain Rotary Printing Apparatus Using Heated Ink Composition Components Thereof &Sys. Containing Said Apparatus &Components*, Inv. No. 337 – TA – 320,第 2 号命令,1991 WL 788584,第 1 页(1991 年 1 月 17 日)(如果委员会对外国原告有属人管辖权,法官可以命令原告出示某些类型的外国证据)。

地考察。[18] 未能遵守行政法官的命令提供证据的,将可能导致制裁甚至缺席审判。[19]

委员会调查取证实践的另一个独特方面是委员会的传票在全国范围内有送达效力。根据一方当事人的申请,行政法官可以签发针对第三方的传票,要求其出示某些文件或进行口头质询。[20] 该传票签发后,在美国全国范围内都可以实施送达,因为《1930 年关税法》第 333(b)节授权委员会实施的送达在全国范围内都有效力。必要情况下,如果出现迟延出席,委员会可以通过在美国任何地区法院或区域法院提起诉讼,要求对其签发的传票进行强制执行。[21]

五、范围或数量的限制

《委员会规则》第 210.27 节对调查取证的范畴进行了规制。[22] 只要和当事人的诉讼请求或抗辩有关,任何一方当事人"可以对非受特权保护的任何与诉讼请求或抗辩有关的事项进行调查取证",[23] 除此之外,"如果收集的信息体现出合理推导性并导致对可采证据的取证,则不能在

---

〔18〕 参见 *Certain Processes for the Manufacture of R – 134A Coolant* (*Otherwise Known As* 1,1,1,2 – *Tetrafluoroethane*),Inv. No. 337 – TA – 623,第 8 号命令,第 1 – 2 页 (2008 年 4 月 29 日)(批准原告要求发函支持原告要求中国政府允许对被告在中国的工厂进行检查的动议); *Certain Sucralose*,*Sweeteners Containing Sucralose &Related Intermediate Compounds Thereof*,Inv. No. 337 – TA – 604,第 31 号命令,第 1 – 2、7 – 8 页 (2007 年 11 月 1 日)(部分批准原告的动议,强制对被告在中国的生产设施进行全面检查,因为原告和被告一致认为这种检查是适当的,但对检查的范围有分歧)。

〔19〕 19 C. F. R. § 210.33 (2004).

〔20〕 同上书, § 第 210.32 节(2018)。

〔21〕 参见 U. S. Int'l Trade Comm'n v. ASAT, Inc. ,411 F. 3d 245,246 – 56 (D. C. Cir. 2005)(承认地区法院具有主体和个人管辖权,是执行 ITC 传票的适当地点,但撤销了地区法院执行传票的命令,因为缺乏足够的证据来确定 ASAT, Inc. 是否对传票文件具有控制权); U. S. Int'l Trade Comm'n v. E. &J. Gallo Winery,637 F. Supp. 1262,1263,1272 – 73 (D. C. Cir. 1985)(确认地区法院的执行令)。

〔22〕 19 C. F. R. § 210.27 (2018).

〔23〕 同上书, § 第 210.27(b)节(2018)。

庭审时以该收集信息不可被接受提出反对意见。”另外,从事委员会审理案件的律师还应当对适当的救济措施进行调查取证[24](例如,在美国国内有大量商业性被控侵权产品的库存的事实可以帮助原告获得禁止令),以及在救济命令颁布的情况下,在总统审查期间被告要继续缴纳进口时应缴纳的保证金的适当金额。[25] 对“公共利益”问题不允许进行调查取证,除非委员会委托行政法官就此问题进行取证,而这种情况在2011年《委员会规则》修改后更加频繁。[26]《委员会规则》把对每一方当事人进行书面质询的数量限制为175个,包括通过正当理由提出的书面动议导致的数量增加的独立的子问题。[27] 即便在委员会增加这一限制规则之前,一些行政法官也已经限制了书面质询问题的数量为175个。[28]

六、电子调查取证

2013年6月20日,委员会修改了《实践和程序规则》,以回应337调

---

〔24〕 19 C. F. R. § 第210.42(a)(1)(ii)(A)节(2018)。

〔25〕 同上书,§ 第210.42(a)(1)(ii)(B)节(2018)。

〔26〕 同上书,§ § 第210.10(b),210.42(a)(1)(ii)(C),210.50(b)(1)节(2018);参见 *Certain Consumer Elecs.,Including Mobile Phones & Tablets*, Inv. No. 337 – TA – 839, 77《联邦公报》第24514、24515节(2012年4月24日)(发出调查通知,并指示主持调查的助理法官就调查中的公共利益取证和听取论点);*Certain Dynamic Random Access Memory & NAND Flash Memory Devices & Prods. Containing Same* (*Dynamic Random Access Memory Devices*), Inv. No. 337 – TA – 803, 76 Fed. Reg. 55,417, 55,418 (2011年9月7日)(相同)。

〔27〕 参见19 C. F. R. § 210.29(a)(2013)。

〔28〕 参见 *Certain Elec. Devices for Capturing & Transmitting Images & Components Thereof*, Inv. No. 337 – TA – 831,第4号命令,第15页(2012年3月23日);*Certain Ink Ap – plication Devices & Components Thereof & Methods of Using the Same*, Inv. No. 337 – TA – 832,第2号命令,第8页(2012年3月6日);*Certain Dimmable Compact Fluorescent Lamps & Prods. Containing Same*, Inv. No. 337 – TA – 830,第2号命令,第12页(2012年2月28日)。

查中出现的关于调查取证范围的关注。[29] 本次修改的预期效果是“在本机构的调查中减少昂贵的、低效的、不正当的或不必要的调查取证，并保护所有当事人公平和有效率的调查取证的机会。”[30] 通过采取这些修改的规则，委员会参考了大量的律师协会提议、地区法院的命令模板、《联邦规则》和《联邦证据规则》中关于特权保护信息的调查取证的规定。[31]

《委员会规则》第210.27(b)条与《联邦规则》第26(b)(1)条类似，规定了调查取证的范围包括非受特权保护的与任何一方当事人的诉讼请求和抗辩相关的任何事项。[32] 委员会修改了第210.27条是由于该条没有对电子调查取证进行限制以及没有向行政法官何时限制调查取证提出充分指引。[33] 委员会修改了规则，并增加了(c)、(d)和(e)段对上述内容进行了规定。

类似《联邦规则》第26(b)(2)(B)条的规定，新增加的第210.27(c)条对电子存储信息作出了限制性规定，要求“如果乙方由于过度的成本负担导致电子存储信息不能合理获得，则乙方不需要提供对电子存储信息的调查取证。”[34] 第(c)段也规定了被进行调查取证的乙方必须在强制动议或保护令的答复中证明由于过度的成本负担导致电子存储信息不能合理获得。[35] 最后，第(c)段也允许行政法官设定电子调查取证的条件。[36]

同《联邦规则》第26(b)(2)(C)条的规定一样，新增加的第210.27(d)条要求行政法官在调查取证时加倍限制取证频率和程度，调查取证可以通过负担更小的渠道进行，或拟取证的负担超过了其可能带来的好

---

〔29〕 参见裁决和执行规则，78 Fed. Reg. 29,618(2013年5月21日)(修订19 C. F. R. § 210)。

〔30〕 同上书，第29618节。

〔31〕 同上。

〔32〕 参见19 C. F. R. § 210.27(b)(1)(2018)；FED. R. CIV. P. 26(b)(1)。

〔33〕 参见裁决和执行规则，78《联邦公报》第29619节。

〔34〕 同上书，第29620节。

〔35〕 同上。

〔36〕 同上。

处。[37] 但是二者规定之间也存在差异。例如,当被进行调查取证的乙方已经放弃了其法律地位或保证相关事实会保证调查取证的公正性,[38] 第(d)段要求行政法官限制调查取证。第(d)(4)段还要求行政法官考虑调查的需要、调查取证在解决争议中的重要性、调查取证的负担或费用超出了其可能带来的利益时限制取证的公共考量等。[39] 第(d)(4)段与《联邦规则》第 26(b)(2)(C)(iii)条类似。[40] 例如,委员会为避免歧义而采纳的措辞"公共考量事项"(matters of public concern)与《美国法典》第 1337(d)、(e)、(f)、(g)节规定的法定公共利益因素一致。[41]

与《联邦证据规则》类似,《委员会规则》第 210.27(e)条包括了关于对特权保护信息和律师工作成果使用特权标记的规定。[42] 第 210.27(e)(1)(i)条要求保留不出具信息的一方当事人在对调查取证请求进行答复时明确说明对特权信息或工作成果进行保护。[43] 第(e)(1)(ii)段要求主张特权保护或工作成果保护的一方当事人在主张的 10 日内出具书面特权标记。[44] 第(e)(2)段列举了已经开示的证据但之后又被主张为特权保护信息或工作成果的程序。[45] 第(e)(3)段规定允许当事方签署协议免除对第(e)(1)段项下的遵守。[46] 最后,第(e)(4)段允许当事人就解决特权保护信息争议的时间期限达成书面协议。[47]

---

〔37〕 同本章注〔34〕; FED. R. CIV. P. 26(b)(2)(C)。

〔38〕 参见裁决和执行规则,78《联邦公报》第 29621 节。

〔39〕 同上。

〔40〕 同上; FED. R. CIV. P. 26(b)(2)(C)(iii)。

〔41〕 参见裁决和执行规则,78《联邦公报》第 29621 节。

〔42〕 同上书,第 29621 - 29622 节; FED. R. CIV. P. 502。

〔43〕 参见裁决和执行规则,78《联邦公报》第 29622 节。

〔44〕 同上。

〔45〕 同上。

〔46〕 同上书,第 29622 - 29623 节。

〔47〕 同上书,第 29623 节。

七、书面质询

调查公告在《美国联邦纪事》上发布后,一方当事人可以向任何其他方送达书面质询(interrogatories)要求。[48] 收到书面质询要求的当事人必须在送达 10 日内或行政法官规定的日期内作出答复。[49] 双方同意对书面质询答复的截止时间进行延期的情况很普遍。然而,行政法官的基本规则可能要求当事人提交动议以同意延期要求。

《委员会规则》第 210.29(b)(2)条对回答书面质询的程序进行了如下规定:

(1)在提供答复前,回答书面质询的当事人应该在答复之前把书面质询的问题复述一遍;

(2)除非答复人反对该问题并陈述反对理由以替代回答该问题,每一个书面质询都应该有单独完整的、在宣誓下完成的书面答复;

(3)答复应由答复人亲自签字,对问题的反对则应由提出该反对意见的律师签字;

(4)被送达书面质询的当事人应该在送达后 10 日内,或是在行政法官指定的具体时间期限内对各当事人送达其对书面质询的答复和反对;

(5)送达书面质询的当事人就任何对书面质询问题的反对或者其他没有回答问题的情况,按照《委员会规则》第 210.33(a)条,可以请求法官发布命令[50]。

如果详细、具体的文件或记录可以直接得出问题的答案,当事人可以用该文件或记录作为对书面质询的答复。[51] 为了保证案件记录的完整和准确,在出现了新的或者之前没有获取的信息时,所有当事人都有义务

---

〔48〕 参见 19 C. F. R. § 210.29(b)(1)(2013)。

〔49〕 同上书, § 210.29(b)(2)(2013).

〔50〕 同上。

〔51〕 同上书, § 第 210.29(c)节 (2013)。

对之前的书面质询的答复进行补充和修正。[52] 由于证据发生了变化,这一义务往往会导致多次对调查取证答复的补充性答复。对书面质询的答复在证据规则允许的范围内可被使用。[53]

询问对方当事人论辩观点和主张的书面质询经常会在当事人之间引起摩擦争议。一方面需要在要求一方当事人就某个问题表明固定立场之前就对事实问题进行调查取证,另一方面需要确定固化各方当事人的立场,这两方面的需求之间存在自然的张力。某些行政法官在案件的程序进度表里对当事人询问对方论辩观点和主张的书面质询的最初答复和补充答复的最后期限作了规定。

八、文件的出示提供

和书面质询类似,调查公告在《美国联邦纪事》上发布后,任何一方当事人都可以向其他当事人送达出示文件的要求[54]。收到文件要求后的当事人必须在送达后10日之内,或者在由行政法官指定的具体期限内对文件要求作出书面答复。[55] 当然,一般来说,事实上被要求提供的文件并不会在这10日内被要求提供。行政法官期待当事人就实际提供文件

---

〔52〕 同本章注〔51〕;参见本节第2部分将更完整地讨论出示文件以代替答复的问题。另见第210.29(a)节(将询问的数量限制在175份,包括所有不连续的部分,除非有正当理由向主审法官提出书面动议增加数量)。

〔53〕 同上书,§第210.29(a)节(2013)。

〔54〕 同上书,§第210.30(b)(2)节(2008)。

〔55〕 同上书,§第210.30(b)(2)节(2008)。

达成一个合理的计划，但是如果无故延迟的话，行政法官的介入就有必要了。[56] 行政法官一般不限制一方当事人可以送达的文件要求的数量，而当事人送达数百个文件要求的情况并不罕见[57]。

（一）日常业务运营中保存的文件

根据《委员会规则》第 210.30(b)(2)条，当事人对文件的提供按照"他们在日常业务运营中保存的一样"或者"和文件要求的具体类别相对应"。[58] 一般来说，如果一方当事人表示提供的文件和他们在日常业务运营中保存的一样，行政法官会接受这样的表述而不再追究。否定事实并非如此的举证责任在要求提供文件的一方当事人。当提供的文件被以明显不合理的形式进行了改动，或者当要求文件的一方有合理理由怀疑提供文件的一方没有对所要求的文件进行全面搜索时，行政法官会要求提供文件的一方当事人重新组织文件或者提供关于文件出处的信息。

在双向全球卫星通信设备（Two - Way Global Satellite Communication Devices）案中，行政法官批准了被告的强制动议，要求原告重新提供其在日常业务运营中保存的文件。[59] 虽然原告将文件分类放入了指定类别的文件夹中，但是被告声称"每一个子文件夹的生成均没有按照时间顺序排列，没有按照逻辑组织，邮件附件与邮件正文的文件号和编号顺序

---

〔56〕 参见 *Certain Flash Memory Chips & Prods. Containing Same*，Inv. No. 337 - TA - 893，命令第 63 号，第 8 页（2014 年 12 月 4 日）（批准关于强制不及时起诉的动议）；*Certain Elec. Devices, Including Wireless Commc'n Devices, Portable Music & Data Processing Devices & Tablet Computers*，Inv. No. 337 - TA - 794，命令第 9 号，第 3 - 7 页（2011 年 12 月 1 日）（命令原告提供完成文件制作的具体时限，并在行政法官规定的日期前提交某些类别的文件）；*Certain Prods. Containing Interactive Program Guide & Parental Controls Tech.*，Inv. No. 337 - TA - 747，命令第 11 号，第 2 - 5 页（2011 年 4 月 28 日）（批准被告的动议，强制原告作出披露答复和提供文件，因为原告试图将其提供的文件限制在"可以合理检索"的文件上，而且没有说明何时会提供文件）；*Certain Absorbent Garments*，Inv. No. 337 - TA - 508，命令第 22 号，第 3 - 6 页（2004 年 9 月 29 日）（令被告在命令下达之日起 5 个工作日内补充出示某些文件）。

〔57〕 参见 19 C. F. R. §第 210.30 节（2008）。

〔58〕 同上书，§第 210.30(b)(2)节（2008）。

〔59〕 参见 *Certain Two - Way Global Satellite Commc'n Devices, Sys. & Components Thereof*，Inv. No. 337 - TA - 854，命令第 12 号（2013 年 2 月 5 日）。

无法对应。"[60]行政法官注意到对文件夹中的文件整理"并不是赋予原告对这些文件夹中的答复性文件进行重新'洗牌'",因此批准了要求其重新提供文件的强制动议。[61]

在视频图像显示控制器(Video Graphics Display Controllers)案中,行政法官命令原告遵守《委员会规则》第210.30(b)(2)节的规定,要求"提供文件的当事人应该以他们在日常业务运营中保存的形式提供,或者应该对文件进行整理,并加以标识使这些文件对应文件要求中的类别。"[62]行政法官指出,"如果原告提供的文件就是日常业务运营中形成的,那么他们没有进一步提供文件的义务;但是如果文件并不是以日常业务运营中保存的形式提供的,那么我命令原告指出——文件分别对应的文件要求中的类别"。[63]

在光盘控制芯片和芯片组(Optical Disk Controller Chips & Chipsets)案中,原告以电子文件的形式提供了29,000页的文件,但没有对这些文件进行分页。[64] 行政法官认为原告提出的在日常业务运营中就似乎这样保存文件的说法是"荒唐可笑的",因此命令原告在对文件进行分类后重新送达给被告[65]。

在某些案件中,行政法官命令提供文件的一方当事人提供文件的地点、时间以及搜索文件的人员的信息,以决定他们是否作了完整和彻底的文件搜索。[66] 例如,在综合中继器(Integrated Repeaters)案中,被告提交

---

[60] 同本章注[59],第2段。

[61] 同上书,第5段。

[62] 参见 *Certain Video Graphics Display Controllers & Prods. Containing Same*, Inv. No. 337–TA–412,第11号命令,第13页(1998年10月5日)[引用19 C. F. R. §210.30(b)(2)]。

[63] 同上书,第13–14页。

[64] 参见 *Certain Optical Disk Controller Chips & Chipsets & Prods. Containing the Same, Including DVD Players & PC Optical Storage Devices* II, Inv. No. 337–TA–523,第8号命令,第12–13页(2004年12月9日)。

[65] 同上书,第13页。

[66] 参见 Inv. No. 337–TA–734,第18号命令(2011年3月22日)(驳回原告要求被告雇用供应商协助制作的请求,但命令各方"将重点放在适当的检索词和保管人上,以确保完成彻底的检索")。

了一个要求原告答复某些文件要求的动议，包括有关原告提供的文件的20个书面质询问题。[67] 被告主张原告截至那时的对文件要求的回答数量之少以及回答之肤浅潦草证明了原告并没有对相应的文件作一个彻底的搜索。[68] 另外，被告要求原告列出其搜索过的"工厂设备和电子存储设备、什么时候进行的搜索、由谁进行的搜索以及每次搜索都发现了什么文件"。[69] 虽然原告对此书面质询提出了反对，认为其过于广泛、模糊、含义不清，但行政法官并不同意原告的反对意见，他强调了原告搜索文件的不足之处，并批准了被告的动议，认为被告的书面质询足够详细和具体，并可能导致发现被允许使用的证据。[70]

相反，在另一个调查中，同一个行政法官并没有强调被要求提供文件的一方解释文件的出处。[71] 被告对原告提供的文件的形式有异议，但并没有就原告搜索文件的适当性和充分性提出异议。[72] 被告请求法官强制原告根据《委员会规则》第210.30(b)(2)条对文件进行分类。[73] 被告主张原告"文件归类杂乱无章和随意组合，并且没有提供有关文件的地点和来源的必要信息"，这种做法是不能接受的，因而应被命令提供这些信息。[74] 美国国际贸易委员会不公平进口调查办公室专职律师反对被告的提议，主张《委员会规则》第210.30(b)(2)条"并没有要求提供文件的一方标记文件的来源，从而使得接受文件的那方可以不用审阅"文件

---

〔67〕 参见 *Certain Integrated Repeaters, Switches, Transceivers & Prods. Containing Same*, Inv. No. 337 – TA – 435，命令第7号，第37 – 38页（2000年12月21日）。

〔68〕 同上书，第37页。

〔69〕 同上书，第37 – 38页。

〔70〕 同上书，第38 – 39页。

〔71〕 参见 *Certain Personal Data & Mobile Commc'ns Devices & Related Software*, Inv. No. 337 – TA – 710，第55号命令，第4页（2011年1月10日）（驳回关于某些主题的强制动议，因为动议人除了确认原告"对相关文件进行了彻底的搜索"之外，没有提供其他解释）。

〔72〕 参见 *Certain Ink Cartridges & Components Thereof*, Inv. No. 337 – TA – 565，第13号命令，第1页（2006年7月19日）。

〔73〕 同上书，第3条。

〔74〕 同上。

本身。[75]

行政法官驳回了被告的动议,认为被告未能证明原告没有按照那些文件在日常业务运营中保存的形式提供给他们。[76] 行政法官还进一步说明"《委员会规则》第210.30(b)(2)条和《联邦规则》第34(b)条类似,目的是'防止当事人企图模糊重要信息而故意将关键性的文件和其他文件混杂在一起'……并不为接受文件的当事人查看大量资料,或者确定这些文件是否完整无损提供方便"。[77]

(二)(对书面质询)引用文件作为替代回答

和《联邦规则》第33(d)条类似,《委员会规则》第210.29(c)条规定:

当对一个书面质询问题的回答可以从一方当事人的记录中得出或者查到……而且从记录中找出答案的负担对送达书面质询的当事人而言和对被送达书面质询的当事人是一样的话,那么对该书面质询的回答只要具体指出答案可以从哪些具体记录中得出并且提供这些记录就足够了。[78]

对相关记录的描述必须"包括足够详细的信息,从而允许询问的一方可以找到并且确认……文件"[79]。

例如,在具有显示和处理功能的消费电子产品(Consumer Electronics with Display & Processing Capabilities)案中,在原告"仅提供有限叙述性答复"和"不加区别地提及超过30,000页文件"之后,[80]行政法官批准了强制动议要求原告提供进一步的书面质询答复。[81] 原告关于根据《委员会规则》第210.29(c)条"其答复性信息来源于这些文件",并且"从文件获

---

〔75〕 同本章注〔72〕,第4条。

〔76〕 同上书,第5条。

〔77〕 同上书,第4-5条(省略引用)。

〔78〕 参见19 C.F.R. § 210.29(c)(2013)。

〔79〕 同上;*Certain Coenzyme Q10 Prods. & Methods of Making Same*, Inv. No. 337-TA-790,第8号命令,第3-4页(2011年12月2日)(足够详细,"需要指明可能找到文件的生产编号")。

〔80〕 参见*Certain Consumer Elecs. with Display & Processing Capabilities*, Inv. No. 337-TA-884,第46号命令,第1页(2013年12月19日)。

〔81〕 同上。

取信息的负担”对于双方当事人是相同的,这些辩称对于行政法官来说毫无说服力。书面质询是为了寻求原告就某些问题的立场,因此行政法官认为“原告指望被告能从一大堆文件中直接得出原告的立场是不合适的”,并发出警告,如果原告没有在其对书面质询的答复中披露其立场,则将禁止原告今后提出更详细的立场。[82]

在钕铁硼磁(Neodymium – Iron – Boron Magnets)案中,原告对几个书面质询问题提供了50箱的文件,但没有解释可以在哪里找到相关的答案。[83] 在被告提交请求强制原告回答书面质询的动议后,行政法官命令原告指出对应相关答案的文件,以及对某些回答提供叙述性形式的答案。[84] 行政法官认为,因为提供的文件属于原告,因此他能更好地理解这些文件。[85]

至少有一名行政法官已经表明,只有“当对质询问题的可能的最完整的回答可以在这些文件中找到,并且对接受文件的一方来说从文件中得出答案的负担并不比提供文件的一方得出答案的负担重的情况下”,用指出哪些文件可以回答问题对书面质询进行答复才是恰当的。[86] 另外,行政法官指出,如果指定的文件并没有包含回答问题一方知道的所有的信息,回答问题一方必须对该书面质询问题用叙述的形式作出补充回答。[87]

---

〔82〕 同本章注〔80〕,第2条。

〔83〕 参见 *Certain Neodymium – Iron – Boron Magnets, Magnet Alloys & Articles Containing the Same*, Inv. No. 337 – TA – 372,命令第16号,1995 WL 945744, *1 (1995年7月28日)。

〔84〕 同上书,第214页。

〔85〕 同上书,第2页。

〔86〕 参见 *Certain HSP Modems, Software & Hardware Components Thereof & Prods. Containing Same* (*HSP Modems*), Inv. No. 337 – TA – 439,第51号命令,第4页(2001年5月9日);参见 *Certain Elec. Devices with Image Processing Sys., Components Thereof & Associated Software*, Inv. No. 337 – TA – 724,第42号命令,第9 – 10页 (2011年4月28日)(认定在回答询问时披露专利文件历史是正确的);*Certain Cigarettes & Packaging Thereof* (*Cigarettes*), Inv. No. 337 – TA – 424,第46号命令,第3页 (2000年2月11日)。

〔87〕 参见 *HSP Modems*,第51号命令,第4页;参见 *Certain Prods. Containing Interactive Program Guide & Parental Controls Tech.*, Inv. No. 337 – TA – 747,第8号命令,第5页 (2000年2月11日)。

各行政法官就当事人根据《委员会规则》第210.29(c)条引用文件对书面质询作出回答是否充分的问题,颁布了很多命令。[88] 而且这些决定还不总是一致的。比如,当回答问题的当事人提供了可以得出答案的文件的时候,各位行政法官对其是否有义务就这些问题提供叙述性的回答有分歧。在一些调查案件中,这个问题成为行政法官强制当事人提供叙述性回答的一个主要因素。[89] 然而,有些行政法官认为,不能仅仅因为要求回答问题的一方提供了文件,另一方当事人从文件中得出答案的义务就必然减轻了,因此,在事实相似的情况下,拒绝回答问题的一方必须提供叙述性回答。[90]

---

〔88〕 参见 *Certain Sulfentrazone, Sulfentrazone Compositions & Processes for Making Sulfentrazone*, Inv. No. 337 - TA - 914,第29号命令(2015年2月6日)[驳回原告的诉讼请求,排除原告关于缩减为执业的论点,因为原告只是"在正常的发现过程中出示了一份文件",没有遵守《委员会规则》第210.29(c)条]; *Certain Silicon Microphone Packages & Prods. Containing the Same* (*Silicon Microphone Packages*), Inv. No. 337 - TA - 629,第9号命令,第3-4、9页(2008年9月11日)(部分驳回被告要求强迫被告回答问题的动议,因为原告声称,从回应某些问题时指明的文件中取得资料的责任对原告和被告来说是一样的); *Certain Mech. Lumbar Supports & Prods. Containing Same* (*Mechanical Lumbar Supports*), Inv. No. 337 - TA - 415,第27号命令,第2-4页(1999年1月26日)[驳回原告要求强制执行的部分动议,该动议涉及根据《委员会规则》第210.29(c)条回答的质询,强调原告失败的情况,以解释为什么在从文件中获取答案方面,原告的负担会比被告的负担大,同时指出"虽然文件的创建者至少在最初可能对文件更熟悉,但这并不一定会使创建者在获取具体问题的答案方面比其他人的负担轻"];参见 *Cigarettes*, Inv. No. 337 - TA - 424,第14号命令,第1-3页(1999年11月17日)(部分驳回原告关于迫使被告全面答复披露请求的动议,认为从被告在答复原告的两份询问时指定的文件中确定所要求的信息的责任对双方基本相同); *Certain Hardware Logic Emulation Sys. & Components Thereof* (*Hardware Logic*), Inv. No. 337 - TA - 383,第56号命令,第9-10页(1996年10月24日)(部分批准被告的强制动议,指出由于有争议的质询表涉及原告所主张的专利的权利要求,并且与原告制作的文件有关,因此从原告指明的文件中得出答复的责任对原告和被告来说实质上是不一样的)。

〔89〕 参见 *Hardware Logic*,第56号命令,第9-10页。

〔90〕 参见 *Silicon Microphone Packages*,第9号命令,第3-4、9页; *Mechanical Lumbar Supports*,第27号命令,第2-4页; *Cigarettes*,第14号命令,第1-3页。

九、要求承认某些事实的请求

《委员会规则》就要求对方承认有关事实的请求的规定如下：

任何一方可以就和事实有关的事项，如声明、对某个事实的观点和就此事实应该适用哪个法律等，包括某些具体描述的文件的真实性，对其他当事人送达进行要求承认某些事实的请求。除非文件已经提供给了对方，或者对方知晓自己已经拥有该文件，并且在要求中指出对方已经拥有该文件这一事实，否则在送达请求的同时还应该提供这些文件的副本。[91]

被送达要求承认某些事实请求的当事人必须在收到该请求 10 日之内，或在行政法官指定的期限内作出答复。[92] 如果被送达的一方在此期间内没有作出答复，那么请求内提到的事项可以被视为已经得到了承认。[93]

收到要求承认某些事实请求的当事人可以：

(1)对要求承认某些事实的请求中所描述的事项进行整体性承认；

(2)对要求承认某些事实的请求中所描述的事项进行整体性否认；

(3)承认部分事项，否认其余事项。[94]

任何对要求承认某些事实问题的承认只能用在未决的 337 调查案件或者相关程序中。[95] 相关程序包括诉前程序，制裁程序，保证金没收程序，执行、修改或撤销救济命令或同意令程序，或咨询意见程序。[96]

---

〔91〕 参见 19 C. F. R. § 210.31(a)(2008)。

〔92〕 同上书，§第 210.31(b)节(2008)。

〔93〕 同上书，参见 *Certain Muzzle – Loading Firearms & Components Thereof*, Inv. No. 337 – TA – 777，第 17 号命令，第 2 – 8 页 (2011 年 11 月 7 日)(由于原告没有及时提出动议，要求允许对被告的第一组受理请求送达答复，而时间过长，因此视为受理上诉请求)。

〔94〕 参见 19 C. F. R. § 210.31(b)(2008)。

〔95〕 同上书，§ 210.31(d)(2008)。

〔96〕 *Id.* §210.3 (2013)(将“辅助程序”确定为“相关程序”的同义词)。

反对或者否认承认某些事实的请求的时候,[97]答复的一方必须对为什么其不能承认或否认该事项作出详细的解释。[98] 除非答复的一方声明其意见作了合理的查询,依据已知的或者可以轻而易举获得的信息不足以承认或否认该请求,否则答复的一方不能使用缺乏信息或了解作为反对的依据。根据《委员会规则》第210.31(c)条,[99]对要求承认某些事实的请求的答复不满意的一方,可以要求法官对答复的充分性或者回答一方的反对作出裁决。答复的一方不得仅仅对所有要求承认某些事实的请求统一给出相同的、笼统的回答。[100] 在无汞碱性电池(Zero - Mercury - Added Alkaline Batteries)案中,法官批准了原告请求强制被告对要求承认某些事实的请求提供完整的回答的动议,认为被告的回答是“重复的”、“公式化的”[101]、“无法对应的反对和否认”,并且“对调查取证要求的这种回答是浪费诉讼时间和纸张的”[102]。

行政法官可能会要求当事人对其关于对承认某些事实请求的答复进行补充,特别是在调查的后期阶段——当要求承认某些事实的请求主要

---

〔97〕 *Id.* §第210.31(b)节。

〔98〕 同上。

〔99〕 同上。§ 210.31(c); *Certain Set - Top Boxes & Hardware & Software Components Thereof*, Inv. No. 337 - TA - 761,第16号命令,第7-9页(2011年9月7日)[部分批准被告关于迫使原告对接纳请求作出完整答复的动议,并指出“(被告)有权得到充分和无保留的答复”].

〔100〕 参见 *Certain Optical Disc Drives, Components Thereof & Prods. Containing the Same*, Inv. No. 337 - TA - 897,第63号命令,第6-7页(2014年10月2日)[命令原告因未遵守《委员会规则》第210.31(b)条而修改其对某些承认请求的答复]。

〔101〕 *Certain Zero - Mercury - Added Alkaline Batteries, Parts Thereof & Prods. Containing Same*, Inv. No. 337 - TA - 493,第58号命令,第1-3页(2004年8月11日)。

〔102〕 同上。第3条。

是针对当事人各自的专利权利要求范围进行解释的时候。[103] “如果当事人了解到原来的答复是不完整的或者不正确的,并且额外的或者正确的信息在调查取证过程中并不为对方知晓”,那么行政法官也可以命令当事人补充其对承认要求某些事实的请求的答复。[104] 另外,根据《委员会规则》第 210. 27(b)条,当事人也可以非正式地统一补充他们对调查取证问题的答复。

十、进入现场或勘察的请求

任何一方当事人都可以有对其他当事人送达进入指定的对方场地对指定物件或场地的运营情况进行勘察的要求。[105] 这种要求应当比较具体,不管是单独列出还是归类,都要明确界定要勘察的物件等,并详细具体地描述每个物件或类别。对勘察的请求还必须提供一个合理的时间、地点及方法。[106] 接到勘察请求的一方的律师必须在收到请求后 10 日内或者在行政法官指定的其他具体期限内作出答复。[107] 这种答复可以表达当事人同意提出请求的一方进入其土地或者工厂进行勘察,或者也可以表达当事人反对对方进行勘察并作出详细的解释。[108] 在过去的一些案件中,在强制进行现场勘察前,行政法官命令当事人通过其他干扰程度

---

〔103〕 参见 *Certain Dynamic Random Access Memory Controllers & Certain Multi – Layer Integrated Circuits, as well as Chipsets & Prods. Containing Same*, Inv. No. 337 – TA – 388, 第 10 号命令, 第 1 – 2 页 (1997 年 1 月 13 日); 参见 *Certain Engines, Components Thereof & Prods. Containing the Same*, Inv. No. 337 – TA – 585, 第 5 号命令, 第 3 页 (2006 年 12 月 21 日); *Certain High – Brightness Light Emitting Diodes & Prods. Containing Same*, Inv. No. 337 – TA – 556, 第 20 号命令, 第 1 – 2 页 (2006 年 5 月 17 日)。

〔104〕 参见 19 C. F. R. § 210. 27(f)(2018)。

〔105〕 同上书, § 210. 30(a)(2)(2008).

〔106〕 同上书, § 210. 30(b)(1)(2008).

〔107〕 同上书, § 210. 30(b)(2)(2008).

〔108〕 同上。

更低的方法来获取需要的信息。[109]

对工厂进行勘察已有先例,特别是在专利方法侵权和商业秘密案件中,一般来说双方不会对此有争议,即使是工厂位于美国境外的情况。[110] 从原告的角度来说,这是337调查相对于美国联邦地区法院诉讼更关键的优势之一。

各向异性蚀刻的1M和更大容量的动态随机存取存储器(Anisotropically Etched One Megabit & Greater DRAMS)案设定了行政法官在考虑是否批准请求进行工厂勘察的动议时考虑的几个要素。[111] 在那个案件中,原告提出了一个动议,请求强制被告允许其勘察,并且在两个加工工厂对蚀刻过程从不同的生产阶段进行取样。[112] 被告主张,勘察和取样是"非必要的、过度的负担、过度干扰并且部分要求是无关的"。[113] 行政法官强调指出"在请求强制调查取证的动议中,请求调查取证的一方必须证明寻求的证据是有关的,而反对调查取证的一方必须证明这个调查取证要求是过重的负担"。[114] 行政法官认为,在这个案件中,至少进行勘察是有道

---

〔109〕 参见 *Certain Gemcitabine & Prods. Containing Same*, Inv. No. 337 – TA – 766,第10号命令,第8 – 9页(2011年8月5日)。

〔110〕 参见 *Certain Processes for the Manufacture of R – 134A Coolant* (*Otherwise Known As* 1,1,1,2 – *Tetrafluoroethane*), Inv. No. 337 – TA – 623,第8号命令,第1 – 2页(2008年4月29日)(批准原告要求发函支持原告要求中国政府允许对被告在中国的工厂进行检查的动议); *Certain Sucralose, Sweeteners Containing Sucralose & Related Intermediate Compounds Thereof*, Inv. No. 337 – TA – 604,第31号命令,第1 – 2、7 – 8页(2007年11月1日)(部分批准原告的动议,强制对被告在中国的生产设施进行全面检查,因为原告和被告一致认为这种检查是适当的,但对检查的范围有分歧); *Certain Aramid Fiber Honeycomb, Unexpanded Block of Slice Precursors of Such Aramid Fiber Honeycomb & Carved or Contoured Blocks or Bonded Assemblies of Such Aramid Fiber Honeycomb*, Inv. No. 337 – TA – 305,第20号命令,1990 WL 710659,第1页(1990年3月23日)(批准关于延长视察被告卢森堡工厂的日期的联合动议)。

〔111〕 同上书, *Certain Anisotropically Etched One Megabit & Greater DRAMS, Components Thereof & Prods. Containing Such DRAMS*, Inv. No. 337 – TA – 345,第5号命令,1993 WL 852621,第1 – 2页(1993年3月24日)。

〔112〕 同上书,第1页。

〔113〕 同上。

〔114〕 同上。

理的,而且看起来勘察既不是“对之前提供的书面证据要求的烦琐的累积”,也不是不合理的。[115] 但是,在批准动议时,行政法官命令勘察必须受一定条件的限制,包括:“原告必须描述他想如何勘察工厂设备(如希望雇员在场解释工艺流程、需要翻译人员、对所说的话进行录音记录等)”。并且“原告必须具体说明每次从何时、何地进行取样”。[116] 如果工厂勘察的请求在案件前期阶段提出,并早于其他实质性的调查取证措施发生,行政法官可以通过强制动议认定工厂勘察的时机尚不成熟。[117]

十一、证人质询

委员会启动调查的公告在《美国联邦纪事》上发布后,任何当事人可以寻求对任何人,包括一方当事人,通过口头或书面质询证人的方式获得证人证言[118]。然而,在实践中,大部分的证人质询都在文件提供基本上已经完成后发生。从 2014 年 5 月之后,《委员会规则》限制了证人质询的数量,除非双方另有规定,主审的行政法官根据书面动议,出于正当理由增加证人质询数量。[119] 原告方作为一个整体,可对每一个原告最多 5 个证人进行质询,或者对原告总共 20 个证人进行质询,以较多者为准。而

---

〔115〕 同本章注〔111〕。

〔116〕 同上书,第 2 页;参见 *Certain Lens – Fitted Film Packages*, Inv. No. 337 – TA – 406,第 108 号命令[执行程序(Ⅱ)],2003 WL 22206815,第 2 – 3 页(2003 年 9 月 8 日)(部分批准被告要求发出保护令的动议,禁止原告检查被告位于中国内地和中国香港的一些前供应商的工厂,至少部分原因是原告未能证实所要求的检查似乎会合理地导致发现可接受的证据,以及原告未能具体说明拟议的检查会给被告及其前供应商带来的负担);*Certain Cigarettes & Packaging Thereof*, Inv. No. 337 – TA – 424,第 34 号命令,第 1 – 4 页 (2000 年 1 月 28 日)(驳回被告关于发出保护令以防止原告检查其房舍的动议,认为被告没有为其声称的“要求检查的唯一目的是通过扰乱其正常业务活动而对被告进行骚扰和造成负担”提供任何支持)。

〔117〕 参见 *Certain Gemcitabine & Prods. Containing Same*, Inv. No. 337 – TA – 766,第 10 号命令,2011 WL 3489129,第 5 – 6 页(2011 年 6 月 22 日)。

〔118〕 参见 19 C. F. R. § 210. 28(a);参见 19 C. F. R § 210. 28(c)(获送达取证通知书的一方,可在取证通知书送达后 10 天内反对取证通知书,并说明反对的理由)。

〔119〕 同上书,行政法官可根据书面申请增加允许的取证次数,并提出充分理由。

被告方,作为一个整体可以最多对20个证人进行质询。如果在调查中指派了委员会的调查律师,他或她可出席其他方进行的所有证人质询,并且最多还可以再对10个证人进行质询。[120] 337调查的证人质询和美国联邦地区法院诉讼中的证人质询类似。

(一)查看和更改证人质询记录

与《联邦规则》不同,《委员会规则》没有特别规定查看和修改证人质询记录的流程。[121] 当事人通常参考《联邦规则》来做。很少出现将修改有关证人质询记录的争议提交给委员会裁决的情况。

(二)公司证人

有关公司实体指定一个对(证人质询)通知或传票中列举主题具备相关知识的证人来代表公司履行接受质询的义务,《委员会规则》里并没有包含和《联邦规则》第30(b)(6)条一样的直接要求。然而,337调查的当事人在实践中经常送达和接受公司证人质询通知,这个通知和美国联邦地区法院实践中的《联邦规则》第30(b)(6)条的操作一样。[122] 在委员会的调查中,一方当事人的证人质询记录[如对第30(b)(6)条证人质询通知的证人证言的答复]可以被对方当事人为任何目的而使用。[123]

(三)有关双方论点主张的证人证言

一方当事人的证人是否应该就该方的论点主张提供证言主要取决于

---

〔120〕 同本章注〔119〕。该规则还规定,每份关于公司指定宣誓人的通知都算作一次取证,而在计算取证次数时,相关的被告将被视为一个重新宣誓人。

〔121〕 将19 C.F.R. § 210.28 (2018)与FED. R. CIV. P. 30(e)进行比较。

〔122〕 参见*Certain Steel Rod Treating Apparatus & Components Thereof*, Inv. No. 337 – TA – 97,第13号命令,1981 WL 178518,第3页(1981年5月8日)[《委员会规则》(19 C.F.R. §210.1及以下)遵循了《联邦规则》的一般意图,通常也遵循了《联邦规则》的文字,并在与337条款的规定不一致时适用《联邦规则》]。参见*Certain Wireless Devices with 3G Capabilities & Components Thereof*, Inv. No. 337 – TA – 800,第72号命令,第4页(2013年4月18日)["在诺基亚第30(b)(6)号取证通知中被点名的组织有义务指定知识渊博的证人就所关注的主题作证,这些证人必须就InterDigital已知或合理可得的信息作证。参见Fed. R. Civ. P. 30(b)(6)"]。

〔123〕 19 C.F.R. § 210.28(h)(2)(2018).

案件的具体事实。[124] 在综合中继器(Integrated Repeaters)案中,原告提出动议请求法官强制一个被告提供了解情况的公司证人就被告在侵权问题上主张的论点等话题接受质询。[125] 被告指定其负责市场的副总裁作为证人,并拒绝回答某些话题,理由是"原告负有证明被告侵权的举证责任"。[126] 行政法官驳回了原告请求被告提供一个能够回答原告专利权利要求范围问题的公司证人的动议,认为通过书面质询回答关于当事人主张的论点的问题是更经济也更不干扰对方的方式。[127] 行政法官还引用了 Exxon 研究和工程公司诉美国(Exxon Research & Engineering Co. v. United States)案。在那个案件中,法庭判决指出,专利权利要求范围是不能简单地被一个证人概括的困难的问题,而且"可能(事实上)导致对被告的律师(而不是证人)进行证人质询。法院虽然不禁止这种做法,但显然也不赞成"。[128] 虽然法官否决了该动议,但原告被允许如果他们对被告书面质询中关于其主张的论点的回答不满意的话,则可以获得强制被告就该问题提供证人接受质询的机会。[129]

然而,在充电式镍金属氢化物阳极材料与电池(Rechargeable Nickel Metal Hydride Anode Materials & Batteries)案中,[130] 行政法官认为"一旦一方当事人已经表明了其主张的论点,该方当事人的证人可以就他们准

[124] *Certain lntegrated Repeaters, Switches, Transceivers & Prods. Containing Same*, Inv. No. 337 - TA - 435, Order No. 16, at 20 - 21(Feb. 13, 2001)[驳回申请人提出的部分强制要求提供第 30(b)(6)条证人的动议,这些证人要能够根据事实情况回答与(被告)非侵权抗辩依据相关的问题,包括更高的成本、更具侵入性的证词过程,以及总结所需要的信息的困难][引用 Exxon Research & Eng'g Co. v. United States, 44 Fed. Cl. 597 (1999)]。

[125] 同上书,第 3 节,第 20 - 21 页。

[126] 同上书,第 3 - 6 页。

[127] 同上书,第 20 - 21 页(引用 *Exxon Research*, 44 Fed. Cl. 第 601 页)。

[128] 同上(引用 *Exxon Research*, 44 Fed. Cl. 第 601 页)。

[129] 同上书,第 21 页。

[130] 参见 *Certain Rechargeable Nickel Metal Hydride Anode Materials & Batteries & Prods. Containing Same*, Inv. No. 337 - TA - 368, 第 5 号命令, 1994 WL 930315, 第 1 页(1994 年 12 月 12 日)。

备用来证明其论点的具体事实接受质询”。[131] 另外,行政法官还指出“虽然不能询问证人一个纯粹的法律问题,证人可以就法律和事实混合在一起的问题进行回答,也可以被要求对任何主张的论点提供事实依据”。[132]

(四)在国外对证人进行质询

从事337调查的律师试图在外国对证人进行质询时,应该了解其使用的规则。例如,不能在中国内地对证人进行质询。因而对中国证人的质询经常在中国香港进行。另外,在质询证人获得允许的情况下,对什么时候以及如何安排和进行质询可能还有限制。又如,在日本进行证人质询,只能在美国大使馆或领事馆内进行。质询证人的一方必须要实现在日本大使馆或领事馆事先预定好场所,还需要一份经过公证的美国联邦地区法院命令的副本才能获得前往日本的特殊签证,[133] 因为日本不接受行政法官颁布的命令。美国国务院网站提供了如何在境外进行调查取证的信息。[134]

十二、专家证人

委员会的专家证人调查取证规则与联邦地区法院几乎一模一样,但是比联邦地区法院的速度明显快很多。专家报告在事实调查取证结束后1~2周内就要提供,然后在这之后1~2周内对对方专家提供的报告进行

---

〔131〕 同本章注〔130〕。

〔132〕 同上;参见 *Certain GPS Chips, Associated Software & Sys. & Prods. Containing Same*, Inv. No. 337-TA-596,第13号命令,第2-4页(2007年6月22日)(尽管原告认为现有技术是一个复杂的法律问题,但批准了被告的动议,迫使原告提供证人就现有技术作证,强调虽然这是一个法律问题,但它是基于基本的事实问题)。

〔133〕 参见美国国务院领事事务局日本司法援助处,http://travel.state.gov/law/info/judicial/judicial_678.html#courtorder (last visited July 10, 2012);参见美国驻东京大使馆或美国驻大阪领事馆,http://tokyo.usembassy.gov/e/acs/tacs-7116.html (Taking Depositions in Tokyo)(last visited July 10, 2012), and http://tokyo.usembassy.gov/e/acs/tacs-sakadepositions.html (Taking Depositions in Osaka)(last visited July 10, 2012)。

〔134〕 参见美国国务院,http://travel.state.gov。

反驳。对专家的质询通常必须在反驳报告提交后短期内进行。

专家的角色除了开庭时对争议的问题作为证人作证外，还对帮助行政法官了解调查所涉及的技术起着重要的作用。通常情况下，近年来尤其频繁，行政法官会要求，或者准予当事人在马克曼听证会（Markman Hearing）时或稍后举行技术辅导的要求。[135] 技术辅导的目的在于就调查所涉及的技术问题对法官进行培训，通常行政法官会让当事人决定技术辅导如何进行。从理论上讲，技术辅导不应该用来为当事人的立场展开论辩。虽然一些行政法官更倾向让律师来进行技术辅导，但让当事人聘请的专家来进行技术辅导越来越受欢迎。在当事人的专家就相关的技术对行政法官作了说明以后，行政法官也许会发现专家对双方争议的问题的证词更容易理解，也更可信。

专家报告通常不允许被作为证据采纳，[136] 但是根据行政法官和具体案件的情况，有时也会不同。例如，某个行政法官一般不允许将专家报告作为证据，但在至少一个 337 调查中他要求当事人在马克曼听证会前提供关于专利权利范围解释的专家报告。[137]

大多数 337 调查的专利案件都会涉及技术专家的参与。有很多案件也涉及经济学专家，他们就国内产业、损害、保证金以及公共利益等问题发表意见。不太常见的是有些调查中也会使用法律专家。法律专家的证

---

〔135〕 参见 *Certain Two – Way Global Satellite Communication Devices*, *Sys. & Components Thereof*, Inv. No. 337 – TA – 854（强制执行程序），第 18 号命令，第 1 页（2013 年 10 月 18 日）；*Certain Blu – Ray Disc Players*, *Components Thereof & Prods. Containing the Same*, Inv. No. 337 – TA – 824，第 2 号命令，2012 WL 167443，第 2 页（2012 年 1 月 19 日）。

〔136〕 同上书，第 22 页。

〔137〕 参见 *Certain Dynamic Random Access Memory & NAND Flash Memory Devices & Prods. Containing Same*, Inv. No. 337 – TA – 803，第 20 号命令，第 1 页（2012 年 1 月 5 日）。

词通常限制在美国专利和商标局的工作程序方面。[138] 行政法官不会考虑专家报告中除了美国专利和商标局工作程序之外的内容,或者在听证的时候把证言中关于美国专利和商标局工作程序[139]之外的内容排除在证据之外。[140]

十三、第三方调查取证

委员会允许对第三方进行范围非常广泛的调查取证。但是,委员会也指出,要求进行调查取证的一方必须先尝试从对方当事人获得信息之后才能寻求从第三方获得相同信息。[141]

(一)通过传票从第三方获得调查取证

委员会"为法律授权的调查行使其职能以及义务的目的",有权签发

---

[138] 参见 *Certain Rubber Resins & Processes for Mfg. Same*, Inv. No. 337 – TA – 849,第27号命令,第2页(2013年1月15日)("原告聘请[专家]就中国法律问题提供意见。除有关美国专利和商标局程序的法律专家证言外,任何参会人员在听证会上均不允许提供法律专家证言");*Certain Ink Application Devices & Components Thereof & Methods of Using the Same*, Inv. No. 337 – TA – 832,第2号命令,第13页(2012年3月6日)("法律专家只能就美国专利和商标局的程序作证");*Certain Blu – Ray Disc Players*,第2号命令,2012 WL 167443,第21页(2012年1月19日)(相同);*Certain Composite Wear Components & Prods. Containing the Same*, Inv. No. 337 – TA – 644,第2号命令,第20页(2008年5月5日)(相同)。

[139] 参见 *Certain Elec. Devices, Including Wireless Commc'n Devices, Portable Music & Data Processing Devices & Tablet Computers*, Inv. No. 337 – TA – 794,第79号命令,第8页(2012年6月25日);*Certain Equip, for Telecomms, or Data Commc'n Networks, Including Routers, Switches & Hubs & Components Thereof*, Inv. No. 337 – TA – 574,第21号命令,第4 – 9页(2007年5月23日)。

[140] 参见 *Certain NOR & NAND Flash Memory Devices & Prods. Containing Same*, Inv. No. 337 – TA – 560,第32号命令,第2 – 3页(2006年10月11日)。

[141] 参见 Haworth, Inc. v. Herman Miller, Inc., 998 F. 2d 975, 978 (Fed. Cir. 1993)(要求一方当事人在给第三方造成负担之前向对方当事人索取证据);*Certain Foam Footwear*, Inv. No. 337 – TA – 567,第16号命令,第1、3页(2006年8月2日)(批准四个第三方提出的动议,以撤销或以其他方式限制被告的传票和作证备忘录,部分原因是被告试图从第三方直接获得原告那里的信息)。

传票。[142] 这个广泛的权力适用于全美国包括那些属于美国的领土。[143] 每个行政法官的基本规则对如何获得和送达委员会的传票规定了详细的程序。一般说来,要求传票的一方当事人单方面提交一个申请,对寻求的信息的关联性和范围作出解释。如果行政法官批准了申请并且在传票上签字,传票会被转回到要求传票的一方以让其送达对方。[144] 2018 年 5 月 8 日,委员会修改了其有关传票的规则,以更符合《联邦规则》第 45 条的规定。[145] 具体而言,修改后的内容允许被送达传票的一方在送达 10 日内提交书面反对意见。而过去,《委员会规则》仅允许在送达 10 日内提交一项撤销或限制传票要求事项范围的动议。委员会在其对规则修改的评议中说到,"当被送达传票的一方提交了反对意见,则举证负担转向要求传票的一方,要求这一方在通知了被送达传票一方后提交动议强制(如要求通过司法途径执行)。"[146] 这与委员会以前的程序形成了鲜明的对比,以前的程序是被送达传票的一方有要求撤销或限制的举证责任。但被送达传票的一方在 10 日内提交撤销或限制动议的机会仍然不变。[147]

当考虑一个请求撤销传票的动议的时候:

《委员会规则》第 210.34(a)条和第 210.34(a)(7)条规定行政法官可以作出"为保护公共利益而必要且适当的命令,'并有权在为保证公平正义的情况下',保护一方当事人或者个人不受烦恼、尴尬、压迫,或者过重的负担或费用",第三方并非案件当事人这个事实可以在考虑任何限制传票范围的动议的时候一并考虑进去。[148]

另外,行政法官认为如果传票对第三方造成了不必要的负担的话,那

[142] 参见 19 U.S.C. § 1333(a)(1990)。

[143] 同上。

[144] 对于投诉书是否必须随后与传票一起送达对方律师的问题,理由规则有所不同。

[145] 参见 83 Fed. Reg. 第 21 节,第 153 – 154 页。

[146] 同上书,第 21 节,第 154 页。

[147] 被投诉方经常要求并通常得到延长提出撤销/限制动议的时间。

[148] 参见 *Certain Optical Disk Controller Chips & Chipsets & Prods. Containing Same, Including DVD Players & PC Optical Storage Devices*, Inv. No. 337 – TA – 506, 第 39 号命令,第 2 页(2005 年 2 月 7 日)[引用 *Certain Set – Top Boxes & Components Thereof*, Inv. No. 337 – TA – 454, 第 16 号命令,第 1 – 2 页(2001 年 7 月 2 日)](着重说明)。

么该传票应该撤销。[149]

当对被送达传票一方反对或拒绝执行传票进行答复时,要求传票的一方可以寻求委员会司法强制执行该传票。[150] 按照《委员会规则》第210.32(g)条,申请对第三方传票进行强制执行的一方当事人必须向行政法官提交一个动议,请求行政法官经认证向委员会签发强制执行的要求。[151] 第三方一般至少有10日的时间对这个动议作出答复。如果行政法官发现收到传票的一方没有能够合理地满足传票的要求,其可能会经认证向委员会签发司法强制执行传票的请求。[152] 委员会可能会在颁布是否寻求司法强制执行的通知之前要求各方就这个问题提供额外的法律意见书。

如果委员会决定寻求司法强制执行,它可以"借助美国任何联邦地区法院或者美国领土内的法院的帮助……如果执行的目标在其司法管辖之内"。[153] 该法条根据《美国法典》第19章第1333(a)条授权,美国联邦地区法院对司法强制执行传票具有属人管辖权并可以在美国全国范围内送

---

[149] 参见 *Certain Optical Disc Drives, Components Thereof & Prods. Containing the Same*, Inv. No. 337 - TA - 897,第43号命令,第6页(2014年10月1日)(批准第三方撤销原告传票的动议,因为所寻求的信息在一定程度上是相关的,可以从被告处获得,而第三方的负担会过重); *Certain Authentication Sys., Including Software & Handheld Elec. Devices*, Inv. No. 337 - TA - 697,第8号命令,第3-4页(2010年4月15日)(驳回第三方要求撤销被告的作证备忘录和出庭作证通知书的动议,至少部分原因是被告要求的发现并非不适当的负担)。

[150] 参见 *Certain Portable Elec. Devices & Related Software*, Inv. No. 337 - TA - 797,第54号命令(纠正),第1-6页(2012年5月23日)(向委员会证明原告要求执行其向非当事人发出的关于被控产品与原告侵权指控相关的某些特征的传票); *Certain Elec. Devices, Including Handheld Wireless Commc'n Devices*, Inv. No. 337 - TA - 667/673,第26C号命令,第13-14页(2009年8月17日)[向委员会证明被告关于司法执行传票的请求,认定被告向第三方律师事务所寻求的关于两项专利(其中一项专利在调查中未被主张)的申请信息涉及公开信息的制作,因为被告希望该信息能够支持其不公平行为的辩护,并且该信息的范围合理,不造成负担]。

[151] 参见19 C.F.R. § 210.32(g)(2018)。

[152] 同上。

[153] 19 U.S.C. § 1333(b)(1990).

达传票。[154]

在决定是否强制执行委员会的传票时,美国联邦地区法院起到的作用"非常有限"。[155] 具体来说,联邦地区法院的作用主要为决定以下几点事项:(1)该传票是否在签发传票的机构法定的授权范围之内并是为一个合法的目的而签发的;(2)传票上的要求是否足够明确并且没有对接受传票方构成过重的负担;(3)该传票寻求的信息是否和该机构进行的调查有关。[156] 如果联邦地区法院发现上述每个因素都得到了满足,它就会发布命令强制第三方提供传票上要求的文件和信息。对第三方传票的司法强制执行会是一个非常冗长的过程,在有些案件中导致拖延了 337 调查的最终解决。[157]

(二)对受案件列名当事人控制的第三方进行调查取证

《委员会规则》第 210.30(a)(1)条和《联邦民事诉讼程序规则》第 34(a)条相似,相关部分规定了"任何当事人可以对其他当事人送达一个请求,要求其提供……任何指定的文件……或者在收到要求一方占有、保管或者控制下的有形物件"。[158] 当母公司和子公司之间是否有控制权存在

---

[154] U. S. Int'l Trade Comm'n v. ASAT, Inc. ,411 F. 3d 245,246,250 – 52 (D. C. Cir. 2005).

[155] 同上书,第 253 节[(引用 FTC v. Texaco, Inc. ,555 F. 2d 862,872 (D. C. Cir. 1977)]。

[156] *Id.* [引用 United States v. Morton Salt Co. ,338 U. S. 632,652 – 53. (1950)]; *Certain Audiovisual Components & Prods. Containing Same*, Inv. No. 337 – TA – 837,第 59 号命令,第 2 页 (2013 年 2 月 4 日)(证明向委员会提出司法执行传票的请求,认定传票与原告的案件有关,且传票的范围相关且合理)。

[157] 参见 *Certain Encapsulated Integrated Circuit Devices & Prods. Containing Same*, Inv. No. 337 – TA – 501,第 337 – TA – 501 号,《Comm'n 最终确定不违反 337 条款的通知》,第 2 页(2010 年 7 月 20 日)(指出"由于难以从第三方获得[被告]声称对其平权抗辩至关重要的某些文件,该调查的完成被推迟",从发出传票到美国哥伦比亚地区法院发出批准 ITC 第二次执行申请的命令,历时四年多)。

[158] *Compare* 19 C. F. R. § 210. 30(a)(1) *with* FED. R. CIV. P. 34(a)(一方当事人可向任何其他当事人送达由被告占有、保管或控制的[以下内容]的请求:……任何指定文件……任何指定的有形物),以及 FED. R. CIV. P. 34(c)("可强迫非当事人出示文件和有形物品或允许进行检查")。

争议时,委员会决定“诉讼一方的母公司对其子公司实际占有的文件拥有控制”。[159]

委员会在母公司和子公司的情形下作出的判决与联邦地区法院的判例是一致的。委员会经常援引肯顿铁和金属公司诉丸红美国公司(Camden Iron & Metal v. Marubeni American)案的判决,该案对认定谁对文件拥有“控制”设定了标准。[160] 法院对“控制”定义为“提出获取文件的要求后就能够获得文件的法律权利、权威或能力”。[161] 而且,“联邦法院对‘控制’定义非常宽泛”。[162] 就母公司对子公司的控制而言,法院认为,“当子公司是母公司的全资子公司或者受母公司控股的时候,母公司对子公司实际占有的文件拥有控制权”。[163]

另外,当“两家公司有足够的结构上的交叉”时,母公司对子公司也有控制。[164] 在根据两家公司的公司结构方面分析“控制”问题影响比较重大的是关于铀的反垄断诉讼(In re Uranium Antitrust Litigation)案。[165] 当决定母公司对子公司的控制程度时,法院考察因素有:(1)母公司在子公

---

〔159〕 *Certain NAND Flash Memory Circuits & Prods. Containing Same*, Inv. No. 337 – TA – 526,第6号命令,第3页(2005年3月8日);*Certain Wiper Blades*, Inv. No. 337 – TA – 816,第24号命令,2012 WL 1892236,第1 – 2页(2012年5月10日)。

〔160〕 参见 Camden Iron & Metal, Inc. v. Marubeni Am. Corp., 138 F. R. D. 438, 441 (D. N. J. 1991)。

〔161〕 同上。

〔162〕 同上。

〔163〕 同上[引用 Gerling Int'l Ins. Co. v. Comm'r of Internal Revenue, 839 F. 2d 131, 140 (3d Cir. 1988)];参见 8A CHARLES ALAN WRIGHT & ARTHUR R. MILLER, FEDERAL PRACTICE AND PROCEDURE: CIVIL § 2210 n. 8 (2008)(和其中引用的决定)。

〔164〕 Gen. Envtl. Sci. Corp., v. Horsfall, 136 F. R. D. 130, 133 (N. D. Ohio 1991)(引用 Gerling Int'l Ins. Co., 839 F. 2d,第140 – 41页)。

〔165〕 *In re* Uranium Antitrust Litig., 480 F. Supp. 1138, 1138 – 56 (N. D. Ⅲ. 1979).

司的所有权的份额；[166]（2）公司的管理层是否有交叉；[167]（3）母公司对子公司的董事、高级管理人员以及雇员的控制程度。[168] 另外，法院通常也会考虑参与诉讼的母公司的子公司的业务是否和诉讼的主题相关。如果第三方是参与诉讼的母公司的全资子公司，而母公司拒绝搜索以及提供该全资子公司占有、保管和控制的并且符合调查取证要求的文件的话，法官可以强制命令母公司搜索并提供该文件。[169]

作为原告的子公司获得其母公司的证据也是可能的。在运输车辆用轮胎（Transport Vehicle Tires）案中，被告请求法官颁布命令强制原告（一个母公司的子公司）提供其母公司和母公司的关联公司所拥有的文件。[170] 虽然子公司主张它是一个独立的实体，所以从其母公司寻求调查取证的请求不应该被允许，但行政法官认为"为调查取证目的，母公司占有、保管或控制的文件应该被认为在子公司控制范围之内"，因为子公司

---

〔166〕 *In re* Uranium Antitrust Litig.，480 F. Supp. 1151（N. D. Ⅲ. 1979）.（得出的结论是，母公司对其子公司的全部所有权使其对子公司的文件拥有有效控制权）；Hubbard v. Rubbermaid，Inc.，78 F. R. D. 631，637（D. C. Md. 1978）（裁定全资子公司拥有的文件可予披露，因为这些文件由其母公司保管或控制，而母公司是本案的被告）；参见 *Certain Lens – Fitted Film Packages*（*LFFPs*），Inv. No. 337 – TA – 406，第 12 号命令，第 7 – 8 页（1998 年 8 月 20 日）（在原告没有否认其控制其海外子公司的情况下，发出传票，要求原告出示其海外子公司所拥有的相关文件）。

〔167〕 参见 *Gen. Envtl. Sci. Corp.*，136 F. R. D. 第 133 – 34 页（认为在公司拥有非参与方公司多数股权且两家公司拥有相同的所有者和董事的情况下，公司控制了非参与方公司）。

〔168〕 同上。

〔169〕 参见 *In re* Richardson – Merrell，Inc.，97 F. R. D. 481，483（S. D. Ohio 1983）（认为母公司有义务到国外搜查其海外子公司手中的文件，并"应原告的请求，提供由其海外子公司照管、保管或控制的所有文件"）；*LFFPs*，第 12 号命令，第 7 – 8 页（命令母公司确定其海外子公司是否有任何应答文件，如何才能提供所要求的文件，并在指定日期前提供一份报告，详细说明原告的搜索工作）；参见 *Certain NAND Flash Memory Circuits & Prods. Containing Same*，Inv. No. 337 – TA – 526，第 6 号命令，第 2 – 4 页（2005 年 3 月 8 日）（注意到两家抵制第三方传票的子公司没有对其拥有的应答文件进行任何搜索，并命令子公司必须出示其拥有和控制的任何应答文件）。

〔170〕 参见 *Certain Transp. Vehicle Tires*，Inv. No. 337 – TA – 390，第 8 号命令，1996 WL 965776，第 1 页（1996 年 11 月 12 日）。

“能够从母公司获得这些文件并在调查中使用”。[171] 另外,行政法官还发现当子公司能够从其母公司处获得文件以满足其日常运营需要时,包括用于其他诉讼目的的文件,子公司对这些由母公司控制的文件也是有充分控制权的。[172]

在铸钢铁路车轮(Cast Steel Railway Wheels)案中,行政法官得出结论认为,被告可以从两个第三方公司进行调查取证[大同爱碧玺铸造有限公司和 ABC 铁路产品中国投资公司(以下简称 ABC 铁路)],这两个公司都和原告有关系。[173] 原告诉称被告窃取商业秘密,而这个行为是在大同爱碧玺铸造有限公司发生或从大同爱碧玺铸造有限公司发生开始,而大同爱碧玺铸造有限公司又是 ABC 铁路(原告的全资子公司)和另外一家中国公司的合资公司。[174] 行政法官注意到“大同爱碧玺铸造有限公司和 ABC 铁路目前在这个 337 调查中并不是列名的原告,但是在全盘考虑原告、大同爱碧玺铸造有限公司、ABC 铁路之间的关系和每个公司与该商业秘密调查的主题之间的关系之后,如果不让大同爱碧玺铸造有限公司和 ABC 铁路承担提供和本调查核心有关的信息的义务的话,对被告来说明显是不公平的”。[175]

(三)从外国第三方获取调查取证

委员会的传票在美国境外并无效力。[176] 因此,除非外国第三方在美国有代理人获得授权代替接受,送达行政法官不会签发要求外国第三方

---

〔171〕 参见 *Certain Transp. Vehicle Tires*, Inv. No. 337 – TA – 390,第 8 号命令,1996 WL 965776,第 12 – 13 页(1996 年 11 月 12 日)。(引用 Camden Iron & Metal, Inc. ,138 F. R. D. at 441 – 42)(当“这种关系使子公司能够获得母公司的文件以满足其自身的业务需要和有助于在诉讼中使用的文件”,或者当“在正常业务过程中出现需要时可以查阅文件”时,子公司拥有对母公司记录的控制权)。

〔172〕 参见 *Certain Optical Disc Drives, Components Thereof & Prods. Containing the Same*, Inv. No. 337 – TA – 897,第 132 号命令,第 6 页 (2015 年 4 月 14 日)。

〔173〕 参见 *Certain Cast Steel Ry. Wheels, Certain Processes for Mfg. or Relating to Same & Certain Prods. Containing Same*, Inv. No. 337 – TA – 655,第 16 号命令,第 1 – 4 页(2009 年 4 月 16 日)。

〔174〕 同上书,第 1 – 2 页。

〔175〕 同上书,第 2 – 3 页。

〔176〕 参见 19 U. S. C. § 1333。

提供文件和信息的传票。[177] 然而,存在别的方法可以从外国第三方获得调查取证。[178]

寻求调查取证的一方也许可以从外国第三方在美国国内的关联公司或子公司获得调查取证,如果寻求调查取证的一方可以证明该关联公司或子公司占有、保管或者控制所寻求的文件或信息的话。[179] 美国联邦华盛顿特区巡回上诉法院解释,在以下情况,一家子公司控制了外国母公司的占有的文件:

(1)另一个自我原则(the alter ego doctrine)……决定了"揭开公司面纱"(piercing the corporate veil)是有理有据的;

(2)在导致诉讼的公司之间的交易中,子公司是母公司的代理人;

(3)母子公司之间的关系能够保证子公司可以从母公司获得文件,以满足其业务的需求以及获得对诉讼有帮助的文件;

(4)业务日常运行中有需要的时候,子公司可以获得这些文件;

(5)子公司是母公司的产品在美国的营销方和提供服务方。[180]

同样的分析也适用于在姐妹公司或者其他关联公司占有文件的情况。[181]

行政法官关于对(文件的)占有、保管和控制的裁决可以由委员会审查,联邦地区法院对司法强制措施进行裁定,联邦巡回上诉法院对来自联邦地区法院的上诉进行监督。[182] 因此,从一个外国第三方的美国国内子

---

[177] 参见 *Certain Encapsulated Integrated Circuit Devices*, Inv. No. 337 - TA - 501,第 29 号命令,第 3、6 页(2004 年 4 月 16 日)。

[178] 参见 *Certain Optical Disk Controller Chips & Chipsets & Prods. Containing Same, including DVD Players & PC Optical Storage Devices*, Inv. No. 337 - TA - 506,第 11 号命令,第 2 页 (2004 年 8 月 27 日)(认定根据《海牙取证公约》,传票没有有效送达,但允许继续保留传票)。

[179] 参见 19 C. F. R. § 210.32(b)。

[180] U. S. Int'l Trade Comm'n v. ASAT, Inc., 411 F. 3d 245, 254 (D. C. Cir. 2005) (quoting *Camden Iron & Metal, Inc.*, 138 F. R. D. at 441 - 42).

[181] 参见 *Gerling Int'l Ins. Co.*, 839 F. 2d at 141 ("少数涉及姐妹公司的案件……遵循同样的模式"); Alimenta (U. S. A.) Inc. v. Anheuser - Busch Cos., 99 F. R. D. 309, 313 (N. D. Ga. 1983)。

[182] 参见 *ASAT, Inc.*, 411 F. 3d at 245 - 56。

公司寻求文件是一个困难的,且可能会是冗长的过程。

当不可能从美国国内实体获得有关的调查取证的时候,当事人可以使用《海牙民事或商事案件取证公约》(the Hague Convention on Taking Evidence Abroad in Civil or Commercial Matters,以下简称《海牙取证公约》),该公约对位于签约国的实体或者个人取得证据制定了一个统一的规则。《海牙取证公约》意在对普通法系国家和大陆法系国家不同的有时甚至是冲突的取证程序之间进行调和。例如,《海牙取证公约》规定一个签约国的司法机构为获取在司法程序中使用的证据,可以向另外一个签约国的司法机构签发委托书。[183] 但是,根据《海牙取证公约》来寻求调查取证可能非常耗时且昂贵。[184] 再者,《海牙取证公约》是否适用于美国联邦政府机构包括委员会也是一个有争议的问题。[185] 如同在外国对证人进行质询一样,美国国务院的网站对有关在国外的调查取证问题寻求国际司法协助的法律执业者提供了基本信息。[186]

当委员会对外国非当事人有属人管辖权的时候,不需要适用《海牙取证公约》。根据"国际礼让原则",如果存在属人管辖权,允许对在美国的第三方非当事人送达传票。当委员会对外国非当事人的企业有属人管辖权时则不需要适用《海牙取证公约》。[187] 当不存在属人管辖权的时候,一

---

〔183〕《海牙取证公约》只对签署国有约束力。例如,韩国不是该公约的签署国。

〔184〕参见 Societe Nationale Industrielle Aerospatiale v. U. S. District Court, 482 U. S. 522, 560 – 63 (1987); *Certain Hardware Logic Emulation Sys. & Components Thereof*, Inv. No. 337 – TA – 383, 第 65 号命令, 第 13 – 19 页 (1997 年 1 月 16 日)。

〔185〕参见 F. T. C. v. Compagnie De Saint – Gobain – Pont – a – Mousson, 636 F. 2d 1300, 1323 – 27 (D. C. Cir. 1980)。

〔186〕同前注〔134〕。

〔187〕参见 *Societe Nationale Industrielle Aerospatiale*, 482 U. S. 第 540 – 44 页 (认定,在法庭对外国实体拥有属人管辖权的情况下,《海牙取证公约》不是获取证据的强制性或唯一手段,"国际礼让的概念要求在这种情况下对外国和请求国各自的利益进行更具体的分析");参见 *Certain HSP Modems, Software & Hardware Components Thereof & Containing Same*, Inv. No. 337 – TA – 439, 第 23 号命令, 第 5 页 (2001 年 3 月 16 日)(认定委员会规则适用,《海牙取证公约》不适用,因为该外国非当事方有足够的最低限度接触,而且"没有提出任何具体的反补贴利益,以抵消美国在调查中促进适当和迅速发现的利益")(引用 *Societe Nationale Industrielle Aerospatiale*, 482 U. S. 第 541 – 43 页)。

方当事人可以同时请求行政法官建议联邦地区法院命令进行证人质询，并根据《海牙取证公约》或者涉及有关国家的其他双边或多边协议发出一份调查取证委托书(letter rogatory)。最后，如果外国非当事方愿意协助调查，但该外国有一个“禁止性立法”(blocking statue)，或者对《海牙取证公约》的有关部分不予接受的话，证人质询可以在另一个国家进行，以避免被质询的证人受刑事责任追究。

(四)获取受保密协议保护的信息

通常认为委员会的保护令对第三方的敏感信息的保护已经足够。[188]因此，虽然第三方和他人就相关的信息存在一个保密协议，行政法官仍可能命令第三方提供该保密信息。

一般来说，被命令提供信息的一方应该尽力获得与其有保密协议的第三方的同意，以允许其提供保密信息。然而，从委员会的角度来说，不能获得这种同意并不构成直接拒绝提供所要求的文件的理由。特别是如果这些文件包含有关的信息，或者可以引导获得有关的信息的话。[189] 行政法官可以允许当事人延期提供这些文件，以获得第三方的同意。然而，如果耽误的时间太长以致阻碍了调查取证程序，该当事人可能被命令在

---

[188] 参见 Certain Microsphere Adhesives, Process for Making Same & Prods. Containing Same, Including Self - Stick Repositionable Notes, Inv. No. 337 - TA - 366，第 13 号命令，1994 WL 930346，第 1 页(1994 年 10 月 26 日)(命令原告出示其拥有或控制的所有文件和物品，这些文件和物品披露了任何和解协议或与之相关的谈判，这些协议或谈判产生于对所涉专利的有效性或侵权有争议的任何诉讼，如果这些信息包括第三方的机密商业信息，则可以根据保护令出示)；参见 Certain Memory De - vices with Increased Capacitance & Prods. Containing Same, Inv. No. 337 - TA - 371，第 48 号命令，第 1 - 2 页 (1995 年 6 月 28 日)(下达强制披露令，理由是发现所寻求的第三方披露似乎有一定的相关性，而且被告没有声称对提供所要求的披露有不适当的负担，也没有迹象表明所下达的保护令没有充分保护敏感的第三方信息)；Hardware Logic, Inv. No. 337 - TA - 383，第 9 号命令，第 1 - 3 页 (1996 年 4 月 1 日)。

[189] 参见 Certain Baseband Processor Chips & Chipsets, Transmitter & Receiver (RADIO) Chips, Power Control Chips & Prods. Containing Same, Including Cel - lular Tel. Handsets, Inv. No. 337 - TA - 543，第 8 号命令，第 2 页 (2007 年 2 月 14 日)(命令被告尽一切努力获得第三方的许可，以公布原告所要求的、由被告掌握的相关信息，并进一步命令，如果没有这种同意，则被告必须提供这种信息)。

没有第三方同意的情况下提供这些文件。[190]

十四、保密特权

(一)律师—客户保密特权和工作成果原则

《联邦民事诉讼程序规则》第26(b)(3)条对工作成果原则作了规定,在337调查中也适用,用来保护那些当事人或其律师为诉讼而准备的文件不受调查取证的约束。[191] 通常只有在对方证明非常需要那些材料来准备其案件,并且在不增加重大负担的情况下不能通过其他方法获得能和这些材料起同样作用的材料,工作成果原则保护的信息才可以被调查取证。[192]

包含在工作成果原则保护范围内的是"应律师的请求为调查目的而特别做的测试,而不是为其他在当事人日常事务运行的目的"。[193] 这样的测试,如果"一般来说是为诉讼的目的",而不被视为"先前存在的事实",因此,即使是公司内部的技术人员进行的测试而不是律师所进行的,也受工作成果原则的保护。[194] 类似地,在提交起诉书之前抽样测试得出的数据也受工作成果原则的保护。[195] 例如,在聚对苯二甲酸乙二醇酯纱(Polyethylene Terephthalate Yarn)案中,行政法官拒绝批准被告请求得到

---

[190] 参见 Certain Point of Sale Terminals & Components Thereof, Inv. No. 337 - TA - 524,第17号命令,第2页(2004年11月29日)(批准被告的动议,迫使原告出示与转让或许可所称专利的协议有关的未经编辑的文件,尽管原告先前曾表示,它无法获得第三方对出示这些文件的同意)。

[191] 参见 *Certain Coenzyme Q10 Prods. & Methods of Making Same*, Inv. No. 337 - TA - 790,第17号命令,第3-4页(2012年3月21日)[引用 FED. R. CIV. P. 26(b)(3)]。

[192] 参见 FED. R. CIV. P. 26(b)(3)。

[193] *Certain Polyethylene Terephthalate Yarn & Prods. Containing Same* (*Polyethylene Terephthalate Yarn*), Inv. No. 337 - TA - 457,第29号命令,第2页(2001年9月13日)[引用 *Certain Phenylene Sulfide Polymers & Polymer Compounds & Prods. Containing Same* (*Phenylene Sulfide Polymers*), Inv. No. 337 - TA - 296,第13号命令,1989 WL 609026,第5页(1989年7月12日)]。

[194] 参见 *Phenylene Sulfide Polymers*,第13号命令,1989 WL 609026,第5页。

[195] 参见 *Polyethylene Terephthalate Yarn*,第29号命令,第1-3页。

原告的测试的数据的要求，因为对样品的测试“纯粹是为了提交目前正在进行的调查的起诉书的目的”。[196] 因为测试数据被认为是为进行审批而进行准备，或者期待诉讼而准备，并是在律师的请求下而做的，根据第26(b)(3)条，该测试数据作为工作成果而受到保护。[197]

律师—客户保密特权“对客户和其律师沟通，寻求法律意见和服务的时候，他们之间沟通的机密信息进行保护”。[198] 要主张该保密特权，律师必须“行使律师的职权……要是为提供法律意见或者法律服务，并在已经主张了保密特权且没有放弃该特权的情况下”。[199] 但是，律师—客户保密特权“并不保护‘关于法律咨询、聘用、客户’的事实，身份识别、律师费和聘用的范围和性质。”[200] 委员会已经声明“借助律师—客户保密特权的保护的必要条件”包括以下方面：

律师—客户保密特权只有在以下情况适用：(1)保密特权的拥有人已经是或者正寻求成为委托人；(2)沟通的对方是(a)一个法院或律师协会的成员，(b)在和保密特权的拥有人沟通的时候是以律师身份进行的沟通；(3)沟通的事实是(a)被律师的客户告知的，(b)没有陌生人在场，(c)主要是为了寻求(i)法律意见，或者(ii)法律服务，或者(iii)对某个法律程序进行帮助，以及(d)不是为了犯罪或侵权的目的；(4)保密特权以

---

〔196〕 参见 *Polyethylene Terephthalate Yarn*，第29号命令，第2－3页。

〔197〕 同上书[引述 FED. R. CIV. P. 26(b)(3)]。

〔198〕 *Certain Elec. Devices with Multi－Touch Enabled Touchpads & Touchscreens*, Inv. No. 337－TA－714，第30号命令，第2页（2011年5月2日）[引用 *In re* Lindsey, 148 F. 3d 1100, 1103 (D. C. Cir. 1998)]。

〔199〕 *Certain Optical Disk Controller Chips & Chipsets & Prods. Containing Same, Including DVD Players &PC Optical Storage Devices* Ⅱ, Inv. No. 337－TA－523，第56号命令，第2－3页（2005年5月18日）[引用 Hartford Fire Ins. Co. v. Garvey, 109 F. R. D. 323, 327 (N. D. Cal. 1985)]。

〔200〕 *Certain Elec. Devices with Multi－Touch Enabled Touchpads & Touchscreens*, Inv. No. 337－TA－714，第30号命令，第2页（2011年5月2日）（省略的引文）。

及(a)主张,且(b)客户没有放弃该特权。[201]

通过主张律师—客户保密特权,原告将不会被强制公布为什么它选择不起诉某些企业侵权的理由。例如,酸洗牛仔布服装(Acid - Washed Demin Garments)案的被告要求原告公布其为什么不对某些企业提起侵权诉讼的理由。[202] 因为认定原告"如果不披露律师和其客户之间的信息沟通的话很难对这个问题进行回答",法官认为,原告不起诉某些企业的原因受律师—客户之间保密特权的保护。[203] 因此,如果律师建议提起某个337调查并决定该对哪些企业提起侵权诉讼,这些事实是受律师—客户保密特权保护的。[204]

(二)外国的保密特权法律

"律师—客户保密特权通常延伸到和外国律师的沟通或者就在外国的专利申请和专利代理人进行沟通,如果该外国国家对这类沟通也提供律师—客户保密特权的话"。[205] 主张该特权的一方必须证明该外国国家存在规定律师—客户保密特权的法律。此外,该法律必须和美国的公共

---

[201] 参见 *Certain Coenzyme Q10 Prods. &Methods of Making Same*, Inv. No. 337 - TA - 790, 第17号命令,第3页(2012年3月12日)[引用 *Certain Anisotropically Etched One Megabit &Greater DRAMS*, Inv. No. 337 - TA - 345, Comm'n Op. (1993年8月30日)][引用 United States v. United Shoe Mach. Corp., 89 F. Supp. 357, 358 - 59 (D. Mass. 1950)]; 参见 *Certain Semiconductor Chips with Minimized Chip Package Size &Prods. Containing Same* (Ⅲ), Inv. No. 337 - TA - 630, 第32号命令,第1 - 2页(2008年9月16日)。

[202] 参见 *Certain Acid - Washed Denim Garments &Accessories*, Inv. No. 337 - TA - 324, 第11号命令, 1991 WL 788738, 第1页(1991年6月1日)。

[203] 同上书,第2页。

[204] 同上。

[205] *Certain Short Wavelength Semiconductor Lasers &Prods. Containing Same* (*Short Wavelength Semiconductor Lasers*), Inv. No. 337 - TA - 627, 第21号命令,第2 - 3页(2008年11月19日)(引用 *Certain Diltiazem Hydrochloride &Diltiazem Preparations*, Inv. No. 337 - TA - 349, 第24号命令)。

政策没有冲突。[206]“保密特权可以涵盖一个国家内涉及专利代理人的文件,但不涵盖另一个国家涉及专利代理人的文件”。[207]适用这些原则,一个前首席行政法官说如果满足以下情况则沟通的信息受律师—客户保密特权保护:

给予法律意见的一方或者接受意见的一方或是一个律师协会的成员,或在外国法下那个国家被认为是受律师—客户保密特权保护的信息的给予方或接受方,前提是主张该特权的一方受该国法律管辖,并且给予的意见涉及在那个国家发生的法律行为或专利申请。[208]

某些行政法官已经为如何处理外国保密特权法律进行了规定,特别是涉及编制律师—客户保密和工作成果原则特权文件记录(privilege log)的时候,一般按照 Duplan 公司诉 Deering Milliken 公司(Duplan Corp. v. Deering Milliken Inc.)案规定的原则处理。[209]例如,一名行政法官的基本规则要求制作受律师—客户保密特权保护的文件记录的每一个当事

---

[206] 同本章注[205]。(“声称享有特权的一方有责任证明在每个国家,律师—当事人特权适用于专利律师和专利代理人,并且通信应保密。”)[引述 *Certain Mi - crolithographic Machs. & Components Thereof*, Inv. No. 337 - TA - 468,第 37 号命令 (2002 年 7 月 25 日)。]

[207] *Certain Scanning Multiple - Beam Equalization Sys. for Chest Radiography & Components Thereof*, Inv. No. 337 - TA - 326,第 17 号命令,1991 WL 788663,第 1 页 (1991 年 7 月 9 日);参见 *Short Wavelength Semiconductor Lasers*,第 31 号命令,第 3 页 (2008 年 12 月 19 日)。

[208] 参见 *Certain Tape Dispensers*, Inv. No. 337 - TA - 354,给所有各方的通知,1993 WL 852372,第 1 页(1993 年 7 月 19 日);参见 *Short Wavelength SemiconductorLasers*,第 31 号命令,第 3 页。

[209] 参见 397 F. Supp. 1146,1146 - 202 (D. S. C. 1974)。多名高级法官在其基本规则中直接引用了 Duplan 公司的规定,即一方当事人以特权为由扣留的每份文件都必须在特权清单中单独列出。*Certain Power Supplies*, Inv. No. 337 - TA - 646,第 2 号命令,第 9 页第 2 段 (2008 年 5 月 8 日); *Certain Composite Wear Components & Prods. Containing the Same*, Inv. No. 337 - TA - 644,第 2 号命令,第 13 页第 5 段 (2008 年 5 月 5 日)。

人提供每一个主张受特权保护的文件的信息。[210] 另一位行政法官的基本规则有类似的规定,列出了当事方对每一个享受特权保护的文件必须提供哪些信息。[211]

(三)客户和外国专利代理人之间的沟通

"多数国家对一个非律师的专利代理人是否就在那个国家之内的一项专利申请可以秘密地给予意见有清楚的法律规定,美国法院对这些保密信息的处理和这些专利代理人从业的国家的态度是一样的。"[212]行政法官们通常认为如果专利代理人和客户之间的沟通涉及专利申请,并且满足该外国国家保密特权法律的要求的话,他们之间的沟通则受律师—客户保密特权的保护。[213] 这个对律师—客户保密特权范围的延伸是基于礼让原则。[214] 在委员会的实践中,当事人主张过美国律师和外国专利代理人之间的沟通受保密特权保护,前提是"授予专利国家的法律和沟通内容本身授予客户和非律师专利代理人之间的沟通受保密特权保护的权

---

[210] 参见 *Certain Lighting Control Devices Including Dimmer Switches and/or Switches & Parts Thereof*,Inv. No. 337 – TA – 599,第2号命令,第13页(2007年4月6日)("如果特权文件的作者/发件人、收件人或收件人是律师或外国专利代理人,应如此标明其身份")。

[211] 参见 *Certain 3G Wideband Code Division Multiple Access (WCDMA) Handsets & Components Thereof*,Inv. No. 337 – TA – 601,第1号命令,第7页(2007年4月26日)("如果发件人或收件人是律师或外国专利代理人,则应注明其身份。如果是外国专利代理人,应说明代理人所在国的法律是否给予专利代理人的通信以特权地位")。

[212] *Certain Fluidized Bed Combustion Sys.*,Inv. No. 337 – TA – 213,第14号命令,1985 WL 303731,第1页(1985年6月21日)。

[213] 参见 *Certain Commercial Food Portioners, Components Thereof, Including Software & Process Thereof*,Inv. No. 337 – TA – 339,第32号命令,1992 WL 811804,第2页(1992年12月9日)。

[214] 参见 *Certain Short Wavelength Semiconductor Lasers & Prods. Containing Same*,Inv. No. 337 – TA – 627,第21号命令,第3页(2008年11月19日)。

利”。[215] 目前，有些行政法官的基本规则对这种情况作了规定。

（四）强制动议

当事人在调查取证中的争议陷入僵局的时候，他们可以向法官提交强制动议。大多数法官对当事人有具体的会面和协商的要求，即在他们提交强制动议前缩减争议。有些行政法官也会参与当事人间的电话会议来解决调查取证中的争议事项。

十五、制裁

《委员会规则》授权行政法官对不遵守调查取证命令的一方实施多种方式的制裁。[216]

《委员会规则》第 210.4(d)条和《联邦规则》第 11 条类似，对违反在向行政法官就某些事项进行陈述之前必须先尽合理努力了解有关情况的

---

[215] *Certain Integrated Circuit Telecomm. Chips & Prods. Containing Same, Including Dialing Apparatus* (*Integrated Circuit Telecommunication Chips*), Inv. No. 337 – TA – 337，第 109 号命令，1992 WL 811794，第 4 页（1992 年 11 月 23 日）[参考 *Integrated Circuit Telecommunication Chips*，第 88 号命令，1992 WL 811715，第 1 页（1992 年 10 月 16 日）]。

[216] 参见 19 C. F. R. § § 210.4(d)(对滥用程序的制裁)，210.25（一般性制裁条款），210.27(对滥用证据开示的制裁)，210.33(对未进行或不配合调查的制裁)，210.34(sanctions for violation of a protective order)；参见 19 U. S. C. § 1337(h)(声明委员会可以在《联邦规则》第 11 条和第 37 条授权的范围内，规定对滥用证据开示和滥用诉讼程序的制裁)“由于欧盟委员会实施制裁权力的规则必须符合《联邦规则》，因此规则第 210.25 条、第 210.27 条和第 210.33 条的解释和适用受《联邦规则和联邦判例法咨询委员会注释》的指导。”*Certain Hardware Logic Emulation Sys. & Components Thereof* (*Hardware Logic*), Inv. No. 337 – TA – 383，第 96 号命令，第 33 页第 29 号索引（1997 年 7 月 31 日），当事方往往根据不只一条委员会规则提出制裁请求。*Hardware Logic*, Inv. No. 337 – TA – 383，第 96 号命令，第 32 页（注意到原告根据《委员会规则》第 210.25 条、第 210.27 条和第 210.33 条，就被告据称应予制裁的若干行动提出制裁申请）；*Certain Point of Sale Terminals & Components Thereof* (*Point of Sale Terminals*), Inv. No. 337 – TA – 524，第 40 号命令，第 24 – 29 页（2005 年 4 月 11 日）[说明被告根据第 210.4(d)条、第 210.27(d)(2)条和第 210.33(b)条及第 210.33(c)条提出的制裁动议]。

义务进行规定。[217] 它包括一个“安全港”条款,规定请求制裁对方的一方必须在向行政法官或者委员会提交动议之前先给对方提供一份动议的副本。[218] 该规则规定“不需要整个陈述都是轻率的”,而且“如果陈述的任何部分被发现是虚假的、轻率的、误导的,或者其他方式违反第(c)段的规定,就可以实施制裁”。[219] 虽然金钱性质的制裁更为常见,但制裁可以是金钱性质的,也可以不是,而且必须“达到足够防止重复此种行为或者其他情况下类似的行为的程度就可以了”。[220] 主要考虑的方面包括在当时的情况下作出的陈述是否合理以及其对对方以及其他当事人、委员会不公平进口调查办公室律师和委员会的危害程度。[221] 考虑到委员会 337 调查案件的速度之快,重点需要考虑对案件中其他当事人的危害和委员会程序的公正性。例如,在销售点终端机(Point of Sale Terminals)案中,行政法官特别强调:

---

〔217〕 参见 *Certain CD - ROM Controllers & Prods. Containing Same*—Ⅱ, Inv. No. 337 - TA - 409,关于被告制裁动议的建议决定,第 22 页 (1999 年 8 月 10 日)(注意到《委员会规则》第 210.4 条是以《联邦规则》第 11 条为基础的); *Certain Salinomycin, Biomass & Preparations Containing Same*, Inv. No. 337 - TA - 370,关于被告制裁动议的建议决定,第 49 页 (1997 年 5 月 14 日)(“即时制裁动议是根据《委员会规则》第 210.4 条提出的,该规则类似于《联邦规则》第 11 条”); 参见 *Point of Sale Terminals*,第 63 号命令,第 30 页 (2007 年 2 月 6 日)(“正如《联邦规则》第 11 条和 19 C. F. R. § 210.4 所要求的,一方当事人必须避免在其诉状中的所有虚假陈述,无论其是否满足最低要求”)。

〔218〕 参见 19 C. F. R. § 210.4(d)(1)(i)(2013)。

〔219〕 同上书, § 第 210.4(d)节。

〔220〕 同上书, § 第 210.4(d)(2)节。

〔221〕 参见 *Wireless Commc'n Devices, Portable Music & Data Processing Devices, Computers & Components Thereof*, Inv. No. 337 - TA - 745,第 34 号命令,第 4 页(2012 年 4 月 24 日)[在“(1)虚假陈述事实;(2)被告的法律顾问本应更好地了解事实;(3)对虚假陈述未作出令人满意的解释;(4)原告因被告的虚假陈述而受到损害”的情况下,对原告施加金钱制裁,但问题已得到澄清并且对原告的损害有限,因此未施加证据制裁]; *Certain Laser Bar Code Scanners & Scan Engines, Components Thereof & Prods. Containing Same* (*Laser Bar Code Scanners*), Inv. No. 337 - TA - 551,初步裁定和推荐裁定,第 11 页 (2007 年 1 月 29 日)(考虑到被告在获取相关源代码的能力方面“不太可能”实施金钱制裁,“这拖延了委员会的程序以及原告的证据开示”)。

调查程序的当事人应该是真实的、诚实的和坦诚的。这个程序容不得半真半假、误导的陈述和虚假内容的文件。337 调查内容广泛，速度很快并通常涉及高科技问题，行政法官期待所有当事人，特别是寻求委员会救济的当事人，非常坦率和开放。即使是字面上来说是真实的，但是具有误导性质的陈述都是不能容忍的。[222]

《委员会规则》第 210.33 条对应《联邦规则》第 37 条，对当事人未能进行调查取证或未能配合调查取证提供金钱和非金钱的制裁。[223] 与《委员会规则》第 210.4(d)条项下的制裁动议不同的是，这些动议没有"安全港"的前提要求。[224] 在实践中，这些制裁非常罕见，因为只有在违反了已经颁布的调查取证的命令之后才会受到制裁。[225] 例如，在封装集成电路装置(Encapsulated Integrated Circuit Devices)案中，行政法官驳回了被告请求制裁原告的动议，因为被告"没有提交强制动议……没有获得强制原告动议的命令……因此要求制裁的动议没有达到提交这样一个动议的

[222] 参见 *Point of Sale Terminals*，第 63 号命令，第 33 页（2007 年 2 月 6 日）；参见 *Laser Bar Code Scanners*，初步决定和推荐决定（鉴于被告的行为，裁定制裁是正当的，"它的作用在于拖延和阻挠委员会的程序和[原告]的证据开示"，并指出，"大量司法资源被浪费。这种证据开示手法是不能容忍的，尤其是对于证据开示期限严格的调查而言，双方之间的合作至关重要"）。

[223] 参见 19 C. F. R. § 210.33(b)(非金钱制裁)，210.33(c)(金钱制裁)。

[224] 参见比较 19 C. F. R. § 210.33(c)，(d)和 19 C. F. R. § 210.4(d)(2)；参见 *Point of Sale Terminals*，Inv. No. 337 – TA – 524，命令第 40 号（2005 年 4 月 11 日）[备注"与根据《委员会规则》第 210.4 (d)条提出的制裁动议不同，对滥用证据的制裁动议没有'安全港'的先决条件"，因此，"法官自发启动的制裁程序的'恶意'罪责标准不适用于发现滥用程序"]。

[225] 参见 19 C. F. R. § § 210.33 (b)("如果一方当事人或一方当事人的高级职员或代理人未能遵守命令")，210.33(c)("如果一方当事人或该方当事人的高级职员、董事或经营代理人或被指定代表一方当事人作证的人未能遵守提供或允许披露证据的命令")；参见 *Certain Zero – Mercury – Added Alkaline Batteries, Parts Thereof & Prods. Containing Same*，Inv. No. 337 – TA – 493，第 20 号命令，第 4 页(2003 年 9 月 5 日)(尽管被告"未能全面遵守命令的预期目的"，但仍拒绝原告的制裁动议，而是选择发布更全面的命令，强制进行调查，并警告"未能遵守本命令将导致证据性制裁")。

先决要求。"[226] 相反,在微机电系统(Microelectromechanical Systems)案中,行政法官批准了原告关于对被告进行证据制裁的动议,认为"原告两次未能遵守第7号命令,并可能继续违反这一命令和其他命令。"[227] 行政法官通过保留对被告关于此产品的立场产生实质性不利影响的证据作为制裁。[228]

当行政法官发现一方当事人的行为特别恶劣时,他可以根据《委员会规则》第210.33条发布更严厉的制裁。例如,在不透明聚合物(Opaque Polymers)案中(案件号337-TA-883),在认定原告证明妨碍构成了"令人厌恶的行为"后,行政法官发布制裁,要求一名被告及其代理律师事务所承担对方近200万美元的律师费和成本。[229] 委员会支持了制裁措施

---

[226] *Certain Encapsulated Integrated Circuit Devices & Prods. Containing Same*, Inv. No. 337-TA-501,第74号命令,第7页(2004年7月16日)[引证 *Certain Agric. Tractors, Lawn Tractors, Riding Lawnmowers & Components Thereof*, USITC Pub. No. 3625, Inv. No. 337-TA-486, Comm'n Op.,第19.14章(2003年8月)("根据《委员会规则》第210.33条,强制性发现令是所有制裁的先决条件")]; *Certain Protective Cases & Components Thereof*, Inv. No. 337-TA-780,第27号命令(2012年3月19日)(否决原告的制裁动议,部分原因是行政法官在第3.5条电话会议上发出的指示"不是命令,而是警告")。

[227] *Certain Microelectromechanical Systems ("MEMS Devices") & Prods. Containing the Same*, Inv. No. 337-TA-876,第61号命令,第4页(2014年2月5日)。

[228] 同上(准许原告关于作出不利推论的动议,并认定被告未能违反强制发现令提交的证据"本应显示特定产品代表特定产品线",原因是被告的行动"剥夺了原告充分探索两条产品线的任何机会,例如,在事实发现结束前通过代码审查、宣誓书或非当事方发现"); *Agric. Tractors Under 50 Power Take-Off Horsepower*; *Certain Cloisonne Jewelry*, Inv. No. 337-TA-195,初步决定,1985 WL 1174806, at *21(1985)(裁定"被告未提供8号令所要求的证据开示,保证实施[ ]制裁",排除提出证据或反对提议人使用次要证据)。

[229] 参见 *Certain Opaque Polymers*, Inv. No. 337-TA-883,第27号命令,at 99(Oct. 20, 2014)(最初的认定发现被告恶意行事,故意盗用大量证据,以致"没有违约的制裁可使当事人恢复到如果不是故意销毁证据本应恢复的状态",一名被告及其律师被下令连带承担原告的律师费和开支); 同上书,委员会决定发出干预动议的通知;委员会决定对给予违约和制裁的初步裁决进行复审;就审议中的问题、补救、公共利益和担保提出书面意见的请求(2014年12月16日)。

及金钱制裁的评估和计算依据，并作出修正裁决，认定被告的律师应与被告共同或各自承担制裁。[230]

《委员会规则》第 210.25(a)(2)条允许行政法官自主提出制裁事项。[231] 在闪速存储芯片(Flash Memory Chips)案(案件号 337 - TA - 893)中，行政法官部分批准了原告关于强制出示前一命令就要求出示的某些文件的紧急动议，并且在原告没有提出任何动议的情况下，法官还命令被告证明"为何其提供了根据《委员会规则》第 210.27(g)条属于误导性和错误的补充性问题，而不应该被制裁的理由"。[232] 随后行政法官认定被告违反了《委员会规则》第 210.27(g)条并认为对被告采取金钱制裁是恰当的。[233]

《委员会规则》第 210.27(d)(3)条和《联邦规则》第 26(g)条对应，如果对行政法官或者委员会作出的关于一个调查取证的要求或者对其的答复或反对的认证"没有实质合理性"，[234] 制裁可以对"作出认证的人、提出调查取证要求或者作出答复或反对的当事人，或者二者一起"作出，可以是金钱制裁，[235] 也可以是非金钱制裁。在发光二极管(Light - Emitting Diodes)案中，行政法官发现原告在尽合理努力了解情况之后对书面质询的回答仍然不够完整，这种做法违反了《委员会规则》和行政法官的基本规则，并且对被告造成了不利影响，因此行政法官根据《委员会规则》第 210.27(d)(3)条对原告实施了一些证据制裁。[236] 在启动马达(Starter

---

〔230〕 同本章注〔229〕，《确认违约和制裁的委员会决定的通知；发现违反本编第 337 条的行为；发布有限排除令和停止令；调查的终止》，第 3 页 (2015 年 4 月 17 日)。

〔231〕 参见 19 C.F.R. § 210.25(a)(2)(2018)["行政法官(在调查或相关程序进行时)……可能会自发提出制裁问题"]。

〔232〕 *Certain Flash Memory Chips & Prods. Containing Same*, Inv. No. 337 - TA - 893，第 63 号命令，第 8 - 9 页 (2014 年 12 月 4 日)。

〔233〕 同上书，第 76 号命令，第 10 页 (2015 年 1 月 21 日)；同上书，第 78 号命令，第 10 页 (2015 年 2 月 11 日)。

〔234〕 同上。

〔235〕 同上。

〔236〕 参见 *Certain Light - Emitting Diodes & Prods. Containing Same*, Inv. No. 337 - TA - 785，第 31 号命令，第 24 - 25、28 - 29 页(2012 年 5 月 30 日)。

Motors)案中,行政法官在原告对书面质询的答复根据并不是“后来获得的”信息进行了补充后,认为该做法违反了《委员会规则》第210.27(c)条,但是选择不对原告进行制裁,而是命令视为撤销原告对书面质询的新答复。[237] 行政法官没有实施制裁的原因在于被告没有提供关于原告在回答相关书面质询的时候了解相关事实的程度的证据,也没有证明原告作出最初的回答是基于恶意或者怀有造成不必要的耽搁或提高诉讼成本的目的。[238]

《委员会规则》第210.34条对违反保护的有关情况作了制裁的规定。[239] 制裁可以“在当事人的动议中提出,或者根据《委员会规则》第210.25(a)(2)条,行政法官或者委员会可以主动提出”。[240] 如果实施制裁,制裁的具体情况“参见《委员会规则》第210.33(b)条中列举的措施,或者任何其他被视为适当的措施”。[241] 因为337调查的法律执业者对遵守保护令极为重视,这种制裁很罕见。但是一旦被制裁,措施可能非常严厉。在等离子显示面板(Plasma Display Panels)案中,“为了解决(客户和律师)未经许可披露商业机密信息可能造成的潜在重大损害”、“保护委员会程序的公平”和“防止将来出现违反保护令的情况”,行政法官根据《委员会规则》第210.34(c)条实施了制裁。[242] 行政法官禁止受制裁的当事人的律师在那个调查案件中接触任何商业机密信息,并向委员会推

---

[237] 参见 *Certain Starter Motors &Alternators*, Inv. No. 337 – TA – 755,第25号命令,第5页(2011年9月8日)。

[238] 同上。(声明“除非另有规定,本人发现[被告]无权根据《委员会规则》第210.27(d)(3)条获得金钱或证据制裁”)

[239] 参见19 C. F. R. § 210.34 (2018)。

[240] 19 C. F. R. § 210.34(c)(2018)的备注。

[241] 19 C. F. R. § 210.34(c)(3)(v)(2018).

[242] 参见 *Certain Plasma Display Panels &Prods. Containing Same* (*Plasma Display Panels*), Inv. No. 337 – TA – 445,第15号命令,第8页(2002年6月8日)(委员会通过的决议);参见 *Plasma Display Panels*,委员会决定通过两项关于制裁的建议决定的通知(2002年2月15日)(通过第15号命令和随后建议的决定,拒绝原告要求支付费用的动议,包括与其制裁动议有关的律师费)。

荐对涉案的律师事务所发布公开训诫,并从记录中撤销有关的一张传票,被制裁的当事人不能使用任何通过该传票获得的有关信息作为证据。[243]

〔243〕 参见 *Plasma Display Panels*,第 15 号命令,第 8 – 11 页。

第八章

庭审前终止调查程序

在337调查程序正式审理之前，可能出于以下原因终止整个或部分337调查：当事人和解，当事人达成协议同意委员会颁布同意令，因一方当事人缺席径直作出缺席裁决、仲裁或者撤诉。任何一方当事人可在任意时间提出动议，请求对任一被告或所有被告终止全部或部分337调查。[1] 若调查系基于和解、同意令、仲裁或撤诉而终止，则并不构成被告是否违反337条款作出裁决。[2] 由于近一半的337调查案件是通过和解或同意令的方式终止的，[3]337调查的参与人应当熟悉案件的(庭审前终止调查)这一程序。

一、和解

根据《美国联邦规章典集》第19章第210.21(b)节，337调查程序可在(各当事人)达成授权许可协议或其他和解协议的基础上予以终

---

〔1〕 参见《美国联邦规章典集》第19章第210.21(a)节(2018)[19 C.F.R. § 210.21(a)(2018)]。

〔2〕 在不影响一方当事人实体权利以及争议实体问题的情况下终止其参与337调查程序这一概念在美国国际贸易委员会的有关规则中并不存在。但在实践中，一旦一方当事人基于所达成的和解或同意令协议而被终止调查，该当事人不得再被加入该337调查程序中，并且也不太可能会重新启动基于相同被控侵权产品的新的一项337调查。

〔3〕 参见本书第一章“337调查概述”。

止。[4] 如原告、被告双方达成授权许可协议或其他协议成功和解,并希望将被告撤出调查,双方应当采取行动终止调查。[5] 提交终止调查的动议的同时必须附上授权许可或和解协议的副本。如果授权许可协议或其他形式的和解协议包含《委员会规则》第201.6(a)节所定义的商业机密信息,在提交动议时必须附随在删除了商业机密信息之后的可供公开的协议版本。[6] 动议还必须包括以下内容的声明:"各当事人之间并不存在前述协议之外的有关该337调查内容的任何其他书面或口头、明示或默示的协议。"[7]

在原告能够证明,其他不同意和解的被告若收到和解协议的完整的未删节版本将对被告产生不利影响的情况下,行政法官曾颁布保护令或通过其他方式防止和解协议中的财务条款被披露给其他尚未同意和解的被告。[8]

---

〔4〕 参见《美国联邦规章典集》第19章第210.21(b)(1)节(2018)[19 C. F. R. § 210.21(b)(1)(2018)]。

〔5〕 同上。(现在委员会也要求当事方提供一份在动议或随附解协议中提供文件的副本)

〔6〕 同上。

〔7〕 同上。

〔8〕 参见 *Certain Height - Adjustable Desk Platforms & Components Thereof*, Inv. No. 337 - TA - 1125,第11号命令(2018年9月10日)(批准终止包含删节保密性商业信息的和解协议的联合动议); *Certain LED Lighting Devices & Components Thereof*, Inv. No. 337 - TA - 1107,第18号命令(2018年7月20日)(批准基于授权许可协议终止调查的动议,注明了对未删节版的、保密版的授权许可协议仅向协议当事人和委员会调查人员有限送达); *Certain Microperforated Packaging Containing Fresh Produce*, Inv. No. 337 - TA - 1096,第19号命令(2018年4月20日)(批准基于和解协议和授权许可协议终止调查的动议,并进一步批准由于包含敏感性财务条款和其他不公开商业条款而对和解协议进行有限送达的请求); *Certain Semiconductor Devices & Consumer Audiovisual Prods. Containing the Same*, Inv. No. 337 - TA - 1047,第42号命令(2018年4月9日)(批准基于专利许可协议终止调查的联合动议,并允许当事方"出于披露和解协议的具体条款可能会影响今后的和解,从而有合理理由限制送达"); *Certain Machine Vision Software, Machine Vision Sys. & Prods. Containing the Same*, Inv. No. 337 - TA - 680,第17号命令(2009年10月26日)(认为没有参加和解的当事方的律师无权接收未删节的和解协议); *Certain Auto. Multimedia Display & Navigation Sys.*, Inv. No. 337 - TA - 657,第13号命令,第2页(2009年3月31日)(认定当原告同意不基于和解以满足国内产业要求并不将和解协议作为其专利商业成功的证据时,不披露和解协议的财务条款内容); *Certain Variable Speed Wind Turbines & Components Thereof*, Inv. No. 337 - TA - 641,第14号命令,第4页(2008年10月23日)(认为披露和解协议的财务条款可能会对原告造成不利并给被告提供不公平的优势地位)。

例如,行政法官曾命令和解协议中具体的许可使用费不得披露给其他尚未同意和解的被告。[9] 另外,《委员会规则》明确提出,出于正当理由提出的动议,行政法官可以将协议送达的范围限制在和解双方及委员会调查律师之内。[10]

在裁决一项基于和解而请求终止 337 调查的动议时,行政法官必须考虑基于各当事人达成的和解协议而终止 337 调查的决定是否违背公共利益。[11] 在极少数情况下,行政法官曾驳回过基于和解协议而终止 337 调查的动议。例如,一名行政法官最初因得出结论"看起来达成有关协议可能是为了规避美国有关所得税的法律",而拒绝批准和解协议,但是根据各方对和解协议架构的澄清,行政法官最终批准了该和解协议。[12]

如果行政法官颁布命令批准请求终止 337 调查的动议,该命令构成

---

〔9〕 参见 *Certain Wireless Devices with 3G and/or 4G Capabilities & Components Thereof*, Inv. No. 337 – TA – 868,第 90 号命令(2014 年 1 月 16 日)(终止调查动议所附的和解协议中对专利费率条款进行了删节处理)。

〔10〕 参见《美国联邦规章典集》第 19 章第 210.21(a)(1)节(2018)[19 C. F. R. § 210.21(a)(1)(2018)];*Certain Semiconductor Devices*,第 42 号命令(认定当事方有合理理由限制和解协议的送达)。

〔11〕 参见《美国联邦规章典集》第 19 章第 210.50(b)(2)节(2018)[19 C. F. R. § 210.50(b)(2)(2018)]("行政法官应考虑提议的和解协议对公共卫生和福利、美国经济中的竞争条件、美国境内相似或直接竞争产品的生产及美国消费者等的影响并在初步裁决中作出适当认定")。

〔12〕 参见 *Certain Dynamic Random Access Memory & NAND Flash Memory Devices & Prods. Containing Same*,Inv. No. 337 – TA – 803,第 58 号命令(2012 年 7 月 10 日)(批准终止对被告南亚科技股份有限公司调查的重新动议),第 25 号命令(2012 年 3 月 23 日)(驳回对被告南亚科技股份有限公司终止调查的动议),第 18 号命令(2011 年 12 月 7 日)(批准对被告泛泰公司终止调查的动议的初步裁决)(减轻了类似的顾虑后才批准了和解协议)。*Certain Multiple Mode Outdoor Grills & Parts Thereof*,Inv. No. 337 – TA – 895,第 15 号命令,第 2 页(2013 年 12 月 17 日)[否决了基于和解协议和同意令终止调查的联合动议,因为建议的同意令没有遵守《委员会规则》第 210.21.(c)(4)条的规定]。

《委员会规则》第210.21(b)(2)节所规定的"初步裁决"。[13] 正如任何其他内容的初步裁决一样,委员会有决定是否审查行政法官初步裁决的自由裁量权。一般情况下,委员会的政策和公共利益都倾向于支持达成和解协议,因为和解可节省委员会和私人当事人的资源。因此,除了前述个别例外,基于和解协议而请求终止337调查的动议都会予以批准。[14]

支持达成和解协议的一般性政策体现在行政法官有权要求召开和解会议。根据《美国行政程序法》第556(c)(6)节的规定,行政法官可依"未和解案件或简化争议问题之目的,经各当事人同意召开会议"。[15] 行政法官常常会行使这项权利。[16] 事实上,大多数行政法官在其案件基本规则[17] 中会设定召开和解会议的要求,也会在其案件程序进度表中规定各当事人必须举行和解会议并报告会议结果的截止日期。[18] 这样的

---

〔13〕 参见《美国联邦规章典集》第19章第210.21(a)(1)节(2018)[19 C.F.R. § 210.21(b)(2)(2018)](对于以和解方式终止调查,"如果终止调查动议得到批准,终止动议与和解协议应当经行政法官向委员会作出初步裁决的方式认证")。

〔14〕 参见 *Certain Mircroperforated Packaging Containing Fresh Produce*, Inv. No. 337 - TA - 1096,第19号命令,初步裁决(2018年4月20日)(批准基于和解和授权许可协议而终止调查的动议);*Certain Wireless Headsets*, Inv. No. 337 - TA - 943,第24号命令,初步裁决(2018年2月26日)(批准终止动议); *Certain Antivenom Compositions & Prods. Containing Same*, Inv. No. 337 - TA - 903,第62号命令,初步裁决(2014年11月13日); *Certain Digital Televisions & Components Thereof*, Inv. No. 337 - TA - 742,第7号命令,初步裁决(2011年1月28日)。

〔15〕 《美国法典》第5章第556(c)(6)节(2018)[5 U.S.C. § 556(c)(6)(2018)]。

〔16〕 参见 *Certain Hydraulic Excavators & Components Thereof*, Inv. No. 337 - TA - 582,第26号命令(2007年3月9日)(Barton, J.)(命令当事人强制举行庭前会议以讨论可能的和解事项)。

〔17〕 参见 *Certain Portable Elec. Devices & Components Thereof*, Inv. No. 337 - TA - 994,第2号命令(2016年5月11日)(Shaw, J.)(行政法官在其基本规则中规定"所有当事人在案件进行过程中,应当对所有或任何争议事项寻求和解的合理可能性"并要求当事人"至少举行两次和解会议,或者通过委员会启动调解程序")。

〔18〕 参见 *Certain Radio Frequency Micro - Needle Dermatological Treatment Devices & Components Thereof*, Inv. No. 337 - TA - 1112,第5号命令(2018年7月11日)(Lord, J.)(在程序日程表中规定了两次强制和解会议及附上联合报告)。

和解会议通常在庭审前举行2～3次。[19] 一些行政法官事必躬亲地建立自己的和解程序，而另一些行政法官则很大程度上放手、由各当事人自行组织和解。[20]

二、调解程序

委员会在2008年开创了试验性的337调查案件调解程序，[21]该程序于2010年8月30日在发布经修订的《调解程序使用者手册》后成为永久性的委员会机构程序。[22] 该程序系仿照美国联邦巡回上诉法院的调解程序而来。所有337调查案件均可应用该程序，[23]尽管委员会秘书(Secretary of the Commission)已表示，尤其推荐涉及为数有限的大型、复杂企业的337调查案件应用该程序。[24] 337调查案件的各当事人可个别地、

---

〔19〕 同本章注〔18〕。

〔20〕 参见 *Compare Certain Flat Panel Display Devices & Prods. Containing the Same*, Inv. No. 337 - TA - 793，第7号命令(2011年9月27日)(行政法官Essex, J. 要求对于至少举行两次的和解会议，当事方必须以会面方式进行，有授权的人员必须出席，必须讨论任何适合或准备进行调解的事项)；*Certain Mobile Tel. Handsets Wireless Commc'n Devices & Components Thereof*, Inv. No. 337 - TA - 578，第10号命令(2006年10月23日)(行政法官Barton, J. 在当事方已经开始进行和解讨论时，允许将和解会议的要求从程序日程表中移除，但警告说“如果当事方经过努力后不能达成和解，行政法官将可能在华盛顿特区召集司法和解会议，并要求所有当事方出席”)。

〔21〕 参见《启动〈美国1930年关税法〉337条款调查程序的试验性调解程序》，载《美国联邦纪事》第73卷，第65、615页(2008年11月4日)。

〔22〕 参见《发布经修订的〈美国国际贸易委员会《美国1930年关税法》337条款调查程序调解程序使用者手册〉》，载《美国联邦纪事》第75卷，第52、976页(2010年8月30日)；《美国国际贸易委员会337条款调解程序(第八次修订)》中的《337条款调解程序使用者手册》(2017年11月)，载https://www.usitc.gov/intellectual_property/documents/section_337_mediation_program_eighth_update_pub_4742.pdf。

〔23〕 原告在提交起诉书后会收到委员会调解程序的有关解释材料；被列为被告者也会在起诉书送达的同时收到这些材料。《337条款调解程序使用者手册》，同前注〔22〕，第7页。

〔24〕 参见Michael B. Powell & Isaac E. Chao:《337调查的调解：前景看好的调解程序新近趋势》，ITCTLA 337 Reporter, Summer Associate Ed. 2011年，第118－119页。

或联合起来主动参与该程序,或者行政法官可推荐各方参与该程序。委员会的调解手册中还有一份调解员名册,[25]但当事人如果愿意也可选择名册之外的人员担任调解员。[26]

该程序旨在通过"一揽子"解决特定337调查案件中的所有争议或者通过减少争议问题的个数、专利权利请求的个数或被告个数,以促成337调查案件所涉争议的和解。根据委员会收到的反馈意见表明,在马克曼听证会完成后、庭审前法律意见书提交后(特别是在委员会调查律师的法律意见书提交后)或庭审完成时(但在行政法官发布最终版本的初步裁决之前)等时间点进行调解,为达成和解协议提供了最好的机会。[27] 委员会的该项程序规定,调解持续半天时间,并且在大多数案件中,无须各当事人缴纳费用;然而,如果调解需要占用超过原定的半天时间,则期望各当事人为调解员支付报酬。[28] 调解要求各当事人各派出一名有实际和解授权的人员参加。[29]

调解员、各当事人及其代表、内部法务及外部律师都必须签署一份保密协议,[30]将参与调解程序的各方置于委员会现行有效的调解程序保护令与行政法官签发的保护令的约束之下。[31] 调解员必须对各方向其透露的所有信息保密。调解员只能与委员会秘书保持沟通,而委员会秘书不得与涉及该调解中的337调查案件的委员会委员、行政法官或者被指派调查该案的委员会律师沟通。[32]

之前的案件中,首席行政法官要求各方当事人参与调解,以代替过去

〔25〕 参见前注〔22〕。

〔26〕 参见Powell & Chao,参见前注〔24〕,第119页。

〔27〕 参见James R. Holbein编:《美国国际贸易委员会337条款调解程序的现状报告》,2012年3月16日,第3页。

〔28〕 参见Powell & Chao,参见前注〔24〕,第119页。

〔29〕 正如在使用手册中解释的那样,"有实际和解授权"的人是指"该代表应当是可以做出独立决策并具备产生于考虑创造性解决方案所需必要知识的人,例如一名商业负责人"。参见前注〔22〕,第6页。

〔30〕 参见前注〔22〕,第7－8页。

〔31〕 参见前注〔22〕,第8页。

〔32〕 同上。

要求举行的和解会议。[33] 尽管调解目前仍然是可选择的程序，但一旦委员会积累了应用调解程序的更多经验，将可能会成为一项强制程序。

三、同意令

根据《美国联邦规章典集》第19章第210.21(c)节，337调查程序可在达成同意令的基础上终止。同意令的执行与委员会救济令类似。[34]

任何一方当事人可提出动议，请求基于同意令而终止337调查程序：同意令可由被告单方面申请也可由各当事人共同申请。[35] 各当事人的共同动议可基于原告、被告之间达成的和解协议，但不是必须如此。[36] 被告也可以不顾原告的意愿，通过单方面申请同意令、表达可满足原告的救济措施要求的意向，从而单方面寻求结束对其的337调查。[37] 委员会规则规定，同意令的内容必须包含(对被告的)以下各项具体要求：被告必须承认支持委员会对该案具有管辖权的所有事实，明确放弃对该案最终救济命令寻求司法审查的所有权利，并放弃以其他任何方式挑战该同意

---

〔33〕 参见 *Certain Ink Application Devices & Components Thereof & Methods of Using the Same*, Inv. No. 337 – TA – 832，第23号命令，第1页(2013年2月14日)(指出日程中的调解程序是"不是任意可选的"并命令被告根据调解员的要求参加调解并提交文件)；Holbein，参见上述脚注〔27〕，第2页。

〔34〕 参见《美国联邦规章典集》第19章第210.21(c)(3)节(2018)[19 C. F. R. § 210.21(c)(3)(ii)(2018)]。

〔35〕 同上书，第210.21(c)(1)节(2018)[§ 210.21(c)(1)(2018)]。

〔36〕 参见 *Certain Light Engines & Components Thereof*, Inv. No. 337 – TA – 1102，第2号命令(2018年3月20日)(批准当事方关于基于同意令而全面终止调查的联合动议)。

〔37〕 参见 *Certain Indus. Automation Sys. & Components Thereof Including Control Sys., Controllers, Visualization Hardware, Motion Control Sys., Networking Equip., Safety Devices & Power Supplies (Certain Industrial Automation Systems)*, Inv. No. 337 – TA – 1074，第2号命令，第8页(2018年7月20日)[基于单方同意令终止调查，认定"出于公共利益的考虑倾向根据(被告的)同意令终止调查，因为这样能够节省公共和私人资源，避免不必要的诉讼"]；*Certain Restraining Sys., for Transport Containers, Components Thereof & Methods of Using Same*, Inv. No. 337 – TA – 696，第6号命令(2010年4月21日)。

令效力的所有权利等。[38] 如果该 337 调查系有关知识产权的权利要求,同意令还必须包括更多内容,例如,一份关于该同意令不适用于已终止、无效或不能执行的权利请求的声明,[39] 以及一份在同意令执行程序过程中关于申请该同意令的被告将不再挑战相关知识产权有效性的声明。[40] 同意令中的这些要求必须严格执行。[41] 除了委员会规则中的要求外,同

[38] 参见《美国联邦规章典集》第 19 章第 210.21(c)(3)节(2018)[19 C. F. R. § 210.21(c)(3)(ii)(2018)];*Certain Industrial Automation Systems*, Inv. No. 337 – TA – 1074, 第 42 号命令,第 2 页[提出最终版本应包括符合《委员会规则》第 210.21(c)(3)节规定的陈述]。

[39] 对无效性和不可执行的裁决必须是终局的及不可复审的。此外,对无效性或不可执行的裁决只会导致同意令暂时无效,因此,如果在命令成为终局或不可复审之前违反了同意令,则违反同意令的一方可能会被处以民事罚金。DeLorme Publ'g Co., Inc. v. Int'l Trade Comm'n, 805 F. 3d 1328, 1333 – 36 (Fed. Cir. 2015).

[40] 关于知识产权案件中同意令所提出的额外要求的完整清单,参见《美国联邦规章典集》第 19 章第 210.21(c)(3)(i)(B)节(2018)[19 C. F. R. § 210.21(c)(3)(i)(B)(2018)]。

[41] 参见 *Certain Carburetors & Prods. Containing Such Carburetors* (*Carburetors*), Inv. No. 337 – TA – 1123, 第 19 号命令,第 2 – 3 页(2018 年 9 月 12 日)(驳回了被告基于同意令终止调查的动议,该同意令仅限于同意起诉书中的两类产品,并认定该同意令没有解决有关库存的所有事项);*Certain TV Programs, Literary Works for TV Prod. & Episode Guides*, Inv. No. 337 – TA – 886, 第 16 号命令(2014 年 1 月 2 日)[驳回了基于同意令终止调查的动议,该同意令中的内容没有遵守《美国联邦规章典集》第 19 章第 210.21(c)(3)节的规定];*Certain Integrated Circuits, Chipsets & Prods. Containing Same Including Televisions*, Inv. No. 337 – TA – 786, 第 25 号命令(2012 年 4 月 6 日)[驳回终止调查的动议,原因是有关声明不符合《美国联邦规章典集》第 19 章第 210.21(c)(3)节的规定]。

意令还应当限定在调查范围内而不应过于狭窄[42]——这样会造成不能向原告提供充分的保护[43],或者范围过于宽泛——会远远超出调查的范围。[44]

如果一项同意令系基于和解协议或授权许可协议颁布,则该协议应作为请求颁布同意令动议的附件提交,并且在拟定的同意令与约定中通过引述的方式纳入。[45] 对于基于和解协议的终止动议,该动议必须包括"一份关于当事人对于本案涉及事项不存在其他协议、书面或口头的明示

〔42〕 参见 *Carburetors*, Inv. No. 337 – TA – 1123,第 19 号命令,第 2 页(驳回同意令,并提出委员会调查专员的关注,即同意令没有指明针对被告的所有指控诉求,并进一步认定同意令方案中缺少部分起诉书中列明的被控产品); *Certain UV Curable Coatings for Optical Fibers, Coated Optical Fibers & Prods. Containing Same*, Inv. No. 337 – TA – 1031,第 27 号命令,第 3 页(2017 年 7 月 2 日)(驳回了针对一个产品的同意令而终止调查的单方动议,认定同意令是"可疑的、过于狭窄的,并且没有提供当原告遇到侵权时如何保护的内容"); *Certain Two – Way Global Satellite Commc'n Devices, Sys.*, & *Components Thereof*, Inv. No. 337 – TA – 854,第 20 号命令,第 1 – 2 页(2013 年 3 月 4 日)(驳回了基于同意令终止调查的单方动议,认定被告"将同意令条款及同意令限定于部分产品而不是调查涉案的所有产品"是不适当的); *Certain Starter Motors & Alternators*, Inv. No. 337 – TA – 755,第 25 号命令,第 2 页(2011 年 10 月 11 日)(驳回了被告终止调查的部分动议,原因是被告寻求对"原版产品"终止调查而将规避设计的产品保留在调查中,认定这一同意令会为已经进口到美国的原版产品打开一条例外路径,而这个规定不适合写入同意令中)。

〔43〕 参见 *Certain Water Filters & Components Thereof*, Inv. No. 337 – TA – 1126,第 7 号命令(2018 年 9 月 4 日)(驳回了被告关于单方同意令的请求,该同意令以"涉案产品"来限定产品名称)。

〔44〕 参见 *Certain Inkjet Supplies & Components Thereof*, Inv. No. 337 – TA – 730,第 5 号命令(2010 年 10 月 29 日)(驳回了基于同意令终止调查的动议,在同意令文字中被告写入了他们将不开展进口、为进口而销售或进口后销售侵犯了所有指控专利的产品的行为)。

〔45〕 参见《美国联邦规章典集》第 19 章第 210.21(c)节(2018)[19 C. F. R. § 210.21(c)(2018)]。

或暗示的声明”。[46]

行政法官将通过颁布初步裁决命令对终止337调查程序的动议作出裁决。和基于和解协议而终止337调查程序的情况一样,委员会审查行政法官的初步裁决时,必须决定基于同意令而终止337调查是否符合公共利益。[47] 在一些情况下,委员会可能会否决基于同意令终止调查。[48]

各方当事人可在337调查程序启动后至庭审开始前的任意时间提交基于同意令而终止调查的动议。[49] 尽管委员会规则默许在调查启动前可以通过同意令终止调查,但委员会曾拒绝过类似动议。[50] 但是,如果各方当事人在庭审期间或庭审开始后才提交该动议,且能提出延迟提交

---

〔46〕 同本章注〔45〕; *Certain Industrial Automation Systems*, Inv. No. 337 – TA – 1074,第42号命令,第2页[指出(终止调查的)动议包括一项声明,即关于被调查事项当事方之间没有其他书面或口头的、或明示或暗示的协议,以遵守《委员会规则》第210.21(c)(3)节的规定]。

〔47〕 参见 *Certain Light Engines & Components Thereof*, Inv. No. 337 – TA – 1102,委员会对批准基于同意令终止调查的联合动议的初步裁决不予复审的公告,第2页(2018年4月6日)(委员会决定不对行政法官基于联合同意令终止全面调查的裁决进行复审并不违背公共利益); *Certain Industrial Automation Systems*, Inv. No. 337 – TA – 1074,委员会对基于同意令终止调查的初步裁决不予复审的公告,第2页(2018年8月15日)(委员会决定不对行政法官基于单方同意令终止调查的裁决进行复审并不违背公共利益)。

〔48〕 参见 *Certain Opaque Polymers*, Inv. No. 337 – TA – 883,委员会意见,第15页(2015年4月30日)(指出“委员会通常会在适当情况下保留其驳回以同意令终止调查的权利”,并指出被告在“本次调查中表现出来的不诚信在适当情况下应当被驳回同意令动议”); *Certain Cigarettes & Packaging Thereof*, Inv. No. 337 – TA – 424,第21号命令, 2000 WL 64081,第3页(2000年1月6日)(由于违反调查取证而驳回同意令请求)。

〔49〕 参见《美国联邦规章典集》第19章第210.21(c)(1)(ii)节(2018)[19 C.F.R. § 210.21(c)(1)(ii)(2018)]。

〔50〕 参见 *Certain Woodworking Accessories*, Inv. No. 337 – TA – 333,委员会公告,1993 WL 854334,第8 – 9页(1993年11月)(“尚不清楚临时规则是否实际上考虑到了委员会在启动调查前发布同意令,特别是针对向非调查当事方签发同意令是否会引发管辖权问题”)。

的合理理由，行政法官也可考虑是否批准动议。[51] 一旦各方当事人提交了申请颁布同意令的约定，除非能够提出合理理由，否则将不得撤回该申请。[52]

在一项 337 调查程序终止后，如果原告认为被告的行为违反了同意令中的要求，可以向委员会提交投诉，要求启动同意令执行程序。[53] 在同意令的执行程序中，委员会可：(1)修改同意令的内容；(2)对违反同意令的一方，课以民事罚款(最高每日 100,000 美元或进口货物价值两倍中的较高者)[54]；(3)撤销该同意令并颁布禁止令或有限排除令予以制裁。[55]

四、缺席裁决

根据《美国法典》第 19 章第 1337(g)节的规定，委员会有权裁定被告缺席，对其作出缺席裁决。[56] 《委员会规则》第 210.16(a)(1)节规定，在下列情况下可裁定被告缺席：被告未能按照《委员会规则》第 210.13 节或第 210.59(c)节所规定的方式答复起诉书及调查公告，或未能提交答复

---

〔51〕 参见《美国联邦规章典集》第 19 章第 210.21(c)(1)(ii)节(2018)[19 C. F. R. § 210.21(c)(1)(ii)(2018)]。

〔52〕 同上。

〔53〕 参见《美国联邦规章典集》第 19 章第 210.75(b)(1)节(2018)[19 C. F. R. § 210.75(b)(1)(2018)]；《美国联邦规章典集》第 19 章第 210.75 (b)(3)节(2018)[19 C. F. R. § 210.75(b)(3)(2018)](要求行政法官在不晚于目标日期 3 个月之前发布针对正式执行程序的执行初步裁决，并要求委员会决定是否在 45 天内对执行初步裁决进行复审)。

〔54〕 根据《美国联邦规章典集》第 19 章第 1337(f)(2)节(2004)和《美国联邦规章典集》第 19 章第 210.75(b)节(2018)，尽管委员会可能会判处民事罚金，其仅能向美国联邦地区法院要求取回该罚款。换句话说，委员会并无权(直接)征收应向其缴纳的罚款，而必须先向美国联邦地区法院申请执行该罚款。

〔55〕 参见《美国联邦规章典集》第 19 章第 210.75(b)(4)(i) -(iii)节(2018)[19 C. F. R. § 210.75(b)(4)(i) -(iii)(2018)]。

〔56〕 参见《美国法典》第 19 章第 1337(g)(1)节(2004)[19 U. S. C. § 1337(g)(1)(2004)]。

起诉书和调查公告的答辩书,并且不能提出其不应被裁定缺席的合理理由。如果被告被裁定缺席,委员会将假定原告起诉书中指控的事实全部属实,并在考虑法定的公共利益因素后,可能会颁布适当的救济措施,包括禁止令、有限排除令,或者如第337(g)(2)节所列因素均得到满足,则颁布普遍排除令。[57] 联邦巡回上诉法院在近期的案件中提出,一旦被告被认定缺席,委员会不应再重新考虑起诉书中主张的充分性问题,"除非有公共利益方面考量的阻碍,否则应当发布救济措施"。[58]

为了启动裁定被告缺席的程序,原告需提交动议,请求行政法官命令该一名或多名被告提出其不应被裁决缺席的理由。一般而言,当以下条件满足时,可批准原告的请求,颁布"要求提出理由的命令":一名被告未能回应经正当程序送达的起诉书及调查公告,或者未能参与337调查各项程序[59]。如果被告继续未能对该"要求提出理由的命令"作出任何回应,行政法官将发布初步裁决认定该被告缺席。[60] 作为一项惩罚措施,被告也可能因为滥用有关程序或在调查取证程序中拒绝取证及拒绝合作

---

〔57〕 参见 *Certain Protective Cases & Components Thereof*, Inv. No. 337 – TA – 780,委员会意见(2012年11月19日)(针对缺席被告发布普遍排除令和禁止令)。

〔58〕 Laerdal Med. Corp. v. Int'l Trade Comm'n, 910 F.3d 1207 (Fed. Cir. 2018)[推翻了委员会在 *Certain Carbon Spine Board, Cervical Collar, CPR Masks & Various Med. Training Manikin Devices*, Inv. No. 337 – TA – 1008 案中的裁决(2017年6月14日),否决了商业外观诉求中缺席被告的救济,理由是这些指控没有得到充分证实].

〔59〕 参见 *Certain Elec. Devices Having Placeshifting or Display Replication Functionality & Prods. Containing Same*, Inv. No. 337 – TA – 878,第5号命令(2013年6月11日)(批准原告对有理由即缺席审判的部分动议)。

〔60〕 参见《美国联邦规章典集》第19章第210.16(a)(1)节(2013)[19 C.F.R. § 210.16(a)(1)(2013)]。该规则指出,"一方当事人如果没有按照第210.13节或第210.59(c)节规定的方式对起诉书和立案公告进行答复,则应该被认定是缺席,或者没有对起诉书和立案公告进行答复,并没有适当理由说明为何不应当被认定缺席"。

而被裁定缺席。[61] 值得注意的是,即使在美国联邦地区法院对被告缺乏对人管辖权(被告不受联邦地区法院对人管辖权约束)的情况下,委员会也可在337调查程序中以缺席裁决威胁有关被告应诉。因此,对于权利受到外国实体(其不受美国联邦地区法院对人管辖权约束)侵害的知识产权所有人而言,337调查程序是一项非常有吸引力的知识产权维权工具。[62]

针对已被裁定缺席的被告,《委员会规则》第210.16(c)(1)节允许原告寻求即刻颁布排除令或禁止令。[63] 然而,当337调查程序尚在进行中,还存在其他活跃被告参与调查时,委员会通常不会针对一名缺席被告颁布此种即刻救济措施。[64] 委员会这种延缓给予原告即刻救济的做法,是因为委员会考虑到若过早颁布有限排除令,可能会出现争议的专利之后被裁定无效或不可执行而不得不撤销排除令的情况。[65] 此外,委员会曾经因为考虑到过早颁布有限排除令可能会造成行政负担而驳回原告即

---

〔61〕 参见《美国联邦规章典集》第19章第210.16(a)(2)节(2013)[§ 210.16(a)(2)(2013)];*Certain Opaque Polymers*, Inv. No. 337 – TA – 883,委员会意见,第15页(2015年4月30日)(认定被告在调查中销毁证据而表现出的恶意,委员会"裁定行政法官对缺席的裁决没有错误,并且在这种情况下认定缺席比批准发布同意令终止调查更合适"),Organik Kimya v. Int'l Trade Comm'n, 848 F. 3d 994 (Fed. Cir. 2017)。

〔62〕 参见 *Certain Ground Fault Circuit Interrupters & Prods. Containing Same*, Inv. No. 337 – TA – 739,委员会意见,第12页(2012年6月8日)(我们认为行政法官关于委员会对本次调查有标的管辖权、对物管辖权、对其他被告属人管辖权的裁决无误)。

〔63〕 《美国联邦规章典集》第19章第210.16(c)(1)节(2013)[19 C. F. R. § 210.16(c)(1)(2013)];*Certain Toner Cartridges & Components Thereof*, Inv. No. 337 – TA – 829,第25号命令(2013年3月14日)(批准了原告对缺席被告进行简易程序的动议,并对救济措施和保证金提出建议性裁决)(未复审)。

〔64〕 参见 *Certain Hydraulic Excavators & Components Thereof*, Inv. No. 337 – TA – 582,第8号命令,第4页(2006年12月1日)(拒绝发布紧急进口令);*Certain Lens – Fitted Film Packages (LFFPs)*, Inv. No. 337 – TA – 406,第24号命令,初步裁决,第3页(1998年9月25日)。

〔65〕 参见 *Certain Oscillating Sprinklers, Sprinkler Components & Nozzles (Oscillating Sprinklers)*, Inv. No. 337 – TA – 448,第7号命令,初步裁决,第3页(2001年5月22日)。

刻救济的请求。[66] 一般情况下,委员会至少等到"就参与337调查程序的各被告与公共利益因素有关的各项答辩作出裁决"以后(才针对缺席被告颁布救济措施)。[67]

一旦337调查程序进展到行政法官发布一份裁定报告是否违法的最终版本的初步裁决以及关于救济措施的建议裁决的阶段,行政法官将假定对于所有缺席被告而言原告所指控的事实全部属实,并且将认定这些缺席被告违反了法律的337条款(假设原告提出权利请求的相关专利未被认定无效或不可执行)。通常情况下,此时委员会将会针对缺席被告颁布有限排除令以及针对国内缺席裁决者的禁止令。[68] 在一个337调查案件中所有被告缺席(或达成和解协议)的情况下,如果原告寻求颁布普遍排除令,则原告(除了满足颁布普遍排除令的其他苛刻要求外)还必须提出被告违反法律337条款的"充分、可靠并具有证明力的证据"。[69]

五、仲裁

《委员会规则》第210.21(d)节规定了各当事人在仲裁协议的基础上

---

〔66〕 参见 *Certain Plastic Grocery &Retail Bags*, Inv. No. 337 – TA – 492, 第27号命令, 初步裁决, 第2页(2004年1月21日)。

〔67〕 参见《关于针对进口贸易不公平行为的调查和执行程序的最终规则(草案)》,《美国联邦纪事》第57卷第52830、52837页(1992年11月5日);《美国联邦纪事》第59卷第39020、39026页(1994年8月1日)(同上,通过最终规则);*Certain Laminated Floor Panels*, Inv. No. 337 – TA – 545, 第18号命令, 初步裁决, 第2页脚注1(2006年3月3日); *Oscillating Sprinklers*, Inv. No. 337 – TA – 448, 第7号命令, 第3页; *LFFPs*, 第24号命令, 第2 – 3页。

〔68〕 参见 *Certain Beverage Brewing Capsules, Components Thereof & Prods. Containing the Same*, Inv. No. 337 – TA – 929 (Enforcement), 委员会意见, 第15页(2017年8月15日)(尽管地区法院对部分被告产品做出不构成侵权的简易判决,但仍然拒绝撤销对缺席被告的救济命令)。但是地区法院不构成侵权的裁决可能是缺乏侵权意图的证据。See *id.* at 13.

〔69〕 《美国法典》第19章第1337(g)(2)节;《美国联邦规章典集》第19章第210.16(c)(2)节。

终止 337 调查程序。[70] 当各方当事人在仲裁协议是否排除了委员会 337 调查的问题上存在争议时，一方常常反对另一方基于仲裁协议终止 337 调查程序的动议。[71] 一旦原告或一个或多个被告将争议事项提交仲裁，并且根据该仲裁协议达成了协议，各当事人如果欲结束委员会的 337 调查程序，其必须提交请求终止 337 调查程序的动议。正如基于和解和同意令请求终止调查一样，请求基于仲裁而终止调查的动议也必须包含该仲裁协议。行政法官将考虑请求终止调查的动议，并发布一份初步裁决批准或驳回该动议。此后委员会将有机会在行政法官的初步裁决成为最终裁决之前审查该裁决。

如果各方当事人同意在 337 调查案外进行仲裁，委员会可在无须认定被告是否违反了法律的 337 条款的情况下终止 337 调查程序。任一方当事人可在任意时候提出动议，根据一份已经存在的各当事人之间的仲裁协议请求终止 337 调查程序。[72]

基于仲裁协议而终止 337 调查程序的效力，不同于仲裁协议在美国联邦地区法院的效力。在美国联邦地区法院，法官通常在仲裁期间暂停诉讼程序。与之不同的是，在 337 调查程序中，“委员会可能会基于私人方的协议，包括提出仲裁事项的协议，来部分或全部终止 337 调查，而无需作出裁决”。[73]

---

〔70〕 制定法授予的可基于仲裁协议终止 337 调查程序的权力见于第 337(c)节，该条文于 1994 年修订法律时增加。参见 1994 年《乌拉圭回合协议法》，H. R. Doc. No. 316，103d Cong. 2d Sess.，Vol. 1。

〔71〕 参见 *Certain Composite Wear Components & Prods. Containing Same*，Inv. No. 337 – TA – 644，第 20 号命令，驳回被告基于一项此前并未主张的仲裁协议请求终止 337 调查程序的动议(2009 年 3 月 5 日)。

〔72〕 参见 *Certain Nickel Metal Hydride Consumer Batteries，Components Thereof & Consumer Elec. Prods. Containing Same*，Inv. No. 337 – TA – 579，第 4 号命令(2007 年 5 月 30 日)(基于被告提出的仲裁协议动议终止调查)。

〔73〕《美国法典》第 19 章第 1337(c)节(2004)。

六、撤诉

根据《美国联邦规章典集》第210.21(a)节,一旦337调查程序启动后,原告可寻求在撤诉的基础上终止该程序。[74] 原告可在行政法官发布认定被告是否违反337条款的初步裁决之前任意时间撤回起诉。[75] 这个也包括临近证据庭审的时间节点。[76] 除非是极为特殊的情况,委员会一般会批准基于撤诉而请求终止337调查程序的动议。[77] 这么做可以理解,因为如果驳回该终止337调查程序的动议,将会强迫专利所有人在

---

〔74〕 参见《美国联邦规章典集》第19章第210.21(a)节(2018)。与通过和解终止调查类似,通过撤诉终止调查的动议必须"包括一项各方当事人并未就调查涉及内容达成任何协议的声明;或者如果存在此类协议,则必须列明所有协议"。

〔75〕 同上。在立案前,原告"可以在美国国际贸易委员会投票决定是否立案调查前的任何时候行使撤诉的权利"。《美国联邦规章典集》第210.10(a)(5)(i)节(2018)。

〔76〕 参见 *Certain Vaginal Ring Birth Control Devices*, Inv. No. 337-TA-768, 第30号命令(2012年1月20日)(批准原告在启动证据听证会当天提交的通过撤诉终止调查的动议); *Certain Food Waste Disposers & Components & Packaging Thereof* (*Food Waste Disposers*), Inv. No. 337-TA-838, 第8号命令(2012年12月11日)(批准原告在启动证据听证会当天提交的通过撤诉终止调查的动议); *Certain Shirts with Pucker Free Seams*, Inv. No. 337-TA-517, 第22号命令(2005年2月7日)(批准原告在各方提交听证会前摘要后但在证据听证会开始之前提交的通过撤诉终止调查的动议); *Certain Devices for Mobile Data Commc'n Devices*, Inv. No. 337-TA-809, 第60号命令(2012年10月12日)(认定"没有特别情况阻止原告撤诉"并终止调查)。

〔77〕 参见 *Certain Vision-Based Driver Assistance Sys. Cameras & Components Thereof*, Inv. No. 337-TA-899, 第20号命令(2015年2月3日)("委员会进一步指出'在没有特殊情况下,将批准原告在调查的听证会前阶段终止调查的动议'"); *Certain Digital Televisions & Components Thereof*, Inv. No. 337-TA-789, 第17号命令,初步裁决(2011年11月15日)(批准了对其中一个被告终止调查的联合动议)(未复审)[引用了 *Certain Ultrafiltration Membrane Sys. & Components Thereof, Including Ultrafiltration Membranes*, Inv. No. 337-TA-107, 委员会行动及命令,第2页(1982年3月11日)]("在没有特殊情况下,在听证会前阶段终止调查的申请将获得批准")。

该程序中毫不情愿地行使其专利垄断权。[78] 此外，委员会通常会批准该动议的另一个原因是，（良好的）公共政策倾向于避免诉讼以保护公共和私人资源。[79]

通常情况下，基于撤诉请求终止 337 调查程序的动议只有在其引发"有关重大公共利益的考虑"时才会被驳回。[80] 例如，被告若出于希望得到有关专利有效性的裁决，或调查取证程序已经深度进行等理由，而反对原告终止 337 调查的动议，委员会认定，在这些情况下并不存在足以支持驳回该动议的"极其特殊的情况"。[81] 正如根据其他动议终止调查的命令一样，行政法官基于原告撤诉而终止调查的命令也构成一项初步裁决。[82]

与美国联邦地区法院进行的民事诉讼程序不同的是，基于原告撤诉而终止 337 调查程序对各当事人的实体权利以及争议的实体问题并无影响。[83] 委员会已裁决指出"无论终止 337 调查被表述为影响或不影响各当事人的实体权利以及争议的实体问题，都对是否可以在今后另行提起诉讼发起另一项 337 调查不产生任何影响"，因为委员会必须根据制定法

---

〔78〕 参见 *Certain Starter Kill Vehicle Sec. Sys.*（*Starter Kill Vehicle*），Inv. No. 337 – TA – 379，第 13 号命令（1996 年 3 月 5 日）。

〔79〕 参见 *Certain Amorphous Metal & Prods. Containing Same*，Inv. No. 337 – TA – 1078，第 14 号命令（2018 年 6 月 14 日）；*Certain Food Waste Disposers & Components & Packaging Thereof*，Inv. No. 337 – TA – 838，第 8 号命令（2012 年 12 月 11 日）；*Certain Integrated Circuits, Chipsets & Prods. Containing Same Including Televisions, Media Players & Cameras*（*Certain Integrated Circuits*），Inv. No. 337 – TA – 709，第 48 号命令，初步裁决（2011 年 7 月 29 日）（终止针对部分关系方的调查）。

〔80〕 参见 *Certain Integrated Circuits*，第 48 号命令（引用 *Starter Kill Vehicle* 案）。

〔81〕 参见 *Certain Single In – Line Memory Modules & Prods. Containing Same*，Inv. No. 337 – TA – 336（1992 年 6 月 18 日）；*Starter Kill Vehicle*，第 13 号命令。

〔82〕 参见《美国联邦规章典集》第 19 章第 210.21（e）节（2018）和第 210.42（c）节（2018）。

〔83〕 参见 *Certain Bar Clamps, Bar Clamp Pads & Related Packaging, Display & Other Materials*，Inv. No. 337 – TA – 429，委员会意见，第 6 页（2011 年 2 月 13 日）（指出"有偏见的"驳回是与委员会对任何以适当方式提出的申请进行审查的法定义务相违背的）；*Certain Hand – Held Meat Tenderizers*（*Meat Tenderizers*），Inv. No. 337 – TA – 647，第 6 号命令，初步裁决（2008 年 9 月 5 日）。

的规定评估每一项起诉。[84] 虽然如此,委员会不太会对原告撤诉后重新提交内容实质相似的起诉的做法抱有好感并给予正面积极的回应,除非之前的撤诉发生在那一次 337 调查的早期阶段。

七、请求以简易程序裁决的动议

与美国联邦地区法院进行的民事诉讼程序相似的是,337 调查程序的各当事人在其能够证明相关案件事实不存在争议且支持一项解决方案的情况下,可以提交动议请求(行政法官)颁布该解决方案。根据《委员会规则》第 210. 18 节,任何一当事人可提出动议请求(行政法官)以简易程序对一个 337 调查案件中的所有或部分争议问题进行裁决。原告可在起诉书和调查公告送达 20 日后的任意时间提交请求以简易程序裁决的动议。[85] 被告或其他当事人可在调查公告《美国联邦纪事》发布后的任意时间提交请求以简易程序裁决的动议。[86] 所有请求以简易程序裁决的动议必须在庭审日期之前至少 60 日提交,但在特殊情况下若存在合理的理由并根据当事人的请求,行政法官有权允许动议在此期限之后提交。[87] 某些行政法官在其基本规则里对提出在指定时间内可能未决的简易程序的动议次数作出了限制。[88] 在请求以简易程序裁决的动议送达各当事人以后,非提出动议的其他方有 10 日的时间作出回应。[89] 行政法官有权就此问题主持口头辩论,并要求提交额外的法律意见书或备

---

〔84〕 参见 *Meat Tenderizers*,第 6 号命令,初步裁决,第 3 页[引用 *Certain Multibrand Infrared Remote Control Transmitters*,Inv. No. 337 – TA – 363,委员会意见,第 5 – 7 页(1994 年 6 月)]。

〔85〕 参见《美国联邦规章典集》第 19 章第 210. 18(a)节(2008)。

〔86〕 同上。

〔87〕 同上。

〔88〕 参见 *Certain Radio Frequency Micro – Needle Dermatological Treatment Devices & Components Thereof*,Inv. No. 1112,第 6 号命令,对限制简易裁决动议的修订基本规则(2018 年 7 月 26 日)(法官 Lord)(限定各方有一次针对简易裁决提出未决动议机会并要求提出动议的一方在提出其他额外的简易裁决动议之前向行政法官提出)。

〔89〕 参见《美国联邦规章典集》第 19 章第 210. 18(b)节(2008)。

忘录。[90] 然而在实践中，行政法官极少行使该权力。

另外，与美国联邦地区法院进行的民事诉讼程序相同的是，在委员会337 调查程序中，请求以简易程序裁决的动议必须随附支持该动议的相关事实，并且往往也随附各当事人（就相关案件事实不存在争议）的声明。请求以简易程序裁决的动议中必须包含的内容通常由审理该 337 调查案件的行政法官在其发布的基本规则中详细列明。某些行政法官要求提交动议的一方当事人额外随附一份其主张不存在真正事实争议的主要事实陈述，从而使得以简易程序裁决在法律上有理有据。[91] 而有些行政法官并无这一要求。[92] 因此，与美国联邦地区法院进行的民事诉讼程序做法不同的是，337 调查中请求以简易程序裁决的动议提交时并不总是随附对不存在争议的案件事实的陈述。

委员会准予以简易程序裁决的标准类似于美国联邦地区法院以简易程序判决的标准。根据《委员会规则》第 210.18 节，如果"诉状的内容与证人证言、对质询的回复、书面文件中所承认的内容以及宣誓陈述书的内容（若有）表明主要案件事实并不存在任何真正争议，并且提交该动议请求的一方有权获得以简易程序裁决"，行政法官必须准予以简易程序裁决。[93] 与美国联邦地区法院进行的民事诉讼程序相同的是，相关证据应当从最有利于非提出动议一方的角度考察，且一切疑点利益归于非提出动议一方。[94] 此外，行政法官应"认识到以简易程序裁决的目的不是剥

---

〔90〕 同本章注〔89〕。

〔91〕 参见 *Certain Flash Memory Chips & Prods. Containing Same*, Inv. No. 337 – TA – 893，第 2 号命令，第 13 页（2013 年 9 月 10 日）。

〔92〕 参见 *Certain Television Sets, Television Receivers, Television Tuners & Components Thereof*, Inv. No. 337 – TA – 910，第 2 号命令（2014 年 4 月 1 日）。

〔93〕 参见《美国联邦规章典集》第 19 章第 210.18（b）节（2008）。

〔94〕 参见 *Certain Marine Sonar Imaging Sys., Prods. Containing the Same & Components Thereof*, Inv. No. 337 – TA – 926，第 9 号命令，第 4 页（2015 年 3 月 4 日）（"证据应从最有利于反对动议的一方进行考察……解决对非请求一方的疑问"）；*Certain Auto. Parts*, Inv. No. 337 – TA – 651，第 21 号命令，初步裁决，第 2 页（2009 年 3 月 6 日）（"证据应从最有利于反对动议的一方进行考察……解决对非请求一方的疑问"）[引用 Crown Operations Int'l, Ltd. v. Solutia, Inc., 289 F. 3d 1367, 1375（联邦公告 2002）]。

夺诉讼当事人公平参与庭审的机会,而是避免不必要的事实审理,因此应务必确保在简易裁决的案件档案记录中,不存在非提出动议一方可据以胜诉的案件事实的合理版本”。[95] 行政法官的所有批准以简易程序裁决的命令构成初步裁决,必须向委员会签发(供其决定是否进行审查)。[96] 相反,驳回请求以简易程序裁决的动议的命令只有在行政法官(主动)向委员会签发的情况下才可上诉(供委员会审查)。[97]

有关存在进口的事实、有关制定法所要求的存在美国国内产业及其经济方面要素的事实,往往通过简易程序裁决作出结论、解决争议。[98] 在其他所有被告被认定缺席的情况下,请求以简易程序裁决的动议也很常见。[99] 针对专利事项所提出的简易程序裁决的动议很少能获得成功。[100]

考虑到委员会337调查程序的时间进度颇为紧凑,以简易程序裁决

---

〔95〕 *Certain Wireless Devices with 3G and/or 4G Capabilities & Components Thereof*, Inv. No. 337 - TA - 868,第92号命令,第2页(2014年2月11日)(引用EMI Group N. Am., Inc. v. Intel Corp., 157 F. 3d 887, 891(联邦公告1998)。

〔96〕 参见《美国联邦规章典集》第19章第210.18(f)节(2008)和第210.42(c)节(2018)。

〔97〕 同上书,第210.24(b)节(1994)。

〔98〕 参见 *Certain Loom Kits for Creating Linked Articles* (*Loom Kits*), Inv. No. 337 - TA - 923,第13号命令(2015年2月11日); *Certain Flash Memory & Prods. Containing Same*, Inv. No. 337 - 685,第44号命令,初步裁决,批准原告关于Alpine被告已经满足《美国法典》第19编第1337节规定的进口要求从而申请简易裁决动议(2010年12月22日); *Certain Handheld Elec. Computing Devices, Related Software & Components Thereof*, Inv. No. 337 - TA - 769,第34号命令,初步裁决,批准微软关于其已经满足国内产业经济要素的要求从而进行简易裁决的动议(2012年2月21日)。

〔99〕 参见 *Loom Kits*, Inv. No. 337 - TA - 923,第13号命令; *Certain Hydraulic Excavators & Components Thereof*, Inv. No. 337 - TA - 582,第67号命令,初步裁决,批准关于违反337条款、救济、保证金和公共利益进行简易裁决的动议(2009年3月9日)(由于仅存在调查中的两名被告被认定为缺席,因此批准原告对于违反337条款进行简易裁决的动议)。

〔100〕 参见 *Lithographic Laser Imageable Printing Plates*, Inv. No. 337 - TA - 636,第22号命令,第4页(2009年3月4日); *Wireless Devices with 3G and/or 4G Capabilities*,第89号命令,第6页(2014年1月15日)(基于委员会关于同一专利在另一调查中被认定无效的裁决批准进行部分简易裁决)。

(相关问题)是337调查程序中一个相当有用的工具。通过简易程序对有关问题作出裁决为正式庭审中处理其他争议问题留出了宝贵的时间,也可优化调查取证程序。即使一方当事人请求以简易程序裁决的动议未完全获得批准,行政法官也可就不存在争议的有关事实部分批准该动议。即使请求以简易程序裁决的动议完全被驳回,该过程也可对行政法官进行培训,帮助其了解相关争议问题(译者注:因为法官并非在每一个领域都熟悉或具备专长,当事人及代理律师往往需要花费时间向法官介绍有关案件的相关法律实体和程序规则)。因此,以简易程序裁决能够成为任一当事人用以优化并赢得337调查诉讼的战略中颇具价值的一部分。

第九章

庭审前的准备工作

事实证据开示和专家的调查取证程序一旦完成，各方当事人便需要开始认真准备行政法官主持和举行的庭审（又称听证会）。通常情况下，案件程序进度时间表在调查取证程序完结和庭审开始之间安排了两至三个月的时间。在此期间，需准备审前法律意见书、各项证物附件（exhibits）和反对意见、提交请求禁止使用某些证据的动议（motions in limine），并在某些337调查中进行技术性辅导。

一、庭审前的意见陈述和摘要

在庭审之前，行政法官会要求各方提交一份听证前陈述和摘要。在庭审前陈述和法律意见书是否必须分开的问题上，不同的行政法官会采取不同的做法。行政法官制定的基本规则规定了这些文件的提交格式。不同调查中提交庭审前陈述和法律意见书的时间表会各不相同；但是，行政法官通常要求各方在庭审开始前大约一个月提交这些陈述。在涉及多个被告的调查中，行政法官可能会鼓励或要求这些被告提交一份合并文件。

庭审前陈述旨在向行政法官提供情况概要，而庭审前的法律意见书则详细阐述各方对庭审中将要审议的问题的立场。在正常情况下，各方受到其庭审前法律意见书中所述立场的约束，除非当事人在提交法律意见书时不可能合理地知道有争议,否则听证前法律意见书中未提出的任何问题都被视为放弃或撤回。[1] 页数限制由行政法官决定。一些行政法官在调查的基本规则中规定了具体的页面限制,这些规则可以被某一方通过动议来修改。[2] 行政法官如没有在基本规则中对庭审前法律意见书的具体页数进行限制,则有权在个案中(例如,在答复某一方提起动议时)提出要求。[3]

某些行政法官会针对不公平进口调查办公室(OUII)提交庭审前陈述和法律意见的时间设定期限,大概在私主体当事人适用的截止日期之后一周,以允许 OUII 考虑当事人的陈述意见。[4] 这也是 OUII 就调查中的实质性问题首次表明立场的时间(除在请求以简易程序裁决的动议中提出过的问题外)。对于每一个需要谨慎对待的问题,OUII 会对一方表示支持,而对另一方表示反对。除了有可能使其改变主张的特殊情况外(如在庭审过程中发现新的证据),OUII 在后续调查中向行政法官和委员会提出的观点将与其在庭审前法律意见中的立场相一致。因此,建议各方在整个调查过程中,尤其是在提交庭审前法律意见之前提前与 OUII 会面,以确保 OUII 的律师充分了解一方对调查所涉问题的立场。

通常情况下,行政法官的基本规则会列出庭审前陈述和法律意见应当包括的部分或者全部内容,如下:

(一)庭审作证的证人名单

为便于时间安排并向对方当事人发出通知,行政法官通常要求每一方当事人列出他们打算在审判中传唤的事实和专家证人,有时包括对他

---

[1] 行政法官通常会在调查的基本规则中将这一要求通知各方。

[2] *See Certain Digital Video Receivers & Related Hardware & Software Components*, Inv. No. 337 – TA – 1103, Order No. 22 (July 25, 2018); *Certain Digital Cameras, Software & Components Thereof*, Inv. No. 337 – TA – 1059, Order No. 42 (Jan. 25, 2018).

[3] *See Certain Magnetic Tape Cartridges & Components Thereof*, Inv. No. 337 – TA – 1058, Order No. 27 (Mar. 22, 2018); *Certain Mobile & Portable Elec. Devices Incorporating Haptics (Including Smartphones & Laptops) & Components Thereof*, Inv. No. 337 – TA – 1004/990, Order No. 33 (Mar. 6, 2017).

[4] 程序进度时间表会说明行政法官是否为调查律师递交庭审前陈述和法律意见规定单独的截止日期。

们预期作证的描述和对每个证人和专家证人所需时间的估计，以确定他或她的专长领域。如果根据预定的庭审时间，当事人的证人人数过多，法官可以要求当事人减少在场庭审的证人人数。行政法官还可以鼓励各方当事人作出共同协议约定或指定采纳书面证词中的某些部分，来取代某些证人的现场证词。有的行政法官要求当事人通过书面证人陈述来介绍他们的证人的直接证词，限制反对方和 OUII 对证人的现场证词进行交叉询问或再次询问。其他的行政法官则要求所有的直接证词都是现场的。[5] 然而，行政法官允许调查律师在证人席上要求证人补充证词。当然，在直接证词是通过书面证词提供的情况下，如果对方或调查律师不进行交叉询问，证人除了书面证词之外，便没有其他机会提升其证词的可信度。在法官要求书面直接证词的调查中，准备证人陈述是一项重要的工作，需要花费相当多的时间和精力来拟定问题和答复。

（二）证物附件清单

根据通常的程序进度表，各当事人需在提交其审前意见陈述之前交换证物附件清单。随审前意见陈述一同提交证物附件清单主要是为了方便行政程序上的管理，便于行政法官审理。各方经常协调证物附件清单，将重复提交的附件作为共有附件。

（三）共同约定事项

一般而言，行政法官鼓励各当事人对不存在争议的问题作出共同协议约定（如被告进口产品的事实），从而简化庭审，使得法官能够专注审理争议的问题。各当事人通常需要在其庭审前意见陈述中针对调查中的实质性问题列明其已达成协议共同约定的事项。[6]

（四）关于争议问题的主张

审前意见陈述（通常是单独提交的“庭审前法律意见书”）的核心内容，是当事人描述其认为行政法官将需要考虑的争议问题，并说明该当事人在这些争议问题上的论点主张，包括引述支持该主张的相关权威法源依据。例如，在专利侵权案件中，各当事人应当详细阐述其所有的专利权

---

〔5〕 行政法官会在基本规则中说明，一方是否需要为其证人的直接证词提交证人陈述。

〔6〕 *See, e. g., Certain Wireless Standard Compliant Elec. Devices, Including Comm'cn Devices & Tablet Computers*, Inv. No. 337 – TA – 953, Order No. 2, at 13 (Apr. 1, 2015).

利范围解释(如果之前尚未决定),相关专利是否侵权,是否有效的论点,以及其他与该案相关的争议问题或抗辩观点。尽管行政法官并非仅依据庭审前意见陈述本身裁决案件争议的实质问题(该裁决需在庭审过程中审视相关证据,并审察详细的庭审后法律意见书之后作出),庭审前意见陈述对当事人有关争议问题的主张所作的解释说明是极其重要的,能够帮助行政法官勾勒出相关争议要点的框架并提供第一印象。也许更重要的是,正如上文所述,在庭审前意见陈述中未能充分表达的任何论点主张可能会被视为已被该当事人放弃或弃权。

(五)拟定的审前会议议程

各当事人应当在其庭审前意见陈述中披露其计划在审前会议上提出的争议问题。在庭审前会议上经常提出供讨论解决的典型问题包括:对于未决动议(包括请求禁止使用某些证据的动议)的裁决,对于高优先级的反对意见(High Priority Objections)的裁决,有关庭审程序方案(Hearing Protocol)问题的解决,以及安排证人出庭的日程。必要时,针对对方证物清单上的单个证物提出的书面反对意见往往篇幅较长,因此,在审前会议上未被指定为需要优先裁决的反对意见在庭审期间不会得到裁决,除非在庭审期间再次提出。每次提出反对意见都会增加工作量,这推动某些当事人达成共同约定,以限制在后续调查中提出反对意见或放弃在审前会议对具体的证物附件提出反对意见。在越来越多的情况下,行政法官不要求当事人在举行证据听证会之前对每一项拟议的证物附件提出异议。不过,有些行政法官确实要求,对证人陈述中引用的证据提出异议时,必须通过高级优先反对意见或者请求禁止使用某些证据的动议来提出。

(六)为达成和解而做出善意努力的陈述

各当事人必须在调查过程中探讨合理解决争议问题的可能性。这包括参加强制性的和解会议和调解。和解会议和调解的次数通常规定在行政法官发布的程序表中;行政法官要求当事人在庭审前的意见陈述中说明他们为达到前述要求所作出的善意的努力。

二、证物附件

不同行政法官处理证物附件的程序略有不同，相关程序在行政法官各自的基本规则中有所规定。通常情况下，案件的程序进度时间表会规定各当事人交换直接证据和反驳证物附件以及证物附件清单的截止日期。直接证据包括证人的书面陈述通常在递交直接证物附件清单之后一周递交。公司证词的指定部分可以与直接证物附件一起提交。行政法官也可以为该指定证词另行规定提交期限。反驳证物附件清单和证物附件通常在同一天提交。一般来说，所有的证物附件必须在私主体当事人提交他们的庭审前陈述和法律意见之前大约一周提交。行政法官可以要求列明准备每一份证物附件的证人的身份以及每一份证物附件的证明目的。需要保密的证物附件必须明确标明。外文证物附件必须提供英文翻译。

各当事人应当在不经行政法官介入的情况下，主动自行删除重复的证物附件，并且改正证物附件中能够更正的问题（如字迹难以辨认影响阅读的，外文文件缺乏英文译文等）。实物证物附件一般要单独列明和处理；实物证物附件通常无须送达对方当事人，但必须供对方在程序进度时间表规定的时限内查阅。庭审期间，在使用证物附件之前，各当事人通常取得（行政法官的）许可来提供证物概要（demonstrative exhibits）。

有的行政法官更愿意在听证会之前或听证会开始时就对证物的异议作出裁决，对高优先级异议（如果不是所有异议）作出裁决，以便简化流程。其他行政法官会使用更为传统的审判式方法，在经过证人在证人席上或在证人陈述中讨论之后，再来裁决反对将证物纳入证据的意见。在证据程序终结且证据记录归档之后，各当事人必须提交一份最终版本的证物清单，列明哪些证物被采纳或被拒绝采纳。被正式采纳的证物必须列入档案。委员会允许通过电子而不是书面的方式接受证物附件的提交，但仍然需要参考行政法官的基本规则以明确其特有的规定。如果提供了适当的证据，行政法官拒绝采纳的证物附件可以存入案件档案记录，以供将来委员会乃至联邦巡回上诉法院的审查。委员会的委员们可以裁决行政法官拒绝采纳某当事人证物附件作为证据的决定是错误的，并根据被排除的证物附件作出最终裁决。

三、请求禁止使用某些证据的动议

请求禁止使用某些证据的动议通常按照案件程序进度时间表规定的截止日期来提交。一些行政法官在基本规则中规定了各方当事人可提交的请求禁止使用某些证据的动议的数量限制。一些行政法官在基本规则中要求各方当事人在提出此类动议时,将动议所涉及的证据包括在内,如果动议方不这样做,则法官将不予考虑。[7] 该动议用来排除某些以证人证言或证物附件为形式的证据,若一方当事人主张该证据无关或将导致不公平的偏见。例如,原告方可以要求拒绝采纳某位"专利法专家"针对不公平行为指控所作出的证言。建议各当事人最好就特定具体的、独立的证据问题提出请求禁止使用某些证据的动议。如果该类动议的表述较为宽泛(例如,某动议请求拒绝采纳未在专家报告中披露的专家证言),虽然有时候会得到批准,其效果却十分有限,因为存在异议的证言在庭审过程中被提出时,反对方仍会现场提出反对,行政法官也仍然需要就此作出裁决。基于有关实体问题的该类动议(例如,某动议请求拒绝采纳专家在不正确的专利权利范围解释的基础上作出的关于侵权的证言)极少会得到批准。[8]

请求禁止使用某些证据的动议经常引述《联邦证据规则》并以其作为依据,但应记住的是,《联邦证据规则》并不严格适用于行政法官主持的行政程序庭审。实际上,在 337 调查程序中是否采纳证据由《委员会规则》第 210.37 节规制,该节规定:"相关的、实质的以及可靠的证据应获采纳。无关的、非实质的、不可靠的或者不恰当的重复性证据应予以排除。"尽管

---

〔7〕 *See*, *e. g.*, *Certain Unmanned Aerial Vehicles & Components Thereof*, Inv. No. 337 - TA - 1133, Order No. 2, at 19 (Oct. 2, 2018); *see also Certain Windshield Wipers & Components Thereof*, Inv. No. 337 - TA - 902, Order No. 18 (June 20, 2014)(驳回原告因未遵守该基本规则而提出的请求禁止使用某些证据的动议)。

〔8〕 这些问题一般应在简易程序裁决的动议中提出,而不是在请求禁止使用某些证据的动议中提出。

如此，在是否采纳证据的问题上，委员会也会参考《联邦证据规则》寻求指导。[9]

四、马克曼听证会

美国联邦最高法院在马克曼诉 Westview 仪器公司（Markman v. Westview Instruments）[10]案中的判决确立：专利权利范围的解释是一项法律问题（译者注：即由法官裁决的法律问题，而不是由陪审团决定的事实问题）。该判决作出后，在由陪审团参与的初审进行之前单独举行“马克曼听证会”以解释专利权利的范围，已成为许多美国联邦地区法院的通行做法。然而，在委员会的 337 调查程序中，行政法官既裁决法律问题，也裁决事实问题，故而在 337 调查中，举行单独的听证会以对专利权利范围进行解释的理由并不存在。出于这个原因以及其他一些原因（包括 337 调查程序进展迅速的特点），在委员会的 337 调查程序中，举行马克曼听证会属于例外的情形，而非普遍的做法。然而，近年来举行马克曼听证会的频率有所增加。2017 年，在超过一半的实用专利相关的 337 调查中，委员会都举行了马克曼听证会。一些行政法官在程序进度时间表中规定了马克曼听证会的日期，而没有征求各方当事人对是否有必要举行听证会的意见。如果行政法官没有计划举行马克曼听证会，而一方当事人认为应当举行马克曼听证会，该当事人应当在调查程序的初期向行政法官提出该问题，以便在程序进度表中加入该内容。[11] 是否举行马克曼听证

---

〔9〕 *See Certain Recombinant Factor Ⅷ Prods.*, Inv. No. 337 – TA – 956, Order No. 37, at 6 (Mar. 21, 2016)（“尽管不具约束力，但委员会确实在证据问题上参考《联邦证据规则》。”Although not binding, the Commission does look to the Federal Rules of Evidence for guidance on evidentiary issues.）; *Certain Automated Teller Machs.*, *ATM Prods. Components Thereof & Prods. Containing the Same*, Inv. No. 337 – TA – 972, Order No. 31, at 4 (Sept. 7, 2016).

〔10〕 Markman v. Westview Instruments, 517 U. S. 370 (1996).

〔11〕 参见 *Certain Elec. Devices, Including Wireless Commc'n Devices, Portable Music & Data Processing Devices & Tablet Computers*, Inv. No. 337 – TA – 794, Order No. 5, at 1 (Oct. 17, 2011)（该案中尽管原告反对，仍然举行了马克曼听证会）。

会最终属于行政法官行使自由裁量权的范围,即使某当事人反对,行政法官仍然可以举行马克曼听证会。在举行马克曼听证会时,行政法官可以考虑下列因素:涉案专利的数量,当事人所主张的权利要求,相关技术的复杂性,以及该行政法官审理案件的整体数量和负担。[12] 在举行马克曼听证会时,行政法官就专利权利范围的解释所作出的裁决属于命令,而非初裁,故而当事人无法就行政法官的此项命令向委员会提起上诉。[13] 该种做法与联邦地区法院的做法相一致,即联邦地区法院就专利权利范围的解释所颁布的临时命令,当事人不可立即向联邦巡回上诉法院申请上诉。如果专利权利范围的解释不利于一方当事人,从委员会和联邦巡回上诉法院审查的角度来看,最好在听证会上提出与该方立场一致的建议。

五、辅导

在案件涉及复杂技术的情况下,有时行政法官会行使自由裁量权决定举行法官技术辅导。法官技术辅导的目的在于就涉案的相关技术对法官进行指导。各当事人不应借助辅导的机会就其各自主张的实质内容展开论辩。辅导可在马克曼听证会期间或者在最终庭审之前举行。行政法官通常允许各方当事人决定他们所需的辅导时长以及辅导进行的方式。各方对辅导的格式和风格具有广泛的自由裁量权。辅导可以由律师或当事人的专家提供。原告和被告提供辅导的时间长度相同,由其各自的专家分别对行政法官进行辅导,辅导方式可以采取讲座式,也可以采取问答

---

〔12〕 参见 *Certain LED Photographic Lighting Devices & Components Thereof*, Inv. No. 337 – TA – 804, Order No. 10, at 1 – 2 (Nov. 28, 2011)(虽然马克曼听证会有利于澄清专利和主张的权利要求的数量,但仅此一点并不足以举行听证会,特别是因为尚不清楚相关技术是否足够复杂而需要举行早期的辅导和马克曼听证会。此外,根据行政法官目前的时间表……考虑到行政法官还要负责其他调查,其不太可能及时地对专利的权利范围进行解释)。

〔13〕 *See Certain Mobile Tels. & Wireless Commc'n Devices Featuring Digital Cameras & Components Thereof*, Inv. No. 337 – TA – 703, Notice of Comm'n Determination That June 22, 2010 Initial Determination Is an Order Rather Than an Initial Determination (Oct. 20, 2010).

式，但没有交叉询问的环节。各方当事人应就辅导过程中使用的视觉辅助工具（如 PowerPoint 演示文稿）是否纳入案件记录征求行政法官的意见。除了法官技术辅导之外，行政法官可指示各当事人共同准备并协商，在技术方面达成一致的共同约定，该共同约定事项将列明关于涉案专利的有关技术并不存在争议的背景信息。[14]

六、庭审前会议

行政法官通常在第一次庭审的当天上午召开审前会议，但在有些案件中，审前会议可能提前一天举行。[15] 在审前会议中，行政法官会就如何开展庭审作出最后的指示，就证人出庭的顺序解决所有程序安排上的问题，并且回答任何关于程序的问题。行政法官经常也会就未决的动议和高优先级的反对意见作出裁决（经过或者不经过当事人口头辩论）。行政法官也可能就各当事人有关和解的讨论进行问询，并且督促各当事人通过协议达成各项共同约定事项，从而提高庭审效率，便于庭审的举行。

七、取消资格的动议

取消律师资格的动议很少被委员会批准，行政法官认为取消律师资

---

〔14〕 *See, e.g., Certain Laser - Driven Light Sources, Subsystems Containing Laser - Driven Light Sources & Prods. Containing Same*, Inv. No. 337 - TA - 983, Order No. 5 (Feb. 17, 2016).

〔15〕 参见 19 C. F. R. § 210. 35 (2008) 授权行政法官在庭审之前的任何时候召开庭审前会议。有的行政法官在调查的早期举行“初步会议”，而另一些在调查期间的不同时间点举行会议，听取关于实质性、证据开示或程序性动议的辩论。庭审前会议通常在庭审之前举行。

格是“过激的”做法。[16] 因此,取消律师资格的权力“只有在绝对必要的时候”才被使用,并且“动议方要承担举证责任,证明取消律师资格是基于高标准的证据”。[17] 之所以需要较高的证明标准,是因为“一方当事人选择和维护自己律师的权利是一个非常重要的问题”。[18]

在决定是否取消律师资格时,委员会适用《美国律师协会示范规则》(ABA Model Rules)第 1.7 条和第 1.9 条。[19] 这些规则禁止律师在“同一事项或实质性相关事项”中代理对现有客户或老客户存在重大利益冲突的客户。《美国律师协会示范规则》第 1.9 条的注释 3 规定:

本法规定的“实质性相关事项”是指他们涉及同一交易或法律争端,或者先前代理案件中获得的保密事实资料将实质性有利于在后续案件中的客户。例如,一名律师代理一名商人并获得了此人的大量财务信息,那么该律师随后便不能在离婚案件中代理此人的配偶。同样,一名曾代理客户取得建造购物中心所需的环境许可证的律师,将被禁止代理基于环

---

〔16〕 *Certain Semiconductor Devices & Consumer Audiovisual Prods. Containing the Same* (*Consumer Audiovisual Prods.*), Inv. No. 337 – TA – 1047, Order No. 11, at 4 (July 19, 2017) (quoting *Certain Dynamic Random Access Memory & NAND Flash Memory Devices & Prods. Containing Same*, Inv. No. 337 – TA – 803, Order No. 40, at 4 – 5 (June 5, 2012)); *see also Certain Cold Cathode Fluorescent Lamp* (“*CCFL*”) *Inverter Circuits & Prods. Containing the Same* (*CCFL Inverter Circuits*), Inv. No. 337 – TA – 666, Order No. 7, at 4 (Apr. 29, 2009) [citing *Certain Baseband Processor Chips & Chipsets, Transmitter & Receiver* (*Radio*) *Chips, Power Control Chips & Prods. Containing Same, Including Cellular Tel. Handsets* (*Baseband Processor Chips*), Inv. No. 337 – TA – 543, Order No. 29, at 19 (Mar. 9, 2006)].

〔17〕 *Consumer Audiovisual Prods.*, Inv. No. 337 – TA – 1047, Order No. 11, at 4 (quoting *Certain Semiconductor Chips with Minimized Chip Package Size & Prods. Containing Same* (*Semiconductor Chips*), Inv. No. 337 – TA – 605, Order No. 15, at 3 (Dec. 27, 2007); *see also Certain Printing & Imaging Devices & Components Thereof* (*Printing Devices*), Inv. No. 337 – TA – 690, Order No. 10, at 3 (Jan. 11, 2010) (要求提出动议方“明确和令人信服的证据,证明取消资格是合理的”)。

〔18〕 *Baseband Processor Chips*, Inv. No. 337 – TA – 543, Order No. 29, at 19, 24; *see also Certain Consumer Elecs. & Display Devices with Graphics Processing & Graphics Processing Units Therein*, Inv. No. 337 – TA – 932, Order No. 5, at 18 – 19 (June 4, 2015).

〔19〕 *Consumer Audiovisual Prods.*, Inv. No. 337 – TA – 1047, Order No. 11, at 5 – 7.

境考虑而反对物业改建的邻居。然而，基于实质性关系的考虑，该律师可以代理已完工的购物中心的租户，反对他们因未支付租金而被驱逐。向公众或对前客户不利的其他方披露信息通常不会被取消资格。在先前案件中获得的信息可能由于时间的推移而过时，这种情况可能与确定两个案件是否存在实质性关联而相关。就机构客户而言，一方面，对客户政策和惯例的一般了解通常不会影响后续案件的代理；另一方面，对先前案件中获得的与所涉事项相关的具体事实的了解通常会排除此类代理。如要证明存在律师在后续案件中使用保密信息的重大风险，先前的客户无须披露律师获悉的保密信息。根据律师向先前客户提供的服务的性质，以及提供此类服务的律师在一般情况下可以了解到的信息，便可以断定律师是否掌握这些信息。

联邦巡回上诉法院在一项非判例性的决定中指出，在确定案件是否“实质性相关”时，法院考虑三个相关因素：“（1）当前案件和先前之间的事实相似性；（2）涉案法律问题之间的相似性；（3）律师参与先前案件的性质和程度。”[20]委员会没有详细阐述“实质性相关”的含义，但有时参考联邦法院的判决作为指导。[21] 然而，在一次调查中，驳回取消资格的动议的依据是，调查结果认为，虽然原告的律师以前曾在先前的第 337 条调查中代理被告，但先前的案件与目前的调查没有实质性关系，因为：（1）先前调查中争议的专利与目前调查中争议的技术没有任何关系；（2）先前的调查与目前的调查在事实上不同；（3）对律师的先前代理提出质疑并不能

---

〔20〕 Commonwealth Scientific & Indus. Research Org. v. Toshiba Am. Info. Sys. Inc., 297 Fed. Appx. 970, 975 (Fed. Cir. 2008) [(not published in Federal Reporter) quoting Power Mosfet Techs, L. L. C. v. Siemens AG, 2002 WL 32785219, at *2 (E. D. Tex. Sept. 30, 2002)].

〔21〕 参见 *Certain Elec. Imaging Devices*, Inv. No. 337 – TA – 726, Order No. 6, at 11 (Sept. 29, 2010) [citing Apeldyn Corp. v. Samsung Elecs. Co., Ltd., 660 F. Supp. 2d 557, 562 (D. Del. 2009)][“一般来说，如果两个案件之间的相似性足以得出常识性的推断，即律师从其先前客户那里获得的信息将有助于他代表另一个客户，而这个客户的利益与先前客户的利益相反，则存在着实质性关联”（省略引文）]；*Certain Personal Data & Mobile Commc'ns Devices & Related Software*, Inv. No. 337 – TA – 710, Order No. 10, at 4 – 5 (July 21, 2010)。

实质性地提升原告在目前的调查中的地位。[22]

有的行政法官认为,即使存在违反《美国律师协会示范规则》第1.9条的行为,也没有必要取消律师资格:

违反道德规范本身并不会导致相关律师丧失职业资格。相反,关键的问题是,继续代理是否会对另一方当事人在该事项上的权利造成损害或不利影响,以及这种损害是否超过另一方当事人律师的资格被取消所造成的损害。因此,为了确保取消资格这种严厉制裁的合理性,必须有证据表明,不道德的行为在某种程度上"污染"了调查。[23]

在一些案件中,从有争议的调查中筛查可能有利害冲突的律师,被认为是解决有可能产生利益冲突的问题的"较为缓和的手段"。[24]

尽管委员会对取消资格的标准相对宽松,但在激光磨损牛仔服(Certain Laser Abraded Denim Garments)案中,主审行政法官根据其对适用于原告律师的《标准道德规则》的解释,准许取消原告律师的资格,因为该规则采用了瑞士的"协会"结构。[25] 代理原告的是美国协会的"门户",但

---

〔22〕 *Certain Consumer Elec. & Display Devices with Graphics Processing & Graphics Processing Units Therein*, Inv. No. 337 – TA – 932, Order No. 5, at 23 (June 4, 2015).

〔23〕 *CCFL Inverter Circuits*, Inv. No. 337 – TA – 666, Order No. 6, at 5 – 6 (quoting *Certain Unified Commc'ns Sys., Prods. Used with Such Sys. & Components Thereof*, Inv. No. 337 – TA – 598, Order No. 14, at 9 – 10 (Sept. 25, 2007) (quotations and citations omitted); *Printing Devices*, Inv. No. 337 – TA – 690, Order No. 10, at 4; *Baseband Processor Chips*, Inv. No. 337 – TA – 543, Order No. 29, at 21 – 22.

〔24〕 参见 *Semiconductor Chips*, Inv. No. 337 – TA – 605, Order No. 15, at 7 – 8 ("许多法院参照联邦巡回上诉法院的做法,承认使用镜像设备是驳回取消律师资格动议的合法依据") [citing EZ Paintr Corp. v. PADCO, Inc., 746 F. 2d 1459 (Fed. Cir. 1984)] (other citations omitted); *Certain Switches & Prods. Containing Same*, Inv. No. 337 – TA – 589, Order No. 6, at 10 (Apr. 12, 2007); *CCFL Inverter Circuits*, Inv. No. 337 – TA – 666, Order No. 7, at 9 – 10 (引用否决取消资格动议的理由); *Certain Large Scale Integrated Circuit Semiconductor Chips & Prods. Containing Same*, Inv. No. 337 – TA – 716, Order No. 8, at 7 (Jan. 24, 2001) (隔离在实质性相关事项中曾代表对方当事人的律师,便有理由驳回取消资格动议)。

〔25〕 *Certain Laser Abraded Denim Garments*, Inv. No. 337 – TA – 930, Order No. 43 (June 30, 2015).

前身律师事务所和协会本身已在与本次调查的主张和抗辩相关的事宜中代理了被告。行政法院法官认为,道德规则对“事务所”或“律师事务所”的定义很宽泛,足以包括协会的结构,因此认定存在道德违规行为,因为该事务所既代表原告,又代表被告。[26] 考虑到侵权行为的性质,并且为了保护公众对法律职业的看法,行政法官采取了取消原告律师资格的严厉措施。[27]

然而,在某些案件中,对律师进行镜像筛查被认为是一种不充分的救济措施。具体而言,在个人数据和移动通信设备及相关软件(Certain Personal Data & Mobile Communications Devices & Related Software)案中,主审的行政法官认为,信息隔离墙在该案中并不是一种充分的补救措施。[28] 这些案件虽然有些异常,但表明委员会在适当情况下可以取消资格,尽管这种做法可能导致混乱和损害。

---

〔26〕 *Id.* at 10.

〔27〕 *See id.* at 11 - 13; *see also Certain Audio Processing Hardware, Software & Prods. Containing the Same*, Inv. No. 337 - TA - 1026, Order No. 23, at 7 - 8 (Apr. 6, 2017).

〔28〕 *Certain Personal Data & Mobile Comm'cn Devices & Related Software*, Inv. No. 337 - TA - 710, Order No. 10, at 9 - 10 (July 21, 2010).

第十章

庭审和庭审后事宜

《委员会规则》第210.36(a)节规定:“每个337调查都应该为当事人提供庭审的机会……庭审的目的是允许主持听证的行政法官取证和听证,以确定是否存在违反《1930年关税法》中337条款的行为,并且根据《1930年关税法》第337(j)条的规定,针对应当采取的适当补救措施和被告在总统审查委员会行动期间应提交的保证金金额,按照第210.42(a)(1)(ii)节的规定提供调查结果和建议。”[1]

根据这一规则(除了以和解、同意令、缺席或是简易裁决结案的调查之外),所有的337调查都会在委员会的法庭里举行由行政法官主持的庭审,持续几天或1~2周。[2]虽然在很多方面,337调查的庭审和美国联邦地区法院无陪审团参与的法官开庭审理相似,但337调查的庭审不受《联

---

〔1〕《美国联邦规章典集》第19章第210.36(a)(1)节(2014)。

〔2〕同上注,第19章第210.36(c)节:快速办理。庭审应该合理迅速地进行,原则上应该在同一个地方进行并且持续到完成为止,除非行政法官另有要求。参见《美国联邦规章典集》第19章第210.36(e)节:主持庭审的政府工作人员,除非委员会另有要求,每个庭审都应该由一位行政法官来主持。

邦规则》或者《联邦证据规则》的管制。相反,庭审需要遵守《行政程序法》。[3] 然而,当《委员会规则》没有规定或者不存在先例的情况下,行政法官们会参考联邦法的规则。[4]

《委员会规则》第210.36(b)节规定所有的庭审"应该公开进行,除非行政法官另行安排"。然而,由于337调查的庭审通常涉及商业保密信息,大多数情况下庭审内容都是保密的,不公开审理,只有签署了行政保护令并符合条件的人,以及提供商业保密信息的当事人才可以留在法庭听审。

一、开场陈词

法官可以自由裁定是否让当事人进行开场陈词/开庭陈述。有的行政法官在调查基本规则中规定了开庭陈述的时间限制,并明确规定将一方开庭陈述的时间计入其庭审时间。各方经常利用开场陈述向行政法官

---

〔3〕 参见《美国联邦规章典集》第19章第210.36(d)节当事人的权利。根据本节进行的庭审均应按照《行政程序法》进行。(5 U.S.C. 第554 - 556段)。每个当事人都享有得到及时通知、交叉询问、展示证据、反对、动议、争论以及对庭审公平性而言至关重要的权利。

〔4〕 参见 *Certain Recombinant Factor Ⅷ Prods.*, Inv. No.337 - TA - 956, Order No.37, at 6 (Mar.11, 2016)("委员会在证据问题上会参考联邦证据规则,尽管该规则对调查不具有约束力"); *Certain Automated Teller Machs., ATM Prods. Components Thereof & Prods*, Inv. No.337 - TA - 972, Order No.31, at 4 (2016年9月7日); *Certain Coenzyme Q10 Prods. &Methods of Making Same*, Inv. No.337 - TA - 790, Order No.14, at 4 (2012年2月22日)[引用 *Certain Semiconductor Chips with Minimized Chip Package Size &Prods. Containing Same* (Ⅲ), Inv. No.337 - TA - 630, 第46号令初裁 (2009年8月28日)(未经复审)](虽然《联邦证据规则》并不严格适用于行政法官主持的庭审,但委员会在证据方面仍然参照《联邦证据规则》); *Certain Cold Cathode Fluorescent Lamp (CCFL) Inverter Circuits &Prods. Containing the Same*, Inv. No.337 - TA - 666, Order No.28, at 6 (Sept.30, 2009)(quoting *Certain Composite Wear Components & Prods. Containing Same*, Inv. No.337 - TA - 644, Order No.16, at 2 - 3 (2009年1月22日); *Certain Indomethacin*, Inv. No.337 - TA - 183 (Ancillary proceeding), Comm'n Op., at 4 n.8 (1988年6月30日)("尽管委员会的实践不受联邦民事诉讼规则的约束,但它经常参考这些规则")。

介绍自己的立场，并为即将举行的庭审做好铺垫。由于当事人的立场在“庭审前法律意见陈述”中已经表述得非常详细，而庭审的时间又非常宝贵，通常不允许进行冗长的开场陈词。

二、发言的顺序

常见的庭审顺序是先让原告阐述主要事实和理由，然后由被告方发言，再让委员会不公平进口调查办公室的调查律师陈述其立场。[5] 发言的顺序可以根据证人的时间进行调整，比如，不按照通常的顺序传唤某个证人；打断某个证人证词而允许另一个证人先作证；虽然原被告都想传唤某个证人，但只允许一个证人出庭作证一次。

三、证人询问

对于证人的询问，行政法官在实践中具有较大的灵活性。委员会的行政法官通常选择按照其他行政机关采用的做法，要求当事人以书面证人陈述的方式提供直接证词，但不利证人除外。证人陈述通常在庭审前进行交换。有的行政法官根据庭审时间和调查中涉及问题的复杂性对当事人可能提交的证人陈述的页数进行限制。这种情况下，当事各方应注意确保关键问题在证人陈述中得到充分阐述，避免过多地讨论不重要的问题。对于证人陈述证言的异议也可以在庭审前通过优先权异议或请求禁止使用某些证据的动议提出。

在涉及证人陈述的听证会上，当事人不会现场宣读自方证人的直接证词。相反，证人会对其证人陈述进行宣誓，然后接受交叉质证和不公平进口调查办公室的询问。在涉及多个证人的调查中，经行政法官同意，当事人可以就证人证言的部分内容达成一致，以代替交叉询问和再次直接询问，构成在当事方证人证词之外根据《委员会规则》第 210. 28(h)节可以采纳的其他证词。委员会的庭审也不同于地区法院的庭审，在私主体

〔5〕 不公平进口调查办公室的律师常常通过对私人当事人的证人进行交叉询问的方式来证明其案件主张，但是保留传唤他们自己的证人的权利。

当事方和不公平进口调查办公室完成询问之后,行政法官有时会对证人提出后续问题。各方当事人在其认为有必要保留其在委员会复审和任何随后上诉的权利的范围内,可以适当地反对行政法官提出的问题。

虽然在庭审期间应当给行政法官留下良好印象,但更重要的是为证据创建清晰的书面记录,以便在庭审之后能够引用和理解。行政法官不会在庭审结束后立即对案件作出裁决,而是大概在庭审之后两个月收到当事人提交的庭审后法律意见和针对对方庭审后法律意见书的答辩之后,行政法官会作出一个初步裁决。在行政法官作出裁决之后,委员会可以依照书面的案件档案记录来复审初裁。因此,在准备书面的证人陈述和在现场对证人进行询问的时候,应该创建清晰的书面记录。

四、证据采纳

《委员会规则》第210.37(b)节对337调查庭审的证据采纳事宜进行了规定,仅简单提到"相关、重要以及可靠的证据应当被采纳",而"无关的、非实质的、不可靠的或者不恰当的重复性证据应予以排除"。值得注意的是,该定义允许传闻作为证据被采纳。[6] 正是因为这个原因,加上行政法官既要对事实进行认定,也要对法律问题进行裁决,相比美国联邦地区法院使用陪审团的庭审,337调查的庭审对证据采纳和记录方面的要

---

〔6〕 参见 *Certain Elec. Devices, Including Mobile Phones & Tablet Computers & Components Thereof*, Inv. No. 337 – TA – 847,初步裁决,第140页(2013年10月24日)(认为"可靠的传闻证据在行政程序中是可以采纳的",反对方未能证明有关文件不真实或不可靠)(内部引用被省略); *Certain Audio Processing Hardware, Software & Prods. Containing the Same*, Inv. No. 337 – TA – 1026, Order No. 62, at 2 (2017年8月17日)("行政法官常常评价传闻证据的证明力",并且"传闻证据在行政诉讼中的可采性是公认的"(引文省略); *Certain Vision – Based Driver Assistance Sys. Cameras & Components Thereof*, Inv. No. 337 – TA – 907, Order No. 19, at 2 (2015年1月21日)(337庭审允许传闻证据,行政法官可以对证词给予适当的重视); *Certain Light – Emitting Diodes & Prods. Containing Same*, Inv. No. 337 – TA – 512, Initial Determination at 137 n. 576 (May 10, 2005年5月10日)(未在相关部分审查)(传闻证据本身在行政程序中不可排除,但可以影响某些证据的分量)[引用 Richardson v. Perales, 402 U. S. 389, 402 (1972)]。

求更加宽松。行政法官有时不会排除可疑的证据，而是宁愿采纳受到质疑的证言和证物，相信其能够随后对证据进行梳理并摒弃不可靠的证据。如果委员会对初步裁定进行审查，也可以看到前述受到质疑的证据。例如，针对证人证词或证物的可信度提出的质疑，有时可能会因为涉及证明力的问题而被驳回。由于庭审时间有限，如果是无关的或者重复的询问，则会被行政法官打断。

在行政法官排除证据的情况下，我们建议受到此决定影响的当事人保留该争议问题，以便将来可以上诉。[7]《委员会规则》还规定被行政法官拒绝采纳的证据应随案件档案记录保存，以便将来供复审机构查看。[8] 但是，无须对不利证据提出正式的反对。[9] 最后，在证据被采纳后，一方当事人仍然可以主张该证据并不具有证明力。行政法官经常鼓励当事人在庭审后的法律意见书中对证据的可信度和可靠性进行讨论。

根据行政法官的实践，证物可以单独或者全部一起提交。最为普遍的做法是，如果不能在审前会议得到解决，该证人讨论过的所有证据，无论是现场证物还是证人陈述中的证据，都会在证人作证结束时作为证据来提交。证人使用的证物概要（demonstrative exhibits）不是实质性证据，但是应该作为案件档案记录的一部分，以便理解证人的证言。

五、委员会的案件档案记录

委员会的书记员会记录庭审的内容，这些记录将被纳入委员会案件档案记录。[10] 该记录将成为当事人以后向美国联邦巡回上诉法院提起上诉的依据，其包括：所有的论辩主张、调查通知、动议及答复、所有的法

---

〔7〕 参见《美国联邦规章典集》第19章第210.37(g)小节：被排除的证据。当针对证人的问题遭到反对，并且法官支持对该问题的反对时，对证人提问的那方可以主动提供其所期待的通过证人对该问题的回答所想要证明的论点，或者行政法官可以选择全盘接受并通报该证据。被行政法官拒绝采纳的证据，应充分明确地记录在案，供以后对初裁进行审查的机构考虑。

〔8〕 同上。

〔9〕 19 C.F.R. § 210.37(f)(2008).

〔10〕 *Id.* § 210.38(b)(2008).

律意见书以及书面陈述书、其他向委员会秘书处提交的文件。还包括行政法官的所有命令、通知及初步裁决以外,委员会的命令和通知、庭审和会议记录、被采纳的证据(包括物证),以及任何经行政法官或者委员会认证后列入案件记录的内容。[11]

在庭审结束的时候,行政法官一般会封闭证据记录,然后依据该证据记录作出初步裁决。行政法官有权重新开启证据记录,并在颁布初步裁决之前接受其他证据,[12]但只会在具有合理理由时才会这么做。[13] 比如,比较常见的情形是,为了纳入那些在庭审上被无意遗漏的证据或者更正证物清单的印刷错误而重新开启证据记录。[14] 在行政法官颁布初步裁决之后,其不再有权重新开启证据记录。[15]

六、庭审后法律意见书

在庭审结束之后,行政法官会创建一个时间表,规定庭审后当事人提交法律意见的时间,一般是在庭审后的3~5个星期。[16] 该时间表通常包括最初的庭审后法律意见,以及针对对方庭审后法律意见书的回应。委员会不公平进口调查办公室律师和私主体当事人通常在同一天提交法律意见。如果调查的基本规则中还没有规定,行政法官通常会为法律意

---

〔11〕 *Id.* § 210.38(a)(2008).

〔12〕 *Id.* § 210.38(c)(2008).

〔13〕 参见 *Certain Graphic Sys., Components Thereof & Consumer Prods. Containing Same*, Inv. No. 337-TA-1044, Order No. 61 (Apr. 17, 2018)(重新开启证据记录,以便收到两份有正当理由的附加证物)。

〔14〕 参见 *Certain Thermoplastic-Encapsulated Elec. Motors, Components Thereof & Prods. & Vehicles Containing Same* Ⅱ, Inv. No. 337-TA-1073, Order No. 49 (Aug. 24, 2018)(准许动议"从撤回某些证物,并重新开放证据记录,以承认两个无意中从记录中遗漏的证物"); *Certain Magnetic Tape Cartridges & Components Thereof*, Inv. No. 337-TA-1058, Order No. 38 (June 13, 2018)(准许联合动议重新开放额外证物的证据记录)。

〔15〕 参见 *Certain Display Controllers with Upscaling Functionality & Prods. Containing Same*, Inv. No. 337-TA-481 (Remand), Order No. 40 (Feb. 19, 2004)。

〔16〕 行政法官通常在调查的程序性时间表中纳入提交庭审后法律意见书的初步安排。行政法官有权在庭审开始之前或之后修改该时间表。

见书设置页数限制，而法律意见书的回应意见通常是原始法律意见书篇幅的一半。

庭审后法律意见书为各方提供了最后和最佳的机会，将其法律论点与记录在案的证据联系起来，以便说服行政法官支持他们的主张。各当事方应对支持其具体论点的证词或证物提供准确的引证。对多份文件和多页证词的连续引用以支持某项主张（如侵权或技术方面），可能不足以满足当事人的举证责任。[17] 行政法官不会为了寻找相关证据而对记录进行梳理。此外，每个行政法官都要求各方的庭审后法律意见书涵盖所有的问题，未提及的问题便被视为放弃。

根据《委员会规则》第210.40节，当事人可以在证据听证结束后提交其所提议的事实调查结果和法律结论。但是，现在的行政法官不再这么要求。如果行政法官在其基本规则中提及这些文件，则当事人可以选择在首次庭审后法律意见书阶段提交这些文件，但如果当事人未对提议的调查结果提出异议或进行回应，也并不会被视为承认。当事方应确保在庭审后法律意见书中指出他们想要的调查结果。行政法官一般不对当事人首次提交的和反驳对方事实认定的意见书规定页数限制。

七、结案陈词

行政法官有权决定是否在收到庭审后法律意见书之后，让当事人递交结案陈词。大多数337调查案件都没有要求递交结案陈词。

八、初裁和建议

在收到并考虑了当事人提交的庭审后法律意见书之后，行政法官通常在程序性时间表规定的日期颁布初裁，宣布是否存在违反337条款的

---

〔17〕 *See Certain Kinesiotherapy Devices & Components Thereof*, Inv. No. 337 - TA - 823, Initial Determination at 50 - 52 (Feb. 8, 2013).

行为。[18] 初裁讨论的是337调查案件中所有的实质问题，包括不公平行为、进口、美国国内产业的存在，以及在某些案件中对美国国内产业的损害。初裁的形式是行政法官的裁决意见书，内容包括事实的认定、法律结论，以及行政法官对得出这个法律结论的推理和解释。[19] 行政法官的初裁将成为委员会的终裁，除非委员会在初裁颁布60日之内决定对其进行审查。[20]

如果委员会认定存在违反337条款的行为，行政法官将颁布适当的救济措施，并提议总统审查期间适用的保证金金额。[21] 委员会在作出关于救济措施和保证金的决定时，会对行政法官的建议予以考虑，但是和初裁不同的是，行政法官的建议裁决如未经复审，不会自动成为委员会的决定；相反，委员会在考虑了当事人、利害关系方，以及政府机构就救济措施和保证金问题提交的书面意见之后，才会作出决定。[22]

过去，行政法官通常不会对公共利益问题进行裁决，因为这些问题属于委员会的审查范围。然而，委员会意识到，行政法官对公共利益问题的事实调查结果可能有助于委员会进行分析，因此现在经常指示行政法官针对潜在救济措施对公共利益的影响收集证据并作出调查结论。2017年，委员会指示行政法官在59次调查中的18个中审查公众利益的问题。迄今为止，只有一次调查由于事实情况的特殊性，行政法官建议委员会不要根据公共利益来颁布救济措施。[23]

---

〔18〕 初步裁决应当不迟于目标结案日期前4个月发布。The ID is filed no later than four months before the target date set for completion of the investigation. 19 C. F. R. § 210.42(a)(1)(i)(2018), 210.51(a)(1)(2013).

〔19〕 *See id.* § 210.42(d)(2018).

〔20〕 *See id.* § 210.42(h)(2)(2018).

〔21〕 *Id.* § 210.42(a)(1)(ii)(A)-(C)(2018). 行政法官应当在发布初步裁决之后的14天内发布建议裁决，虽然实践中经常同时发布初步裁决和建议裁决。*Id.* § 210.42(a)(1)(ii)(2018).

〔22〕 *See id.* § 210.50(a)(2018).

〔23〕 *Certain Mobile Elec. Devices & Radio Frequency & Processing Components Thereof*, Inv. No. 337-TA-1065, Initial Determination and Recommended Determination (Oct. 29, 2018).

第十一章

救济措施的种类、公共利益和保证金

委员会对337调查程序的救济措施的形式、范围和广度的选择具有广泛的自由裁量权。[1] 委员会作为准司法机构的吸引力之一在于其可以颁布强有力的救济措施。委员会颁布的排除令命令美国海关和边境保护局(海关)阻止侵权产品进入美国。当原告基于案件事实胜诉时,委员会将试图在保护原告利益免受侵权产品损害的同时,降低干扰合法贸易的风险,并在权衡这两方面因素的基础上制定救济措施。委员会一旦决定采取救济措施,那么后续针对该救济措施进行司法审查的范围将较为有限。[2]

原告可以在337调查中获得四种类型的救济措施。[3] 有限排除令

---

〔1〕 Gamut Trading Co. v. U. S. Int'l Trade Comm'n, 200 F. 3d 775, 784 (Fed. Cir. 1999); *see also* Viscofan, S. A. v. U. S. Int'l Trade Comm'n, 787 F. 2d 544, 548 (Fed. Cir. 1986).

〔2〕 参见 Hyundai Elecs. *v.* U. S. Int'l Trade Comm'n, 899 F. 2d 1204, 1207 - 09 (Fed. Cir. 1990)(判决法院对委员会救济措施的审查标准是"对救济措施的选择为草率、随意或者滥用了自由裁量权的或者其他不遵守法律的情况"); *Gamut Trading Co.*, 200 F. 3d at 784 (虽然不能免于司法审查,但委员会对救济措施的选择应予维持,除非是任意、反复无常或滥用委员会的酌处权)。

〔3〕 19 U. S. C. § 1337(d) - (f)(2012).

指示海关排除由337调查中的列名被告生产或者分销的侵权产品进入美国。[4] 普遍排除令指示海关阻止原告涉案知识产权所涵盖的所有产品进入美国,不论它们是在哪里生产的或者是哪个制造商生产的。[5] 在排除令之外,委员会可以颁布禁止令,禁止列名被告从事与该337调查相关的不公平方法和行为,禁止被告对其在排除令实施之前已经进入美国的侵权产品进行市场营销、分销或销售。[6] 除了这些永久有效的命令之外,在相对少数的情况下,原告在调查结果出来之前也可以获得(和联邦地区法院颁布的临时禁止令相当的)临时排除令和临时禁止令。救济命令通常要求被告定期向委员会提交报告,通报被告在指定期间内针对有关侵权产品所进行的行为。[7]

一、违反337条款的救济

(一)有限排除令

如果委员会裁定被告存在违反337条款的行为,"它应该颁布命令,禁止违反本条款的产品进入美国",除非该救济不符合法律规定的公共利益。[8] 排除令的效力"应该仅限于被委员会认定违反了337条款的人",除非出现了委员会认为应该颁布普遍排除令的情形。[9] 然而,委员会对

---

〔4〕 *See Certain Wireless Consumer Elecs. Devices & Components Thereof*, Inv. No. 337-TA-853, Recommended Determination on Remedy and Bond at 1 (Oct. 24, 2013)(有限排除令指示美国海关和边境保护局禁止涉案专利所涵盖的所有物品以及来自调查中指定被告的物品入境)。

〔5〕 *See, e. g., Certain Kinesiotherapy Devices & Components Thereof*, Inv. No. 337-TA-823, Corrected General Exclusion Order (Feb. 7, 2014).

〔6〕 *See, e. g., Certain Sleep Disordered Breathing Treatment Sys. & Components Thereof*, Inv. No. 337-TA-890, Cease and Desist Order against Respondent 3B Medical, Inc. (Dec. 23, 2014).

〔7〕 *See, e. g., Certain Tires & Prods. Containing Same*, Inv. No. 337-TA-894, Cease & Desist Order at 3-4 (July 24, 2014).

〔8〕 *See* 19 U. S. C. § 1337(d)(1)(2012).

〔9〕 *See id.* § 1337(d)(2).

"337 调查救济措施的方式、范围和广度的选择具有广泛的自由裁量权"。被选择的救济措施必须"与非法行为之间存在合理关系"〔10〕,并在原告取得有效的救济措施保护其利益免受侵权产品损害和防止干扰合法产品贸易的风险之间进行权衡。〔11〕

如果侵权产品由几个部件组成,如何决定排除令的范围可能会引起较大争议。在这种情况下,委员会必须决定如何根据具体情况来颁布排除令——仅仅排除某些组件还是应该排除整个产品。在没有认定组件不侵权的情况下,委员会通常将侵权产品的组件列入排除令的范围内。〔12〕假设存在违反 337 条款的情况,是否排除被诉产品的组件取决于调查的范围。〔13〕 在用于检测并移除病毒或蠕虫系统(Certain Systems for Detecting and Removing Viruses or Worms)案中,对于排除令是否应该包括被告所有的产品,还是仅限于与侵权软件模块结合使用时被告的硬件,当事人对此不能达成一致。〔14〕 委员会认为,因为立案公告对侵权产品的定义为"检测并移除病毒或蠕虫的系统或者其组件以及包含这些组件的产品",因此,涵盖被告硬件组件的排除令是适当的,但只有在它们被安装反病毒

---

〔10〕 *Certain Handbags, Luggage, Accessories & Packaging Thereof*, Inv. No. 337 – TA – 754, Initial & Recommended Determination at 18 (Mar. 15, 2012) [citing Viscofan S. A. v. U. S. Int'l Trade Comm'n, 787 F. 2d 544, 548 (Fed. Cir. 1986)].

〔11〕 Hyundai Elecs. v. U. S. Int'l Trade Comm'n, 899 F. 2d 1204, 1209 (Fed. Cir. 1990).

〔12〕 参见 *Certain Three – Dimensional Cinema Sys. & Components Thereof* (*Three – Dimensional Cinema Sys.*), Inv. No. 337 – TA – 939, Comm'n Op., at 60 (Aug. 23, 2016)(拒绝偏离委员会的做法,即在认定组件侵权的情况下,将组件纳入排除令的范围)。*Certain Marine Sonar Imaging Devices, Including Downscan & Sidescan Devices, Prods. Containing the Same & Components Thereof* (*Marine Sonar Imaging Devices*), Inv. No. 337 – TA – 921, Comm'n Op., at 79 (Jan. 6, 2016)(将组件排除在排除令的适用范围之外,理由是认定这些组成部分没有侵权)。

〔13〕 *See, e. g.*, *Certain Sys. for Detecting & Removing Viruses or Worms, Components Thereof & Prods. Containing Same*, Inv. No. 337 – TA – 510, Comm'n Op., at 4 (Aug. 23, 2005) [citing *Certain Insect Traps*, Inv. No. 337 – TA – 498, Order No. 7 (Apr. 2004)].

〔14〕 *Id.*

软件模块的时候才适用排除令。[15]

委员会还可以调整其颁布的有限排除令,以便考虑进口物品所涉及的公共利益问题。在某些基频处理器芯片和芯片、发射机和接收机(无线电)芯片、电源控制芯片和含有同样的产品,包括蜂窝电话手机[Certain Baseband Processor Chips & Chipsets, Transmitter & Receiver (Radio) Chips, Power Control Chips & Products Containing the Same, Including Cellular Telephone Handsets]案中,委员会修改了排除令,使其仅适用于"新设计的含有侵权芯片的手机和下游产品"[16]。委员会指出,其"首要利益[在于]依赖 EV-DO 或 WCDMA 网络的服务、软件和内容的提供者,以及网络运营商的服务合同收入及其运营能力和 3G 网络投资收益"[17]。"为了减轻第三方的负担"委员会为已经上市的型号进行了豁免,并发布了一项范围更窄的排除令。[18] 同样,在含有某种磁带的某些磁性数据存储磁带和盒式磁带(Certain Magnetic Data Storage Tapes & Cartridges Containing the Same)案中,委员会在其有限排除令中进行豁免,允许进口被告"能够证明在其保修协议下必须更换的"产品。[19] 在某些数字视频接收器及其硬件和软件组件(Certain Digital Video Receivers & Hardware & Software Components Thereof)案中,委员会决定对用于修理以前进口的机顶盒的

---

〔15〕 *Id.* ("We determine to issue both a limited exclusion order which prohibits the importation of any infringing FortiGate products, including software that would result in infringement of the 600 patent whether alone or when combined with other Fortinet components." 我们决定发布有限排除令,禁止进口任何侵权的 FortiGate 产品,包括可能导致"600 专利"侵权的软件,无论是单独使用还是与其他 Fortinet 组件一起使用)。

〔16〕 *Certain Baseband Processor Chips & Chipsets, Transmitter & Receiver (Radio) Chips, Power Control Chips & Prods. Containing the Same, Including Cellular Tel. Handsets* (*Baseband Processor Chips*), Inv. No. 337-TA-543, Comm'n Op., at 124 (June 19, 2007). 委员会的救济措施最终被联邦巡回上诉法院驳回,该法院认为,委员会无权对非当事方进行下游补救。Kyocera Wireless Corp. v. Int'l Trade Comm'n, 545 F. 3d 1340, 1356 (Fed. Cir. 2008).

〔17〕 *Baseband Processor Chips*, Inv. No. 337-TA-543, Comm'n Op., at 124.

〔18〕 *Id.*

〔19〕 *Certain Magnetic Data Storage Tapes & Cartridges Containing the Same* (*Magnetic Data Storage Tapes*), Inv. No. 337-TA-1012, Comm'n Op., at 127 (Apr. 2, 2018).

替换零件给予豁免(但拒绝对替换的机顶盒给予豁免)。[20]

委员会可通过推迟执行命令来进一步调整有限排除令。在个人数据及流动通信装置及相关软件(Certain Personal Data & Mobile Communications Devices & Related Software)案中,委员会认为,“法定的公众利益因素并不妨碍在本次调查中签发有限排除令”,但同时认为,“应当缩小排除范围,在尽量减少对第三方影响的同时,为原告提供有效的救济”[21]。因此,委员会推迟四个月执行排除令,并且让为消费者提供保修的更换和翻新手机的进口直至次年都得到豁免。[22]

有限排除令还可以包含一个证明条款。该条款通常允许被告证明他们打算进口的货物不属于委员会排除令的范围,如有不实描述,被告愿意接受伪证的处罚。[23] 委员会的惯常做法是在有限排除令中纳入证明条款[24],

---

〔20〕 *Certain Digital Video Receivers & Hardware & Software Components Thereof*, Inv. No. 337 – TA – 1001, Comm'n Op., at 37 – 38 (Dec. 6, 2017).

〔21〕 *Certain Personal Data & Mobile Commc'ns Devices & Related Software*, Inv. No. 337 – TA – 710, Comm'n Op., at 83 (Dec. 29, 2011).

〔22〕 *Id.* But *see Certain Elec. Digital Media Devices & Components Thereof* (*Elec. Digital Media Devices*), Inv. No. 337 – TA – 796, Comm'n Op., at 122 – 23, 132 (Sept. 6, 2013) (exempting importation of refurbished replacements for infringing handsets for two years but rejecting request for a delay in enforcement. 豁免进口侵权手机的翻新替代品两年,但拒绝延迟执行的请求); *Certain Mobile Devices, Associated Software & Components Thereof*, Inv. No. 337 – TA – 744, Comm'n Op., at 23 (June 5, 2012). 由于没有第三方提出申请,排除令生效前给予过渡期的必要性被否决了。

〔23〕 *See Certain L – Tryptophan, L – Tryptophan Prods. & Their Methods of Production*, Inv. No. 337 – TA – 1005, Comm'n Op., at 50 (Jan. 11, 2018) [inclusion of certification provision in LEO was justified where not all of respondent's accused products infringed the asserted patent. (如果并非所有被告的被诉产品都侵犯了涉案专利,那么在有限排除令中列入认证条款是合理的)]。

〔24〕 *See Certain Personal Transporters, Components Thereof & Packaging & Manuals Therefor*, Inv. No. 337 – TA – 1021, and *Certain Personal Transporters & Components Thereof*, Inv. No. 337 – TA – 1007 (consolidated), Comm'n Op., at 23 (Jan. 12, 2018) [引用了 *Certain Multiple Mode Outdoor Grills & Parts Thereof*, Inv. No. 337 – TA – 895, Comm'n Op., at 56 (Feb. 20, 2015)]。

如果某产品难以通过目测而确定其是否侵权,则此类条款尤其适用。[25] 在某些三维电影院系统及其组件(Certain Three - Dimensional Cinema Systems & Components Thereof)案中,委员会的有限排除令便规定,允许被告证明他们要求进口的产品未在排除范围之内,并且要求进口的未安装的组件也不会用于侵权产品,而是用于其他产品。[26]

委员会在某些有限禁止令中规定,对于在签发排除令之前进口和销售的产品,相关服务和替换用的零部件可得到豁免,特别是在相关产品的安全操作必要使用这些零部件的情况下。[27] 委员会还会为了在美国进行"合规核查测试"而在有限排除令中对进口产品给予豁免,因为这种测试即使对被诉产品的国外销售而言也是必要的。[28]

然而,有限排除令几乎不会包括具体产品的品牌或者型号。[29] 委员会的理由是救济命令应该涵盖被告在调查范围内的所有侵权产品,而有

---

〔25〕 *See, e. g., Certain Semiconductor Chips with Minimized Chip Package Size & Prods. Containing Same*, Inv. No. 337 - TA - 605, Comm'n Op., at 72 - 73 (June 3, 2009)(如果认证条款有助于海关确定进口产品是否侵犯涉案专利,则认证条款是适当的)。

〔26〕 参见 *Three - Dimensional Cinema Sys.*, Inv. No. 337 - TA - 939, Comm'n Op., at 60 (Aug. 23, 2016)。

〔27〕 *See, e. g., Certain Sleep - Disordered Breathing Treatment Sys. & Components Thereof*, Inv. No. 337 - TA - 890, Comm'n Op., at 47 (Jan. 20, 2015); *Elec. Digital Media Devices*, Inv. No. 337 - TA - 796, Comm'n Op., at 122 (Sept. 6, 2013); *Certain Mobile Devices, Associated Software & Components Thereof*, Inv. No. 337 - TA - 744, Comm'n Op., at 22 (June 5, 2012); *Certain Liquid Crystal Display Devices & Prods. Containing the Same*, Inv. No. 337 - TA - 631, Comm'n Op., at 27 (July 14, 2009).

〔28〕 *Magnetic Data Storage Tapes*, Inv. No. 337 - TA - 1012, Comm'n Op., at 128, 132 (July 15, 2009).

〔29〕 *See, e. g., Certain Composite Aerogel Insulation Materials & Methods for Mfg. the Same*, Inv. No. 337 - TA - 1003, Comm'n Op., at 64 (Feb. 22, 2018)(拒绝被告关于从有限排除令中排除所谓非侵权型号的请求)。

限排除令的适用不必仅局限于那些被调查的特定产品型号。[30] 如果不这么规定,就给被告提供了一个漏洞而仅须改变产品品牌或型号。[31]

（二）普遍排除令

当存在以下情况时,相对于仅适用于被认定违反了 337 条款的主体的有限排除令,委员会可以颁布适用于所有侵权产品的普遍排除令,不论其制造商是谁:

(1)为了防止列名被告规避有限排除令,有必要颁布普遍排除令;

(2)普遍存在违反 337 条款的情形,并且难以确定侵权产品的来源。[32]

以上任何一个法定条件得到满足的时候,委员会便可以颁布普遍排

---

〔30〕 *See Certain Ground Fault Circuit Interrupters & Prods. Containing the Same* (*Ground Fault Circuit Interrupters*), Inv. No. 337 – TA – 615, Comm'n Op., at 27 (Mar. 26, 2009) ("In order to prevent such circumvention, we reject [respondent's] invitation to deviate from the long – standing Commission practice of declining to limit exclusion orders to specific model numbers."); *Certain Integrated Repeaters, Switches, Transceivers & Prods. Containing Same*, Inv. No. 337 – TA – 435, Comm'n Op., at 22 – 23 (Aug. 16, 2002); *Certain Hardware Logic Emulation Sys. & Components Thereof*, Inv. No. 337 – TA – 383, Comm'n Op., at 13 (Apr. 1, 1998). 委员会长期以来的做法是,将其救济命令指向专利权所涉及的所有产品,而不是将其命令局限于为侵权分析所选定的那些特定型号。

〔31〕 *See Ground Fault Circuit Interrupters*, Inv. No. 337 – TA – 615, Comm'n Op., at 27 (Mar. 27, 2009) ("[I]f the exclusion order is limited to specific model numbers, merely changing the adjudicated products' model number would allow respondents to circumvent the order",如果排除令只限于特定的型号,只要更改已裁定产品的型号,被告便可绕过该项排除令)。

〔32〕 19 U. S. C. § 1337(d)(2)(2012); *see also Certain Kinesiotherapy Devices & Components Thereof*, Inv. No. 337 – TA – 823, Corrected General Exclusion Order (Feb. 7, 2014); *Certain Handbags, Luggage Accessories & Packaging Thereof*, Inv. No. 337 – TA – 754, Comm'n Op., at 4 – 5 (June 13, 2012); *Certain Toner Cartridges & Components Thereof*, Inv. No. 337 – TA – 740, Order No. 26, at 22 (June 1, 2011); *Certain Hair Irons & Packaging Thereof*, Inv. No. 337 – TA – 637, Issuance of a General Exclusion Order; Termination of the Investigation (June 29, 2009).

除令。[33] 由于普遍排除令针对的是侵权的产品,它可以涵盖在调查中没有被列为被告的供应商和制造商的产品。[34] 对原告来说,普遍排除令的范围较广,因此比有限排除令更难获得。此外,如果非调查当事方的货物属于普遍排除令的范围,并且被提起执行诉讼,那么非调查当事方可以指出,如在调查中被列为被告,他本可以提出所有的法律和衡平抗辩。[35]

当普遍排除令条款[第337(d)(2)节]在1994年被修订时,纳入了之前委员会在无气喷涂泵机(Airless Paint Spray Pumps)案中确立的规则和做法。[36] 虽然该案确立的考虑因素在一段时间内引导了普遍排除令的相关分析,现有的焦点集中在第(d)(2)小节的条文措辞本身。[37] 也就是说,虽然可能考虑无气喷涂泵机案确立的因素,这些因素并不能视为"第

---

〔33〕 *See, e. g.*, *Certain Protective Cases & Components Thereof*, Inv. No. 337 – TA – 780, Initial Determination & Recommended Determination on Remedy & Bond at 113 (June 29, 2012).

〔34〕 *See* Kyocera Wireless Corp. v. Int'l Trade Comm'n, 545 F. 3d 1340, 1356 (Fed. Cir. 2008) ("If a complainant wishes to obtain an exclusion order operative against articles of non – respondents, it must seek a GEO").

〔35〕 Vastfame Camera, Ltd. v. Int'l Trade Comm'n, 386 F. 3d 1108, 1115 (Fed. Cir. 2004).

〔36〕 参见 *Certain Airless Paint Spray Pumps & Components Thereof* (*Spray Pumps*), Inv. No. 337 – TA – 90, USITC Pub. 1199, Comm'n Op., at 18 – 19 (Nov. 1981); *Certain Neodymium – Iron – Boron Magnets, Magnet Alloys & Articles Containing the Same*, Inv. No. 337 – TA – 372, USITC Pub. 2964, Comm'n Op., at 5 (May 1996) (statutory standards "do not differ significantly" from the standards set forth in *Spray Pumps*. 法定标准与喷雾泵中规定的标准"没有明显差别")。

〔37〕 参见 *Certain Multiple Mode Outdoor Grills & Parts Thereof*, Inv. No. 337 – TA – 895, Recommended Determination at 2 (Oct. 9, 2014) [citing *Certain Ground Fault Interrupters & Prods. Containing Same*, Inv. No. 337 – TA – 615, Comm'n Op., at 25 (Mar. 26, 2009)]; *Certain Coaxial Cable Connectors & Components Thereof & Prods. Containing Same*, Inv. No. 337 – TA – 650, Initial Determination (相关部分没有复审) at 119 n. 42 (Nov. 3, 2009) (拒绝执行 *Spray Pumps* 案中的要素)。

337（d）(2）节规定之外的额外要求”。[38]

根据第337(d)(2)节，颁布普遍排除令的决定必须建立在实质、可靠、有证明力的证据基础上。[39] 法条还进一步授权委员会在“无人针对违反337条款的指控和调查进行抗辩”时，颁布普遍排除令，前提是违反337条款的决定建立在实质、可靠、有证明力的证据基础上。[40] 委员会已经在至少有一个缺席被告和其他和解被告的调查中颁布过普遍排除令。[41] 在被告因缺席而没有积极应诉的案件中，委员会也曾经通过简易

---

〔38〕 *See Certain Hair Irons & Packaging Thereof* (*Hair Irons*), Inv. No. 337 - TA - 637, Comm'n Op., at 3 - 5 (July 20, 2009)(引用初裁); *see also Certain Cases for Portable Elec. Devices*, Inv. No. 337 - TA - 867/861, Comm'n Op. (Pub. Version) at 8 (July 10, 2014)。

〔39〕 19 U. S. C. § 1337(g)(2)(2012).

〔40〕 *See Certain Digital Multimeters & Prods. with Multimeter Functionality*, Inv. No. 337 - TA - 588, Comm'n Op., at 4 (June 3, 2008)[stating the standards for finding a violation under Section 337(d)(2) are the same as those for finding a violation under Section 337(g)(2)，声明根据第337(d)(2)条认定违法的标准与根据第337(g)(2)条认定违法的标准相同]。

〔41〕 *Id.* [finding the Commission's authority to issue a GEO arises under Section 337(d)(2) given that several respondents made appearances and have settled or entered into consent orders，根据第337(d)(2)条的规定，认定委员会有权发出普遍排除令，因为有几个被告应诉并已达成和解或签署同意令]; *Certain Protective Cases & Components Thereof*, Inv. No. 337 - TA - 780, Comm'n Op. (Nov. 19, 2012); *Certain Toner Cartridges & Components Thereof*, Inv. No. 337 - TA - 740, Comm'n Op., at 5 n. 2 (Oct. 5, 2011) [finding Lexmark properly moved for a GEO under Section 337(d)(2) rather than Section 337(g)(2) because some of the respondents appeared before electing to default，认定Lexmark根据第337(d)(2)条而不是第337(g)(2)条适当地提出普遍排除令的动议，因为某些被告在被认定缺席之前应诉了]; *Certain Plastic Molding Machs. with Control Sys. Having Programmable Operator Interfaces Incorporating Gen. Purpose Computers & Components Thereof* Ⅱ, Inv. No. 337 - TA - 462, Comm'n Op., at 14(Apr. 2, 2003)。

裁决来颁布普遍排除令。[42]

如果虽然知识产权的权利人想尽办法监控市场,但侵权现象依然存在,那么这种情形需要颁布普遍排除令。[43] 例如,委员会在纸巾分发机(Towel Dispensers)案中颁布了普遍排除令,认定该案原告同时满足了第337(d)(2)(A)和(B)节对颁布普遍排除令的要求。[44] 根据第337(d)(2)(A)节,在纸巾分发机案中,由于进入美国市场的门槛很低,存在大量进入美国市场的潜在产品和已经建立好的分销渠道,加上美国对该专利

---

〔42〕 *See Certain Toner Cartridges & Components Thereof*, Inv. No. 337 – TA – 829, Comm'n Op., (July 29, 2013); *Hair Irons*, Inv. No. 337 – TA – 637, Comm'n Op., at 3 – 5 (issuing GEO in investigation where three respondents defaulted and two others entered into consent orders); *Certain Inkjet Ink Supplies & Components Thereof*, Inv. No. 337 – TA – 691, Initial Determination at 3 – 4, 32 (2010年8月30日)(委员会决定不审查)(recommending GEO in investigation where seven respondents defaulted, three respondents settled, and one respondent was terminated on the basis of a consent order, 在7名被告缺席、3名被告达成和解、1名被告根据同意令被终止调查的情况下,建议签发普遍排除令); *Certain Energy Drink Prods.*, Inv. No. 337 – TA – 678, Initial Determination at 39 [(Mar. 30, 2010)(委员会决定不审查)("The Commission has recognized that it has the authority to issue a general exclusion order under 19 U. S. C. § 1337(d)(2)(A) and (B) upon summary determination where ... the last respondents have failed to appear, 委员会确认,如果被告最终未能应诉,委员会有权根据《美国法典》第19编第1337(d)(2)(A)和(B)节通过简易裁决发布普遍排除令"]。

〔43〕 参见 *Certain Handbags, Luggage, Accessories & Packaging Thereof*, Inv. No. 337 – TA – 754, Order No. 16, Initial Determination Granting Complainants' Motion for Summary Determination of Violation & Recommended Determination on Remedy & Bonding at 21 (Mar. 5, 2012)(没有复审)[引用 *Certain Toner Cartridges & Components Thereof* (*Toner Cartridges*), Inv. No. 337 – TA – 740, Order No. 26, at 35 (June 1, 2011)(根据对违法行为进行监管的证据作为对普遍排除令的支持)]; *Hair Irons*, Inv. No. 337 – TA – 637, Initial Determination at 27 (Nov. 19, 2010)(unreviewed)(finding complainant's numerous district court cases to enforce its patent rights was indicative of a pattern of violation); *Certain Protective Cases & Components Thereof*, Inv. No. 337 – TA – 780, Initial Determination & Recommended Determination on Remedy & Bond at 114 – 16 (June 29, 2012)(原告为了执行所付出努力的证据表明,未经授权使用的情形是普遍存在的)。

〔44〕 *Certain Elec. Paper Towel Dispensing Devices* (*Towel Dispensers*), Inv. No. 337 – TA – 718, Comm'n Op., at 16 (Jan. 20, 2012).

产品的大量的消费和需求，行政法官认为，"能够规避有限排除令的条件已经成熟"[45]。

在有限排除令有较大可能被规避的情况下，可以发布普遍排除令。委员会认定以下证据表明有限排除令较有可能被规避："（i）业务被复制；（ii）从不在有限排除令范围内的国内供应商采购进口被诉产品；（iii）通过互联网进行规避；（iv）掩盖身份和产品来源；（v）使用无标记、通用或转售商品牌的包装。"[46]

当存在普遍违反337条款并且很难确定侵权产品来源的时候，也可以颁布普遍排除令。[47] 在得出存在普遍违法的结论时，委员会所依据的证据包括大量侵权的供应商、签署同意令的被告、原告保护其知识产权所付出的努力、较低的进口壁垒、较低的制造成本、对专利产品的需求不断

---

〔45〕 *Towel Dispensers*, Inv. No. 337 – TA – 718, Recommended Determination, Order No. 36, at 3 – 4 (July 12, 2011); *see also Towel Dispensers*, Inv. No. 337 – TA – 718, Comm'n Op., at 6.

〔46〕 *Certain Hand Dryers & Hous. for Hand Dryers*, Inv. No. 337 – TA – 1015, Comm'n Op., at 7 – 8 (Oct. 30, 2017) [quoting *Certain Toner Cartridges & Components Thereof*, Inv. No. 337 – TA – 918, Comm'n Op., at 6 (Oct. 1, 2015)]（得出结论认为，如果没有互联网销售，就不可能规避有限排除令）; *Certain Arrowheads with Arcuate Blades & Components Thereof* (*Arrowheads with Arcuate Blades*), Inv. No. 337 – TA – 1033, Comm'n Op., at 5 (May 1, 2018)（具有规避可能性的证据包括：被告改变或能够改变名称、工厂或公司结构以避免被发现侵权活动；进口商使用通用的、虚假的或误导性的包装；运输记录通常与网上卖家的信息不匹配；利润率高到足以促使其侵权）; *Certain Mobile Device Holders & Components Thereof*, Inv. No. 337 – TA – 1028, Comm'n Op., at 22 (Mar. 22, 2018)（普遍排除令可以用来规避以下情形：被告以不同的名义经营，试图进口侵权产品的当事方的数量不断变化和增加，进口商不断更换别名，市场的进入壁垒较低，需求不断增加）。

〔47〕 19 U.S.C. § 1337(d)(2)(B).

增长,以及可以利用在线市场销售侵权产品。[48] 除了证明侵权产品违反337条款之外,原告还必须进一步证明难以识别侵权产品的来源。[49]

---

〔48〕 *See Certain Collapsible Sockets for Mobile Elec. Devices &Components Thereof*,Inv. No. 337 – TA – 1056,Comm'n Op. ,at 24 – 25 (July 9,2018)(尽管原告努力保护其知识产权,但在线市场的非法销售数量并未减少,这证明了违法行为的普遍性); *Arrowheads with Arcuate Blades*,Inv. No. 337 – TA – 1033,Comm'n Op. ,at 8 (大范围侵权行为的证据包括:原告发现数名侵权者使用通用名称或个人姓名,在美国境外有许多实体在互联网上出售侵权产品及其组件,并存在广泛的网上侵权行为);*Certain Elec. Skin Care Devices*,*Brushes & Chargers Therefor & Kits Containing the Same* (*Electric Skin Care Devices*),Inv. No. 337 – TA –959,Comm'n Op. ,at 17 – 18 (Feb. 13,2017)(认为侵权行为普遍存在的证据包括:外国制造商的侵权产品源源不断地流入;在中国和其他国家可以轻易注册新公司;被告通过同意令或和解终止调查,以及原告启动了多项执法行动); *Certain Ink Cartridges & Components Thereof*, Inv. No. 337 – TA – 946, Comm'n Op. ,at 11 – 12 (June 29,2016)(根据大量中国公司提供的可能侵权的产品的证据来确定侵权模式); *Towel Dispensers*,Inv. No. 337 – TA – 718,Recommended Determination,Order No. 36,at 7 – 8 (认为违法模式的全部或部分原因可能是存在规避有限排除令的商业条件,包括进入市场的便利性、低廉的制造成本、具有吸引力和不断增长的美国市场、完善的分销渠道、美国消费量较大、对专利产品的需求,发现侵权行为的困难,以及由此造成失)。

〔49〕 *See Arrowheads with Arcuate Blades*,Inv. No. 337 – TA – 1033,Comm'n Op. ,at 7 – 9 (从众多网上侵权产品的证据来看,很难确定侵权产品的来源;侵权产品的包装不能识别制造商或零售商;侵权产品经常以不同的名称、模糊或具有误导性的产品标识出售;网上卖家经常与托运人或进口商不匹配;原告限制网上销售侵权产品的努力并没有减少网上侵权产品的数量); *Hand Dryers &Hous. for Hand Dryers*,Inv. No. 337 – TA –1015,Comm'n Op. ,at 7 – 8 (调查认定原告无法识别生产侵权产品的非被告人,难以识别和联系被告,证明在识别侵权产品来源方面存在困难); *Toner Cartridges*, Inv. No. 337 – TA –740,Comm'n Op. ,at 6 (认定"在互联网上销售被诉产品可以使消息来源匿名,便于国内渗透); *see also Hair Irons*,Inv. No. 337 – TA – 637,Comm'n Op. ,at 5 (声称通过互联网分销产品"有助于匿名,难以确定侵权产品的来源"); *Certain Hydraulic Excavators & Components Thereof*,Inv. No. 337 – TA – 582,Comm'n Op. ,at 19 (Feb. 3,2009)(根据已达成和解的被告提供的证词,很难确定侵权产品的来源); *Certain Inkjet Ink Supplies & Components Thereof*,Inv. No. 337 – TA – 691, Comm'n Op. ,at 12 (Jan. 28,2011)(认定原告通过证明"产品包装为无标记的通用包装,包括使用私人标签服务"而"履行了举证责任");*Certain Multiple Mode Outdoor Grills & Parts Thereof*, *Inv.* No. 337 – TA – 895, Recommended Determination at 5 (Oct. 9,2014)(noting failure to meet evidentiary burden of showing difficulty in identifying source,注意到未能履行举证责任来证明难以查明来源)。

除非满足了第337(d)(2)(A)或(B)小节的要求，否则委员会可以不对起诉书尚未列明的下游进口商的产品进行排除。[50] 委员会在最小封装尺寸半导体芯片(Semiconductor Chips with Minimized Chip Package Size)案中就针对起诉书中未列明的被告的下游产品获取救济措施的问题进行了讨论。[51] 委员会拒绝对下游产品的进口颁布普遍排除令。[52] 因为原告未能证明侵权产品的来源难以识别或者存在违反337条款的普遍情形。[53] 事实上，虽然原告主张，如要证明下游产品的来源，就得开展费时且广泛的调查取证工作，但委员会注意到，原告在确定了其他侵权主体后本来可以提起动议，请求修改起诉书以增加被告，但原告却没有这么做。[54]

委员会还重申强调，普遍排除令不适用于在337调查开始之前就已经将被诉侵权产品组装到其下游产品的企业的进口产品。[55] 由于将被诉侵权产品出售并将其组装到下游产品之中是一个事先存在的行为，因此不能将这些厂家视为“刻意规避”有限排除令。再者，“(原告)提出的被告可能通过‘转移其剩余的侵权产品部件至其客户位于海外的(而不是美国的)厂房，用来装配至下游产品后进口到美国’的方式来规避有限排除令的假设性主张”，未能说服委员会获得其支持。[56] 委员会注意到必须要有清楚的证据证明大量的转移现象，仅仅是原告声称如此以及对该

---

〔50〕 *See infra* Section A. 5 on downstream relief; Kyocera Wireless Corp. v. U. S. Int'l Trade Comm'n, 545 F. 3d 1340, 1358 (Fed. Cir. 2008).

〔51〕 *Certain Semiconductor Chips with Minimized Chip Package Size & Prods. Containing Same*, Inv. No. 337 – TA – 605, Comm'n Op. (June 3, 2009).

〔52〕 *See id.* at 66 – 70.

〔53〕 *Id.* at 68.

〔54〕 *Id.* at 69.

〔55〕 同上。

〔56〕 *Id.* at 67.

种转移的可能性的担心是不够的。[57] 委员会坚持其立场。[58]

(三)禁止令

委员会在排除令之外还可以颁布禁止令,或者单独颁布禁止令。委员会颁布禁止令的权力来自法律的第1337 (*f*)(1)节。[59]不同于排除令仅要求有对物管辖权,禁止令是针对单独的被告的属人的命令。当被告在委员会裁决存在违反337条款的行为之前已经进口了侵权产品,并在美国拥有大量库存的时候,委员会可能发布禁止令。

通常,禁止令仅仅只针对在美国境内拥有大量侵权产品库存的被告。[60] 原告负有举证责任,证明被告在美国国内有大量侵权产品的库存。[61] 一般而言,原告亦必须证明有必要对被认定违法的行为发布禁止令,以避免排除令所提供的救济被削弱。[62]

---

〔57〕 同本章注〔56〕。

〔58〕 参见 *Certain Semiconductor Chips Having Synchronous Dynamic Random Access Memory Controllers & Prods. Containing Same Including Graphics Cards & Motherboards*, Inv. No. 337 – TA – 661, Comm'n Op., at 12 (Aug. 10, 2010); *Certain Semiconductor Chips with Minimized Chip Package Size & Prods. Containing Same* (Ⅲ), Inv. No. 337 – TA – 630, Initial Determination at 162 – 64 (Aug. 28, 2009)(委员会部分通过)。

〔59〕 19 U. S. C. § 1337(f)(2)(2012); *Certain Abrasive Prods. Made Using a Process for Powder Preforms & Prods. Containing Same*, Inv. No. 337 – TA – 449, Comm'n Op., at 6 (July 26, 2002).

〔60〕 *See, e. g.*, *Certain Composite Wear Components & Prods. Containing Same* (*Composite Wear Components*), Inv. No. 337 – TA – 644, Comm'n Op., at 4 (Nov. 24, 2009).

〔61〕 参见 *Certain Flash Memory Chips & Prods. Containing Same*, Inv. No. 337 – TA – 664, Initial Determination at 124 – 25 (Nov. 5, 2010) [citing *Certain Integrated Repeaters, Switches, Transceivers & Prods. Containing Same*, Inv. No. 337 – TA – 435, Comm'n Op. (Aug. 16, 2002)]; *Certain Condensers, Parts Thereof & Prods. Containing Same, Including Air Conditioners for Autos.*, USITC Pub. 3063, Inv. No. 337 – TA – 334 (Remand), Comm'n Op., at 27 (Sept. 1997)("禁止令的目的是:当侵权商品存放在仓库中并因此超出排除令的管辖范围时,确保原告得到完全的救济")。

〔62〕 *Three – Dimensional Cinema Sys.*, Inv. No. 337 – TA – 939, Comm'n Op., at 62.

然而，在过去的几年里，委员们针对签发禁止令的法定要求展开了讨论。[63] 一些委员指出，"具有大量国内业务或库存并非禁止令的法定要求"[64]，并认为"存在一些侵权的国内库存，无论其商业规模如何，都是签发禁止令的依据"[65]。

美国国内缺席的被告会被自动推定在美国拥有大量的侵权产品库存，因此受到禁止令的约束。[66] 委员会不会针对外国被告颁布禁止令，因为"一般而言，禁止令是针对位于美国的当事人的属人的命令，由美国国际贸易委员会通过美国联邦地区法院而强制实施"。因此，只有位于美国的当事人才能被美国法院强制或禁止进行某些具体行为。否则，禁止

---

〔63〕 参见 *Certain Dental Implants*, Inv. No. 337 – TA – 934, Comm'n Op., at 49 – 50 nn. 30 – 32 (May 11, 2016) (declining to issue a CDO due to split among Commissioners over whether respondents maintained "commercially significant" domestic inventories, 由于委员们对被告是否具有"达到商业重要性"的国内库存意见不一，委员会拒绝签发禁止令。

〔64〕 *Id.* at 50 n. 31; *Three – Dimensional Cinema Sys.*, Inv. No. 337 – TA – 939, Comm'n Op., *at* 63 *nn.* 33, 34 (*discussing Chairman Schmidtlein's and Commissioner Kieff's views*); *Electric Skin Care Devices*, Inv. No. 337 – TA – 959, Separate Views of Chairman Schmidtlein on Cease & Desist Orders; *Electric Skin Care Devices*, Inv. No. 337 – TA – 959, Separate Views of Commissioner Kieff Concurring as to Remedy for Respondents in Default. Kieff 委员对于缺席被告的救济具有不同意见。

〔65〕 *Magnetic Data Storage Tapes*, Inv. No. 337 – TA – 1012, Comm'n Op., at 129 n. 67.

〔66〕 参见 19 C. F. R. § 210. 16(c); *Ink Cartridges*, Inv. No. 337 – TA – 565, Comm'n Op., at 61 (Dec. 2010) [citing *Certain Video Game Sys. Accessories & Components Thereof*, Inv. No. 337 – TA – 473, Comm'n Op., at 2 (Dec. 2, 2002)]; *Composite Wear Components*, Inv. No. 337 – TA – 644, Comm'n Op., at 4 (Nov. 24, 2009) (描述了委员会假定违约的国内被告"在美国拥有大量侵权产品库存"的做法) (citations omitted); *Certain Agric. Tractors under* 50 *Power Take – off Horsepower*, USITC Pub. 3026, Inv. No. 337 – TA – 380, Comm'n Op., at 44 n. 124 (Mar. 12, 1997)。

令是不恰当的。[67]

尽管委员会存在上述惯常做法,《美国法典》第19章第1337节并没有明确禁止针对外国实体颁布禁止令。《美国法典》第19章第1337节的条文本身(规定禁止令可以针对"任何人"颁布)与委员会的惯常实践做法相反。[68] 因此,在最近几年,委员会仅在少数案件中针对外国实体颁布过禁止令。例如,在某些铸钢铁路车轮、制造工艺或与含有相同成分的某些产品有关的工艺(Certain Cast Steel Railway Wheels, Processes for Manufacturing or Relating to Same & Certain Products Containing Same)案中[69],委员会对某外国被告发布了禁止令,因为它同意行政法官的观点,即:"有必要对外国被告发布禁止令,因为其中一个国内被告是由某个外国代理商和某个国内被告设立的合资企业。"[70] 又如,在磨料制品(Abrasive Products)案中,委员会对中国台湾地区的一个被告颁布了禁止令,因

[67] 参见 *Certain Microsphere Adhesives, Process for Making Same & Prods. Containing Same, Including Self - Stick Repositionable Notes*, USITC Pub. 2949, Inv. No. 337 - TA - 366, Comm'n Op., at 22 (Jan. 16, 1996); *accord Certain Curable Fluroelastomer Compositions & Precursors Thereof*, USITC Pub. 2890, Inv. No. 337 - TA - 364, Comm'n Op., at 5 (May 1995)["除非位于美国的当事人可以被迫做出某些行为或不做某些行为,否则不应适用禁止令,因为委员会(和美国法院)的管辖权不能扩展到国外。"]; *Certain Wireless Devices with 3G Capabilities & Components Thereof*, Inv. No. 337 - TA - 800, Recommended Determination at 9 (July 13, 2013)(因此,根据委员会的现行政策,即使发现违反了337条款,也不建议对外国被告采取禁止令); *Certain Flash Memory Circuits & Prods. Containing Same*, USITC Pub. 3046, Inv. No. 337 - TA - 382, Comm'n Op., at 39 (June 26, 1997)("鉴于执行此类命令的难度",委员会通常不会对外国被告签发禁止令); *Certain Reclosable Plastic Bags & Tubing*, USITC Pub. 2058, Inv. No. 337 - TA - 265, Comm'n Op., at 5 (Jan. 1988)(拒绝向数名外国被告签发禁止令,理由是"执行向外国实体发出的禁止令可能存在困难")。

[68] 参见19 U.S.C. § 1337(f)(1)(2012)(委员会可以向任何违反本规定的人签发禁止令,指示其停止不公平的方法或行为)。

[69] Inv. No. 337 - TA - 655, Comm'n Op., at 9 n.3 (Mar. 19, 2010).

[70] 同上。

为被告有一家美国代理商帮助其销售被诉的侵权产品。[71] 在可重新封装式塑料袋和塑料管(Reclosable Plastic Bags & Tubing)案中[72],审理案件的行政法官认为,在对外国实体的人身管辖权已经确立的情况下,外国被告未称缺乏属人管辖权,委员会便对他们具有属人管辖权。[73] 在硒鼓(Toner Cartridges)案中,委员会接受了行政法官的建议,对缺席的某个外国被告颁布禁止令,因为“被告的美国经销商在美国拥有大量库存”[74]。在电子护肤设备(Electric Skin Care Devices)案中,委员会发布了针对外国缺席被告的禁止令,因为外国被告使用在线零售商和美国零售商及分销商,不但订单下单和送货之间的交货时间较短,而且运输成本较低,以此推断他们拥有大量库存。[75] 在手用烘干机(Hand Dryers)案中,委员会认定,有证据表明来自亚马逊网站位于肯塔基州工厂的外国缺席被告执行了有关侵权产品的订单,据此推断该被告保留了大量库存;但委员会并没有针对那些在 eBay. com 上出售中国产品的外国缺席被告作出类似推断。[76]

禁止令不仅仅禁止销售存货。例如,委员会还命令各公司停止具体的营销和某些反竞争行为。[77] 如果被告设有电子商务网站,委员会还会

---

〔71〕 参见 *Certain Abrasive Prods. Made Using a Process for Powder Preforms & Prods. Containing Same*, Inv. No. 337 - TA - 449, Comm'n Op., at 7 (July 26, 2002); *see also Certain Semiconductor Memory Devices & Prods. Containing Same*, Inv. No. 337 - TA - 414, 1999 WL 1267282, at *5 (Dec. 13, 1999)(建议对外国被告签发禁止令,以“防止其向美国转移侵权产品”)。

〔72〕 Inv. No. 337 - TA - 266, Initial Determination (Jan. 29, 1988).

〔73〕 同上。

〔74〕 *Toner Cartridges*, Inv. No. 337 - TA - 740, Comm'n Op., at 7 (Oct. 5, 2011).

〔75〕 *See Electric Skin Care Devices*, Inv. No. 337 - TA - 959, Comm'n Op., at 32 - 33 (Feb. 13, 2017).

〔76〕 *Hand Dryers & Hous. for Hand Dryers*, Inv. No. 337 - TA - 1015, Comm'n Op., at 11 - 12 (Oct. 30, 2017).

〔77〕 *See, e. g., Certain Inkjet Supplies & Components Thereof*, Inv. No. 337 - TA - 691, Order to Cease & Desist (Jan. 11, 2011); *Certain Laminated Floor Panels*, Inv. No. 337 - TA - 545, Order to Cease & Desist (Jan. 22, 2007).

签发专门针对这些网站的禁止令。[78]

(四)临时救济措施

临时排除令和起诉书一起提交,可以在委员会初步认定存在违反337条款的行为时颁布,类似联邦地区法院颁布的临时禁令。[79] 颁布临时排除令的决定必须在调查提起后90日之内作出,对某些更复杂的案件,则在调查提起后150日之内必须作出。[80] 委员会在颁布临时排除令之外还可以颁布临时禁止令。[81]

寻求临时救济令的原告需要承担较高的举证责任,以证明其在随后的调查阶段具有较大的可能胜诉并可能获得救济。[82] 动议必须包含详细的对事实的声明,并对以下问题进行论述:(1)专利持有人在实体问题上胜诉的可能性;(2)如果不给予临时禁令的救济措施,原告是否会遭受到不可挽回的损失;(3)对原告和被告双方可能面临的损害做出权衡之后,是否应给予原告临时救济措施;(4)采取临时救济措施对公共利益的

---

〔78〕 *See Certain Ink Cartridges & Components Thereof* (*Ink Cartridges*), Inv. No. 337 - TA - 565, Final Initial & Recommended Determinations at 363 (Mar. 30, 2007) (*aff'd* on Comm'n review); *see also Certain Tires & Prods. Containing Same*, Inv. No. 337 - TA - 894, Cease & Desist Order at 1 (July 24, 2014)(包括禁止缺席被告进行互联网销售)。

〔79〕 19 U.S.C. § 1337(e)(2)(2012); 19 C.F.R. § 210.52(a)(1995).

〔80〕 这些法定时限是1974年《乌拉圭修正法》[Uruguay Amendments Act of 1994. S. Rep. No. 1298, 93d Cong., 2d Sess. 198 (1974)]未对337条款进行修改的修正案的延续。

〔81〕 参见 *Certain Home Vacuum Packaging Machs.*, Inv. No. 337 - TA - 496, Order No. 36, at 14 (Dec. 16, 2003)("只要禁止令的签发符合公共利益因素,临时救济的形式可以是除了或代替临时排除令之外的临时禁止令"); *Certain Hardware Logic Emulation Sys. & Components Thereof*, Inv. No. 337 - TA - 383, Notice of Commission Decision Not to Modify or Vacate an Initial Determination Granting Temporary Relief, and Issuance of a Temporary Limited Exclusion Order & a Temporary Cease & Desist Order, Subject to Posting of Bond by Complainant, 61 Fed. Reg. 41,652 (Aug. 9, 1996)。

〔82〕 参见 Nat'l Steel Car, Ltd. v. Canadian Pac. Railway, Ltd., 357 F.3d 1319, 1324 (Fed. Cir. 2004)("A preliminary injunction is a 'drastic and extraordinary remedy that is not to be routinely granted.'"临时禁制令是一种极端的、非同寻常的补救措施,不是经常采用)。

影响。[83]

如同联邦地区法院颁布临时禁令一样，因为举证责任要求较高，临时排除令很少颁布。[84] 不可挽回的损失通常在就申请临时排除令所举行的听证会上是最具争议的一个问题。只有在很可能产生不可挽回损失的情况下，委员会才能颁布临时救济令。[85] 不可挽回之损失的含义是，当"金钱损害的数额无法通过合理的程度确定地计算，或者受损失的当事人无法得到充分的补偿"[86]。然而，如果金钱赔偿在联邦地区法院可以获得，就不存在面临不可挽回损失的可能性。[87] 原告必须证明是被诉侵权产品，而不是其他因素（比如说另一个竞争者或者市场的状况）将导致不

---

〔83〕 19 C. F. R. § 210. 52(a)(1995); Procter & Gamble Co. v. Kraft Foods Global, Inc., 549 F. 3d 842, 847 (Fed. Cir. 2008).

〔84〕 The last successful attempt at obtaining a TEO was in 1996. 最近一次临时排除令出现在1996年，案件名称：*Certain Hardware Logic Emulation & Sys. & Components Thereof*, Inv. No. 337 – TA – 383, USITC Pub. 2991, Comm'n Op. on Remedy, the Public Interest, and Bonding (Sept. 1996)。

〔85〕 参见 *Certain Vacuum Packaging Machs.*, Inv. No. 337 – TA – 496, Order No. 36, Initial Determination [Denying] Temporary Relief (adopted in relevant part by the Commission), 2003 WL 23210691, at *6 (Dec. 16, 2003); Mikohn Gaming Corp. v. Acres Gaming, Inc., 165 F. 3d 891, 895 (Fed. Cir. 1998)。因此，在337调查的临时救济阶段进行适当的调查，是如果不给予临时救济，原告在调查待决期间将遭受的无法弥补的损失。

〔86〕 *Certain Silicon Microphone Packages & Prods. Containing Same*, Inv. No. 337 – TA – 695, Initial Determination at 92 – 103 (Mar. 24, 2010) (*aff'd* on Comm'n review) (citations omitted)（由于原告未能证明可能存在不可挽回的损失，未采取临时救济措施）.

〔87〕 参见 Automated Merch. Sys., Inc. v. Crane Co., 357 Fed. Appx. 297, 301 (Fed. Cir. 2009)（认为专利权人有责任证明其潜在的经济损失不能得到赔偿）。

可挽回的损失。[88]

此外,为阻止没有法律或事实根据的滥诉,委员会可以要求原告提交保证金,作为获得临时救济的前提要求。[89] 第337(e)(2)节规定"委员会可以要求原告提交保证金,作为根据本条颁布命令的前提要求"。在决定是否要求原告提交保证金的时候,委员会将"使用《联邦民事诉讼规则》第65条作为指导",而该规则要求设定恰当数额的保证金,在事后如果认定针对被告实施了错误的禁令,便用来补偿其因错误禁令而增加的开支和遭受的损失。[90]

(五)对于下游产品的救济措施

在京瓷无线公司诉委员会(Kyocera Wireless Corp. v. U. S. International Trade Commission)案中,联邦巡回上诉法院判决指出,与长期以来的做法相反,法律并没有授权委员会通过有限排除令来排除"下游"产品,即包含或使用了列名被告的侵权产品的他人产品。[91] 联邦巡回上诉法院认为,委员会通过有限排除令来排除进口产品的权力仅限于337调查

[88] *See Certain Muzzle - Loading Firearms & Components Thereof* (*Muzzle - Loading Firearms*), Inv. No. 337 - TA - 777, Initial Determination [Denying] Complainant's Motion for Temporary Relief at 46 - 54 (Nov. 9, 2011)(没有复审); *see also Certain Dynamic Sequential Gradient Compression Devices & Components & Parts Thereof*, Inv. No. 337 - TA - 335, Comm'n Op., at 69, 72 (June 22, 1992)(认定被告的销售额不能自动被认为是原告的销售损失,还应当考虑其他的市场因素); *Certain Pressure Transmitters*, Inv. No. 337 - TA - 304, Comm'n Op., at 35 (1990)(认定被告获得的市场份额不太可能完全是以原告的损失为代价,因为存在其他市场因素).

[89] 19 C. F. R. § 210. 68; *see also Muzzle - Loading Firearms*, Inv. No. 337 - TA - 777, Initial Determination [Denying] Complainant's Motion for Temporary Relief at 60; *Certain Crystalline Cefadroxil Monohydrate*, USITC Pub. 2240, Inv. No. 337 - TA - 293, Comm'n Op., at 50 (Nov. 1989).

[90] 19 C. F. R. § 210. 52(c); Fed. R. Civ. P. 65(c).

[91] Kyocera Wireless Corp. v. U. S. Int'l Trade Comm'n, 545 F. 3d 1340, 1355 - 58 (Fed. Cir. 2008).

中的列名被告。[92] 委员会不能排除没有被列名的被告的产品，除非满足根据第337(d)(2)(A)或(B)节颁布普遍排除令的更高要求的条件。[93] 然而，委员会仍然可以通过有限排除令排除在调查中列名被告的下游产品。[94] 委员会在历史上使用过9项EPROM要素来决定是否将排除令延伸至下游产品[95]：

1. 侵权产品和包含侵权产品的下游产品的价值的比较；

2. 下游产品是否是由被认定从事了不公平行为的当事人生产的，或者是第三方生产的；

3. 排除下游产品将对原告带来的增量价值；

4. 排除下游产品将给被告带来的损害；

5. 排除下游产品将给第三方施加的负担；

6. 获得不包含侵权产品的替代下游产品的难易程度；

7. 进口的下游产品事实上包含侵权产品并因此受到排除令约束的可能性；

---

〔92〕 *Id.* at 1356; *see also Certain Semiconductor Chips Having Synchronous Dynamic Random Access Memory Controllers & Prods. Containing Same, Including Graphics Cards & Motherboards*, Inv. No. 337 – TA – 661, Comm'n Op., at 12 (Aug. 20, 2010).

〔93〕 参见 *Kyocera*, 545 F. 3d at 1358; *Certain Cases for Portable Elec. Devices*, Inv. No. 337 – TA – 867/861 (Consolidated), Comm'n Op., at 8 (July 10, 2014)(citing same)。

〔94〕 参见 *Certain Wireless Consumer Elecs. Devices & Components Thereof*, Inv. No. 337 – TA – 853, Recommended Determination at 4 (Oct. 24, 2013); *Certain Semiconductor Chips & Prods. Containing Same*, Inv. No. 337 – TA – 753, Initial Determination at 372 (Mar. 2, 2012)(相关部分没有复审); *Certain Liquid Crystal Display Modules, Prods. Containing Same & Methods Using Same*, Inv. No. 337 – TA – 634, Comm'n Op., at 4 (Nov. 24, 2009)(采用行政法官的EPROM分析，并声明"为了确定排除令是否应该延伸到下游产品，委员会应用了[EPROM]中首次提出的测试"); *Certain Semiconductor Chips with Minimized Chip Package Size & Prods. Containing Same* (Ⅲ) (*Semiconductor Chips* Ⅲ), Inv. No. 337 – TA – 630, USITC Pub. 4209, Initial Determination on Violation at 166 – 67 (2009年9月25日)(没有复审)。

〔95〕 *Certain Baseband Processor Chips & Chipsets, Transmitter & Receiver (Radio) Chips, Power Control Chips & Prods. Containing Same, Including Cellular Tel. Handsets*, Inv. No. 337 – TA – 543, Comm'n Determination at 31 – 115 (Oct. 2011).

8. 如果排除令不包含下游产品的话,对其进行规避的可能性;

9. 海关实际执行该命令的可操作性。[96]

在京瓷(Kyocera)案之后,最初尚不清楚 EPROM 因素是否仍然与被告的下游产品相关,但委员会在 2018 年指出,在决定是否排除被告的下游产品时,不宜进行 EPROM 因素分析。[97]

自从京瓷案判决后,委员会也处理了一些通过普遍排除令来排除起诉书中未列名被告的产品的问题。在地理定位系统装置(GPS Devices)案中,委员会认为没有足够的证据来支持普遍排除令的颁布,并驳回了原告对其未在起诉书中列名的所有被告寻求针对下游产品的救济措施的要求。[98] 具体而言,委员会裁决指出,"绝大多数进口至美国的 SiRF GPS 芯片的形式为'下游'产品中的组件而不是单独的芯片";"继续进口包含侵权物件的下游产品的生产商如果不是本案中的列名被告,不能认为其是在通过业已存在的做法而'规避'了排除令"。[99] 因此,在这种情况下,可以签发普遍排除令的两个法定基础只剩下一个。然而,委员会指出:

我们认为,联邦巡回上诉法院在京瓷案中的判决意见并不影响有限排除令的颁布。有限排除令禁止其他实体来进口被认定违反 337 条款的列名被告所生产的侵权产品。传统上包含在有限排除令中的此类排他性表述,符合《美国法典》第 19 章第 1337(*a*)(1)(*B*)节至第 1337(*a*)(1)(*D*)节以及《美国法典》第 19 章第 1337(*d*)(1)节的规定。[100]

如前所述,委员会坚持其立场认为,普遍排除令并不是针对在 337 调

---

[96] *See Certain Erasable Programmable Read – Only Memories, Components Thereof, Prods. Containing Such Memories & Processes for Making Such Memories* (*EPROM*), USITC Pub. 2196, Inv. No. 337 – TA – 276, Comm'n Op., at 125 (May 1989); *see also Semiconductor Chips* Ⅲ, Inv. No. 337 – TA – 630, Initial Determination on Violation at 165 – 66.

[97] *See Certain Graphic Systems, Components Thereof, and Consumer Products Containing Same*, Inv. 337 – TA – 1044, Comm. Op., at 67 – 68 (Sept. 18, 2018).

[98] *Certain GPS Devices & Prods. Containing Same*, Inv. No. 337 – TA – 602, Comm'n Op., at 17 – 18 (Jan. 27, 2009).

[99] *Id.* (进一步认为,原告没有证明存在侵权行为或者难以确定侵权产品的来源)

[100] *Id.* at 17 n. 6.

查开始前已经在其产品中包含了侵权产品的下游产品进行排除的合理救济措施。[101] 考虑到委员会针对下游产品救济的京瓷案之后的决定，以及根据第 337(d)(2)(A)或(B)小节颁布普遍排除令的更高要求的条件，原告应该列明已知的侵权产品的进口商为被告，包括下游产品的进口商，才能获得充足的救济。[102]

(六)救济措施的取消

委员会有权撤销或者临时撤销救济令。第 337(k)(1)节规定：任何排除令和禁止令应当继续有效，除非导致这些救济令颁布的情形不复存在。[103] 当《联邦民事诉讼规则》"允许根据判决或命令减轻救济时"，第 337(k)(2)节允许委员会修改或者撤销救济命令。[104] 判决发布之后，导致该判决的状况改变的情况下，可以获准撤销救济措施。[105] 如果根据第 337(k)节和《美国联邦规章典集》第 19 章第 210.76 节请求委员会撤销救济令，相关申请必须要提交给委员会，而不是给审理原 337 调查案件的行政法官。[106]

在合成耐磨组件(Composite Wear Components)案中，委员会决定在等待联邦巡回上诉法院对上诉作出判决期间，临时撤销其颁布的有限排

---

〔101〕 *Certain Semiconductor Chips with Minimized Chip Package Size & Prods. Containing Same*, Inv. No. 337 – TA – 605, Comm'n Op. (June 3, 2009); *Semiconductor Chips* Ⅲ, Inv. No. 337 – TA – 630, Initial Determination at 162 – 64 (Aug. 28, 2009); *Certain Semiconductor Chips Having Synchronous Dynamic Random Access Memory Controllers & Prods. Containing Same*, Inv. No. 337 – TA – 661, Comm'n Op., at 12 (Aug. 10, 2010).

〔102〕 对于该问题的进一步讨论，可参见 V. James Adduci Ⅱ & Michael L. Doane, *Availability of General Exclusion Orders Providing Downstream Relief after Semiconductor Chips*, The Computer and Internet Law (Nov. 2009)。

〔103〕 19 U.S.C. § 1337(k)(1)(2012).

〔104〕 *Id.* § 1337(k)(2)(B); *see also* 19 C.F.R. § 210.76(a)(2)(2018).

〔105〕 判决可以在以下情况下撤销或修改：(1)判决本身或适用的法律作了修改，而且相关事件发生在判决作出之后，有必要进行修改；(2)情况发生了重大变化，使判决继续执行不再公正。参见 Restatement (Second) of Judgments § 73 Changed Condition。

〔106〕 参见 19 C.F.R § 210.76 (2018)。缔约方可在建议决定送达后 10 天内提交评论意见，并可在收到任何评论意见后 5 个工作日内提交针对评论意见的答复。

除令和禁止令。[107] 被告在将其列为被告的委员会337调查选择放弃抗辩,相反,被告告知行政法官其打算针对原告的指控,在美国联邦地区法院发起宣告不侵权之诉,请求法院宣告原告主张的专利无效,被告的产品并未侵权。对此,行政法官认定被告因为缺席而自动败诉,委员会颁布了针对被告的有限排除令和禁止令。随后,联邦地区法院认定原告主张的专利无效,原告上诉到联邦巡回上诉法院。[108]

委员会考虑到联邦巡回上诉法院可能推翻联邦地区法院的专利无效的判决,批准了被告的请求,决定临时而不是永久地撤销救济命令。但委员会指出,如果联邦巡回上诉法院维持了联邦地区法院的专利无效的判决,那么救济令会被永远撤销;相反,如果联邦巡回上诉法院推翻了联邦地区法院的判决,那么救济令会被重新恢复。[109]

委员会将其在合成耐磨组件案和钢棍(Steel Rod)案中的裁决作出了不同的决定。[110] 在钢棍案中委员会撤销了其之前颁布的排除令,根据第337(e)节颁布了新命令并允许被告在等待联邦地区法院作出判决期间提交保证金后继续进口。[111] 在钢棍案总统审查期间,联邦地区法院在一个与337调查平行的诉讼程序中宣告原告主张的专利无效。委员会根据当时的第337(e)节颁布了要求被告提交100%保证金的新的排除令,要求被告提交100%保证金,同时强调:在委员会裁决和联邦地区法院判决之间关于专利的无效问题上,由于对法律的解释不同而存在冲突,必须要由联邦巡回上诉法院来解决。[112] 和钢棍案不同,合成耐磨组件案中的被告因为缺席而被裁决自动败诉,行政法官没有讨论案件的实质性问题。因

---

[107] *Certain Composite Wear Components & Prods. Containing Same* (*Composite Wear Components*), Inv. No. 337 – TA – 644, Comm'n Op., at 1 (Feb. 10, 2011).

[108] *Id.* at 5.

[109] *Id.* at 9.

[110] 第337(e)条适用联邦法院对委员会批准临时救济采取的临时禁止令的标准。参见19 U.S.C. § 1337(e)(3)。

[111] *Composite Wear Components*, Inv. No. 337 – TA – 644, Comm'n Op., at 7 [citing *Certain Steel Rod Treating Apparatus & Components Thereof* (*Steel Rod*), Inv. No. 337 – TA – 97, Comm'n Op., at 6 (Jan. 15, 1982)].

[112] *Id.* at 11 (citing *Steel Rod*, Inv. No. 337 – TA – 97, Comm'n Op., at 9 – 13).

此，不同于钢棍案的是，合成耐磨组件案不存在委员会和联邦地区法院对法律解释的冲突问题，在等待联邦巡回上诉法院最后判决期间临时撤销救济命令是适当的。[113]

在对某些网络设备及其相关软件和组件（Certain Network Devices, Related Software & Components Thereof）案中，委员会拒绝根据专利审判和上诉委员会（PTAB）发布的最终书面裁决（认定有关专利的相关权利主张不可申请专利）而临时撤销救济命令。[114] 其解释说，这并不等于情况发生了改变而应予撤销，因为专利权仍然有效，直到对 PTAB 的最终书面决定穷尽上诉之后，才由美国专利和商标局颁发证书，撤消相关权利要求。[115] 委员会对某些案件做了区别对待，包括耐磨组件案。这些案件在地区法院因 PTAB 最终书面决定不具任何禁止反言的效果而作出专利无效的裁定之后，委员会撤销了 337 调查的裁决。[116]

二、公共利益

在对违反 337 条款的行为进行救济之前，法律要求委员会考虑公共利益的因素。具体而言，委员会必须考虑救济措施对公共健康和福利、美国经济中的竞争条件、美国境内对类似或直接竞争性产品的生产，以及美国消费者可能产生的影响。[117] 正如 1974 年《贸易法》立法史所解释的那样，必须在对公共利益因素的负面影响与保护知识产权的积极影响之间取得平衡：

"如果委员会认定，与（根据《Leahy - Smith 美国发明法》）给予专利持有人的法律保护相比，如果颁布排除令将会对公共健康和福利、美国经济的竞争状况、美国国内类似或直接竞争产品的生产以及美国消费者产

---

[113] *Id.* at 12.［1988 年对 337 条款的修正案改变了自钢棍案以来给予临时救济的标准，将联邦法院的临时标准增加到第 337（e）（3）节中］

[114] Inv. No. 337 - TA - 945, Comm'n Op., at 12 (Aug. 16, 2017).

[115] *Id.*

[116] *Id.* at 12 - 13.

[117] 19 U. S. C. § 1337(d), (e), (f) (2012).

生更多的不利影响,则……不应颁布排除令。”[118]

自从颁布了337条款有关公共利益的规定以来,委员会仅在3次337调查中以公共利益为由而拒绝对胜诉的原告给予救济:自动曲轴销磨床案(Automatic Crankpin Grinders)[119]、倾斜场加速管案(Inclined - Field Acceleration Tubes)[120]和流化床支撑装置案(Fluidized Supporting Apparatus)[121]。

在自动曲轴销磨床案中[122],尽管委员会裁决认定被告的被诉产品侵犯了原告有效且可执行的专利,委员会首次基于公共利益因素拒绝采取救济措施。考虑到当时存在的能源危机,(被告)说服委员会相信,如果被诉侵权产品被排除出美国市场,美国本国的车辆制造商将无法达到国会强制规定的燃油经济性标准。[123] 具体而言,委员会认定,“公众作为一个整体,希望通过提供节能替代品节约燃料。本案涉及的配备更高效率发动机的汽车能为公众提供高能效的替代选择,从而达到能源节约利用的效果,但这种发动机需使用作为本案调查对象的曲轴销磨床方能生产”[124]。由此,委员会裁决,考虑到这方面公共利益的关切超过了保护原告主张的专利权带来的利益,拒绝提供原告主张的救济措施。[125]

同样,在倾斜场加速管案中[126],尽管委员会认定被告侵犯了原告专利权,但仍然拒绝给予原告救济措施。在此案中,委员会明确权衡了救济措施对公众健康和福利的不利影响与侵权行为对专利持有人权利造成的

---

[118] Trade Act of 1974, S. Rep. No. 93 - 1298, at 197 (1974).

[119] *Certain Automatic Crankpin Grinders* (*Crankpin Grinders*), Inv. No. 337 - TA - 60, USITC Pub. 1022, Comm'n Op., at 18 (Dec. 1979).

[120] *Certain Inclined - Field Acceleration Tubes & Components Thereof* (*Acceleration Tubes*), Inv. No. 337 - TA - 67, USITC Pub. 1119, Comm'n Op., at 29 (Dec. 1980).

[121] *Certain Fluidized Supporting Apparatus & Components Thereof*, Inv. Nos. 337 - TA - 182/188, USITC Pub. 1667 (Oct. 1984).

[122] *Crankpin Grinders*, Inv. No. 337 - TA - 60, Comm'n Op., at 18 (Dec. 17, 1979).

[123] *Id.* at 18 - 19.

[124] *Id.* at 20.

[125] *Id.* at 21.

[126] *Certain Inclined - Field Acceleration Tubes & Components Thereof*, Inv. No. 337 - TA - 67, USITC Pub. 1119, Comm'n Op., at 29 (Dec. 1980).

损害。[127] 在讨论救济措施的不利影响时，美国国家科学基金会、三所研究型大学和某个声誉卓著的实验室提交的详细报告说服委员会确信，如果颁布排除令和/或禁止令，将对科学研究产生毁灭性的影响。委员会的决定特别考虑到了加速管在核武器开发、古生物学研究和考古应用方面的有益作用。[128] 该委员会认为，国会颁布的《国家科学基金法》强化了这类研究的重要性，该法为许多用国产和进口管材的研究提供了资金支持。[129] 委员会的结论是，考虑到该案对科学研究的影响而合理拒绝对专利持有人对其专利产品提供保护。[130] 在得出这一结论时，委员会认为，与被告产品相比，原告的专利产品价格昂贵而不利于现有研究项目的开展。[131] 此外，被诉产品的非侵权特征提供了"显著的操作优势，降低了成本"，并"在发明专利旨在解决的技术问题方面取得了重大进展"。[132]

在流化床支撑装置案中[133]，原告申请临时救济。委员会认为，有理由相信（被告）存在违反337条款的侵权行为，但是，公共利益因素不允许颁布救济措施。该337调查涉及的是特殊床具，专门适用于严重烧伤的病人。[134] 委员会着眼于该种被诉床具的独特优点以及原告没有能力满足美国本国市场需求的事实，认定存在更为重要的公共利益因素（而拒绝给予原告救济）。[135] 此外，行政法官的裁决说服委员会确信，减少竞争会"导致价格提高，进而容易造成经济能力有限的病人无法负担其所需的床具"[136]。因此，委员会得出结论认为，基于对公共利益的考虑而拒绝向原

---

[127] *Id.* at 22.

[128] *Id.* at 23.

[129] 同上。

[130] *Id.* at 29.

[131] *Id.* at 26 – 27.

[132] *Id.* at 29.

[133] *Certain Fluidized Supporting Apparatus & Components Thereof*, Inv. Nos. 337 – TA – 182/188, USITC Pub. 1667 (Oct. 1984).

[134] *Id.* at 1.

[135] *Id.* at 23.

[136] 同上。

告提供其要求的救济措施。[137]

委员会认定被告存在违反337条款的侵权行为,但拒绝给予原告救济措施的有限案例具有几个共同的特点。[138] 首先,每项调查中的被告产品都为公众健康和福利(清洁空气、科学研究和医疗设备)提供了明确和宝贵的利益,其中两个案例更得到了国会对有关公众利益重要性的认可。[139] 其次,在每个案例中,原告均无法满足美国国内市场对于受专利保护产品的需求,因此让公共健康和福利受到了威胁,这足以支持委员会拒绝给予原告救济措施。

虽然上一次由于公共利益的考虑而拒绝给予救济的案例发生在30年前,但公共利益的考虑在最近的几次调查中发挥了重要作用。在某些情况下,委员会根据公共利益的考虑对救济措施进行了调整。例如,在基带频处理器(Baseband Processor Chips)案中,委员会谨慎地颁布了排除令,以考虑可能对美国经济和公共安全产生的负面影响。[140] 由于被诉产品无处不在,该调查吸引了第三方的广泛关注。[141] 6个不同的当事方提出动议介入调查,因此委员会举行了一次特别的公开听证会,审议排除令对公共利益的影响。[142] 当事人、干预者和政府机构经过两天的作证,委员会认为,排除被诉产品将会损害公众健康和福利、美国消费者以及美国

---

〔137〕 *Id.* at 24.

〔138〕 *See* 19 U. S. C. § 1337(d),(f)(2012).

〔139〕 *Crankpin Grinders*, Inv. No. 337 – TA – 60, USITC Pub. 1022, Comm'n Op., at 18 (Dec. 1979); *Acceleration Tubes*, Inv. No. 337 – TA – 67, USITC Pub. 1119, Comm'n Op., at 23 (Dec. 1980).

〔140〕 *Certain Baseband Processor Chips & Chipsets, Transmitter & Receiver (Radio) Chips, Power Control Chips & Prods. Containing Same, Including Cellular Tel. Handsets*, Inv. No. 337 – TA – 543, USITC Pub. 4258, Comm'n Op., at 136 – 37 (Oct. 2011).

〔141〕 *See Certain Baseband Processor Chips*, Inv. No. 337 – TA – 543, Comm'n Op., at 2 – 3,12. 被起诉的产品包括"智能手机和黑莓(Blackberries)等可以在无线网络上运行的手持电子邮件设备,参与方和非当事方包括威讯通信,LG电子移动通信公司、Kyocera Wireless corp、Motorola Inc.、Sprint Nextel corp、三星电子公司、ITC的不公平进口调查办公室、联邦通信委员会(FCC)和联邦紧急事务管理局(FEMA)。

〔142〕 *Id.* at 4.

经济的竞争环境。[143] 因此,委员会从其排除令中豁免了"目前美国正在进口并在2007年6月7日或之前向公众销售的所有(侵权)设备"[144]。委员会认为,这样"祖父级"豁免将减轻救济措施对消费者、美国经济和公共福利的影响。[145] 联邦巡回上诉法院最终认定,在法律层面,委员会无权针对"下游"救济发布有限排除令。[146] 该案表明,委员会在考虑公共安全和美国经济可能遭受的潜在不利影响的同时,仍然为原告受到侵权的专利提供救济。

同样,在个人数据及流动通信器材案中,委员会在详细分析了法定公众利益因素之后,决定延迟排除侵权产品,并给予四个月的过渡期,让"下游,无线服务供应商有足够时间过渡至替代器材的制造商。[147] 此外,委员会允许被告进口翻新产品,作为保证或保险合同下的替代品。[148] 在某些充气床垫系统、其组成部分及使用方法(Certain Air Mattress Systems, Components Thereof & Methods of Using the Same)案中,委员会基于公众利益的考虑,拒绝对一名被告签发禁止令。[149] 那名被告的产品是某种在急性护理环境中使用的气垫床,用于治疗与传统床垫产生的压力点有关的伤口和溃疡。该被告主要通过团体采购、组织谈判并达成的合同将这一产品租给医院,这些合同要求被告按照紧凑的时间表交付或更换产品。为此,被告使用了多个配送中心。此外,涉案专利将在补救措施发布之后3个月内到期;如将此类合同下的产品纳入普遍排除令相关的批准、认证和证明程序冗长,而其他制造商不可能填补救济措施所导致的产品缺口。

---

[143] *Id.* at 138,148. 除了其他考虑之外,公众将失去一些公共健康和安全方面的益处,而这些益处可能来自3G技术相关的数据传输能力的提升。

[144] *Id.* at 150 – 51.

[145] 同上(豁免将允许公共安全人员继续访问 EV – DO 和 WCDMA 网络的现有功能,并快速传输和接收图片、视频、搜查令和其他文件以及访问网页)。

[146] Kyocera Wireless Corp. v. U. S. Int'l Trade Comm'n, 545 F. 3d 1340, 1358 (Fed. Cir. 2008).

[147] *Certain Personal Data & Mobile Commc'ns Devices & Related Software*, Inv. No. 337 – TA – 710, Comm'n Op., at 79 – 83 (Dec. 29, 2011).

[148] *Id.* at 69 – 73.

[149] Inv. No. 337 – TA – 971, Comm'n Op. (June 20, 2017).

根据这些事实,委员会得出结论认为,被告的产品缺乏替代品,因而禁止被告出租其产品的禁止令将损害公众健康和福利。[150] 委员会还得出结论认为,对公共利益的考虑并不妨碍对被告签发有限排除令,因为委员会认为被告可以从其现有库存中满足出租的需求。[151]

需要注意的是,美国联邦巡回上诉法院确认,eBay Inc. v. MercExchange, L. L. C. 一案中确立的适用于美国联邦法院颁布禁令救济措施的四要素标准,并不适用于委员会对公共利益的分析。[152] 在最小化封装尺寸半导体芯片案[153]中,被告声称,337 调查中的公共利益问题类似于 eBay 案中的测试,但美国联邦巡回上诉法院不同意这种观点。[154] 美国联邦巡回上诉法院特别指出:"委员会在决定是否发布永久禁令的衡平法补救措施时,不需要进行地区法院针对禁令救济所使用的传统四因素测试。"[155]

2011 年,有批评称调查程序并不能针对公共利益的问题收集足够的事实证据,委员会为此修订了部分程序性规则。[156] 新的规则不影响委员会在考虑法定的公众利益因素时实体法方面的实践,而是旨在"提高效率"以及"优化程序",以确保有关公共利益的问题能够得到完整的记录。[157] 根据这些新的规则,原告在提交起诉书的同时必须单独提交一份

---

〔150〕 *Id.* at 60.

〔151〕 *Id.* at 61 - 63.

〔152〕 547 U. S. 388, 391 (2006). [在专利案件中,禁令要求:(1)原告遭受了无法弥补的损害;(2)法律上的补救措施,如金钱损害,不足以弥补该损害;(3)考虑原告和被告之间困难的平衡;(4)永久性禁令不会损害公共利益]

〔153〕 *Certain Semiconductor Chips with Minimized Chip Package Size & Prods. Containing Same*, Inv. No. 337 - TA - 605, USITC Pub. 4282 (Nov. 2011).

〔154〕 Spansion, Inc. v. U. S. Int'l Trade Comm'n, 629 F. 3d 1331, 1358 - 60 (Fed. Cir. 2010).

〔155〕 同上。

〔156〕 参见 Notice of Final Rulemaking, 76 Fed. Reg. 64, 803 (Oct. 19, 2011), 自 2011 年 11 月 18 日生效。

〔157〕 同上。

公共利益声明[158],该文件的篇幅不得超过5页。该公共利益声明应当:(1)解释原告请求的救济措施可能影响的进口产品在美国的使用情况;(2)列明任何公共健康、安全或福利方面的因素;(3)列明可以替代可能被排除的进口产品在(美国国内)类似或直接相竞争的产品;(4)说明原告及其被许可人或其他第三方是否拥有充足的产能,并在商业上的合理时限内能够满足美国国内因原告请求救济措施而会被排除的相应数量的进口产品的需求;(5)描述原告请求的救济措施可能对消费者产生的影响。[159] 在收到申请书之后,委员会会发出通知,邀请公众和列名被告就公众利益的问题提出意见及建议。[160]

委员会在考虑这些公共利益的意见之后,可在立案时指示行政法官就公共利益收集证据,并得出调查结论和建议。[161] 如果委员会命令行政法官就公共利益收集证据,被告应当在对申请书进行答辩的同时,提交一份关于公共利益的声明,专门回应原告在其提交的公共利益材料中提出的任何问题。[162]

截至编写本书之日,行政法官在96次调查中被要求收集公共利益方面的证据,其中大多数案件是在执行2011年要求提交初步公共利益声明的规则修订之后启动的。在2011年规则修订后的几次调查中,公共利益的问题得到广泛重视。[163] 在某些锂金属氧化物正极材料,含有同类物质的电动工具产品用锂离子电池及含有同类物质的电动工具产品(Certain Lithium Metal Oxide Cathode Materials, Lithium – Ion Batteries for Power

---

[158] 参见19 C. F. R. § 210.8(b)(2013)。如果原告提交了公共利益评论的保密版本,必须在1个工作日内提交公共版本。*Id.*

[159] 同上。

[160] *Id.* § 210.8(c)(1)(2013),公众和被告还必须提交其意见书的公开版本。同上。

[161] *Id.* § 210.10(b)(2018).

[162] *Id.* § 210.14(f)(2018),在调查期间,原告和被告必须在初次和反驳的论点和诉状中讨论公共利益问题。*See Certain Hemostatic Prods. & Components Thereof*, Inv. No. 337 – TA – 913, Order No. 23 (Oct. 27, 2014).

[163] 参见ITC, *Section* 337 *Statistics*: *Identification and Number of Cases Delegating Public Interest* (*Updated Quarterly*), https://www.usitc.gov/intellectual_property/337_statistics_identification_and_number_cases.htm(最后一次更新于2018年10月23日)。

Tool Products Containing Same & Power Tool Products with Lithium – Ion Batteries Containing Same)案中[164],行政法官在裁定公众利益因素与救济令无关之后,委员会征询及收集公众意见,并就公众利益的考虑因素举行公开听证,听取了政府机构、公众利益团体及公众人士的意见。[165] 最后,委员会同意行政法官的意见,认为救济命令并不会影响公共利益,反驳了被告和一些评论者的观点,即:救济令将妨碍那些依赖被排除产品所进行的国内研究和开发。[166]

在某些流动电子装置及其无线电频率及处理元件(Certain Mobile Electronic Devices & Radio Frequency & Processing Components Thereof)案中,公众利益的考虑发挥了主导作用。[167] 该案中,原告高通公司指控被告苹果公司进口和销售涉嫌侵权的iphone(其中包括英特尔公司生产的基带芯片组),违反了337条款。苹果公司认为,如把含有英特尔基带芯片组件的iphone排除在外,将导致高通在高级基带芯片组市场上获得垄断地位,这种改变将阻碍5G蜂窝通信的发展,损害美国和美国消费者的竞争条件,并涉及国家安全问题。[168] 高通公司针对苹果公司关于高端基带芯片组市场的定义提出异议,并声称在相关市场已经存在激烈的竞争。[169] 行政法官在认定存在违法行为之后,建议不要发布救济令,其认为:(1)苹果公司已证明,在高端基带芯片组件的相关市场上,芯片组件由两家供应商高通(Qualcomm)和英特尔(Intel)提供;(2)如果英特尔不能销售用于在美国销售的苹果智能手机的芯片组件,它可能会退出该市场;(3)这种退出将导致英特尔放弃5G开发。[170] 委员会推翻了行政法官关于侵权的裁决,因此没有触及公众利益的问题。[171]

---

[164] Inv. No. 337 – TA – 951, Comm'n Op. (Jan. 26, 2017).

[165] *Id.* at 33, 44.

[166] *Id.* at 47 – 48.

[167] Inv. No. 337 – TA – 1065, Initial Determination & Recommended Determination (Oct. 29, 2018).

[168] *See id.* at 128 – 59.

[169] *See id.* at 115 – 27.

[170] *See id.* at 190 – 91.

[171] Comm'n Notice, 84 Fed. Reg. 12292 (Apr. 1, 2019).

三、保证金

337条款和《委员会规则》均规定，如果被告提交的保证金足以“保护原告免受任何损失”，那么被告可以在60天的总统审查期间继续进口。[172] 委员会长期以来的实践做法非常明确，认为“保证金不应该设定得太高以至于事实上阻止了总统审查期间的进口”[173]。另外，“原告对其主张负有举证责任，其中包括保证金的金额”。[174] 如果原告未能从一开始就证明有必要让被告提交保证金，那么法律并不要求行政法官针对保证金的数额提出建议。[175]

（一）决定合适的保证金数额

保证金的目的是保护原告免受任何损害。[176]“当可以获得可靠的价格信息时，委员会经常根据国内产品和较为便宜的进口侵权产品之间的

---

〔172〕 19 U. S. C. § § 1337(j)(3)(2012); *see also* 19 C. F. R. § § 210. 50(a)(3)(2018).

〔173〕 *Certain Digital Televisions & Certain Prods. Containing Same & Methods of Using Same*, Inv. No. 337 - TA - 617, Comm'n Op. , at 19 (Apr. 23, 2009).

〔174〕 *Certain Rubber Antidegradants, Components Thereof & Prods. Containing Same*, USITC Pub. 3975, (*Rubber Antidegradants*), Inv. No. 337 - TA - 533, Comm'n Op. , at 39 - 40 (July 21, 2006); *see also Certain Silicone Microphone Packages & Prods. Containing SameMultiple Mode Outdoor Grills*, Inv. No. 337 - TA - 629, Initial Determination, 895, Comm'n Op. , at 22261 (Feb. 10, 2009)(原告未能证明其提出的全额缴纳保证金的要求是合理的)(citing *Rubber Antidegradants*, Inv. No. 337 - TA - 533).

〔175〕 *Certain Liquid Crystal Display Devices & Prods. Containing Same*, Inv. No. 337 - TA - 631, Final Initial & Recommended Determination, at 223 - 25 (Jan. 26, 2009)(*aff'd* in relevant part on Comm'n review).

〔176〕 19 C. F. R. § § § § 210. 42(a)(1)(h)(2), 210. 50(a)(3)(2018).

价格差额来设定保证金的数额。"[177] 例如,在电连接器(Electrical Connectors)案中,委员会发现被告的连接器往往比原告的产品价格要低15% ~ 20%[178],因此命令被告就侵权产品的进口提交相当于进口价值20%的保证金。相反,"如果……定价的差异和变动使得价格比较过于复杂和困难,委员会通常设定100%的保证金"[179]。例如,当"多家网站销售"侵权产品的时候,委员会设定了100%的保证金。[180] 另外,如果被告的售价等于或高于原告的价格,或者缺乏竞争性定价的资料,委员会将会把保证金定为零。[181]

还有一种做法是,委员会可以根据"合理的专利使用费"的证据来确

---

[177] *Certain Cigarettes & Packaging Thereof* (*Cigarettes*), Inv. No. 337 – TA – 643, Order No. 23, Recommended Determination as to Remedy & Bonding at 16 (Mar. 18, 2009) [citing *Certain Microsphere Adhesives, Process for Making Same & Prods. Containing Same, Including Self – Stick Repositionable Notes* (*Microsphere Adhesives*), USITC Pub. 2949, Inv. No. 337 – TA – 366, Comm'n Op., at 24 (Dec. 15, 1995)].

[178] *Certain Elec. Connectors & Prods. Containing Same*, USITC Pub. 2981, Inv. No. 337 – TA – 374, Comm'n Op., at 20 – 22 (July 1996).

[179] *Cigarettes*, Inv. No. 337 – TA – 643, Comm'n Op., at 8 – 9 (Oct. 1, 2009); *Digital Multimeters*, Inv. No. 337 – TA – 366, Comm'n Op., at 12 – 13 (Jun. 3, 2008)(认定每个被告制定不同的价格,并且全额缴纳保证金,防止原告的产品和侵权进口产品之间存在明显差异); *Certain Variable Speed Wind Turbines & Components Thereof*, Inv. No. 337 – TA – 376, Comm'n Op., at 46 (Sep. 23, 1996)(由于难以量化被告进口的 Enercon 风力涡轮机的成本优势,以及汇率和市场条件引起的市场波动造成的价格变动,将保证金定为100%).

[180] *See Cigarettes*, Inv. No. 337 – TA – 643, Comm'n Op., at 8 – 9 (Oct. 1, 2009); *see also Digital Multimeters*, Inv. No. 337 – TA – 366, Comm'n Op., at 12 – 13 (June 3, 2008)(认定:每个被告的定价不同,100%保证金防止原告的产品和侵权进口产品之间出现明显差异); *Certain Variable Speed Wind Turbines & Components Thereof*, Inv. No. 337 – TA – 376, Comm'n Op., at 46 (Sept. 23, 1996)(将保证金定为100%,"因为难以量化受访者进口的 Enercon 风力涡轮机的成本优势,以及由于汇率和市场条件导致的市场波动和汇率导致的价格波动").

[181] *See Certain Access Control Sys. & Components Thereof*, Inv. No. 337 – TA – 1016, Comm'n Op., at 44 (Aug. 21, 2018).

定适当的保证金。[182]

（二）没收保证金的程序

假设总统并没有推翻委员会的救济命令（这是常见的情形），原告可以在总统审查期之后向主持调查的行政法官提起动议，启动程序，以确定被告的保证金是否应全部或部分支付给原告。[183] 同样，被告可以向行政法官提出动议，要求返还保证金。[184] 这两类动议都必须在总统审查期届满后 90 天内提出，或在针对委员会决定的上诉得到解决后的 30 天内提出（within 30 days after the resolution of any appeal taken from the Commission determination）。[185] 在没收保证金程序中裁定的问题，仅限于委员会保证金令规定的覆盖范围和金额。[186]

被没收并交予原告的保证金的数额可以是在总统审查期间为进口侵

---

[182] *See Certain Elec. Digital Media Devices & Components Thereof*, Inv. No. 337 – TA – 796, Comm'n Op., at 132 (Sept. 6, 2013)；（委员会经常通过试图消除国内专利产品和侵权产品之间的销售价格差异，或根据合理的特许权使用费率确定保证金）；*Certain Semiconductor Chips with Minimized Chip Package Size & Prods. Containing Same*, Inv. No. 337 – TA – 432, Recommended Determination on Remedy & Bonding (Oct. 1, 2001)；*Certain Integrated Circuit Telecomm. Chips & Prods. Containing Same, Including Dialing Apparatus*, Inv. No. 337 – TA – 337 (1993)（以合理的专利费率为基础，将每个侵权芯片的保证金定为 8%）；*Certain Acid – Washed Denim Garments & Accessories*, Inv. No. 337 – TA – 324, Comm'n Op., at 28 (Aug. 6, 1992)（根据以往的专利费率设定 3.75% 的保证金）.

[183] 19 C. F. R. § 210.50(d)(1)(i)(2018).

[184] *Id.* § 210.50(d)(1)(ii).

[185] 19 C. F. R. § . *Id.* § 210.50(d)(1)(i), (ii). *See also* Proposed Rules, 77 Fed. Reg. 41, 124 (adding that a motion *Stainless Steel Prods.*, *Certain Processes for* return *Mfg. or Relating to Same & Certain Prods. Containing Same*, Inv. No. 337 – TA – 933, Order No. 20, Initial Determination Denying Motion to Initiate Bond Forfeiture Proceedings (Oct. 31, 2016)（认定：原告如对委员会的最终裁定提出上诉，可在上诉解决后 30 天内，在保证金悬而未决期间启动没收保证金程序）(July 11, 2012) (19 C. F. R. pt. 210).

[186] *Certain Lens – Fitted Film Packages (LFFPs)*, Inv. No. 337 – TA – 406 (Bond Forfeiture Proceeding), Order No. 52, at 5 (Oct. 14, 1999).

权货物所提交的全部的保证金。[187] 在决定没收的金额时,行政法官和委员会依据的是《联邦民事规则》第65条收取临时禁令保证金的规定。[188] 有必要指出,根据该法第65条,"当事人对金钱损害赔偿的证明'并不需要非常精准的数学计算'"[189]。此外,"当金钱赔偿的数额不能被准确估算的时候,必须从不利于侵权人的角度来作出决定"[190]。

在配有镜头的胶卷包装(Lens - Fitted Film Packages)案中,行政法官分析了在总统审查期间排除令涵盖的产品的销售数额、进口后并销售的数额,以及这些产品的市场属性,以便决定应被没收的保证金的适当金额。[191] 被告主张原告未能证明存在损害,但该观点未被行政法官接受,因为被告承认在总统审查期间进口并销售了排除令涵盖的产品。[192] 为了判定原告因侵权商品而受到的损害,行政法官用联邦巡回上诉法院在Panduit诉Stahlin兄弟纤维厂(Panduit v. Stahlin Brothers Fibre Works)案中的意见作为指南,对该案件进行了以下分析:

如要计算在不存在侵权行为的情况下(原告)本该获得的销售利润,

---

[187] *See Certain Semiconductor Chips with Minimized Chip Package Size & Prods. Containing Same* (*Semiconductor Chips*), Inv. No. 337 - TA - 605, Order No. 68 (Initial Determination), at 9 (Apr. 2, 2012)(没有复审)(注意到某些被告同意没收其全部保证金); *see also generally Semiconductor Chips*, Inv. No. 337 - TA - 605, Order No. 71 (Initial Determination)(Apr. 24, 2012)(没有复审)(批准原告和某些被告的联合动议,该动议请求在被告同意向原告支付总统审查期间确定的保证金金额之后作出初步裁定).

[188] 参见《美国联邦规章典集》第19章第210.50(d)(3)节(2018); *LFFPs* (Bond Forfeiture Proceeding), Inv. No. 337 - TA - 406, Initial Determination, at 14, 39 (May 29, 2003)(累计损害赔偿"根据规则第65条进行评估,仅限于可直接归因于委员会补救命令的实际损害").

[189] Nokia Corp. v. Interdigital, Inc., 645 F. 3d 553, 559 (Fed. Cir. 2011)[引用Global NAPs, Inc. v. Verizon New Eng., Inc., 489 F. 3d 13, 24 (1st Cir. 2007)].

[190] Gyromat Corp. v. Champion Spark Plug Co., 735 F. 2d 549, 554 - 55 (Fed. Cir. 1984).

[191] *LFFPs*, Inv. No. 337 - TA - 406 (Bond Forfeiture Proceeding 没收保证金程序), Order No. 52, at 5 (Oct. 14, 1999).

[192] *LFFPs*, Inv. No. 337 - TA - 406 (Bond Forfeiture Proceeding), Initial Determination, at 10.

并据此计算原告应该获得金钱损害赔偿,专利所有人必须证明:(1)对专利产品存在的需求;(2)可接受的非侵权替代产品并不存在;(3)其拥有能够满足该需求的制造和销售产品的能力;(4)(如果不存在侵权行为)其本来可能获得利润的金额。[193]

行政法官认定,该案中所有4个要求都得到了满足:(1)存在市场需求,因为被告在总统审查期间销售了排除令涵盖的产品;(2)可接受的非侵权的替代产品并不存在,因为被告、原告和原告的许可人是涉案专利的产品的竞争者;(3)如果被告不销售侵权产品的话,原告及其许可人本来可以满足对该产品的增长的需求;(4)原告已经从涉案专利涵盖的产品中获得利润,因此可以比较公平地评估其损失的利润和许可费。[194] 另外,获得了损害赔偿的胜诉原告有权获得在判决之前的利息,该利息的金额系根据穆迪公司(Moody's)公布的AAA级月均公司债利率来计算。[195]

---

[193] 参见 *LFFPs* (Bond Forfeiture Proceeding 没收保证金程序), Initial Determination 初裁。*Id.* at 40. [citing Panduit Corp. v. Stahlin Bros. Fibre Works, Inc., 575 F.2d 1152, 1156 (6th Cir. 1978)]

[194] *Id.* at 41.

[195] *Id.* at 51 – 53.

第十二章

针对行政法官裁决进行的委员会审查以及总统对委员会救济令的审查

一、委员会的审查

行政法官负责开展日常的调查。行政法官作为事实的调查者,对所有问题作出裁定,但最后决策权属于委员会。委员会可以采纳、修订、推翻行政法官做出的各项决定,或者不表明任何立场。委员会的审查让其有机会核准每一个已被作出裁决的案件。

《委员会规则》规定了委员会监督行政法官作出裁决的方式。委员会的审查通常始于初步裁定(初裁)的发布。除了行政法官对违法行为作出的"最终"的初裁外,行政法官在其他方面根据《委员会规则》规定作出初裁,并接受委员会的审查。[1] 行政法官的所有其他决定都是以命令而非初裁的形式发布的,通常在行政法官发布最终初裁之前都不能上诉。在判断行政法官的裁决是否可以立即进行由委员会审查时,委员会关注的

〔1〕 作为初步决定发布的裁决包括:修改起诉书或立案公告的决定、认定某一当事方违约的决定、对调查中的部分或全部争议问题作出简易裁决的决定,或终止对某些当事方或某些权利主张进行调查的决定。*See* 19 C. F. R. § 210. 42(a) -(c)(2018).

是裁决的实质内容,而不论法官作出的裁决是命令还是初裁。[2]

(一)对行政法官命令进行的中间审查

《委员会规则》规定,(当事方)可以对非初裁形式的行政法官的命令进行中间审查。在大多数情况下,只有在法官准许之后,才可进行中间审查。[3] 不需要行政法官许可的例外情况是:(1)根据《委员会规则》第210.32(c)(2)节要求披露委员会记录或政府官员出庭的裁决;(2)根据《委员会规则》第210.19条驳回干预申请的裁决。[4] 对于(初裁除外)任何其他类型的行政法官裁决,中间审查要求申请方获得法官的准许。

申请准许提出中间审查的一方必须让行政法官确信:(1)将被提起上诉的裁决"涉及法律或政策方面的管制问题,在这方面存在具有实质性理由的不同意见";或者(2)"对裁决立即进行上诉可能实质性地推动调查的最终完成,或者(如不立即审查)随后的复审将无法提供充分的救济。"[5]提出动议的一方有责任证明这两个标准得到满足。[6] 例如,在

---

〔2〕 在 *Certain Mobile Tels. & Wireless Commc'n Devices Featuring Digital Cameras & Components Thereof* 调查中,委员会拒绝在中间基础上审查以初裁形式发布的法官马克曼裁决。*See* Inv. No. 337 – TA – 703, Notice of Comm'n Determination at 2 (Oct. 20, 2010). 委员会确定,行政法官有关权利要求解释的裁决没有被适当地列为初裁,因此不需要立即接受委员会的审查。*Id.*

〔3〕 在任何情况下,在临时救济程序待决期间发出的行政法官的命令都不会受到中间审查。*See* 19 C.F.R. § 210.64 (1994).

〔4〕 *See id.* § 210.24(a)(1994)(在这两种情况下,委员会"可酌情"受理中间审查).

〔5〕 *Id.* § 210.24(b)(1994); *see also Certain Integrated Circuits, Chipsets & Prods. Containing Same Including Televisions, Media Players & Cameras*, Inv. No. 337 – TA – 709, Order No. 12 (July 28, 2010); *Certain Personal Computer/Consumer Elec. Convergent Devices, Components Thereof & Prods. Containing Same*, Inv. No. 337 – TA – 558, Order No. 17 (Sept. 8, 2006); *Certain Bearings & Packaging Thereof* (*Bearings*), Inv. No. 337 – TA – 469, Order No. 16 (July 10, 2002).

〔6〕 *See Bearings*, Inv. No. 337 – TA – 469, Order No. 16; *Certain Network Interface Cards & Access Points for Use in Direct Sequence Spread Spectrum Wireless Local Area Networks & Prods. Containing Same* (*Network Interface Cards*), Inv. No. 337 – TA – 455, Order No. 28, at 4 (Aug. 17, 2001); *see also* Michael Lindinger, *Interlocutory Appeals of Administrative Law Judge Orders*, 22 ITCTLA 337 Reporter 81, 81 – 86 (2006) (4th Summer Assoc. ed.).

某次获得准许的中间审查中，行政法官认定委员会的审查将“对调查的范围和进程产生重大影响”。[7] 如果获得行政法官的准许，提出请求的一方就可以申请委员会审查。该申请的篇幅不得超过15页，并且必须在行政法官裁决送达之后的5个工作日内提交。[8] 未提起动议的当事方可以在审查申请送达之后的5个工作日内提交答辩意见，随后委员会可以准许上诉。[9] 除非委员会另有命令，否则任何上诉将依据申请以及非动议当事方提交的答辩意见来审查，不再组织进一步的评论或口头辩论。[10] 提出中间审查的申请不会中止调查，除非行政法官或委员会命令中止。[11]

（二）针对初裁的审查

根据《委员会规则》第210.43条，当事方有权通过向委员会提出审查申请，对初裁提起上诉。[12] 初裁是否为最终的还是部分初裁，决定了适用的截止日期，但程序都是相同的。审查的申请不得超过100页，应当具体说明要求审查的初裁所涉及的问题，并就此类问题具体说明要求审查的理由：(1)对重要事实的认定或者结论明显错误；(2)法律结论错误，没有先例、规则或者法律依据，或者构成滥用自由裁量权；或者(3)该决定会影响委员会的政策。[13] 要求审查的申请书必须简明扼要地陈述需要考虑的事实，以及委员会审查对于解决事实、法律或政策等重要问题的必要性和适当性。[14]

如果没有提出审查的申请，则放弃了今后针对有关当事方决定的问题提起上诉的权利。[15] 因此，即使胜诉方也应根据《委员会规则》第210.43(b)(3)条提交或有审查申请(contingent petition)，以便对行政法

---

〔7〕 *Bearings*, Inv. No. 337 - TA - 469, Order No. 16, at 3, 13.

〔8〕 19 C. F. R. § 210.24(b)(3)(1994).

〔9〕 同上。

〔10〕 同上。

〔11〕 *Id.* § 210.24(c)(1994).

〔12〕 *Id.* § 210.43(a)(2018).

〔13〕 *Id.* § 210.43(b)(2018).

〔14〕 同上。

〔15〕 *Id.* § 210.43(b)(4)(2018).

官尚未支持的问题保留上诉权。例如,对于在未侵权方面胜诉但在专利无效方面败诉的被告,其应当针对专利无效的主张的裁决提起附带审查来保留其专利无效的主张,以防今后未侵权的裁决被推翻。

委员会将在发布后60日内发布通知,宣布其决定是否审查最终初裁。[16] 启动审查只需要一名委员的投票,尽管投票通常是在协商一致的基础上进行的。[17] 即使没有收到审查的申请,委员会也可以主动选择审查初裁。[18] 如果委员会决定不进行审查,初裁即成为委员会的决定。如果未经审查的初裁认定并不存在违法行为,调查将立即终止。如果初裁认定存在违法行为,委员会将在发布任何补救命令之前,听取关于适当的救济措施、保证金和公共利益的意见。

如果委员会决定审查初裁,它可以审查全部或部分内容。委员会可就审查的问题作出决定,不论是否做进一步的情况通报。[19] 在很多案件中,委员会就其审查事宜向各方提出具体问题,这些问题往往是由某个委员或总法务办公室提出的。《委员会规则》规定,当事人可以书面请求举行听证,以便在委员会面前展开口头辩论,但实践中这种情况较少发生。[20] "一旦委员会决定审查行政法官的初裁,其将按照标准重新审理案件。"[21]"在审查时,委员会可以对初裁的部分或全部内容进行确认、推翻、修改、撤销或发回重审。"[22]

---

〔16〕 *Id.* § 210.43(d)(1)(2018). 委员会关于是否审查最终初裁的决定,应当在对案件起到决定性作用的简易裁决的初裁或者没收或归还被告或原告保证金的初裁送达之后45天内作出。其他是否审查的决定应在初裁送达后30天内作出。

〔17〕 *Id.* § 210.43(d)(3)(2018).

〔18〕 *See id.* § 210.44 (2008). 委员会很少自行决定审查初裁。*See* Michael Diehl, *Does ITC Review of Administrative Law Judge Determinations Add Value in Section* 337 *Investigations?*, 21 Fed. Cir. B. J. 119, 136 (2011 - 2012).

〔19〕 19 C. F. R. § 210.45(a)(2008).

〔20〕 例如,在某些锂金属氧化物正极材料(Certain Lithium Metal Oxide Cathode Materials)案中,委员会举行了一次公开庭审,讨论懈怠、协助侵权和公共利益的问题。Inv. No. 337 - TA - 951, Comm'n Notice (Oct. 11, 2016).

〔21〕 *Certain Optoelectronic Devices for Fiber Optic Commc'ns, Components Thereof & Prods. Containing Same*, Inv. No. 337 - TA - 860, Comm'n Op., at 6 (May 9, 2014).

〔22〕 19 C. F. R. § 210.45(c)(2008).

在审查最终的初裁时,无论委员会是否要求(当事方)就审查的问题提交法律意见,委员会都会要求各当事方、有关政府机构和个人针对救济措施、保证金和公共利益等问题提交书面意见。如果委员会最终认定存在违反 337 条款的行为,那么这些意见便是相关的。委员会还将向美国联邦政府卫生和公共服务部、司法部、联邦贸易委员会、美国海关,以及委员会认为合适的其他部门和机构征询意见。[23]

委员会通常在(行政法官)发布最终初裁的 120 日后就委员会审查的那些争议问题发布其最终裁决。一方当事人可以提出申请,请求委员会重新考虑已经发布的裁决,但申请的内容必须仅限于委员会的裁决中提出的新问题,且限于申请人此前未曾有机会就此问题提交论辩主张的情况。[24] 如果一方当事人申请委员会重新考虑已经发布的裁决,对方当事人的反对意见必须在前述申请书送达后 5 日内提交。除非委员会专门做出相反的命令,提交请求委员会重新考虑最终裁决的申请并不会暂缓该裁决的生效,也不中止对该裁决产生影响的任何时效期间。如果请求委员会重新考虑的是已经讨论过的问题,则会被驳回。[25] 然而,如果申请人说服委员会承认裁决存在明显错误,或者有必要处理申请人以前没有机会提出的论点和问题,委员会将会准许申请。[26]

委员会有时选择对行政法官裁决的问题“不表明任何立场”。例如,

---

〔23〕 *Id.* § 210.43(d)(3)(2018).

〔24〕 *Id.* § 210.47 (2018).

〔25〕 *See, e. g.*, *Certain Optical Disc Drives, Components Thereof & Prods. Containing the Same*, Inv. No. 337 – TA – 897, Comm'n Order (Jan. 30, 2015); *Certain Liquid Crystal Display Modules, Prods. Containing Same & Methods for Using the Same*, Inv. No. 337 – TA – 634, Comm'n Order (Oct. 20, 2009).

〔26〕 *See, e. g.*, *Certain Automated Media Library Devices*, Inv. No. 337 – TA – 746, Comm'n Notice (Dec. 11, 2012)(对于修改权利要求解释而导致的不侵权的错误结论给予重新考虑); *Certain Silicon Microphone Packages & Prods. Containing the Same*, Inv. No. 337 – TA – 629, Comm'n Order (Aug. 18, 2009)(在原告和被告都认为委员会意见中的措辞不正确的情况下准予复议); *Certain Digital Set – Top Boxes & Components Thereof*, Inv. No. 337 – TA – 712, Comm'n Op. (Sept. 23, 2011)(准许被告申请重新考虑委员会的决定,即不审查行政法官对违反 337 条款的裁决,因为该裁决侵犯了美国地区法院认定无效的专利权).

委员会可以基于某个理由(如未侵权)认定不存在侵权行为,同时对认定没有侵权行为的其他理由(如未能证明存在国内产业)“不表明立场”。当委员会在一个问题上做出“不表明立场”的决定时,美国联邦巡回上诉法院在上诉中可以审查这个问题。[27] 然而,如果美国联邦巡回上诉法院推翻委员会的最终裁决,委员会可能需要重新审查其对初裁没有表明立场的那部分内容。[28]

委员会在某些争议问题上不予表明立场的做法,最近在美国联邦巡回上诉法院审理的通用电气公司诉委员会(General Electric Co. ,V. U. S. International Trade Commission)案的判决书中遭到了联邦巡回上诉法院法官的批评,尽管后来(法院)撤回了相关部分的意见。[29] 在该案中,委员会认定,涉案的某项专利不存在国内产业,但在与该专利有关的其他问题上没有采取任何立场。美国联邦巡回上诉法院保留了委员会对国内产业做出的裁决,并且指出,委员会未能在其他争议问题上表明立场,导致需要将此案发回重审(否则原本没有发回重审的必要)。[30] 美国联邦巡回上诉法院最终批准了委员会要求重新审理的申请。由于纽曼法官提出异议,法院撤回了批评委员会对案件中某些问题不表明立场的那部分意见。[31]

---

〔27〕 *See* Beloit Corp. v. Valmet Oy,742 F. 2d 1421,1423 (Fed. Cir. 1984)("[T]his court does not sit to review what the Commission has not decided. Nor will it review determinations of presiding officers on which the Commission has not elected to provide the court with its views."(该法院不会审查委员会没有做出的决定。如果委员会决定不向法院提供委员会关于该裁决的意见,法院也不会审查主持初审的行政法官的裁决).

〔28〕 同上。

〔29〕 Gen. Elec. Co. v. U. S. Int'l Trade Comm'n,670 F. 3d 1206 (Fed. Cir. 2012)[*opinion withdrawn and superseded by* Gen. Elec. Co. v. U. S. Int'l Trade Comm'n,692 F. 3d 1218 (Fed. Cir. 2012)].

〔30〕 同上。

〔31〕 Gen. Elec. Co. v. U. S. Int'l Trade Comm'n,692 F. 3d 1218 (Fed. Cir. 2012).

二、美国总统的审查

由于337条款属于影响美国国际关系的贸易法，该法规定了总统对委员会救济令的复审权：

“委员会认识到，对进口产品采取救济措施可能对美国经济和政治方面的外交关系产生非常直接和明显的影响。此外，总统通常能够判断委员会命令采取的救济措施对公共健康和福利、美国经济的竞争状况、美国国内类似或直接竞争产品的生产以及美国消费者可能产生的影响。”[32]

赋予总统干预的权力不是为了推翻委员会做出的被告是否违反337条款的认定结论（译者注：而是为了同意或否决委员会颁布的救济措施）；被告是否违反337条款完全由委员会来认定，且该认定结论可能受到司法审查。[33] 总统可以根据政策原因搁置委员会的救济措施，总统的决定不会受到司法审查。[34] 总统审查期间考虑的“政策原因”不仅限于法规中的公共利益因素，而且可能包括国家经济利益和对外关系。

当委员会认定存在违反337条款的行为并提出救济措施时，其决定将在《美国联邦纪事》上公布，并连同其所依据的文档记录一并转交美国贸易代表。[35] 虽然委员会的决定在《美国联邦纪事》上公布之后生效，但相关决定在60日期限届满之后才能成为最终决定。在总统审查期间，被拒绝入境的产品有权通过缴纳保证金入境。[36]

2005年，总统授权美国贸易代表办公室否决委员会的排除令。[37] 如果美国贸易代表办公室未在60日内否决该救济措施，则相关决定将在60

---

〔32〕 S. Rep. No. 93 – 1298, at 199 (1974).

〔33〕 同上。

〔34〕 参见 Duracell, Inc. v. U. S. Int'l Trade Comm'n, 778 F. 2d 1578, 1580 (Fed. Cir. 1985) {[第337(j)条的前身]或该法的其他条款没有规定诉讼当事人有权审查总统的决定}。

〔35〕 19 U. S. C. § 1337(j)(1)(2012); 19 C. F. R. § 210.49 (2008).

〔36〕 19 U. S. C. § 1337(j)(3); 19 C. F. R. § 210.49 (2008); *see also supra* Chapter 11, Section C, “Bond”.

〔37〕 *See* 70 Fed. Reg. 43,251 (July 26, 2005).

日期限届满之后的第2日成为终裁决定。[38] 虽然游说委员会官员是被禁止的,但在总统审查期间并不禁止游说美国贸易代表办公室。当事方以及其他利害关系方的律师可酌情安排向美国贸易代表办公室的指定官员及执行部门介绍情况,美国贸易代表办公室可以针对某项命令征询前述官员和部门的意见。

多年来,总统复审对337条款的实践几乎没有影响,仅有5次反对委员会对违反337条款的行为采取救济措施,上一次是在30年前。[39] 然而,2013年,在对某些电子设备,包括无线通信设备、移动音乐和数据处理设备及平板电脑(Certain Electronic Devices, Including Wireless Communication Devices, Portable Music & Data Processing Devices & Tablet Computers)进行的调查中,美国贸易代表办公室罕见地反对案中的委员会发布

---

〔38〕 19 U.S.C. § 1337(j)(4).

〔39〕 参见 Notice of Presidential Disapproval, 43 Fed. Reg. 17,789 - 90 (Apr. 26, 1978) {否决了委员会在某些焊接不锈钢管案[*Certain Welded Stainless Steel Pipe & Tube*, Inv. No. 337 - TA - 29 (1978)]中发布的禁止令,该命令根据四项政策考虑颁布:(1)救济措施将对国家经济利益产生的不利影响;(2)实施救济措施对美国国际经济关系的不利影响;(3)在美国实施不公平贸易惯例法时需要避免的双重救济和冲突;(4)可能对美国生产者或消费者没有任何重大利益来抵销前述考虑};Notice of Presidential Disapproval, 46 Fed. Reg. 22,083 (1981). 建议在连续生产纸及其组分的某些流浆箱及造纸机成型组件案[*Certain Headboxes & Papermaking Machine Forming Sections for the Continuous Production of Paper & Components Thereof*, No. 337 - TA - 82 (1981)]中,仅针对侵权的外国生产商的产品发布范围较窄的排除令。Notice of Presidential Disapproval, 47 Fed. Reg. 19,485 (1982) {否决某些模压夹层板镶件及其安装方法案[*Certain Molded - In Sandwich Panel Inserts & Methods for Their Installation*, Inv. No. 337 - TA - 99 (1982), No. 337 - TA - 99(1982)]中的禁止令,并且指出该命令可能不符合美国的国际义务};Notice of Presidential Disapproval, 50 Fed. Reg. 1655 (1985)[否决了某些碱性电池案(*Certain Alkaline Batteries*, Inv. No. 337 - TA - 165 (1984)]中的禁止令,因为总统正在审查关于灰色市场进口的政策;Notice of Presidential Disapproval, 52 Fed. Reg. 46,011 (1987) {否决了某些动态随机存取存储器及其组件案[*Certain Dynamic Random Access Memories & Components Thereof*, Inv. No. 337 - TA - 242 (1986)]中的有限排除令,因为该命令对合法贸易具有破坏性影响}。

的救济令。[40] 具体而言,美国贸易代表办公室反对委员会针对三星拥有的某些标准基本专利(SEPs)的侵权行为所发布的排除令,该排除令禁止未经许可进口为苹果公司或代表该公司制造的侵权电子设备。[41]

美国贸易代表办公室为了支持其决定,引用了司法部、美国专利和商标局的一份联合政策声明,该声明表达了针对标准基本专利相关救济令的强烈关切。在这种情况下,SEPs 的持有人"自愿承诺以公平、合理和非歧视的条款('FRAND')为 SEPs 提供许可"[42]。美国贸易代表办公室得出结论认为,"为了减少专利被搁置的情形,委员会根据 FRAND 条款 SEPs 发布的排除性救济措施[应当受到限制],并且只能根据《政策声明》规定的相关要素来发布"。[43] 在一个重要的脚注中,美国贸易代表办公室引用了政策声明中的相关部分:

在(涉及 SEPs 的)某些情况下,例如,推定的被许可人无法获得或者拒绝获得公平、合理和非歧视性的许可,并且其行为超出了专利持有人以 FRAND 条款许可的承诺范围,排除令仍然可能是一种适当的救济办法。如果推定的被许可人不受可以裁定损害赔偿的法院的管辖,那么也可以适用排除令。前述列举并不详尽。相反,它明确了在决定公共利益的考虑是否应当阻止对违反 FRAND 条款的标准基本专利发布排除令或形成此类救济措施时的相关因素。[44]

美国贸易代表办公室决定搁置委员会某些电子设备(Certain Electronic Devices)案中的救济措施,这对 SEPs 的所有者在启动委员会调查

---

〔40〕 *See* Letter from Ambassador Michael B. G. Froman, U. S. Trade Representative, Exec. Office of the President, to Honorable Irving A. Williamson, Chairman, U. S. Int'l Trade Comm'n (Aug. 3, 2013), *available at* https://ustr. gov/sites/default/files/08032013%20Letter_1. PDF.

〔41〕 *See id.*; *see also* S. Rep. No. 93 – 1298, 93d Cong. 2d Sess. 199 (1974).

〔42〕 U. S. Department of Justice & U. S. Patent and Trademark Office, Policy Statement on Remedies for Standards – Essential Patents Subject to Voluntary FRAND Commitments (Jan. 8, 2013) [hereinafter Policy Statement], *available at* http://www. justice. gov/atr/public/guidelines/290994. pdf.

〔43〕 *See* Letter from Ambassador Michael B. G. Froman, *supra* note 40.

〔44〕 *Id.* at n. 3 (quoting Policy Statement, *supra* note 42, at 7 – 8).

之前可能采取的措施具有重要影响。[45] 在美国贸易代表办公室决定搁置委员会在某些电子设备案(Certain Electronic Devices)中的救济措施后不久,就拒绝在苹果公司提起的涉及侵权的三星智能手机案中采取类似的措施,并指出该案并不存在同样的问题。[46]

---

〔45〕 此外,通过使用委员会的百日试点方案、其要求的和解会议,以及其自愿调解方案,委员会可以成为一个理想的论坛来解决标准基础专利产生的争端。

〔46〕 *See Digital Media Devices*, USTR Statement (Oct. 8, 2013)(美国贸易代表在最近的一个案例中发布了一项决定涉及标准基本专利,排除令发挥了适当的作用。本案涉及的专利并非标准基本专利)。

第十三章

美国联邦巡回上诉法院对 337 调查裁决的司法审查

在 337 调查中因委员会裁决而受到不利影响的各方,包括非当事方,都可以向美国联邦巡回上诉法院提出上诉。被诉方是委员会本身,而不是调查中的对方,但胜诉方通常在 CAFC 面前成为与委员会立场一致的参与方。作为机构当事人,提交上诉通知的最后期限是被上诉的判决或命令发布之后 60 天。[1] CAFC 会审查委员会作出的决定,比如,专利侵权和有效性,以及 337 条款的具体问题,比如,国内产业和救济措施。CAFC 必须"尊重获法律授权进行行政管理执法的机构对该法的解释"[2],但 CAFC 会在委员会超出其权限时,推翻其决定。[3]

---

〔1〕 Fed. R. App. P. 4(a)(1)(B).

〔2〕 Corning Glass Works v. U. S. Int'l Trade Comm'n, 799 F. 2d 1559, 1565 (Fed. Cir. 1986). *See also* Chevron, U. S. A., Inc. v. Nat. Res. Def. Council, Inc., 467 U. S. 837, 844 (1984)(我们一直认为,应当给予行政机构对其获法律授权执行的法规更多的解释权力).

〔3〕 *See, e. g.*, Kyocera Wireless Corp. v. U. S. Int'l Trade Comm'n, 545 F. 3d 1340 (Fed. Cir. 2008)(与委员会的做法相反,认为有限排除令不能延伸至"非被告的下游产品"); ClearCorrect Operating, L. L. C. v. Int'l Trade Comm'n, 810 F. 3d 1283 (Fed. Cir. 2015)(认为委员会对电子传输数字数据的"进口"没有管辖权).

一、管辖权

《美国法典》第28章第1295(a)(6)节赋予美国联邦巡回上诉法院对委员会关于337调查的最终裁决进行司法审查的专属管辖权。[4] 第1337(c)节对可向美国联邦巡回上诉法院上诉的"最终决定"进行了规定。"任何因委员会根据本节第(d)、(e)、(f)或(g)节(分别涉及永久排除令、临时救济措施、禁止令、涉及缺席判决的救济措施)作出最终裁决而受到不利影响的人,自该裁决成为最终裁决起60日内,均可依据第5章第7段(译者注:《美国法典》第5章第7段是关于法院对行政机关的决定进行司法审查的规定)就该裁决向美国联邦巡回上诉法院提起上诉,要求就该裁决进行审查。"[5] 此外,美国联邦巡回上诉法院的在先判例确定了可上诉的最终裁决是指根据《美国法典》第19章第1337(d)、(e)或(f)节"基于案件实质性问题作出的排除或拒绝排除某些产品进入美国的最终行政决定"。[6]

(一)受到不利影响的当事人

任何因委员会所作裁决而受到不利影响的人都有权提起上诉。[7] 通常只有在委员会作出不侵权的结论时,原告才会被认为受到了裁决的不利影响;通常只在委员会认定存在侵权时,被告才会被认为受到了裁决不利影响。[8] 然而,如果救济措施的持续时间或范围少于原告所要求的程度,胜诉的原告就会因委员会裁决而受到不利影响。例如,原告如果在一项专利上胜诉,但在另一项专利上败诉,且未被认定侵权专利的到期日

---

〔4〕"审查美国国际贸易委员会根据《1930年关税法》第337条(《美国法典》第19章第1337节)做出的有关进口贸易中不公平做法的最终裁定。"(19 U. S. C. § 1337)28 U. S. C. § 1295(a)(6)(2012).

〔5〕19 U. S. C. § 1337(c)(2012).

〔6〕Crucible Materials Corp. v. U. S. Int'l Trade Comm'n, 127 F. 3d 1057, 1060 (Fed. Cir. 1997)(原文带有强调).

〔7〕19 U. S. C. § 1337(c).

〔8〕参见 Krupp Int'l, Inc. v. U. S. Int'l Trade Comm'n, 626 F. 2d 844, 846 (Fed. Cir. 1980)(委员会的被告……不会因为他们没有违反337条款而受到"不利影响")。

晚于被认定侵权的专利,则认为原告受到了裁决的不利影响。[9] 同样,如果原告请求颁布普遍排除令,而委员会仅颁布了有限排除令,则认为原告受到了裁决的不利影响。[10]

除了这些情况之外,胜诉方一般没有资格针对其他不利问题提出上诉。[11] 然而,胜诉方可以干预败诉方提起的上诉,并以不同于委员会的理由来要求确认委员会的调查结论。例如,在 Research In Motion Ltd. 诉委员会案中,委员会基于专利无效而裁定不侵权时,胜诉的被告便不能对委员会作出的不侵权裁定提出上诉(但可以在败诉的原告提出上诉时,作为参与方主张不存在侵权行为)。[12]

值得注意的是,上诉人并不一定是最初调查的当事方。在 LSI 计算机系统公司诉委员会(LSI Computer Systems, Inc. v. U. S. International Trade Commission)案中,美国联邦巡回上诉法院认为,委员会发布的排除令对原始调查的非当事方造成了不利影响。[13] 非当事方的产品是该排除令所涵盖产品的组件。[14]

---

〔9〕 *See* Yingbin - Nature (Guangdong) Wood Indus. Co., Ltd. v. U. S. Int'l Trade Comm'n, 535 F. 3d 1322, 1331 (Fed. Cir. 2008)(当某些专利的有效性会影响颁布的救济命令的有效期的时候,判决可以就这些专利的有效性上诉,尽管 Yingbin 强调了从被告的角度来看救济命令的有效时间可能使得上诉毫无意义。同样的原理也适用于当委员会裁决原告在某一专利上胜诉但在另一个有效期更长的专利上败诉的情况,这种情况下,虽然原告胜诉了但是也仍然受到了委员会裁决的"负面影响").

〔10〕 *See* John Mezzalingua Assocs., Inc. v. U. S. Int'l Trade Comm'n, 660 F. 3d 1322, 1326 - 27 (Fed. Cir. 2011)(认为若原告请求普遍排除令,而委员会决定实施有限排除令,原告可以提起上诉).

〔11〕 *See* Surface Tech., Inc. v. U. S. Int'l Trade Comm'n, 780 F. 2d 29, 30 (Fed. Cir. 1985)(当委员会作出不侵权决定、被诉侵权方胜诉时,被诉侵权方不符合就该裁决是否符合 337 条款的具体规定提出上诉的主体资格); Krupp Int'l, Inc. v. U. S. Int'l Trade Comm'n, 626 F. 2d 844, 846 (C. C. P. A. 1980).

〔12〕 See Research in Motion Ltd. & Research in Motion Co. v. U. S. Int'l Trade Comm'n, No. 2012 - 1648 (Fed. Cir. 2012)(非判例).

〔13〕 LSI Computer Sys., Inc. v. U. S. Int'l Trade Comm'n, 832 F. 2d 588, 591 (Fed. Cir. 1987).

〔14〕 *Id.* at 589.

(二)对案件实质性问题的裁决

如果委员会作出的裁决不是关于337调查中实质性问题的最终决定,则美国联邦巡回上诉法院对这些裁决的上诉不享有管辖权。例如,在希捷科技诉委员会(Seagate Technologies, Inc. v. U. S. International Trade Commission)案中,委员会基于当事双方的和解协议而终止了337调查。[15] 其中一位原告对委员会作出的关于管辖权事项的裁决提出中间上诉,而美国联邦巡回上诉法院拒绝受理该上诉,[16]并指出由于委员会并未颁布涉及排除或者拒绝排除产品进入美国的裁决,因此不存在其可提出上诉的"最终裁决"。[17] 在美国联邦巡回上诉法院待决的案件表明,委员会不同意启动337调查的决定将受到美国联邦巡回上诉法院的审查。[18]

委员会不得为了避免上诉审查而将根据案件情况而终止调查的裁决变更为驳回起诉。在安进公司诉委员会(Amgen, Inc. v. U. S. International Trade Commission)案中,委员会基于缺乏对物管辖权驳回了安进公司的申请,因为被诉产品未被进口。美国联邦巡回上诉法院认为,委员会的决定"明显涉及原告安进公司在337条款下的权利"。[19]美国联邦巡回上诉法院的结论是,由于是否存在进口的争议问题同时涉及管辖权与实质性问题,委员会不应当基于缺乏管辖权而驳回申请,而应当实施管辖权,并根据案情来进行调查,包括对是否存在进口这一问题作出裁决。[20]

尤其需要指出的是,由于美国联邦巡回上诉法院只能审查涉及337

---

〔15〕 Seagate Tech., Inc. v. U. S. Int'l Trade Comm'n, No. 94 – 1348, 36 F. 3d 1113 (Fed. Cir. 1994).

〔16〕 同上。在该案中,上诉当事人认为因委员会对管辖权的决定,受到"可预见的"不利影响。

〔17〕 *Id.* at ∗3. *See also* Joanna B. Gunderson, *Appellate Review of Section* 337 *Actions in the Court of Appeals for the Federal Circuit: It's Not as Broad as You Might Think*!, 20 ITCTLA 337 Reporter 127, 130 (2d Summer Assoc. ed.) (2004).

〔18〕 *See* Amarin Pharma, Inc. v. Int'l Trade Comm'n, CAFC Docket Nos. 2018 – 1247, 2018 – 114.

〔19〕 Amgen, Inc. v. U. S. Int'l Trade Comm'n, 902 F. 2d 1532, 1535 (Fed. Cir. 1990).

〔20〕 *Id.* at 1536, 1540.

调查的案情的裁决，美国联邦巡回上诉法院不可对委员会发布的"不予表明立场"的裁决进行审查。[21] 如果该问题由于美国联邦巡回上诉法院推翻了委员会在其他问题上的裁决而成为具有决定性的问题，则需要发回委员会重审。[22]

（三）最终裁决

美国联邦巡回上诉法院在委员会的裁决成为最终裁决之前不会对其进行审查。[23] 委员会如果认定不存在违法行为，该调查决定便是最终的，可以上诉。但是，由于委员会的救济命令须经过60日的总统审查期，因此，在审查期结束之前，委员会认定违法的裁决还不是最终决定。这决定了原告和被告应当适用不同的上诉期限。[24]

（四）职务执行令状

（一方）可以向美国联邦巡回上诉法院提出申请，要求对委员会在调查过程中作出的决定进行审查、并发布职务执行令状（译者注：职务执行令状为美国的高级法院对下级法院或政府部门下达，令其纠正错误、履行法律规定的职责的一种命令，一般是在已经竭尽其他司法救济方式前提

---

〔21〕 *See* Beloit Corp. v. Valmet Oy, 742 F. 2d 1421, 1423 (Fed. Cir. 1984) ("This court does not sit to review what the Commission has not decided. Nor will it review determinations of presiding officers on which the Commission has not elected to provide the court with its views", 本法院不审理委员会尚未裁决的案件。它也不会审查委员会没有选择向法院提供意见的审判长的决定).

〔22〕 *See* Gen. Elec. Co. v. Int'l Trade Comm'n, 670 F. 3d 1206, *revised on reh'g*, 692 F. 3d. 1218 (Fed. Cir. 2012).

〔23〕 *See* Tessera, Inc. v. Int'l Trade Comm'n, 646 F. 3d 1357, 1367 – 69 (Fed. Cir. 2011), 在该案中，委员会与案件第三人Elpida声称，Tessera未及时就原告专利权耗尽问题提请委员会裁决。然而，根据《委员会规则》第210.42(h)(2)条规定，除非委员会已经决定对初步裁决或具体事由进行审查，否则行政法官的初步裁决即为最终裁决……美国联邦巡回上诉法院从而推翻了委员会的裁决，因为委员会裁决就审查通知里提及的其他专利的具体事项进行审查，所以在委员会作出最终裁决前，初步裁决并非最终裁决。60日的窗口期自最终裁决发布之日起算，而非决定审查某些事项的通知之日。因此，尽管在进行审查的通知书发布超过60日后，Tessera才提交上诉通知书，但仍在委员会最终裁决发布后60日内的有效期间内。

〔24〕 *See* Allied Corp. v. U. S. Int'l Trade Comm'n, 782 F. 2d 982, 984 (Fed. Cir. 1986).

下的最后的一种措施)。美国联邦巡回上诉法院规定只有在"为了纠正明显的滥用自由裁量权和剥夺司法权力的特殊情况"下,才可以适用职务执行令状。[25] 申请方需要承担以下举证责任:(1)职务执行令状是能获得期望的救济的唯一途径;(2)发布该令状的权利是"明确而无争议的"。如果可以获得其他救济措施,或者争议涉及行政法官自由裁量的事宜时,[26]美国联邦巡回上诉法院会拒绝有关职务执行令状的申请。[27] 当请求法院审查的委员会裁决涉及调查取证程序中的争议时,美国联邦巡回上诉法院也会拒绝有关职务执行令状的请求。[28]

在关于RAD数据通信公司(In re RAD Data Communications, Ltd.)案中,申请人请求法院颁布职务执行令状,要求委员会停止针对申请人进口自供电光纤互联系统启动的337调查。[29] 申请人认为《乌拉圭回合协议法案》规定的专利展期条款和救济措施方面的限制适用于337调查,而由于在该案中委员会无法在专利到期之前发布永久性救济,因此,委员会无权针对像他这样的"被投资的侵权人(invested infringer)"采取救济措施。[30] 委员会反对该令状,认为《乌拉圭回合协议法案》仅限制其他的法定侵权救济,但并不适用于337调查。[31] 美国联邦巡回上诉法院驳回

---

〔25〕 参见 *In re* Freescale Semiconductor, Inc., 290 Fed. Appx. 326, 327 (Fed. Cir. 2008) [citing *In re* Calmar, Inc., 854 F.2d 461, 464 (Fed. Cir. 1988)],美国联邦巡回上诉法院因为标准较高而很少准许职务执行令状,但这种情况也并非完全没有。*See In re* TS Tech USA Corp., 551 F.3d 1315,第1319-23页(Fed. Cir. 2008)(就地方法院拒绝移交案件、更换审判地的决定,颁布职务执行令状)。

〔26〕 参见 *In re* Meta Sys., Misc. No. 501, 111 F.3d 142, 1997 WL 173206, at *2-3 (Fed. Cir. 1997)(美国联邦巡回上诉法院认为,当令状涉及法院的自由裁量权,如进行调查取证时,请求方需在特殊情况下方能满足其请求权"明确而无争议"的要求)。

〔27〕 *Freescale Semiconductor*, 290 Fed. Appx. at 327 [quoting Allied Chem. Corp. v. Daiflon, Inc., 449 U.S. 33, 35 (1980)].

〔28〕 参见 *In re* Meta Sys., Misc. No. 501, 111 F.3d 142, 1997 WL 173206, at *2-3 (Fed. Cir. 1997)(认为在特殊情况下,当令状涉及法庭酌情处理的事项时,如披露令状,呈请人的权利必须是"清楚和无可争辩的")。

〔29〕 *RAD Data Commc'ns, Ltd.*, 91 F.3d at 169.

〔30〕 同上。

〔31〕 同上。

了RAD公司的请求，重申了其在关于Cordis公司（In re Cordis Corp.）案中的判决，即当“（委员会的）相关决定能够得到合理的实质性法律支持时，不宜针对该案颁布职务执行令状，即使在正常的上诉程序中法院也可能会发现可纠正的错误”〔32〕。

二、审查标准

对于委员会的裁决和决定，美国联邦巡回上诉法院分别给予不同程度的尊重。例如，美国联邦巡回上诉法院并不遵从委员会针对专利权利要求范围作出的解释〔33〕，但美国联邦巡回上诉法院对于委员会在事实认定以及通常情况下337条款的解释给予尽可能多的肯定。

（一）专利权利要求范围的解释

美国联邦巡回上诉法院不会受到委员会对专利权利要求范围的解释的限制，因为专利权利要求范围的解释是一个法律问题。〔34〕但是，如果当事方在337调查中并未对此提出异议，法院将不会重新进行解释。〔35〕

（二）事实的认定

美国联邦巡回上诉法院采用“实质性证据”标准对委员会认定的事实进行审查。〔36〕“如果一个理性的人认为相关的证据足以支持得出结论，

---

〔32〕 *Id.* [quoting *In re* Cordis Corp.,769 F.2d 733,737 (Fed. Cir. 1985)].

〔33〕 *See* Gen. Protecht Group, Inc. v. Int'l Trade Comm'n,619 F.3d 1303,1307 (Fed. Cir. 2010)（专利权利要求的解释属于法律问题，无须重新审查）[citing Cybor Corp. v. FAS Tech., Inc.,138 F.3d 1448,1451 (Fed. Cir. 1998)(en banc)].

〔34〕 *Id.*

〔35〕 *See* Finnigan Corp. v. Int'l Trade Comm'n,180 F.3d 1354,1363 (Fed. Cir. 1999)（尽管美国联邦巡回上诉法院能够重新审查专利权利要求的解释，但当事人未对委员会所作裁决提出异议的，美国联邦巡回上诉法院不需要重新解释专利权利要求的范围）.

〔36〕 *See* Enercon GmbH v. Int'l Trade Comm'n,151 F.3d 1376,1381 (Fed. Cir. 1998); *see also* Norgren, Inc. v. Int'l Trade Comm'n,699 F.3d 1317,1326 (Fed. Cir. 2012)（该法院的责任不是重新评估关于严密事实问题的证据，而是审查委员会的决定，以获得实质性证据）.

则认为符合实质性证据的标准。”[37]根据这一标准,美国联邦巡回上诉法院可以:

不对案件档案记录中的证据重新展开调查并得出独立的结论;相反,法院的审查仅限于决定整个记录中是否有足够的证据支持委员会的调查结果。仅仅只是一个理性的人可能会得出其他不同的结论这样一个事实将不足以让美国联邦巡回上诉法院推翻委员会的结论。[38]

如果指控委员会的事实判定存在错误则必须证明,根据相关的证据要求,“从案件档案记录上来看,委员会的决断是武断、随意或滥用自由裁量权的”。[39]

尽管法院根据“实质性证据”标准进行审查时,会尽量尊重委员会的决定,但美国联邦巡回上诉法院还是会偶尔推翻委员会的事实认定结果。在 Lelo 诉委员会(Lelo v. U. S. International Trade Commission)案中,美国联邦巡回上诉法院推翻了委员会的裁定,即原告已证明存在国内产业。[40] 美国联邦巡回上诉法院指出,委员会认为原告所称的投资“适中”,而美国联邦巡回上诉法院将其理解为“微不足道”,但委员会仍然基于定性因素认定存在国内产业。[41] 美国联邦巡回上诉法院认为:

没有证据能够证明(a)或(b)项下“重大”、“投资”或“雇用”以及(c)项规定的投资。因此,未能满足337条款下国内产业的要求。[42]

“实质性证据”的审查标准因为适用问题的举证责任而有所不同。例如,在 Finnigan Corp. 诉委员会(Finnigan Corp. v. U. S. International Trade Commission)案中[43],美国联邦巡回上诉法院指出,“主张无效的

---

〔37〕 *Norgren*, 699 F. 3d at 1326 [citing Consol. Edison Co. v. N. L. R. B., 305 U. S. 197, 229 (1938)].

〔38〕 Akzo N. V. v. Int'l Trade Comm'n, 808 F. 2d 1471, 1479 (Fed. Cir. 1986).

〔39〕 *Id.* at 1486[引用 Corning Glass Works v. Int'l Trade Comm'n, 799 F. 2d 1559, 1568 (Fed. Cir. 1986)].

〔40〕 Lelo v. Int'l Trade Comm'n, 786 F. 3d 879 (Fed. Cir. 2015).

〔41〕 *Id.* at 885.

〔42〕 同上。

〔43〕 Finnigan Corp. v. Int'l Trade Comm'n, 180 F. 3d 1354, 1354 (Fed. Cir. 1999).

一方有责任通过具有明确和令人信服的证据支持的事实来进行证明"[44]。根据强化的举证责任,并对记录经过审查之后,美国联邦巡回上诉法院认为,无效判决并没有基于明确和令人信服的实质性证据。[45]

(三)对337条款的解释

法律问题一般都会被重新审查,但委员会有权"就其作出的法律解释得到适当的尊重"。[46] 例如,美国联邦巡回上诉法院在至高公司诉委员会(Suprema,Inc. v. International Trade Commission)案的审理决定中,参考了委员会对337条款的解释。[47] 在该案中,委员会认为337条款涵盖了进口之后被用来诱导侵权的进口产品。然而,美国联邦巡回上诉法院的专家组认为,法律术语"侵犯物品"要求侵权发生在进口之时。法院完全支持委员会的观点,认为法律术语并不强迫专家组作出解释,因此应当听从委员会的解释,美国联邦巡回上诉法院也认为该解释是合理的。[48] 因此,进口期间没有出现直接侵权时,则可以根据帮助侵权或诱导侵权的指控来采取337条款规定的救济措施。

然而,在美国联邦巡回上诉法院的专家组发布Suprema案的裁决之后不久,在ClearCorrect Operating,LLC诉委员会(ClearCorrect Operating,LLC v. International Trade Commission)案中,美国联邦巡回上诉法院的专家组否决了委员会对法律术语"物品"的解释(委员会认为"物品"包括数字数据集的电子传输),因为"国会曾明确表示,'物品'是指'重要物品',而不能延伸到电子传输数据"。[49] 纽曼法官对此表示异议,要求尊重委员会作出的司法解释,并指出数字信息是可申请专利的对象,可能是侵权的标的,这一点毋庸置疑。因此,无论标的物的形式如何,都没有理

〔44〕 同本章注〔43〕。

〔45〕 同上。

〔46〕 Enercon GmbH v. Int'l Trade Comm'n,151 F. 3d 1376,1381 (Fed. Cir. 1998)[citing Chevron U. S. A., Inc. v. Natural Res. Def. Council, Inc., 467 U. S. 837, 844 (1984)].

〔47〕 796 F. 3d 1338 (Fed. Cir. 2015).

〔48〕 *Id.* at 1352.

〔49〕 ClearCorrect Operating,LLC v. Int'l Trade Comm'n,Appeal No. 2014－1527,Op.,at 30－31 (Fed. Cir. Nov. 10,2015).

由将进口侵权的标的物排除在337条款之外。[50]

VastFame诉委员会(VastFame Camera v. International Trade Commission)一案表明,(美国联邦巡回上诉法院对委员会裁决的)尊重和遵从是有限的。VastFame在原始调查中虽然没有被列为当事方,但在普遍排除令裁定后的执行程序中被诉至委员会。[51] 经委员会确认,行政法官拒绝听取VastFame有关专利无效的意见,认定该"抗辩意见不能在执行程序中提出"。[52] VastFame辩称,执行程序在法律上是一项新的调查,使得VastFame有权根据法律规定提出抗辩,法律规定:"在所有案件中均可向委员会提出所有法律和衡平抗辩。"[53]委员会称,第337(c)条中的"所有案件"一词仅指委员会审理的原始调查,而不是"咨询和执行程序"。[54] 委员会还向美国联邦巡回上诉法院指出,执行程序属于其固有的权力范围,不在337条款的范围之内。[55] 最终,美国联邦巡回上诉法院驳回了委员会的两个观点,认为委员会在执行程序中的权力是根据《美国法典》第19章第1337(b)节产生的,[56]因此,执行程序属于"所有案件"的范畴。[57]

相反,在Kinik公司诉委员会(Kinik Co. v. U. S. International Trade Commission)一案中,美国联邦巡回上诉法院支持委员会对337条款作出的解释。[58] 具体来说,美国联邦巡回上诉法院确认了委员会的裁决,即基于《美国法典》第35章第271节(g)条的抗辩不适用于337调查。[59]

---

[50] ClearCorrect Operating, LLC v. Int'l Trade Comm'n, Appeal No. 2014 – 1527, Dissenting Op., at 6 (Fed. Cir. Nov. 10, 2015) (Newman, P., dissenting).

[51] VastFame Camera v. Int'l Trade Comm'n, 386 F. 3d 1108, 1110 (Fed. Cir. 2004); *see also* Kyocera Wireless Corp. v. Int'l Trade Comm'n, 545 F. 3d 1340 (Fed. Cir. 2008).

[52] *VastFame*, 386 F. 3d at 1110.

[53] 19 U. S. C. § 1337(c)(2012).

[54] *VastFame*, 386 F. 3d at 1114.

[55] *Id.* at 1112.

[56] 同上。

[57] *Id.* at 1115.

[58] Kinik Co. v. Int'l Trade Comm'n, 362 F. 3d 1359, 1361 – 63 (Fed. Cir. 2004).

[59] 同上。

Kinik公司是外国产品的进口商，被指控侵犯了美国的方法专利（process patent）。Kinik认为，因为所有的法律和衡平抗辩都可以在委员会的调查中提出，所以它应该能够使用最新颁布的《美国法典》第35章第271节（g）条进行抗辩。委员会部分援引了1988年《程序专利修正法案》的立法历史，其中指出，“本小标题下作出的修正不得剥夺专利权人根据《1930年关税法》第337条或任何其他法律条款进行救济的权利”。委员会得出结论认为，在委员会启动的337调查中，不能根据第271节（g）条提出的新的抗辩事由。Kinik向美国联邦巡回上诉法院提起上诉，但法院维持了委员会的裁决。

在InterDigital通信有限责任公司诉委员会（InterDigital Communications, LLC v. International Trade Commission）一案中〔60〕，美国联邦巡回上诉法院推翻了委员会长期以来的先例，即基于有许可证的国内产业不需要证明其满足“技术要件”（实施涉案专利的国内产品）：

“对［专利］实施的大量投资，包括工程、研究和开发，或许可”必须“与受专利保护的物品有关”，这意味着工程、研究和开发，或许可活动必须与涉案专利所涵盖的产品有关。因此，正如（a）项中提到的“工厂或设备”必须适用于受专利保护的物品，如生产受专利保护的产品，（c）项中提到的研发或许可活动也必须适用于受专利保护的物品，如许可受专利保护的产品。〔61〕

在2011年的一项重要决定中，美国联邦巡回上诉法院被要求认定，委员会在裁定在美国境外发生的侵犯商业秘密的行为违反了337条款时，是否超越了其法定权力。〔62〕 法院认为，“为了保护国内产业免受国内市场不公平竞争造成的损害，委员会有权对部分基于境外行为进行调查并给予救济”。〔63〕 法院解释，反对美国法律域外适用的推定并不适用，原因有三个：（1）337条款针对的是“进口物品”，这是一种“固有的国际交易”；（2）受管制的行为并非纯粹的“治外法权”，因为如果使用被盗用的

〔60〕 InterDigital Commc'ns, LLC v. Int'l Trade Comm'n, 707 F. 3d 1295 (Fed. Cir. 2013).

〔61〕 *Id.* at 1297－98.

〔62〕 TianRui Group Co. v. Int'l Trade Comm'n, 661 F. 3d 1322 (Fed. Cir. 2011).

〔63〕 *Id.* at 1324.

商业秘密制造的产品没有进口到美国,则337条款不适用于发生在美国境外的行为;(3)立法历史和灵活的法律措辞支持将337条款适用于发生在海外的盗用商业秘密行为。[64] 这样便增加了人们通过337条款保护商业秘密的兴趣。

(四)其他法律问题

美国联邦巡回上诉法院可以从程序性和实质性方面审查委员会的裁决。例如,美国联邦巡回上诉法院曾指责委员会,在行政法官的命令根据《委员会规则》还不能被视为初步裁定时,委员会将该命令视为应当立即接受委员会审查的初步裁定。[65] 美国联邦巡回上诉法院强调,委员会"不能绕过自己的规定"。[66] 美国联邦巡回上诉法院继续审议并推翻了委员会的决定,并将此案发回重审。[67]

在安进公司诉委员会(Amgen, Inc. v. U. S. International Trade Commission)案中,美国联邦巡回上诉法院维持了委员会的裁决,认定《美国法典》第35章第271(e)(1)节中的安全港规定适用于涉及用于豁免目的的进口产品的方法专利以及产品专利的337调查。安进公司向委员会提交诉状,认为重组人体促红素及其衍生物(统称为EPO)的进口违反了337条款的规定。被控侵权的EPO产品的生产商和进口商则对所有指控提出简易裁决的动议,其依据的是《美国法典》第35章第271(e)(1)节[68]中关于"安全港"的规定,被诉侵权的进口EPO产品应当享有侵权豁免。安进公司声称,在Kinik案中,法院已经认定,根据《关税法案》第271(g)(1)条和第271(g)(2)条的规定,委员会在《1930年关税法》下对在国外侵犯美国方法专利的工艺来生产的产品进行进口排除的权力没有改变。委员会不同意安进公司的主张,批准了简易裁决的动议。安进公

〔64〕 *Id.* at 1328 – 31.

〔65〕 Align Tech., Inc. v. Int'l Trade Comm'n, 771 F. 3d 1317, 1318 (Fed. Cir. 2014).

〔66〕 *Id.* at 1325.

〔67〕 *Id.* at 1326.

〔68〕 参见35 U. S. C. § 271(e)(1)(2012)("当事人遵循联邦法律对药物或兽医生物制品制造、使用或销售的规定,仅为与研发和汇总提交有关活动中合理使用的目的,对受专利保护的发明进行国内制造、使用、供销,销售,或进口至美国,不构成专利侵权")。

司随即上诉到美国联邦巡回上诉法院。法院同意委员会的结论,认为《美国法典》第35章第271(e)(1)节中的安全港规定适用于对为属于豁免事项的目的而进口使用的产品有关方法和产品专利进行的337调查。〔69〕

关于委员会颁布救济命令的权力的限制,在诗讯半导体公司诉委员会(Spansion,Inc. v. U. S. International Trade Commission)案中,〔70〕美国联邦巡回上诉法院将联邦地区法院依据《美国法典》第35章第283节可酌情颁布的救济措施命令与337调查程序中委员会法定颁布的排除令区分开来。法院认同委员会的意见,即其衡量是否颁布救济措施命令的法定因素不应当受到eBay案确定的衡平法框架的限制。〔71〕这个决定明显推动了近年来委员会审理案件数量的增长。

委员会的执法权威也曾受到挑战。一家生产喷墨打印机墨盒的中国厂商和它的美国子公司——纳思达(Ninestar)反对委员会因纳思达故意违反委员会的救济措施命令而采取民事处罚,认为委员会的相关立法是"违宪的怪物",剥夺了被告陪审团陪审权利。〔72〕美国联邦巡回上诉法院不同意这种观点。法院认为,委员会是一个由国会赋予裁判权(adjudicatory authority)的行政机构,不适用陪审团审判。法院认为,"337调查程序对于管控贸易中的不公平竞争是不可或缺的,民事处罚的规定属于法规授权的范围,并且适当地赋予了行政机构处罚权"。〔73〕

在DeLorme出版公司诉委员会(DeLorme Publishing Co. v. International Trade Commission)案中,尽管地区法院(经美国联邦巡回上诉法院确认)后来认定涉案专利无效,但美国联邦巡回上诉法院同意委员会对违反同意令的行为进行民事处罚。〔74〕美国联邦巡回上诉法院的理由是,同意令的措辞使其具有禁止性效力,"直到"专利被裁定无效。〔75〕然而,在

---

〔69〕 Amgen,Inc. v. Int'l Trade Comm'n,565 F. 3d 846,848 – 51 (Fed. Cir. 2009).

〔70〕 Spansion,Inc. v. Int'l Trade Comm'n,629 F. 3d 1331,1358 – 59 (Fed. Cir. 2011).

〔71〕 eBay Inc. v. MercExchange,L. L. C. ,547 U. S. 388,391 (2006).

〔72〕 Ninestar Tech. Co. , Ltd. v. Int'l Trade Comm'n, 667 F. 3d 1373, 1383 (Fed. Cir. 2012).

〔73〕 *Id.* at 1384.

〔74〕 805 F. 3d 1328 (Fed. Cir. 2015).

〔75〕 *Id.* at 1334.

随后的一项决定中,美国联邦巡回上诉法院裁定,鉴于专利无效,委员会可以修改或撤销民事处罚。[76]

三、权利的放弃

美国联邦巡回上诉法院不会考虑当事人在上诉程序中提出的新论据。正如《委员会规则》所规定的,“无论委员会在最终问题(例如是否违反337条款)上的裁决是否对当事人不利,为了保留对某个争议的观点,以便今后让委员会或美国联邦巡回上诉法院进行审查,当事人必须在请求审查的申请书中提出该争议问题”[77]。因此,美国联邦巡回上诉法院拒绝对当事人在上诉中首次提出的争议问题进行审理。[78] 同样地,“要求(美国联邦巡回上诉法院)审查委员会裁决的一方当事人,必须在其先前请求委员会对行政法官初步裁决进行审查的申请书中‘具体地指出’行政法官的错误”。[79]

---

〔76〕 参见 DBN Holding, Inc. v. Int'l Trade Comm'n, 2018 WL 6181653 (Fed. Cir. Nov. 27, 2018)(非判例)。

〔77〕 19 C. F. R. § 210.43(b)(3)(2018).

〔78〕 *See* Mag Instrument, Inc. v. U. S. Int'l Trade Comm'n, 868 F. 2d 1278 (Fed. Cir.), *opinion amended on reh'g*, 878 F. 2d 1443 (Fed. Cir. 1989). 因当事人在向委员会提请审查行政法官的初步裁决时,未按照委员会之前的规定提出争议问题,美国联邦巡回上诉法院拒绝审查专利的有效性问题。[引用 Allied Corp. v. Int'l Trade Comm'n, 850 F. 2d 1573, 1580 (Fed. Cir. 1988)]

〔79〕 *See* Finnigan Corp. v. Int'l Trade Comm'n, 180 F. 3d 1354, 1363 (Fed. Cir. 1999)[引用 Checkpoint Sys., Inc. v. U. S. Int'l Trade Comm'n, 54 F. 3d 756, 760 (Fed. Cir. 1995)].

第十四章

平行诉讼与后续程序

当知识产权所有权人试图使用337调查以外的多种途径来保护其知识产权时,无论是在美国地区法院还是在美国专利和商标局的授予后续程序中,都会出现平行程序。

一、中止

(一)地区法院

根据《美国法典》第28章第1659(a)节,处于美国地区法院平行诉讼程序中的被告有权向联邦地区法院提出动议,请求中止联邦地区法院的民事诉讼程序,直到委员会对原告在337调查程序中与联邦地区法院诉讼请求相同的部分作出终裁为止。[1] 此外,民事诉讼程序在解除中止和恢复审理后,《美国法典》第28章第1659(b)节允许各方当事人在联邦地区法院诉讼程序中使用委员会337调查程序的案件档案记录。但是,对该档案记录的使用不一定会让联邦地区法院得出与委员会相同的结论。

---

〔1〕 在In re Princo Corp.案中,联邦法院判决“直到委员会的裁决为终局的裁决”是指委员会的裁决不再受到司法审查。478 F. 3d 1345,1355 (Fed. Cir. 2007)(认定因为委员会程序仍在上诉法院上诉的过程之中,只要在其他方面满足法条规定要求,法律要求联邦地区法院审理的未决侵权程序必须中止).

美国联邦巡回上诉法院拒绝赋予委员会裁决对联邦地区法院审理的专利案件的排除效力(既判力)。[2] 但是,美国联邦地区法院在审理平行诉讼时通常认为,委员会的裁决和结论具有一定的说服力价值。[3]

《美国法典》第28章第1659(a)节规定:

在当事人也是委员会337调查程序当事人的民事诉讼中……经作为委员会程序的被告的民事诉讼当事人请求,联邦地区法院应中止审理涉及与委员会程序中同样争议问题的诉讼请求相关的民事诉讼程序,直到委员会就这些争议问题的裁决成为最终裁决,但是该等请求必须在……该当事人在委员会程序中被确定为被告后30日内做出。

根据该法律条款,如果诉讼请求与委员会337调查程序中的争议问题相同,联邦地区法院必须中止相关的民事诉讼程序。但是,联邦地区法院审理的案件经常会包含委员会程序中没有出现的诉讼请求。在这种情况下,联邦地区法院可以自主决定是否中止案件的非平行部分。[4] 地区法院在决定是否中止整个案件或仅中止与待决337调查相同的那部分案件时,通常会考虑以下因素:(1)同意中止可能导致的损害;(2)当事人在联邦地区法院的诉讼如被继续审理可能遭受困难或不公平;(3)通过中止

---

〔2〕 参见 Texas Instruments Inc. v. Cypress Semiconductor Corp.,90 F.3d 1558 (Fed. Cir. 1996); *see also* Ajinomoto Co., Inc. v. Int'l Trade Comm'n, 597 F.3d 1267, 1278 (Fed. Cir. 2010)(认为委员会的不公平行为决定"不会改变其他法庭的结果,因为委员会的决定没有约束力")。

〔3〕 *See* Solomon Techs., Inc. v. Toyota Motor Corp., No. 8:05 – CV – 1702 – T – MAP, 2010 WL 715243, at ∗4 (M. D. Fla. 2010年1月26日)(双方当事人对以下观点没有异议,即地区法院可能认为国际贸易委员会的决定具有说服力,但该决定并不约束、禁止或排除法院处理与专利有关的问题); Fuji Photo Film Co. v. Jazz Photo Corp. Inc., 173 F. Supp. 2d 268, 274 (D. N. J. Nov. 15, 2001)(同意原告的简易程序判决请求,"本院意识到行政法官和委员会作出的认定和发表的意见,同样也意识到联邦巡回上诉法院对来自委员会的上诉发表的意见").

〔4〕 *See* Landis v. N. Am. Co., 299 U.S. 248, 第254 – 56页 (1936)("每个法院都有为其自身、为律师和当事人以节约时间和花费的方式控制案件处理进度的固有权力,而中止民事诉讼程序的权力附属于每个法院的这一固有权力。法院需要通过权衡相冲突的利益和保持相对平衡的方式作出决断,从而实现最佳的效果目标")。

程序,可以让争议、证据以及法律问题简单化或复杂化,以体现司法公正。[5] 这些因素在 Form Factor 公司诉 Micronics 日本有限公司(Form Factor,Inc. v. Micronics Japan Co.,Ltd.)案中得到阐述。该案中,原告在联邦地区法院主张 4 项专利,其中两项专利没有在委员会程序中提及。经过考虑上述三个因素后,法院中止了整个联邦地区法院的诉讼。[6] 法院指出,委员会 337 调查程序可能会缩小联邦地区法院案件争议问题的范围,联邦地区法院对不属于委员会 337 调查程序中争议问题的两项专利继续审理会导致重复的调查取证,而中止审理能提高司法效率,特别是委员会 337 调查程序中某些争议问题的处理可以对联邦地区法院诉讼相关的争议问题产生影响。[7]

在 Alloc 公司诉 Unilin 公司(Alloc,Inc. v. Unilin Décor,N. V.)案中,法院同样中止审理了 337 调查并未涉及的指控,理由是:

尽管 579 专利不包含正在审查或复审的与其他专利完全相同的权利要求,但所有专利之间有足够的相关性,因此,法院认为中止程序是适当的。此外,关于效率问题,毫无疑问的是,缩减与权利要求有关的许多复杂问题将有利于法院。如果明确界定这些问题,将简化证据开示程序和随后的诉讼。[8]

法院进一步指出,该案的证据开示尚未开始,当时尚未制定证据开示时间表,法院尚未确定审判日期。因此,中止是在任何一方尚未产生大量的诉讼相关费用之前提出的。[9]

在美光科技诉 Mosel Vitelic Corp.(Micron Technology,Inc. v. Mosel Vitelic Corp.)案中则得出了不同的结论。[10] 该案中,法院驳回了被告关于中止调查的动议,因为有关指控在同时进行的国际贸易委员会的诉讼

〔5〕 Form Factor,Inc. v. Micronics Japan Co.,Ltd.,No. CV-06-07159 JSW,2008 WL 361128,at *1,4 (N. D. Cal. Feb. 11,2008).

〔6〕 同上。

〔7〕 *Id.* at *2-3.

〔8〕 No. Civ. A. 03-253-GMS,2003 WL 21640372,at *2 (D. Del. July 11,2003).

〔9〕 *Id.* at *2-3.

〔10〕 No. Civ. 98-0293-S-LMB,1999 WL 458168 (D. Idaho Mar. 31,1999).

中并不存在争议。法院驳回了被告的动议,指出“被告没能证明为防止过度的困难或不公,有必要中止本案的诉讼程序”[11]。法院指出:

美国最高法院明确表示“每个法院都有为其自身、为律师和当事人以节约时间和花费的方式控制案件审理进度的固有权力,而中止民事诉讼程序的权力附属于这种固有权力。法院需要通过权衡相冲突的利益和保持相对平衡的方式作出决断,从而实现最佳的效果目标”。[12]

法院继续指出“如果案件中止可能对他人造成损害,那么提出动议的一方必须被要求证明如要继续进行诉讼程序将明显给其造成困难或不公”[13]。美光科技(Micron Technology)案的法官最终判定,对于不属于委员会337调查程序的那部分专利侵权的诉讼请求,调查取证程序应当继续,而该案与委员会程序重复的那部分诉讼则被中止。[14]

在Tessera公司诉超微半导体公司(Tessera, Inc. v. Advanced Micro Devices, Inc.)案中,地区法院驳回了一方当事人要求中止诉讼直至委员会没收保证金的程序结束的动议。[15] 法院裁定,《美国法典》第28章第1659节的强制性中止条款是由与“委员会裁定是否违反337条款”相关的诉讼程序而非没收保证金的程序所引发的。[16] 法院进一步指出,“《美国法典》第28章第1659节规定,只有在‘委员会的决定成为最终

---

[11] *Id.* at *5.

[12] *Id.* at *4 [quoting Landis v. N. Am. Co., 299 U.S. 248, 254–55 (1936)].

[13] *Id.* (quoting *Landis*, 299 U.S. at 255)在第五巡回区,一个联邦地区法院“当然具有根据法条授权中止案件来管理案件进程的权力”。Coastal (Berm.) Ltd. v. E. W. Saybolt & Co., Inc., 761 F.2d 198, 204 n.6 (5th Cir. 1985),在Costal案中,法院指出,“通常,提出动议的当事人承担很重的举证责任,证明在没有法条授权的情况下为什么应该同意中止,法院应适当调整中止裁决以避免不适当地损害其他诉讼参与人”。其进一步指出,“当提议法官考虑行使自由裁量权酌情决定中止时,法院应基于近乎确有必要的标准进行判断”。

[14] Micron Tech., Inc. v. Mosel Vitelic Corp., No. Civ 98–0293–S–LMB, 1999 WL 458168, at *5 (D. Idaho Mar. 31, 1999).

[15] Tessera, Inc. v. Advanced Micro Devices, Inc., 2012 WL 217670 (N.D. Cal. Jan. 24, 2012).

[16] *Id.* at *1.

决定'之前才能中止诉讼。"[17]由于总统审查期已经届满,被告对委员会裁决所提起的上诉是最终的,法院认为没收保证金的程序与强制中止无关。[18]

尽管在地区法院寻求中止平行诉讼的当事方通常是被告,在 ILJIN 公司诉 NTN 公司(ILJIN U. S. A. v. NTN Corp.)案中,法院准许了原告的动议,中止审查被告同时在委员会调查中对原告提起的确认之诉。法院考虑了许多因素,包括:[19]

1. 在委员会的诉讼请求早于联邦地区法院起诉状的提交;

2. 委员会 337 调查程序比联邦地区法院民事诉讼更加迅速;

3. 本案中尚未进行实质性的调查取证程序;

4. 允许委员会 337 调查程序继续进行可以节约司法资源,也可以避免出现相互冲突的裁决;

5. 委员会在专利纠纷裁判方面具有更丰富的经验;

6. 原告没有提出不应中止的有说服力的理由。

(二)专利授予之后以及多方复审程序

2012 年,美国专利和商标局根据《Leahy - Smith 美国发明法》[20]引入了专利授予后的审查程序,这极大地改变了专利法的格局。在众多条款中,该法设立了裁决性质的多方复审程序,由美国专利和商标局的专利审判和上诉委员会(Patent Trail and Appeal Board, PTAB)审查权利要求的专利性,相关裁决可以向美国联邦巡回上诉法院上诉。[21] 虽然在该法

---

[17] *Id.* at *2.

[18] *Id.*

[19] No. 06 - 10145, 2006 WL 568351, at *2 (E. D. Mich. Mar. 7, 2006).

[20] 参见 35 U. S. C. § § 311 to 319 [Pub. L. No. 112 - 29, 125 Stat. 284 (2011)]. IPRs were established in an effort to "create a timely, cost - effective alternative to litigation." 多方复审程序的设立是为了"创造一种及时、具有成本效益的诉讼替代方案", 77 Fed. Reg. 48, 680 - 01 (Aug. 14, 2012)。

[21] 2018 年,美国专利和商标局报告显示,当年美国专利和商标局提交了超过 1600 份申请,"多方复审和专利授权后复审的工作量……现在已经超过了专利和商标局总工作量的三分之一。" 参见 USPTO, FY 2018 Performance and Accountability Report 65, 22 (2018)。

颁布后不久便显现出多方复审程序在平行的地区法院诉讼程序中的影响,但相比之下,多方复审程序在平行的委员会诉讼程序中发挥的作用较为有限。[22]

在《Leahy - Smith 美国发明法》颁布之前,委员会很少因为美国专利和商标局正在进行复审程序而批准中止337调查,部分原因是此类程序历来需要多年时间才能结束,这将妨碍委员会履行迅速开展调查的法定义务。[23] 到目前为止,委员会根据337条款"尽早"完成调查的法律要求,拒绝因为待决的多方复审程序而中止调查。[24] 然而,多方复审和专利授予后的复审会由美国专利和商标局加速进行,以便重新评估已发布的权利要求的专利性。美国专利和商标局必须在12~18个月内完成审理[25]——速度比《Leahy - Smith 美国发明法》颁布之前的复审程序更快。[26] 此外,在美国专利和商标局完成专利授予后复审或多方复审之后,启动复审程序的私人当事方不得在随后的诉讼中提出其在美国专利和商标局已经提出或可能提出的专利无效的观点。[27] 该排除规则不仅适用于美国地区法院,也适用于337调查。[28]

鉴于多方复审或专利授予后复审在《Leahy - Smith 美国发明法》下的

---

〔22〕 *See* generally G. Brian Busey & Aaron D. Rauh, *Interplay between Inter Partes Reviews (IPRs) and ITC Section* 337 *Proceedings*, Intell. Prop. Watch, May 5, 2017, *available at* 2017 WL 6326375.

〔23〕 *See Certain Bassinet Prods.*, Inv. No. 337 - TA - 597, Order No. 11, at 3 (Sept. 10, 2007)(提及"完成美国专利和商标局重新审查的时间相当不确定"). *See also* infra Chapter 6, Section H, Stays of the Procedural Schedule.

〔24〕 *See Certain Bassinet Prods.*, Inv. No. 337 - TA - 597, Order No. 11, at 3 (Sept. 10, 2007). *See also* generally Busey & Rauh, *supra* note 22.

〔25〕 参见35 U.S.C. § 316(a)(11)(2011)。最终决定可以在立案之后一年发布。

〔26〕 *See* generally Stephanie Nguyen & Lauren Watt, *Strategic Considerations for Parallel Proceedings after the America Invents Act*, 337 Reporter, Summer 2014.

〔27〕 参见35 U.S.C. § § 315(e) and § 325(e)(2011)(分别概述了多方复审和专利授予后复审的禁止反言效应)。

〔28〕 *Id.* § 315(e)(2).

潜在排除效力，并且此类复审的速度相比《Leahy – Smith 美国发明法》颁布之前的复审更为迅速，委员会最终可能根据多方复审或专利授予后复审的进展来更加仔细地看待中止动议。

即使在《Leahy – Smith 美国发明法》颁布之后的几年，多方复审仍尚未对委员会的诉讼程序产生全面的影响。相关判例数量有限，在某些情况下甚至是相互矛盾的。例如，委员会的一份意见书因为重视待决的多方复审之诉而决定暂停执行救济命令〔29〕，而另一份意见拒绝中止执行救济命令，尽管多方复审的结论认为权利要求是无效的。〔30〕 委员会对专利审判和上诉委员会程序的考虑也会基于该程序的立案日期，或根据各诉讼程序彼此之间的关系来进行。〔31〕

二、排除效力

（一）委员会裁决对联邦地区法院的排除效力

委员会在专利问题上的裁决，即使在上诉 CAFC 后得到确认，在美国地区法院随后的专利侵权诉讼中也不具有排除效力。该规则适用于对基

---

〔29〕 *Certain Three Dimensional Cinema Sys. & Components Thereof*, Inv. No. 337 – TA – 939, Comm'n Notice at 3 (Aug. 23, 2016).

〔30〕 参见 *Certain Network Devices, Related Software & Components Thereof* (Ⅱ), Inv. No. 337 – TA – 945, Comm'n Notice (July 20, 2017)。The latter outcome has been criticized by some as causing undue prejudice to parties(后一种结果受到部分人的批评，认为对当事方造成了不应有的偏见).

〔31〕 *See* Brian G. Burke, *The Growing Influence of Post – Grant Proceedings in Section* 337 *Investigations*, PTAB Strategies & Insights, Nov. 29, 2018, *available at* https://www.sternekessler.com/news – insights/publications/growing – influence – post – grant – proceedings – section – 337 – investigations – 0.

于专利的抗辩（如专利有效性[32]或专利滥用）的裁决，这些裁决也不具有排除效力。委员会的专利裁决在地区法院没有约束力，这种观点部分基于《美国法典》第28章第1338节，该条款规定，联邦法院对“根据与专利有关的任何国会法案”提起的民事诉讼拥有原始和专属管辖权。[33] 此外，337条款的立法史表明：委员会的调查结果既没有也不能被认为是在特定事实背景下对美国专利法具有约束力的解释。由此可见，联邦法院对委员会诉讼的处理决定不应对联邦法院审理的案件具有既判力或间接禁反言的效力。[34]

然而，需要注意的是，曾经有几个巡回上诉法院得出结论认为，委员会就与专利无关的争议问题的裁决，例如商标侵权，在后续联邦地区法院

[32] *See, e. g.*, *Certain Semiconductor Chips with Minimized Chip Package Size & Prods. Containing Same*, Inv. No. 337 – TA – 605, Comm'n Op., at 9 – 10 (July 29, 2009) {“委员会没有对与专利有关的任何诉讼作出任何终局而有约束力的裁决，包括专利的有效性问题。这由联邦地区法院（28 U. S. C. § 1338）和美国专利和商标局专门管辖。但是，经考虑就被告针对原告指控宣称存在被告违反337条款所作调查的抗辩，委员会可就专利有效性作出的认定裁决是有效的。但这些认定裁决在委员会的337调查程序之外没有间接禁反言的排除效力（既判力）”［引述 Texas Instruments, Inc. v. Cypress Semiconductor Corp., 90 F. 3d 1558, 1569 (Fed. Cir. 1996); Corning Glass Works v. U. S. Int'l Trade Comm'n, 799 F. 2d 1559, 1570 n. 12 (Fed. Cir. 1986)］}; *Certain Self – Inflating Mattresses*, Inv. No. 337 – TA – 302, Initial Determination, 1990 WL 710637, at *3 (Mar. 9, 1990)（“国会明确表示，委员会的专利有效性裁定对地区法院没有约束力”）.

[33] 参见28 U. S. C. § 1338 (2006)。此外，美国联邦巡回上诉法院认为，因为委员会“为其在337条款项下的目的，考虑与美国专利的权利要求相关的进口行为是否违法”，对委员会裁决上诉至联邦巡回上诉法院“不禁止其他司法机构进行重新考虑（无既判力）”。Tandon Corp. v. U. S. Int'l Trade Comm'n, 831 F. 2d 1017, 1019 (Fed. Cir. 1987)［引用 Lannom Mfg. Co., Inc. v. U. S. Int'l Trade Comm'n, 799 F. 2d 1572, 第1577 – 1578页 (Fed. Cir. 1986)］.

[34] 参见 S. Rep. No. 93 – 1298, 第196页 (1974)。

诉讼中必须具有既判力。[35] 在另一个例子中,委员会关于被告未能证明反垄断抗辩和不洁之手抗辩的裁决被认为具有排除效力,禁止(被告)在后续的(联邦地区法院)程序中提出相当于重复诉讼的不公平竞争的诉求。[36]

(二)联邦地区法院裁决对委员会的排除效力

委员会必须对以往地区法院的判决给予排除效力。[37] 正如美国联邦巡回上诉法院所解释的,"构成 337 调查基础的诉讼请求如果因为之前的某项法院判决而被禁止在第二件侵权民事诉讼中提出……那么在 337 调查程序中也同样可以禁止该诉讼请求"[38]。事实上,委员会也被要求对后续的联邦地区法院裁决给予排除效力。[39]

---

〔35〕 参见 Union Mfg. Co., Inc. v. Han Baek Trading Co., Ltd., 763 F. 2d 42, 46 (2d Cir. 1985); *see also* Aunyx Corp. v. Canon U. S. A. Inc., 978 F. 2d 3 (1st Cir. 1992), *cert. denied*, 507 U. S. 973 (1993)(禁止已决案件根据《谢尔曼法》提出指控,因为其已在以前的委员会程序中得到解决); Bio – Tech. Gen. Corp. v. Genentech, Inc., 886 F. Supp. 377, 384 (S. D. N. Y. May 16, 1995)("美国国际贸易委员会所作出的不涉及专利有效性问题的决定被赋予了既判力的排除效力"), *aff'd*, 267 F. 3d 1325 (Fed. Cir. 2001)。

〔36〕 Baltimore Luggage Co. v. Samsonite Corp., 727 F. Supp. 202, 205 (D. Md. Dec. 7, 1989), *aff'd*, 977 F. 2d 571 (4th Cir. 1992).

〔37〕 "诉讼案件的最终判决并不允许当事人或其代理人针对已经提出或可能已经提出的问题重新起诉。" *Certain Hybrid Elec. Vehicles & Components Thereof*, Inv. No. 337 – TA – 688, Initial Determination at 3 (May 21, 2010) [citing Federated Dep't Stores Inc. v. Moitie, 452 U. S. 394, 398 (1981)], *aff'd*, Comm'n Op., at 3 – 5 (June 22, 2010); *see also Certain Rubber Antidegradants, Antidegradant Intermediates & Prods. Containing the Same*, Inv. No. 337 – TA – 652, USITC Pub. 4264, Comm'n Op., at 38 (Oct. 2011) ("美国国际贸易委员会将对联邦地区法院以往的判决给予排除效力").

〔38〕 Young Eng'rs, Inc. v. U. S. Int'l Trade Comm'n, 721 F. 2d 1305, 1316 (Fed. Cir. 1983).

〔39〕 参见 SSIH Equip. S. A. v. U. S. Int'l Trade Comm'n, 718 F. 2d 365, 370 (Fed. Cir. 1983)(维持了委员会对一个排除令的修改:委员会基于后来联邦地区法院关于两项专利无效的认定,修改了排除令以取消该排除令与这两项专利有关的部分)。但需要注意的是,联邦巡回上诉法院通常不对撤销了的判决适用排除。*Certain Semiconductor Integrated Circuits Using Tungsten Metallization & Prods. Containing Same*, Inv. No. 337 – TA – 648, Comm'n Op. (Feb. 18, 2009)(维持行政法官的认定:在联邦地区法院因当事人达成和解撤销了之前认定专利无效的判决后,行政法官认定 337 调查程序的原告不被禁止在委员会主张该专利)。

但是,如果337调查的涉案产品实质上不同于先前联邦地区法院诉讼的涉案产品,先前联邦地区法院的判决便没有排除效力。[40] 例如,在通用车库门开启装置发射器(Universal Transmitters for Garage Door Openers)案中,当事人主张,当美国联邦地区法院先前判决所依据的事实在委员会调查时在某些方面发生了实质变化,那么该裁决就没有排除效力。[41]

至于以前地区法院对委员会调查中的问题所作的裁决,委员会同任何法院一样有权决定是否排除。[42] 对于专利权利要求的解释,委员会认定,联邦地区法院的调查结论仅在委员会对专利有效性或侵权问题作出的决定对终裁而言至关重要的情况下,才能对后续337调查的侵权案件具有排除效力。[43] 例如,带有多点触控板和触控屏的电子装置(Electronic Devices with Multi – Touch Enabled Touchpads & Touchscreens)案的行政法官裁定,由于原告被间接禁反言,原告不能对先前联邦地区法院诉讼作出的某些权利要求的解释提出质疑,行政法官指出权利要求解释的认定对关于侵权的最终判决非常关键,因为“侵权分析要求确定专利权利要求的含义和范围”。[44] 但是,联邦巡回上诉法院指出,对先前判决中认定的专利权利要求范围的裁决应作狭义理解。[45] 此外,在对之前侵权判决中认定的权利要求解释适用争点效(issue preclusion)的时候,该权利要求解释必须是侵权问题上出现损失的原因。[46]

---

〔40〕 Foster v. Hallco Mfg. Co. ,Inc. ,947 F. 2d 469 (Fed. Cir. 1991).

〔41〕 *Certain Universal Transmitters for Garage Door Openers* (*Universal Transmitters*), Inv. No. 337 – TA – 497, Order No. 14, at 6 (Jan. 14, 2004).

〔42〕 参见 *Certain Semiconductor Integrated Circuits Using Tungsten Metallization & Prods. Containing Same*, Inv. No. 337 – TA – 648, Comm'n Op. , at 3 (Feb. 18, 2009)(争议问题的排除效力的适用由法院自由裁量,法院应在基于所有的衡平考虑后决定它的适用是否恰当”)[citing *In re* Freeman, 30 F. 3d 1459, 1467 (Fed. Cir. 1994)]。

〔43〕 *Universal Transmitters*, Order No. 14, at 10.

〔44〕 *Certain Elec. Devices with Multi – Touch Enabled Touchpads & Touchscreens*, Inv. No. 337 – TA – 714, Order No. 16, at 5 – 6 (Sept. 28, 2010)(emphasis in original)[citing Markman v. Westview Instruments, 52 F. 3d 967, 976 (Fed. Cir. 1995)].

〔45〕 A. B. Dick Co. v. Burroughs Corp. ,713 F. 2d 700, 704 (Fed. Cir. 1983).

〔46〕 Jackson Jordan, Inc. v. Plasser Am. Corp. ,747 F. 2d 1567, 1577 (Fed. Cir. 1984).

地区法院的判决必须是终局的，才具有排除效力。在 EPROM (EPROM, EEPROM, Flash Memory & Flash Microcontroller Semiconductor Devices) 案中，委员会驳回了被告请求适用排除效力的动议，委员会的理由是当时无法确定联邦地区法院对专利权利要求的解释可否上诉。[47]

（三）多方复审的排除效力

在美国专利审查和上诉委员会就多方复审作出最后书面决定之后，申请人被禁止提出他们在多方复审期间"曾经提出或本来可以合理提出"的专利无效的观点。[48] 排除效力仅适用于《美国法典》第 35 章第 102 节和第 103 节规定的新颖性和非显而易见性问题，并且"仅适用于包括专利或印刷出版物在内的先前技术"。[49] 禁止反言的规定同样适用于委员会的诉讼程序和地区法院的案件，[50] 其有效地简化了诉讼程序，并"降低了判决不一致的可能性"。[51]

---

〔47〕 参见 *Certain EPROM, EEPROM, Flash Memory & Flash Microcontroller Semiconductor Devices & Prods. Containing Same*, Inv. No. 337 – TA – 395, Comm'n Op., at 79 (Dec. 11, 2000)，委员会承认联邦地区法院对专利权利要求的解释对于联邦地区法院当时的程序来说是必要的，并注意到该解释后来可降格为附带意见。*Id.* at n. 87. 换言之，专利权利要求解释的排除效力取决于它随后是否可以上诉。"考虑到这些不确定性"，委员会得出结论，"我们驳回［被告］请求确认排除效力的动议"。

〔48〕 35 U.S.C. § 315(e)(2)(2011). *See also* generally Saurabh Vishnubhakat, Arti K. Rai & Jay P. Kesan, *Strategic Decision Making in Dual PTAB and District Court Proceedings*, 31 Berkeley Tech. L. J. 45, 116 (2016).

〔49〕 35 U.S.C. § 311(b)(2013).

〔50〕 参见 *Id.* § 315(e)(2)(2011)，在《Leahy – Smith 美国发明法》颁布之前，禁反言规定并不适用于后来的委员会程序，并要求在联邦巡回上诉法院穷尽所有的上诉程序。参见 Bettcher Indus., Inc. v. Bunzl USA, Inc., 661 F. 3d 629, 642 – 43 (Fed. Cir. 2011)。

〔51〕 Personal Web Techs., LLC v. Facebook, Inc., No. 5: 13 – CV – 01356 – EJD, 2014 WL 116340, at *1 (N. D. Cal. Jan. 13, 2014). *See also* generally Matthew R. Frontz, *Staying Litigation Pending Inter Partes Review and the Effects on Patent Litigation*, 24 Fed. Cir. B. J. 469 (2015).

三、案件档案记录的移交

当337调查程序结束时,经联邦地区法院正式请求,或当事人(包括商业机密信息的第三方提供者)协商同意,委员会337调查的档案记录可以提交给负责平行诉讼的司法机关作为证据使用。但是,在337程序中通过调查取证获取的保密信息,如果未经当事人(包括第三方商业机密信息的提供者)协商同意,则不能在其他诉讼中使用。[52] 多方复审的所有文件默认是公开的,因此各方有义务提交一份动议,以便保护平行的委员会案件记录中被指定为商业保密信息的那部分资料。[53]

将委员会的案件档案记录移交到联邦地区法院,应适用《美国法典》第28章第1659(b)节。该条款规定,当联邦地区法院诉讼程序解除中止并且恢复审理后,委员会程序的案件档案记录"应当向联邦地区法院移送,并可在民事诉讼中作为证据采纳"。[54] 根据《委员会规则》第210.39(b)条,"如果联邦地区法院提出请求,委员会应向联邦地区法院移送337调查程序案件档案记录中法院提出请求中的相关部分"。[55] 因此,联邦地区法院必须(主动)要求委员会向其移交337调查程序的案件档案记录。

(一)联邦地区法院提出的适当请求

联邦地区法院可以在诉讼程序中基于自身决定、当事人提出的动议或其他请求,要求委员会移交337调查的全部或部分案件档案记录。[56] 如果委员会根据《美国法典》第28章第1659(b)节认定该请求是合理的,它会同意委员会秘书处向联邦地区法院提供一份经认证的337调查案件卷宗清单副本。[57] 随后,秘书处将向联邦地区法院提供其在该清单中特

---

〔52〕 35 U.S.C. § 316(a)(1)(2011).

〔53〕 *Id. See also id.* § 316(a)(7)(2011).

〔54〕 28 U.S.C. § 1659(b)(1994).

〔55〕 19 C.F.R. § 210.39(b)(1)(2008).

〔56〕 *See* Steven Anzalone & Paul C. Goulet, *Use of International Trade Commission's Evidentiary Record in a District Court Proceeding: The Mechanism's Implication of Transfer of the Commission Record*, 337 Reporter, Winter 2003, at 3.

〔57〕 同上。

别要求的文件。[58]

(二)当事人提供的档案记录

当事方通常会主动向法院提供其在委员会调查程序中某些文件的副本,而不是由联邦地区法院提出正式的请求。[59] 此外,当事人可以将委员会的裁决作为证据法上的公开文件来进行援引。[60]

(三)商业机密信息的使用

337 条款规定:在本条款下的调查程序中,提交给委员会的信息或当事人交换的信息如果根据《委员会规则》被适当地标注为保密的,那么未经信息提交者的同意不能向任何人披露,只有委员会根据规定发布的保护令授权的人员才能获得该等信息。[61]

该条款根据《委员会规则》第 210. 5(b)条来限制商业机密信息的披露,根据第 210. 39(a)条来规范商业机密信息的保密处理,以及主持 337 调查程序的行政法官发布的保护令来得到执行。[62] 保护令的标准表述要求签字者书面同意"仅为该 337 调查的目的"使用调查中获得的商业机密信息,并要求在调查最终结束时销毁这些材料。为了便于当事人明确是否需要继续保留商业机密信息,委员会将"337 调查最终完结"定义为上诉程序已经穷尽。[63] 因此,试图向联邦地区法院移交商业机密信息材料的一方必须:(1)在提交载有此类信息的文件之前,征得当事方和第三方商业机密信息提供者的同意;(2)得到信息提供方的允许来保留商业机密信息,尽管委员会保护令中含有标准的销毁条款。在某些情况下,当事人知道诉讼随后将转移到联邦地区法院,因此会同意采用双标题的证词记录以节省费用。

---

〔58〕 同本章注〔56〕。

〔59〕 *Id.* at *4.

〔60〕 同上。

〔61〕 19 U. S. C. § 1337(n)(1)(2006).

〔62〕 19 C. F. R. § § 210. 5(b)(2013),210. 39(a)(2008).

〔63〕 Notice of Proposed Rulemaking Concerning Post – Investigation Retention and Use of Confidential Business Information from Investigations on Unfair Practices in Import Trade, 60 Fed. Reg. 7,725,7723 n. 9 (Feb. 9,1995).

第十五章

裁决的执行、咨询意见与规避设计

一、委员会对 337 条款救济措施的执行

强制执行程序是通过向委员会提出申请来启动的。委员会有 30 日时间来决定是否启动该程序。[1] 对于违反在 337 调查中发布的禁止令或同意令的被告,委员会有权处以罚金。[2] 罚金最高为违法或进口行为

---

〔1〕 参见 19 C. F. R. § 210.75(a)(2018),以前的规则规定了所谓的"非正式"强制执行程序,但这些程序被认为不符合 VastFame 公司诉委员会(VastFame Camera, Ltd. v. Int'l Trade Comm'n)案,并于 2018 年从条例中删除。83 Fed. Reg. 21,163 (May 8, 2018).

〔2〕 参见 *Certain Lens – Fitted Film Packages*, Inv. No. 337 – TA – 406, Comm'n Op. (Sept. 12,2007)。联邦巡回上诉法院确认了委员会有权制止被告的管理人员、雇员和代理人违反 337 条款,并且有权对他们违反禁止令的行为施加民事罚金,但是对应该施加实际罚金的该案却发回重审。Fuji Photo Film Co. , Ltd. v. Int'l Trade Comm'n, 474 F. 3d 1281, 1291 – 93, 1298 (Fed. Cir. 2007). Following the court's ruling, the Commission adjusted the civil penalty of $13,675,000 to $13, 128, 000 for violation of cease and desist orders,在该判决作出后,委员会将因违反禁止令而施加的民事罚金从 13,675,000 美元降低到 13,128,000 美元。UPI Semiconductor Corp. v. Int'l Trade Comm'n, 767 F. 3d 1372, 1380, 1383 (Fed. Cir. 2014) (reducing a $620,000 penalty for violation of a consent order to $540,000, but also reversing the Commission's determination that certain post – consent order products were independently developed and re-

发生期间每日100,000美元或进口货物的国内价值的两倍,以二者中高者为准。[3]处以罚金的权力是委员会保证其命令得到遵守的有力工具。

委员会对违反禁止令和同意令的当事人处以民事罚金的权力曾在墨盒(Ink Cartridges)案中受到质疑,但获得了美国联邦巡回上诉法院的支持。[4]该案中,在联邦巡回上诉法院对委员会关于被告违反了337条款的最终裁决维持原判后,原告提交了执行申请。在执行程序中,委员会认定某些被告违反了委员会的禁止令或同意令。委员会因此裁定被告支付违法行为发生期间每日从55,000美元到最高100,000美元不等的民事罚金,而某些特定被告的罚金总计超过11,000,000美元。[5]被告对委员会的处罚提起上诉,辩称这些罚金"数额巨大已经达到了刑事罚金的程度,由行政机构处以刑事罚金性质的处罚程序违反了宪法的三权分立原则"。[6]联邦巡回上诉法院驳回了该项主张,维持了委员会对违反其救济命令的行为处以的民事罚金,指出"对于管控贸易中的不公平竞争行为而言,337调查程序是不可或缺的,民事罚金的规定属于法规授权的范围内,并且赋予行政机构处罚权是合理的"。[7]

---

manding for further proceedings,将违反同意令的罚款从620,000美元减至540,000美元,但也推翻了委员会的裁定,即某些同意后命令产品是独立开发的,并将其发回以供进一步审理); San Huan New Materials High Tech, Inc. v. Int'l Trade Comm'n, 161 F.3d 1347, 1350 (Fed. Cir. 1998) (upholding civil penalty of $1.55 million for violation of a consent order issued in Investigation No. 337 - TA - 372, *Certain Neodymium - Iron - Boron Magnets, Magnet Alloys &Articles Containing Same*),维持在磁铁合金调查(*Certain Neodymium - Iron - Boron Magnets, Magnet Alloys &Articles Containing Same*)中作出的违反同意令的民事罚款1,550,000美元。

〔3〕 19 U.S.C. § 1337(f)(2)(2006).

〔4〕 *Certain Ink Cartridges & Components Thereof* (*Ink Cartridges*), Inv. No. 337 - TA - 565, Comm'n Op. (Sept. 24, 2009).

〔5〕 参见 *Id.* at 44 - 45(委员会评估了下列民事罚款:Ninestar 11,110,000美元;Mipo 9,700,000美元;Apex 700,000美元)。

〔6〕 Ninestar Tech. Co., Ltd. v. Int'l Trade Comm'n, 667 F.3d 1373, 1382 - 83 (Fed. Cir. 2012).

〔7〕 *Id.* at 1384.

民事罚金不适用于违反排除令的情形。排除令的执行主要是由美国海关负责。同时,委员会也为排除令的执行发挥着作用。如果委员会认定被告违反了排除令,并且认定一方:(1)之前曾试图进口相关产品;(2)因为最终的排除令而被禁止进口;并且(3)已经收到了排除令以及关于查封和没收货物风险的书面通知,则委员会可以向美国海关发布命令,要求查封和没收任何受到排除令排除但仍进口到美国的货物。[8]

二、美国海关对排除令的执行

337 调查程序中,委员会发布的排除令主要由美国海关来负责执行。当委员会发布排除令时,它会向总部位于华盛顿特区的美国海关下属的知识产权和受限商品部(Intellectual Property Rights and Restricted Merchandise Branch,以下简称知识产权部)抄送排除令的副本。知识产权部可以就该命令的任何内容和技术问题咨询委员会,然后将命令发给美国海关的现场作业办公室(Office of Field Operations)。现场作业办公室把命令中包含的信息输入美国海关的筛选特征数据库,让美国所有进口口岸的海关官员可以通过电子方式获得相关的数据。美国海关的知识产权部同时也在进口口岸为进口专家以及其他海关官员提供培训。美国海关指令通常会规定如下执行程序:[9]

> 执行:总体而言,美国国际贸易委员会发布的排除令由美国海关规章和裁决办公室(Office of Regulations & Rulings)下属的知识产权部来管理,由现场作业办公室来操作。在收到美国国际贸易委员会的命令后,由现场作业办公室……通过"美国海关通告栏系统"向现场发布《排除令通知》……并提供与执行特定命令相关的细节……
>
> 4.1　程序。战略作业分析员(strategic operational analysis

[8] 19 U.S.C. § 1337(i)(1); 19 C.F.R. § 210.75(a).

[9] Munford Page Hall Ⅱ, *US: ITC: Obtain Maximum Results from Exclusion Orders*, Managing Intell. Prop., Oct. 1, 2009, http://www.manaingip.com/Article/2328151/US-ITC-Obtain-maximum-results-from-exclusion-orders.html.

staff,SOAS)将会更新货物和/或筛选特征总结,以涵盖排除令的信息。

* * *

4.1.2 当排除令将要排除的货物出现在海关,现场作业官员必须阻止该等货物进入美国,并允许其出口。[10]

美国海关拥有"对侵犯商标权和版权行为作出实质性裁定的法律权力",但对于专利,其权力仅限于"对委员会排除令的执行和范围有关的裁定"。[11] 因此,美国海关历来认为,其无权根据337条款作出侵权的认定。[12] 然而,美国海关"依据国际贸易委员会发布的排除令来排除侵权物品"的权力[13]要求其根据定义来确定标的物是否侵权。[14] 为了解决这个问题,如后续章节所述,美国海关根据《美国联邦规章典集》第19章第177条规定的请求程序作出侵权认定,该程序"规定了与所有海关交易相关的'解释性决定'或'裁定'的发布"。[15]

随着假冒和侵权商品变得越来越复杂和难以识别,美国海关经常直

---

[10] Customs Directive No. 2310－006A, Exclusions Orders, at 2 (Dec. 16, 1999), *available at* https://www.cbp.gov/sites/default/files/documents/2310－006a_3.pdf.

[11] U. S. Customs and Border Protection, What Every Member of the Trade Community Should Know About: CBP Enforcement of Intellectual Property Rights: An Informed Compliance Publication 6 (Aug. 2012) (hereinafter ICP Enforcement of IPR) (emphases added).

[12] Paul M. Bartkowski, *ITC Remedial Orders—The Case for Conformity with Patent Injunctions*, ITCTLA 337 Reporter (2011).

[13] ICP Enforcement of IPR, *supra* note 11, at 7 (emphasis added).

[14] *See*, *e. g.*, Customs Ruling HQ H258492 (Nov. 4, 2014), *available at* 2014 WL 6602729 (应原告的要求,美国海关分析了调查中未向委员会提交的电子设备保护是否受委员会发布的普遍排除令管辖的问题). *See also* Bartkowski, *supra* note 12.

[15] 参见 Bartkowski, *supra* note 12 [citing, e. g., Customs Ruling H025822 (Nov. 23, 1999)](对"未经行政法官或委员会分析"的产品进行侵权分析)。

接向知识产权所有人寻求帮助,并欢迎利害关系方积极参与。[16] 权利所有人通常是信息的最佳来源,可以提供产品的识别指南,其中包含有关产品的物理特性、正规产品和侵权产品的照片以及制造细节。[17] 权利人还可以直接与美国海关的相关部门会面,提供入境培训和贸易情报。[18] 同样,其产品可能被排除在外的进口商也可以与美国海关会面,讨论其产品和订单。[19] 与美国海关进行的这些讨论完全是单方面的,进口商不能参加权利所有人与海关的会议,权利所有人也不能参加进口商与海关的会议。[20]

除了美国海关的知识产权部和现场作业办公室之外,美国海关的卓越和专业中心(Centers for Excellence and Expertise,CEEs)也可以帮助权利所有人和进口商解决执法问题。这些专业中心都属于特定行业,并且具有战略地位。例如,电子专业中心位于洛杉矶/长滩港口,石油、天然气和矿产专业中心位于休斯敦。税款在入境口岸征收,而卓越和专业中心会负责开展所有的验证、反对提议、入境后修正/汇总后修正审查,以及行业内的事先披露验证活动。[21] 除了在执行排除令方面提供协助之外,卓越和专业中心还被视为美国海关的"一站式站点",促进港口之间的统一,

---

〔16〕 U. S. Customs and Border Protection, Intellectual Property Rights Enforcement: How Businesses Can Partner with CBP to Protect Their Rights 6 (Dec. 23, 2013) (CBP Pub. No. 0136 – 0311), *available at* https://www.cbp.gov/sites/default/files/assets/documents/2017 – Jan/ipr_guide.pdf.

〔17〕 *Id.* at 7.

〔18〕 *Id.* at 4.

〔19〕 American Conference Institute's (ACI's) 9th Annual Expert Forum on ITC Litigation and Enforcement: Dialogue with CBP and Industry on the Enforcement of Exclusion Orders 20 (Feb. 22, 2017) (hereinafter ACI 2017 Presentation), https://www.americanconference.com/itc – litigation – enforcement – 868117 – was/agenda.

〔20〕 同上。

〔21〕 Press Release, U. S. Customs and Border Protection, CBP Launches Centers to Facilitate Processing of Imports (Oct. 20, 2011), https://www.cbp.gov/newsroom/national – media – release/cbp – launches – centers – facilitate – processing – imports.

并且与行业一起努力,及时解决问题。[22]

三、美国海关有关排除令的行政裁决

《美国联邦规章典集》第 19 章第 177 节规定的行政程序允许(一方)请求就美国海关和相关法律对特定事实的适用作出裁决。[23] 这些程序同样适用于美国海关针对委员会排除令的范围所作出的裁决;这类请求大多是由被告提出的,涉及某个物品的重新设计或影响其许可性(admissibility)的其他修改;在执行普遍排除令的情况下,非被告方可以要求就委员会尚未判决的物品作出裁决。[24]

第 177 节裁决程序历来都是单方面进行的,这意味着知识产权所有人不得参与任何海关程序。[25] 这不但使原告难以了解与委员会发布的排除令直接相关的程序,而且限制美国海关只能从进口商处收集信息。[26] 此外,权利所有人也不能在国际贸易法院质疑美国海关作出的不利裁决。[27]

然而,2017 年,美国海关开始针对 337 条款下的排除令发布多方程序

---

〔22〕 美国海关设立了该中心,以促进贸易、降低交易成本、提高对适用进口法的遵守程度,并实现对已确定行业在入境口岸待遇的统一,81 Fed. Reg. 92,978 (Dec. 20,2016)。

〔23〕 *See* generally 19 C. F. R. pt. 177, subpt. A—General Ruling Procedure.

〔24〕 ACI 2017 Presentation, *supra* note 19, at 20.

〔25〕 Corning Gilbert, Inc. v. United States, slip Op., at 12 – 61 (Ct. Int'l Trade 2012).

〔26〕 在对美国海关执行排除令的情况进行审查后,美国政府问责办公室于 2014 年 11 月发布了一份报告,讨论了这一问题和相关问题。报告还提到了当时悬而未决的海关"拟议规则制定通知"草案,该草案据称将启动多方程序。参见 U. S. Gov't Accountability Office, Intellectual Property: U. S. Customs and Border Protection Could Better Manage Its Process to Enforce Exclusion Orders 21 (Nov. 2014) (GAO – 15 – 78) ("知识产权处官员无法估计拟议的多方程序何时才能最终确定")。

〔27〕 Funai Elec. Co. v. United States, 645 F. Supp. 2d 1351 (Ct. Int'l Trade 2009). CBP officials have stated that "[q]uestions remain" regarding whether complainants may bring such challenges in federal district court. ACI 2017 Presentation, *supra* note 19, at 22.

的裁决[28],并根据《美国联邦规章典集》第 19 章第 177.1(c)节广泛地界定了包括原告在内可以申请裁决的人:[29]

作为商品的进口商或出口商的任何人,或以其他方式,对裁决请求中提出的一个或多个问题有直接和可证明的利害关系的人,或其授权代理人,可以根据本条款请求作出裁决。本文中的"人"包括个人、公司、合伙企业、协会或其他实体或团体。[30]

建立多方程序需要提高审判透明度,简化审判程序,形成更加完整准确的审判记录。[31] 尽管如此,由于美国海关尚未通过甚至提议管理这些行政事务的正式规则,美国海关的多方程序仍然具有临时性。

如果进口货物被美国海关根据《美国法典》第 19 章第 1514 节排除在境外,进口商有 180 天的时间通过向美国海关提交行政抗议来反对美国海关的举措。进口商可向美国国际贸易法院起诉美国海关作出的不利决定(无论是作出行政裁决还是拒绝听取抗辩意见)。[32] 国际贸易法院的不利决定可向美国联邦巡回上诉法院提起上诉。[33]

---

[28] *See*, *e. g.* , Customs Ruling HQ H284032RL (Apr. 7, 2017) ["本判决根据《联邦法规》第 19 卷第 177 条(19 C. F. R. § 177)发布,是双方程序的结果。根据《1930 年关税法》第 337 节(经修订)和《美国法典》第 19 卷第 1337 节(19 U. S. C. § 1337)管理,涉及 Arista Networks, Inc. 和 Cisco Systems, Inc. 作为对各自裁决请求提出的问题有直接和明显利益的双方"] (internal quotation marks omitted).

[29] *See* ACI 2017 Presentation, *supra* note 19, at 15 ["条例大致界定了可以根据《美国联邦规章典集》第 19 章第 177.1(C)节要求作出裁决的人,包括委员会调查的原告"].

[30] 参见 19 C. F. R. § 177.1(c)。*See also* Customs Ruling HQ H284032RL, *supra* note 28.

[31] *See* Intellectual Property Owners Association, Advanced ITC Litigation Class: Exclusion Order Administration and Enforcement 22 (June 10, 2016), https://www.ipo.org/index.php/events/all-meetings-and-events/. 据报道,诉讼程序主要包括对另一利害关系方的通知要求、在提出请求后 60 日内结案的程序安排、对机密商业信息的保护、备案和有限披露请求、专家证词、在美国海关官员面前的口头辩论和最终裁决。*Id.* at 25; *see also* ACI 2017 Presentation, *supra* note 19, at 24-25.

[32] 参见 28 U. S. C. § 1581(a)(2012); *see also* Fuji Photo Film Co., Ltd. v. Benun, 463 F. 3d 1252, 1255 (Fed. Cir. 2006)(注意到国际贸易法院对因《美国法典》第 19 章第 1515 节引起的抗议被拒具有专属管辖权)。

[33] 28 U. S. C. § 1295(a)(5)(2011).

例如,美国海关曾认为某些同轴电缆连接器产品属于委员会发布的普遍排除令范围之内(Certain Coaxial Cable Connectors & Components Thereof & Products Containing Same,调查编号:337 – TA – 650)。随后,进口商向美国海关提出抗议,并对排除决定提出质疑。[34] 美国海关驳回了进口商的意见,进口商原告诉至美国国际贸易法院。该法院在批评了美国海关的侵权分析之后[35],认定存在争议的连接器并不在委员会命令的范围之内。[36]

四、美国海关罚款

337条款除了规定没收进口货物之外,没有针对违反委员会排除令的行为规定罚金。不过,违反排除令的人可能会被海关处以罚金,但在实践中很少出现罚金。

关于海关处以罚金的主要规定是《美国法典》第19章第1592节。根据该条款,任何人,如果通过欺诈、重大过失或过失,以重大虚假的数据、信息、口头或书面陈述或行为,或者重大的不作为的方式,使货物进入,或者试图使货物进入美国的商业贸易,将被处以不同程度的罚金。[37] 就《美国法典》第19章第1592节而言,欺诈是指具有明确证据表明,受处罚的人在明知的情况下(自愿和故意)作为或不作为的情形。[38] 对这种欺诈行为的最高罚金是进口商品的国内价值。[39]

重大过失是指受处罚的人所实施或没有实施某种行为,或肆意无视有关事实,无视其在法规下承担的义务。[40] 对于重大过失的情形,罚金

---

〔34〕 Corning Gilbert Inc. v. United States, 896 F. Supp. 2d 1281, 1283 – 84 (Ct. Int'l Trade 2013).

〔35〕 *Id.* at 1288 – 92.

〔36〕 *Id.* at 1294 – 97.

〔37〕 19 U. S. C. § 1592 (2012).

〔38〕 19 C. F. R. § 171 app. B, Customs Regulations, Guidelines for the Imposition, and Mitigation of Penalties for Violations of 19 U. S. C. § 1592, at (C)(3)(2014).

〔39〕 19 U. S. C. § 1592(c)(1).

〔40〕 *Id.* § 1592(c)(2).

最高不会超过该货物的国内价值,或者其向美国逃避缴纳的关税、税收和费用总和的 4 倍,以二者中的低者为准。如果该等违法行为没有影响关税的征收,最高罚金为进口货物的完税价值的 40%。[41]

最后,单纯过失(simple negligence)是指行为的作为或不作为导致被处罚人未能行使合理谨慎义务的情形。[42] 对这种过失的最高罚金是商品的国内价值或美国关税的两倍,以较低者为准。如果违法行为不影响关税的征收,则最高罚款为进口商品应纳税额的 20%。[43] 美国海关条例建议,适用委员会排除令的进口商如果不能证明其已合理谨慎地遵守排除令,将受到第 1592 节的处罚。[44] 然而,美国海关似乎从未根据《美国法典》第 19 章第 1592 节启动过与执行委员会排除令有关的处罚措施。[45] 相反,美国海关曾根据另一项法律规定——《美国法典》第 19 章第 1595a 节,对 337 条款排除令下的商品做出处罚决定。根据第 1595a(b)节,指导、协助或以任何方式将违反法律的物品进口至美国或试图进口美国的,将受到以该商品价值为限的处罚。第 1595a(c)节还规定,在满足某些条件时,可以扣押和没收进口或试图进口至美国的商品。

五、咨询意见

未明确提及 337 条款咨询意见。根据《委员会规则》第 210.79(a)条的规定[46],任何人都可以请求委员会启动咨询意见的程序,提供指导意

---

〔41〕 *Id.* § 1592(c)(2).

〔42〕 *Id.* § 1592(c)(1).

〔43〕 *Id.* § 1592(c)(2).

〔44〕 19 C. F. R. § 171 apps. B(D)(6),(E)(1)(b)(ii)(2014). *See also* U. S. Customs and Border Protection, What Every Member of the Trade Community Should Know About: Reasonable Care: An Informed Compliance Publication 13 (Sept. 2017).

〔45〕 尽管如此,美国海关已通知进口商,如果他们提供虚假材料来证明进口商品并未违反排除令,那么他们将受到《美国法典》第 19 章第 1592 节和第 1595a 节以及第 18 章第 542 节和第 1001 节规定的制裁。*See also* The Tariff Classification of Recloseable Polyethylene Bags from China, NY 874564 (1992 年 5 月 20 日), 1992 WL 440178.

〔46〕 19 C. F. R § 210. 79(a)(2018).

见来确定某个行为(例如,对采用了规避设计的产品的进口)是否违反了委员会的排除令、禁止令或同意令。[47] 实践中,提出此类请求的主体通常是自认为进口某个产品或进行某种行为不会违反某项命令的进口商。在评估针对咨询意见的请求时,委员会考虑以下因素:[48]

1. 发布咨询意见是否有利于337条款的执行;

2. 发布咨询意见是否符合公共利益;

3. 咨询意见是否有利于消费者和美国市场的竞争状况;

4. 提出请求的一方对意见是否有强烈的商业需求,并且已作出尽可能完整及准确的请求。

根据2018年年中颁布的规则,委员会在收到咨询意见请求后30天内决定是否启动咨询意见程序。[49] 针对咨询意见请求的答复必须在10天内提出。[50] 根据请求中提出的问题的复杂性,委员会可将此事提交总法律顾问办公室、不公平进口调查办公室或行政法官。涉及纯法律问题的请求将由总法律顾问办公室提出建议,委员会通常在60~90天内作出

---

〔47〕 *See, e. g.*, *Certain Sleep – Disordered Breathing Treatment Sys. & Components Thereof*, Inv. No. 337 – TA – 879, Advisory Op. (Aug. 11, 2014)[采纳了经修改后的行政法官裁决,即一种产品包含在同意令中,而另一种产品没有包含在同意令中;*Certain GPS Devices & Prods. Containing Same*, Inv. No. 337 – TA – 602, Advisory Op. (Apr. 20, 2010)(得出结论认为,根据第三方的咨询意见请求,第三方的产品不会违反有限排除令)]; *See also Certain Laser Bar Code Scanners, Scan Engines, Components Thereof & Prods. Containing Same* (*Laser Bar Code Scanners*), Inv. No. 337 – TA – 551, Advisory Op. (Oct. 4, 2007)(认为被告重新设计的产品不包括在委员会发布的救济令中).

〔48〕 19 C. F. R. § 210. 79(a); *see also Laser Bar Code Scanners*, Inv. No. 337 – TA – 551, Advisory Op., at 5 (Oct. 4, 2007).

〔49〕 参见19 C. F. R. § 210. 79(a),30天要求的例外情况包括"排除遵守30天最后期限的例外情况",以及撤回请求,或要求推迟作出决定。*Id. See also* 83 Fed. Reg. 21, 140 (June 7, 2018).

〔50〕 19 C. F. R. § 210. 79(a).

最后决定。[51] 涉及最低限度事实认定的请求将由不公平进口调查办公室提出建议,委员会将在 90 ~ 180 天内作出最后决定。[52] 对于涉及广泛事实调查结论的请求,委员会将会提交给行政法官,以便在 6 ~ 9 个月内作出最后决定。[53] 与其他类型的程序一样,委员会是咨询意见的最终决策者。

委员会发布咨询意见的权力已经获得美国联邦巡回上诉法院的承认。[54] 该法院认定,当事人不能就委员会的咨询意见提起上诉。[55]

六、修改程序[56]

修改程序(Modification proceedings)是通过申请提起的多方程序,提出此类申请的前提是:"存在不可能在先前程序中提出的新的证据,或者存在根据联邦民事诉讼规则可以免除救济或命令的理由"。[57] 根据试点项目(pilot program),请求修改的申请书可以包含事实指控,并且能够证明规避设计的新产品不在现有排除令、同意令或禁止令的范围之内。[58] 申请书应当提出确凿的证据,以证明申请人不可能在原始调查期间提供规避设计(例如,在原始庭审期间,规避设计尚未完成)。[59]

与委员会试点项目下执行的咨询意见类似,在收到针对修改的申请

---

〔51〕 USITC Pilot Program for Rulings on Redesigned Products in Commission Post – Order Proceedings: Background and Facts [hereinafter Pilot Program Fact Sheet], *available at* http://www.usitc.gov/sites/default/files/press_room/documents/featured_news/337modprocpilot_fs_final.doc.

〔52〕 *Id.*

〔53〕 *Id.*

〔54〕 Allied Corp. v. Int'l Trade Comm'n, 850 F.2d 1573, 1578 (Fed. Cir. 1988).

〔55〕 参见 *Id.*; 19 C.F.R. § 210.79(a)(咨询意见程序不受《美国法典》第 5 编第 702 节"司法审查权"的约束)。

〔56〕 2018 年年中,委员会修订了关于咨询意见和修改程序的规则。83 Fed. Reg. 21,140 (June 7, 2018).

〔57〕 Pilot Program Fact Sheet, *supra* note 51.

〔58〕 *Id.*

〔59〕 *Id.*

之后,委员会可根据问题的复杂性将该事项提交给总法律顾问办公室、不公平进口调查办公室或行政法官,并确定委员会出具最终决定的目标时间。值得注意的是,委员会的修改决定不同于咨询意见,可以由美国联邦巡回上诉法院来审查。

七、规避设计

对被诉侵权产品进行不侵权的设计,是被告(在原告胜诉的情况下)避免其产品被禁止进入美国市场的有效手段。此类规避设计的开发通常需要咨询专利律师,以确保没有侵犯337调查中原告主张的专利权。委员会通常不会推迟排除令的执行,以允许被告根据该命令对涉案产品进行非侵权变更,仅有一次例外。[60]

规避设计(design around)应当在337调查程序中尽可能早的阶段实施,以便获得产品不侵权的认定。该认定首先由行政法官作出决定,然后由委员会确认。尽早行动是规避设计最为安全和可靠的做法,并可能被委员会判定为不侵权。规避设计必须在337调查的范围之内,即委员会在《联邦纪事》(Federal Register)上公布的《调查公告》(Notice of Investigation)中规定的范围,而非起诉书设定的范围。[61] 例如,委员会曾就起诉书中没有列出(立案阶段还在开发的产品)但属于《立案公告》范围的产品发布过侵权裁决。[62]

在闪存电路(Flash Memory Circuits)案中,委员会认为行政法官错误地拒绝认定被告重新设计的产品是否侵犯涉案专利。行政法官曾认定该

[60] *Certain Personal Data & Mobile Commc'n Devices & Related Software*, Inv. No. 337 - TA - 710, Comm'n Op. (Dec. 29, 2011).

[61] *Certain Hardware Logic*, Inv. No. 337 - TA - 383, Order No. 57, at 7 n. 9 (Dec. 9, 1996).

[62] 参见 *Certain Flash Memory Circuits & Prods. Containing Same* (*Flash Memory Circuits*), Inv. No. 337 - TA - 382, Comm'n Op., at 19 - 25 (July 1997); *Certain Voltage Regulators, Components Thereof & Prods. Containing Same*, Inv. No. 337 - TA - 564, Enforcement Initial Determination at 43 (Mar. 18, 2010) [认定无须修改有限排除令,因为该命令"将包括本次执行程序中存在争议的被诉产品(即规避设计的产品)"]。

337 调查程序的某被告提交的文件不足以让原告判断新的设计是否会侵犯涉案专利。[63] 行政法官进一步认定,被告的新设计不是调查范围,被告未能提供任何书面证据来证明其进口的产品使用了新设计的闪存。因此,行政法官拒绝评估被告新设计的产品是否侵犯了涉案专利。委员会推翻了行政法官的认定,指出:"关于(被告)重新设计的产品的进口或其处于开发阶段的问题,并不能成为行政法官拒绝作出侵权认定的理由。"[64] 委员会进一步指出:

关于设备的进口和所处开发阶段的问题不仅事关管辖权的程序问题,而且事关案件本身的实体问题。如果 337 条款的管辖权要求符合根据案情优先考虑的实际要求,则应该行使管辖权,再根据案情解决诉讼争议。[65]

原告曾在庭审中有机会评论被告重新设计的产品,这些产品属于《调查公告》范围,但却没有这么做。因此,该新设计"因(原告)并未举证"而被认定为没有侵权。[66]

委员会可以对起诉书提交时还不存在的产品作出裁决,当事人可以附带地对该类产品进行证据开示。曾有观点认为,处于开发阶段的产品

---

〔63〕 该案的咨询意见中没有明确说明三星是否已经部署了重新规避设计的产品。然而,根据咨询意见中的讨论,新产品似乎仍处于开发阶段。

〔64〕 *Certain Flash Memory Circuits*, Inv. No. 337 – TA – 382, Comm'n Op., at 12 (June 26, 1997).

〔65〕 *Id.* at 12 – 13 [citing Amgen, Inc. v. Int'l Trade Comm'n, 902 F. 2d 1532, 1536 (Fed. Cir. 1990)]. 需要注意的是,"新设计的进口和开发只是行政法官分析中的次要考虑因素。他拒绝裁定(被告的)新产品是否侵犯了(涉案专利)的主要原因是(被告)提交的文件据称是不准确、不充分并且不及时的"。

〔66〕 参见 *Id.* at 16; *see also Certain Wireless Devices with 3G Capabilities & Components Thereof*, Inv. No. 337 – TA – 800, Order No. 89, 2013 WL 660041, at *2 (Jan. 16, 2013)。原告试图删除被告的专家反驳报告的部分内容,理由是该报告包含了对被告规避设计原型机的不当意见。原告声称,被告的原型机在调查中没有被指控侵权,而被告正寻求获得"针对假设原型机设计的咨询意见"。被告反驳说,原型机在立案公告的范围内,并且明确列入了双方有关被告产品的联合声明。法院驳回了原告请求删除的动议。

必须能够通过商业渠道获得才可以进行证据开示,该观点已被否定。[67]总的来说,“对于调查范围内但尚在开发阶段的新产品,如果该类产品可以在调查取证期限截止之前制造或进口到美国”,则允许对其进行调查取证。[68]

在磨料制品(Abrasive Products)案中,一方要求将证据范围仅限于可通过商业渠道获得且已经进口到美国的产品,该动议被驳回。在该请求禁止使用某些证据的动议中,被告声称:“对于未来将会生产而尚未进口到美国的设备所谓的侵权风险,委员会不具有管辖权。”[69]行政法官在驳回该主张时指出,该产品的样品已经在美国境内销售,因此“在此情况下,由于这些样品在本调查过程中可以进入美国进行商业贸易,因此(被告

---

〔67〕 *See, e. g., Certain Plastic Encapsulated Integrated Circuits (Integrated Circuits)*, Inv. No. 337 - TA - 315, Order No. 15 (Dec. 11, 1990); *see also Certain Static Random Access Memories & Integrated Circuit Devices Containing Same, Processes for Making Same, Components Thereof & Prods. Containing Same*, Inv. No. 337 - TA - 325, Order No. 12 (July 9, 1991).

〔68〕 参见 *Certain Network Interface Cards & Access Points for Use in Direct Spread Spectrum Wireless Local Area Networks & Prods. Containing Same*, Inv. No. 337 - TA - 455, Order No. 34, at 5 (Aug. 30, 2001) [citing *SDRAMS*, Inv. No. 337 - TA - 325, Order No. 12 (Sep. 23, 1991)]; *see also Integrated Circuits*, Inv. No. 337 - TA - 315, Order No. 15; *Hardware Logic*, Inv. No. 337 - TA - 383, Order No. 57, at 7 (337 调查允许对调查范围内正在开发中并可能进口到美国的产品进行证据开示); *Certain Audio Processing Integrated Circuits & Prods. Containing Same*, Inv. No. 337 - TA - 538, Order No. 7, at 2 - 3 (Jul. 18, 2005) (开发中的产品已经“进入测试阶段”,因此“【开发中的产品】将在本次调查的过程中具有较大的可能性进入市场”); *Certain Silicon Microphone Packages & Prods. Containing Same*, Inv. No. 337 - TA - 888, Order No. 23 [Corrected], 2014 WL 690269, at *4 (Jan. 27, 2014) (由于被告拒绝出示这些设计文件,原告提出动议,要求强制提供被告的设计证据。被告表示,“经过合理努力的搜索”后,无法找到任何回应性文件。上诉法院驳回了原告的动议,但其表示,被告将对其为了是否存在任何规避设计或非侵权替代品所作的陈述负责)。

〔69〕 *Certain Abrasive Prods. Made Using a Process for Making Powder Preforms & Prods. Containing Same*, Inv. No. 337 - TA - 449, Order No. 37, at 2 (Oct. 10, 2001).

的）样品属于此次调查的范围”。[70]

尽管委员会没有提供一个清晰明确的标准来认定某产品是否已经达到充分的开发阶段而可以纳入 337 调查考虑的范围，但多位行政法官在证据开示程序中作出的裁决在这方面提供了指导。如果产品的设计开发已经完成或者接近完成阶段，或该产品可能在 337 调查过程中制造出来或进口到美国，特别是如果该产品事实上正在美国进行市场销售的情况下，行政法官应该就其是否侵权作出裁决。作出此类裁决符合委员会在闪存电路 Flash Memory Circuits）案中的意见，即“合适的做法是先行使管辖权，再根据案情解决诉讼争议”。[71]

当然，规避设计的策略（能否成功）取决于被控侵权产品的开发变化能力，使其能够有说服力地证明其不在原告主张的专利权利范围之内。关于规避设计策略还需要考虑几个实际的问题，例如，已完成设计并且商业上可行的产品要比处于早期生产阶段的产品更经得起质疑。[72] 也就是说，在案件开庭审理之前，规避设计的产品应当尽可能地在美国市场实现商业化。目前还不明确“尽可能”的程度和标准，但具有代表性的产品雏形比单纯的技术说明更有说服力。[73]

---

〔70〕 *Id.* [citing *Certain Safety Eyewear & Components Thereof*, Inv. No. 337 – TA – 433, Order No. 15 (Aug. 11, 2000)].

〔71〕 *Flash Memory Circuits*, Inv. No. 337 – TA – 382, Comm'n Op., at 19 (June 26, 1997).

〔72〕 Merritt R. Blakeslee & Christopher v. Meservy, *Seeking Adjudication of a Design – Around in Section* 337 *Patent Infringement Investigations*: *Procedural Context and Strategic Considerations*, 35:4 AIPLA Q. J. 385, 391 – 93 (Fall 2007).

〔73〕 *See*, *e. g.*, *Certain Plastic Encapsulated Integrated Circuits*, Inv. No. 337 – TA – 315, Order No. 15, 1990 WL 710761, at *2 (Dec. 11, 1990) (“问题不在于某个样本是否可以在市场上买到，而在于它是否代表了被告封装的电路，从而经过合理计算得出了可接受的证据”); *cf.* Sierra Applied Sci., Inc. v. Advanced Energy Indus., Inc., 363 F. 3d 1361, 1379 (Fed. Cir. 2004) (注意到根据处于“相对早期的开发阶段”的产品而做出侵权裁定是不可取的，因为“[产品]的可变性越大，特别是在其潜在的侵权特征方面，法院的判决就越有可能纯粹是咨询性的，脱离了现实”). *See also Certain Digital Media Devices*, *Including Televisions*, *Blu – Ray Disc Players*, *Home Theater Sys.*, *Tablets & Mobile Phones*, *Components Thereof & Associated Software*, Inv. No. 337 – TA – 882, Order No. 43, 2014 WL 718353, at *2 (Feb. 14, 2014), in which the ALJ denied

此外,337调查需要快速结案的时限要求迫使被告必须尽早提供其产品的规避设计,以便让原告有机会在证据开示期间对其进行取证。双方还必须有足够的时间针对规避设计及时准备专家证词,以便在证据听证会上提供证据。[74]"规避设计"的主要目的是赋予委员会对新产品的管辖权,以便(让被告)获得新产品并不侵权的决定。这样可以避免进口产品在排除令发布之后被美国海关阻止入境,或者需要征求委员会的咨询意见。[75]否则,当委员会发布咨询意见或美国海关就多方程序发布裁决时,将规避设计的产品投放美国市场可能不再具有商业意义。

委员会曾经推迟了排除令的生效日期,以便被告有时间开发和销售排除令范围内经过重新设计的非侵权产品。在某些个人数据和移动通信设备及相关软件(Certain Personal Data & Mobile Communication Devices &

---

complainant's motion *in limine* to exclude evidence regarding a "prototype." Complainant argued that there was no indication that respondent's product was in commercial production and that its state of development was unclear. The ALJ determined that the evidence relating to the prototype should not be excluded on grounds of timely production or lack of jurisdiction. Complainant also argued that respondent, by placing facts relating to the prototype on the record, was, in essence, seeking an "improper" advisory opinion. In response, respondent argued that complainant must either accuse the prototype of infringement, and have the device adjudicated during the hearing, or state that it is not accusing the device and, thereby, place it beyond any potential remedy. The ALJ disagreed that the options were only limited to those two and stated that there was no need to exclude the evidence in limine because it was unclear whether the law required the prototype to be beyond the scope of the potential remedy if it was not adjudicated "at this time." 其中,行政法官驳回了原告关于排除有关"原型"证据的动议。原告辩称,没有迹象表明被告的产品正在商业生产,其发展状况也不清楚。行政法官裁定,不应以及时生产或者缺乏管辖权为由排除与原型有关的证据。原告还辩称,被告将与原型有关的事实记录在案,实质上是在寻求"不适当"的咨询意见。对此,被告辩称,原告必须指控原型侵权,并让该装置在庭审期间接受审查,或者声明其没有指控该装置,从而将其置于任何可能的救济措施之外。行政法官不同意选择仅限于这两种,并表示没有必要一开始就排除证据,因为目前尚不清楚,如果"此时"不对原型进行裁决,法律是否要求原型超出潜在救济措施的范围。

[74] Blakeslee & Meservy, *supra* note 72, at 388.

[75] *See id.* at 408. 被告也可以根据《美国联邦规章典集》第19章第210.76节,引用"事实或法律发生了改变"来要求修改或撤销任何救济令。

Related Software）案中，委员会将有限排除令的执行推迟了4个月（在60天的总统审查期，委员会将保证金的费率定为零，再外加两个月）。[76] 委员会认为，基于以下公共利益因素，对违反337条款的行为有理由做出这种不寻常的推迟采取救济措施的决定：（1）美国总统确定，“建设高速无线网络是国家重点发展的基础设施之一”；[77]（2）美国司法部（DOJ）决定阻止两家最大的高速无线运营商（AT & T and T – Mobile）的合并；[78]（3）美国司法部声明，“无线技术的创新能够推动我们整个21世纪信息经济的创新，帮助提高生产力，创造就业机会，改善我们的日常生活，而激烈的竞争对于确保持续创新和维持低价至关重要”；[79]（4）司法部针对“快速发展的T – Mobile给竞争激烈的市场带来的好处”展开的讨论。[80]

在另外至少两次调查中，被告主张在发布排除令后有一个类似的“过渡期”，以便开发非侵权替代产品。[81] 在这两个案件中，委员会都认定，不存在个人数据和移动通信设备（Personal Data & Mobile Communication Devices）案中确立的先决条件，因此不需要推迟救济措施的实施。[82]

---

[76] *Certain Personal Data & Mobile Commc'n Devices & Related Software*, Inv. No. 337 – TA – 710, Comm'n Op., 2011 WL 12488979, at ∗44 – 47 (Dec. 29, 2011).

[77] *Id.* at 45 (citation omitted).

[78] 在委员会面前，T – Mobile辩称，它“特别容易受到排除令的影响，因为它依赖于”被告产品。*Id.* at 44. 据T – Mobile称，“HTC占据了T – Mobile在美国智能手机销量的大部分，HTC提供的智能手机价位多种多样，T – Mobile和HTC多年来一直合作，为消费者提供HTC Android智能手机，让他们可以高速上网。T – Mobile通过采购具有特定功能和价格的智能手机来构建其智能手机产品组合，而这些功能和价格在短时间内是不容易改变的。” *Id.* at 45.

[79] 同上。

[80] 同上。

[81] *Certain Wireless Devices with 3G Capabilities & Components Thereof* (*Wireless Devices with 3G Capabilities*), Inv. No. 337 – TA – 800, Recommended Determination, 2013 WL 3961221, at ∗2 (July 8, 2013); *Certain Mobile Devices, Associated Software & Components Thereof* (*Mobile Devices*), Inv. No. 337 – TA – 744, Commission Opinion, 2012 WL 3715788, at ∗14 (June 5, 2012).

[82] *Wireless Devices with 3G Capabilities*, Inv. No. 337 – TA – 800, at ∗3; *Mobile Devices*, Inv. No. 337 – TA – 744, at ∗15.

第十六章

337 调查前沿问题

尽管 337 条款近年来主要用于保护知识产权,尤其是专利权,但该法是作为贸易法起草的,其规范的是广泛的“不公平行为”。本章介绍 337 调查中的“前沿问题”——虽然立法很少涉及,但是仍然可能属于 337 条款管辖范围的问题。例如,委员会曾通过 337 条款调查虚假广告和违反美国反垄断法的行为。[1] 此外,实践中有观点合理地认为,337 条款涵盖了许多非传统的“不公平竞争方法”,包括违反童工法、违反环境标准或防止环境退化、违反食品和药品安全标准、进口冲突矿产或进口不安全消费品。[2]

本章还将讨论 337 条款的域外效力,该问题在近期一个涉及美国境外不公平行为和侵犯商业秘密的 337 调查案例中得到凸显。此外,本章也将介绍药品专利诉讼增加的可能性,委员会可能成为根据《哈奇—维克斯曼法》(Hatch - Waxman Act)在联邦地区法院提起诉讼之外的另一种选择。本章最后会讨论《Leahy - Smith 美国发明法》对委员会的影响。

---

〔1〕 见本书第三章“四”,“竞争的不公平方式和不公平行为”。

〔2〕 *See*, *e. g.* , Beau Jackson & Michael Buckler, *Section* 337 *as a Force for* “*Good*”? *Exploring the Breadth of Unfair Methods of Competition and Unfair Acts under* § 337 *of the Tariff Act of* 1930, 23 Fed. Cir. Bar J. 513 (2014).

一、知识产权侵权之外提起337调查的诉由：不公平竞争方式

337条款最初是《1922年关税法》第316节[3]，之后该法的条文顺序被重新编排，在《1930年关税法》(又称为Smoot–Hawley关税法)中被列为第337节。[4] 该法的最初目的是为美国产业提供针对进口商不公平竞争行为的救济，用来解决美国法院对外国生产商没有管辖权以及生产商所在国法律无法提供有效救济的问题。该法最初立法意图涵盖了一系列宽泛的不公平行为，而不仅限于知识产权保护，更不是主要用于对知识产权的保护。尽管众所周知委员会重点关注的是知识产权，但由于337条款授予委员会的管辖权是全国性的并且是对物的，[5]在很多的诉由上该法都可以成为非常有力的工具。[6]

337条款第(a)(1)(A)节的相关部分禁止"产品进口过程中的不公平竞争方法和不公平行为"。[7] 第(a)(1)(A)节并未定义"不公平竞争方法"和"不公平行为"，这在实践中给予委员会在解释法律范围时宽泛的自由裁量权。[8] 这些条款被委员会解释为包括虚假原产地、窃取商业

---

[3] Tariff Act of 1922, Pub. L. No. 67–318, § 316, 42 Stat. 858, 943 (1922) [current version at 19 U.S.C. § 1337 (2012)].

[4] Tariff Act of 1930, Pub. L. No. 71–361, § 337, 46 Stat. 590, 703 (1930) [codified as amended at 19 U.S.C. § 1337 (2012)].

[5] *See* Sealed Air Corp. v. U.S. Int'l Trade Comm'n, 645 F.2d 976, 985–86 (C.C.P.A. 1981).

[6] *See, e.g., Certain Nut Jewelry & Parts Thereof*, Inv. No. 337–TA–229, Initial Determination at 10 (Nov. 1986)(即使此案不涉及知识产权仍然行使管辖权，因为未能恰当标明原产地即属于337条款下的"不公平行为").

[7] 参见19 U.S.C. § 1337(a)(1)(A)(2012)。The statute also extends to the sale of such articles by the owner, importer, or consignee. 讨论了与商业外观有关的损害判定中所考虑的"广泛指标"问题。

[8] 参见*In re* Von Clemm, 229 F.2d 441, 443–44 (C.C.P.A. 1955) [国会打算授予(委员会)决定哪些行为构成"不公平"行为的宽泛裁量权]。

秘密、虚假标签、虚假广告、违反《数字千年版权法》以及违反反垄断法等。[9]

只要满足存在进口、美国国内产业、造成损害在内的法定要件[10]，如果原告想得到救济，各种类型的“不公平竞争行为”都潜在地属于337调查的范围。[11] 下文讨论的是已经或可能向委员会提出，并可能在未来变得越来越重要的指控。

（一）同时存在虚假广告和违反监管或认证标准的行为

在美国进口和销售的许多产品都受到联邦和州政府机构以及私人认证机构制定的复杂的安全、性能或监管标准的约束。[12] 在某些情况下，特别是在制定标准的组织不允许通过虚假广告索赔（包括根据Lanham Act）进行私人诉讼的时候，337条款可以成为要求竞争对手提供执行这些

---

〔9〕 *See, e. g.*, *Certain Carbon & Alloy Steel Prods.*, Inv. No. 337 – TA – 1002, *Notice of Institution of Investigation* (2016年5月26日)（对涉嫌“串通定价、控制产量和出口量、盗用商业秘密和虚假指定原产地或制造业”的行为进行调查）；*Certain Universal Transmitters for Garage Door Openers*, Inv. No. 337 – TA – 497, Initial Determination at 8 – 10 (Nov. 21, 2003) (Notice of Commission Determination to Affirm Initial Determination Denying Temporary Relief issued Nov. 24, 2003) (DMCA); *Certain Floppy Disk Drives & Components Thereof*, Inv. No. 337 – TA – 203, Comm'n Op., at 2 (Sept. 1985) (breach of contract); *Certain Alkaline Batteries*, Inv. No. 337 – TA – 165, Views of Comm'rs at 1 (Nov. 1984) (false labeling and false designation of origin); *Certain Elec. Audio & Related Equip.*, Inv. No. 337 – TA – 7, Opinion of Comm'rs at 2 – 3 (Apr. 1976) (predatory pricing); *supra* Chapter 3, Section D, “Unfair Methods of Competition and Unfair Acts”.

〔10〕 遭受损害并不是基于法定知识产权的337调查的必要要件，但仍然是对其他所有“不公平竞争”行为进行337调查的要件之一。*See, e. g.*, *Certain Digital Multimeters & Prods. with Multimeter Functionality*, Inv. No. 337 – TA – 588, Order No. 22 (Initial Determination) at 16 – 18 (Feb. 4, 2008). 讨论了与商业外观有关的伤害判定中所考虑的“广泛指标”问题）（没有复审）；*supra* Chapter 3, “Types of Investigations”。

〔11〕 *Certain Bearings & Packaging Thereof*, Inv. No. 337 – TA – 469, Comm'n Notice at 3 (Sept. 23, 2002).

〔12〕 参见 Complaint, Certain Food Processing Equipment, ITC Docket No. 3374, 337 – TA – ____ (Mar. 12, 2019)（指控侵犯认证事宜）。

标准的途径。[13] 有的起诉书指控涉及以下产品的虚假宣传行为:食品和药品管理局(FDA)根据《食品、药品和化妆品法》、环境保护局的能源之星计划以及美国保险商实验室和Intertek等认证机构制定的标准下获得批准或合格地位的产品,委员会已针对这些指控进行立案调查。[14] 在这些情况下,被指控违反337条款的情形主要集中在进口商或卖方对批准或合规陈述的准确性方面。

委员会将虚假广告等违规行为的处理仅限于不需要对有关标准进行解释的情形,而只对相关的批准或合规状态进行核查。例如,2017年,阿玛林制药公司(Amarin Pharma,Inc.)指控某产品被虚假宣传为"膳食补充剂",这是《食品、药品和化妆品法》的一个分类,无须事先获得食品和

---

〔13〕 15 U.S.C. § 1125(a)(2010).

〔14〕 *See, e.g., Certain Clidinium Bromide & Prods. Containing Same*, Inv. No. 337 - TA - 1109, Am. Compl. ¶¶ 37 - 73 (Mar. 19, 2018)(指控美国药品管理局批准的仿制药存在虚假陈述), Comm'n Notice of Institution at 2 (Apr. 18, 2018)(对虚假广告的指控进行立案调查); *Certain Periodontal Laser Devices, Components Thereof & Advertisements Regarding the Same*, Inv. No. 337 - TA - 1070, Compl. ¶¶ 39 - 53 (2017年8月10日)(指控虚假陈述等同于美国食品及药物管理局批准的牙科程序), Comm'n Notice of Institution at 2 (2017年9月11日)(instituting investigation of false advertising claim 对虚假广告的指控进行立案调查); *Certain Potassium Chloride Powder Prods.*, Inv. No. 337 - TA - 1013, Compl. ¶¶ 24 - 56 (Jun. 15, 2016)(指控美国药品管理局批准的仿制药存在虚假陈述), Comm'n Notice of Institution at 2 (Jul. 21, 2016)(启动调查); *Certain Motorized Self——Balancing Vehicles*, Inv. No. 337 - TA - 1000, Compl. ¶¶ 97 - 117 (Mar. 22, 2016)(指控保险商实验室认证的虚假陈述), Comm'n Notice of Institution at 2 (May 20, 2016)(对虚假广告的指控进行立案调查); *Certain Light - Emitting Diode Prods. & Components Thereof*, Inv. No. 337 - TA - 947, Compl. ¶¶ 96 - 106 (Jan. 12, 2015)(指控对能源之星标准合规性的虚假陈述), Comm'n Notice of Institution at 2 (Feb. 12, 2015)(对虚假广告的指控进行立案调查); *Certain Light Reflectors & Components, Packaging & Related Advertising Thereof*, Inv. No. 337 - TA - 924, First Am. Compl. ¶¶ 96 - 101 (July 11, 2014)(指控Intertek和UL安全标准合规性的虚假陈述), Comm'n Notice of Institution at 2 (Aug. 7, 2014)(对虚假广告的指控进行立案调查).

药品管理局的批准。[15] 委员会拒绝就阿玛林提出的虚假广告指控进行调查[16]，并为其决定作出解释：在FDA尚未确定标的产品是否属于《食品、药品和化妆品法》规定的"膳食补充剂"的情况下，原告"未能指控不公平竞争方法或行为属于《美国法典》第19章第1337(a)(1)(A)节的审查范围"。[17] 美国联邦巡回上诉法院确认，由于阿玛林指控的是针对《食品、药品和化妆品法》的违法行为，而FDA"尚未就是否违反《食品、药品和化妆品法》提供指导"，因此，阿玛林不能提出前述指控。[18] 法院指出，如果FDA提供足够的指导，便能相对容易地判断出委员会是否有权认定《食品、药品和化妆品法》下的违法行为。

(二)未知领域：不公平雇佣行为、环保实践、不安全消费产品和冲突矿产

国会拒绝对"不公平竞争方法"和"不公平行为"的定义进行限定，以便制定能够有效打击"各种类型和形式的不公平行为"的法律。[19] 该法令的颁布是为了保护国内劳工和产业。立法历史表明，337条款的法案得到批准，是因为其"确实能保护美国劳工、工业和农业"。[20]因此，尽管337条款主要针对的是知识产权相关的争议，该法还可适用于一系列目前尚未被委员会调查的"不公平"行为。

---

[15] 参见 *Certain Synthetically Produced, Predominantly EPA Omega – 3 Prods. in Ethyl Ester or Re – esterified Triglyceride Form* (Docket No. 3247), Compl. ¶¶ 53 – 105 (2017年8月30日)(根据《食品、药品和化妆品法》对"膳食补充剂"的定义提出虚假广告的指控)。

[16] *Certain Synthetically Produced, Predominantly EPA Omega – 3 Prods. in Ethyl Ester or Re – esterified Triglyceride Form* (Docket No. 3247), Comm'n Notice (Oct. 27, 2017).

[17] Brief for Appellee at 17, Amarin Pharma, Inc. v. U. S. Int'l Trade Comm'n, Nos. 18 – 1247, 18 – 114 (Mar. 1, 2018).

[18] Amarin Pharma, Inc. v. ITC, 2018 – 1274, 2018 – 114, slip Op., at 11 (Fed. Cir. May 1, 2019).

[19] *See Certain Welded Stainless Steel Pipe & Tube*, Inv. No. 337 – TA – 29, Comm'n Determination & Action at 1 – 4 (Feb. 1978); *see also* 67 S. Rep. No. 595, at 3 (1922)(legislative intent regarding Section 316 of the Tariff Act of 1922, the predecessor to the Tariff Act of 1930).

[20] 71 Cong. Rec. 1566 (1929)(statement of Reps. Kelly and Goodwin).

例如,有评论者建议使用337条款来解决包括使用童工在内的不公平雇佣行为所导致的不公平竞争。[21] 虽然委员会目前没有启动过这样的调查,但337条款的调查可以用来管制国外制造业、农业或渔业不可持续的做法所引起的不公平竞争。[22] 这些不公平竞争的做法已成为世界贸易组织主要贸易成员之间的长期争议焦点,而委员会可以成为解决这些争议的论坛。例如,原告可以基于违反《莱西法案》的行为提出指控。该法案规定[23],"违反任何国家的任何法律或条例或违反任何外国法律的行为,比如进口、出口、运输、出售、接收、获取或购买任何鱼类或野生动物、任何植物或任何被禁止的野生动物物种都是非法的"[24]。还有观点建议,337条款可用来禁止进口含有"冲突矿产"的产品,例如多德—弗兰克华尔街改革和消费者保护法(Dodd - Frank Wall Street Reform and Consumer Protection Act)。[25] 另外一个可能适用337条款的领域是排除不安全消费产品的进口。尽管目前委员会还没有启动过此类调查,至少有一个337调查从业者预测,对于违反联邦或者各州安全标准的进口产品,可以根据337条款来禁止入境。[26]

美国联邦巡回上诉法院在Amarin Pharma公司诉委员会(Amarin Pharma,Inc. v. U. S. International Trade Commission)案中裁定,337条款不能用于解释和执行其他联邦机构的条例,至少在相关法律赋予该机构

---

〔21〕 *See* Tom M. Schaumberg,*A Revitalized Section* 337 *to Prohibit Unfairly Traded Imports*, 77 J. Pat. & Trademark Off. Soc'y 259 (1995); *see also* Bryan A. Edens,*An Expanded Perspective*: *Child Labor Claims under Section* 337,337 Reporter,Summer 2007,at 13.

〔22〕 *See* Jonathan J. Engler,*Section* 337 *of the Tariff Act of* 1930: *A Private Right of Action to Enforce Ocean Wildlife Conservation Laws*,40 Envtl. L. Rep. 10513 (2010).

〔23〕 16 U. S. C. § 3371 (2012).

〔24〕 *Id.* § 3372(a)(2)(2012); *see also* Jackson & Buckler,*supra* note 2,at 556 - 57.

〔25〕 *See* Jackson & Buckler, *supra* note 2,at 556 - 57; *see also* Dodd - Frank Wall Street Reform & Consumer Protection Act,Pub. L. No. 111 - 203, § 1502,124 Stat. 1376,2218 (2010); *see also* Conflict Minerals,77 Fed. Reg. 56,674,56,334,56,338 (Sept. 12, 2012).

〔26〕 *See* Gary M. Hnath,*The Use of Section* 337 *in Non - Patent Matters*,998 Practicing Law Inst./Pat. 137,142 (2010).

“几乎专属的执行权”而非执行私权的情况下。[27] 只有在法律规定了私人执行权,或者有关机构已经认定存在违反相关法规的情况下,原告才能主张其案件不同于 Amarin 案。

二、法律 337 条款的域外适用

过去,对于发生在海外的“不公平竞争方法”或者“不公平行为”,337 条款的适用范围并不明确。美国联邦巡回上诉法院在天瑞集团诉委员会(TianRui Group v. U. S. International Trade Commission)案[28](以下简称天瑞案)中的判决对这个问题作出了回应和澄清,并且有观点认为法院扩大了 337 条款的域外适用范围。

在天瑞案中,某中国实体从另一个中国实体窃取的商业秘密生产的进口产品,美国联邦巡回上诉法院审查了委员会是否对此拥有管辖权的问题。[29] 原告安捷达工业(Amsted Industries)是美国一家铸钢火车车轮的制造商,其许可一家中国公司使用安捷达技术生产车轮。被告天瑞(Tianrui)集团曾经试图获得该技术的许可,但当两家公司的谈判无果时,天瑞集团雇用了中国被许可人的员工,导致被委员会认定盗用了安捷达工业的商业秘密。

在针对安捷达的 337 调查诉讼请求作出答辩时,天瑞集团主张法律并未授权委员会调查诉称的侵权行为,因为这些行为完全发生在中国。[30] 委员会并未支持天瑞集团的主张,受理上诉的美国联邦巡回上诉

---

[27] Amarin Pharma, Inc. v. ITC, 2018 - 1274, 2018 - 114, slip Op., at 12 (Fed. Cir. May 1, 2019) [quoting POM Wonderful LLC v. Coca - Cola Co., 573 U. S. 102, 109 (2014)].

[28] 661 F. 3d 1322 (Fed. Cir. 2011).

[29] *Id.* at 1324.

[30] *Id.* at 1325.

法院认同委员会的决定。[31] 尽管美国联邦巡回上诉法院承认美国的法律通常“只适用于美国的司法管辖权范围之内”,[32]但是其判决认为,337条款属于前述推定的例外,原因有3点:[33]首先,由于337条款规制的是进口行为,本身就涉及跨境交易。[34] 其次,337条款制裁的行为并不是单纯的“域外”行为。如果侵犯了商业秘密的商品没有被进口到美国,那么337条款就不适用于发生在美国境外的行为。[35] 最后,337条款的立法历史支持委员会审查发生在域外的行为。[36]

自天瑞案以来,委员会对几乎所有“不正当竞争方法和不正当行为”行使广泛管辖权的做法得到了确认,只要这些行为涉及进口到美国并损害国内产业的产品。在某些橡胶树脂(Certain Rubber Resins)案中,委员会采用美国联邦巡回上诉法院在天瑞案中的解读,认定其对违反337条款的进口产品具有管辖权。[37] 美国联邦巡回上诉法院确认了委员会的决定,最高法院驳回了移送令的申请。[38] 委员会根据337条款对进口到美国的物品的域外不当行为作出裁决并予以救济的管辖权再次得到了确认。

---

〔31〕 作为一个起点问题,美国联邦巡回上诉法院认定委员会适用伊利诺伊州商业秘密法是错误的,而应适用“统一的联邦标准”。同前注〔30〕,第1327页。美国联邦巡回上诉法院认为这一错误是无害的,认定即使适用“统一的联邦标准”也会得到相同的结果。同前注〔30〕,第1328页。美国联邦巡回上诉法院并未阐述适用的联邦标准的内容。

〔32〕 *Id.* at 1328 [quoting EEOC v. Arabian Am. Oil Co.,499 U.S. 244,248 (1991)].

〔33〕 *Id.* at 1329.

〔34〕 *Id.*

〔35〕 *Id.*

〔36〕 *Id.* at 1330.

〔37〕 *Certain Rubber Resins & Processes for Mfg. Same*, Inv. No. 337 – TA – 849, Initial Determination (non – reviewed in part) at 15 – 18 (June 17,2013), Comm'n Notice at 2 – 3 (Jan. 15,2014).

〔38〕 Sino Legend (Zhangjiagang) Chem. Co., Ltd. et al. v. Int'l Trade Comm'n, No. 2014 – 1478, Judgment (Fed. Cir. 2015) (affirming under Federal Circuit Rule 36); Sino Legend (Zhangjiagang) Chem. Co., Ltd. et al. v. Int'l Trade Comm'n, No. 16 – 428 (2017) (denying petition).

三、标准关键专利以及公平、合理和不带歧视性许可条款协议

种类繁多的电子设备因其使用日益广泛和功能日益复杂，相应地导致了标准制定组织（Standard - Setting Organizations，SSO）的数量日益增长。该类组织允许某一产业的成员企业决定该领域设备的技术标准。由于这些标准通常涵盖组织内各个成员所拥有的专利，标准制定组织通常要求对于遵循特定标准而言属于关键的各项专利（Standard Essential Patent，SEP，标准关键专利，又译标准必要专利）的所有权人根据公平、合理以及非歧视性（Fair，Reasonable，and Non - Discriminatory，FRAND）的条款授予许可。[39] 高度依赖于各种标准的行业的业内人士担心，向委员会申请排除性救济措施的机制，将会危及标准制定组织的制度，也会对竞争和消费者福利造成负面影响。[40]

涉及标准制定组织的 337 调查案件中的被告已经提出积极抗辩理由，认为相关标准关键专利不可执行，并且为此提出了衡平法上的禁反

---

〔39〕 Also referred to as "RAND" (reasonable and non - discriminatory) terms 又称为"RAND"（合理及非歧视）条款。

〔40〕 *See* Paul M. Bartkowski & Evan H. Langdon, *Standard - Essential Patents: An Increasingly Contentious Issue at the U. S. International Trade Commission*, Wash. Legal Found. , Contemporary Legal Note Series No. 71 (July 2012).

言、合同约定、默示许可以及弃权等各种理论依据。[41] 委员会还没有认可这种抗辩观点[42],也没有基于FRAND义务引起的公共利益的考虑而拒绝采取救济措施。[43]

不过,值得注意的是,美国贸易代表(USTR)引用了FRAND义务,以支持其在便携式音乐和数据设备(Portable Music & Data Devices)案中的决定,即根据其被授权的总统审查权限,撤销了委员会的救济措施。[44] 因此,尽管FRAND相关的抗辩在委员会程序中未能成功,标准关键专利的权利所有人必须考虑到在委员会调查程序中胜诉之后受到美国贸易代表干预的可能性。是否给予救济将取决于委员会在涉及FRAND的调查

---

〔41〕 参见 *Certain Gaming & Entm't Consoles, Related Software & Components Thereof* (Contemporary Legal Note Series No. 71) (July 2012), Inv. No. 337 – TA – 752, Initial Determination at 282 (May 10, 2012) (在原告对其向被告主张的5项专利中的4项已作出承诺根据FRAND条款授权许可的情况下,驳回被告的默示许可和衡平法禁反言的积极抗辩) (Commission Determination to Review a Final Initial Determination Finding a Violation of Section 337: Remand of the Investigation to the Administrative Law Judge issued June 29, 2012); *Certain Elec. Devices, Including Wireless Commc'n Devices, Portable Music & Data Processing Devices & Tablet Computers* (*Portable Music & Data Devices*), Inv. No. 337 – TA – 794, Order No. 47, at 35 – 38 (May 11, 2012) (驳回被告的简易裁定动议,该动议申请根据原告与芯片供应商的协议和FRAND承诺终止对两项专利的调查,并指出ITC不是裁定原告是否违反其对相关SSO的FRAND义务的"适当的法庭")。

〔42〕 参见 *Portable Music & Data Devices*, Inv. No. 337 – TA – 794, Comm'n Op., at 41 – 63 (July 5, 2013) (驳回被告苹果基于原告三星的FRAND义务提出的肯定性抗辩)。

〔43〕 *Id.* at 111 – 14.

〔44〕 参见 Letter from Ambassador Michael B. G. Froman, U. S. Trade Representative, Exec. Office of the President, to Honorable Irving A. Williamson, Chairman, U. S. Int'l Trade Comm'n (Aug. 3, 2013), *available at* https://ustr.gov/sites/default/files/08032013%20Letter_1.PDF。美国贸易代表在这封信中明确指出,在涉及标准基本专利的案件中,委员会应"积极寻求让各方建立一份与[公共利益问题]有关的全面事实记录,包括专利权人提出异议时所涉专利的标准基本性质的信息,以及是否存在专利挟持(patent hold – up)或反挟持(reverse hold – up)"。

中对公共利益的分析。[45] 在涉及标准关键专利的案件中，还应考虑使用委员会的自愿调解程序或其百日程序来尽早解决潜在的决定性问题，[46] 以确定在对案情进行全面裁决之前，FRAND 问题能否得到解决。这不仅能够给予双方解决分歧的机会，而且还将解决由竞争问题引起的潜在公共利益问题。

四、制药公司以及《哈奇—维克斯曼法》之后的诉讼

药品专利诉讼在委员会的 337 调查案件中呈现增长趋势。[47] 拥有专利的药品公司因为《哈奇—维克斯曼法》基础上颁布的相关法规而很少提起 337 调查。[48] 《哈奇—维克斯曼法》于 1984 年制定，用于应对《1962 年联邦食品、药品和化妆品法》(1962 Federal Food, Drug, and Cosmetic Act)带来的一些负面影响。[49] 例如：产品开发的成本更高、药品获批需要更长时间等。《哈奇—维克斯曼法》要求药品制造商列出 FDA《经过治疗等效性评价标准的药品》(Approved Drug Products with Therapeutic E-

---

[45] *Certain Wireless Commc'n Devices, Portable Music & Data Processing Devices, Computers & Components Thereof*, Inv. No. 337 – TA – 745, Notice of Comm'n Decision to Review in Part a Final Initial Determination Finding a Violation of Section 337; Request for Written Submissions (June 25, 2012); *see also* Bartkowski & Langdon, *supra* note 40.

[46] *See ITC, Pilot Program Will Test Early Disposition of Certain Section* 337 *Investigations*, http://www.usitc.gov/press_room/featured_news/pilot_program_will_test_early_disposition_certain.htm (last visited Feb. 6, 2019).

[47] *See, e. g.*, *Certain Gemcitabine & Prods. Containing Same*, Inv. No. 337 – TA – 766; *Certain Vaginal Ring Birth Control Devices*, Inv. No. 337 – TA – 768; *Certain Coenzyme Q10 Prods. & Methods of Making Same*, Inv. No. 337 – TA – 790; *Certain Hemostatic Prods. & Components Thereof*, Inv. No. 337 – TA – 913; *Certain Recombinant Factor* Ⅷ *Prods.*, Inv. No. 337 – TA – 956.

[48] Drug Price Competition and Patent Term Restoration Act of 1984, Pub. L. No. 98 – 417, 98 Stat. 1585 (1984).

[49] Kefauver – Harris Drug Amendments of 1962, Pub. L. No. 87 – 781, 76 Stat. 780 (1962).

quivalence Evaluations)中的药物专利,俗称橙皮书。[50] 尽管需要列出与橙皮书中所列药品相关的几乎所有专利,仍然有一些例外,比如方法专利。[51] 该法案还为新药设立了一个独占期(exclusivity period),在此期间不得生产仿制药。

如果仿制药制造商希望在独占期内生产橙皮书中所列的药品,其应当向美国食品和药品管理局提交简要新药申请(Abbreviated New Drug Application,ANDA),并通知原研药制造商,其相信相关品牌的药品专利无效或者仿制药品将不会侵犯其专利。一旦原研药制造商收到该种通知,其可以以专利侵权为由,在美国联邦地区法院起诉仿制药生产商。[52] 方法专利和其他未列在橙皮书内的专利不需要在美国联邦地区法院诉讼,但是其可以作为提起337调查的依据向委员会申请立案调查。

在抗癌药吉西他滨(Gemcitabine)337调查案中,礼来公司(Eli Lilly)针对数家仿制药生产商提起337调查,指控他们侵犯了一种抗癌药物的方法专利。[53] 在提起337调查之前,礼来公司已根据《哈奇—维克斯曼法》规定的程序在美国联邦地区法院提起两项抗癌药物化学成分专利侵权民事诉讼。这两项专利被联邦地区法院认定为无效,这导致仿制药生产商在获得新药申请批准之前即可以立即销售药品。但是,礼来公司向委员会主张,其还拥有一项未过期的抗癌药物生产方法专利,该专利此前未受到专利诉讼的影响。该案件后来根据和解协议被终止。

目前,尚不清楚其他制药公司是否会效仿礼来公司向委员会主张药物专利。在该案之后,至少有一项其他药物方法专利在委员会上被主张过。[54] 主张方法专利为维持市场独占性提供了一种额外的手段,而委员会提供了一个潜在有利的论坛。需要特别指出的是,委员会调查的快速

---

〔50〕 21 C.F.R. §§ 314.3(b),314.53(e).

〔51〕 *Id.* § 314.53(b)("本部分不适用于方法专利、包装专利、代谢分子专利以及中间体专利,关于这些专利的信息不得提交给美国联邦食品药品管理局").

〔52〕 21 U.S.C. § 355(j)(5)(B)(2012).

〔53〕 *Certain Gemcitabine & Prods. Containing Same*, Inv. No. 337 - TA - 766, Complaint at 1 (Jan. 20, 2011).

〔54〕 *See Certain Coenzyme Q10 Prods. & Methods of Making Same*, Inv. No. 337 - TA - 790, Complaint at 7 (Feb. 2, 2012).

进程可以帮助专利权人在仿制药生产商完成方法专利规避设计之前取得有利判决。

五、《Leahy－Smith 美国发明法》的专利法改革及其对委员会诉讼的潜在影响

《Leahy－Smith 美国发明法》[55]改变了专利法的格局。虽然还不确定该法是否导致委员会案件数量的上升，但该法的两个条款强调了根据337 条款进行专利诉讼的显著优势：(1)提高了在美国联邦地区法院受理的专利侵权民事诉讼中对多个被告进行合并审理难度；以及(2)美国专利商标局在授予专利后的多方复审程序。

(一)《Leahy－Smith 美国发明法》第 19 节提高了美国联邦地区法院合并审理的要求

在《Leahy－Smith 美国发明法》颁布之前，一些巡回法院对《联邦规则》第 20 条关于专利侵权行为的合并审理条款作了宽泛的解释。本质上这些巡回法院合并审理多个被告案件的唯一条件仅仅是多个被告都被控侵犯了涉案专利。[56]《Leahy－Smith 美国发明法》修改了《美国法典》第35 章第 299 节，明确否定了对合并审理规则的宽泛解释。为了在一个专利民事诉讼中同时起诉多个被告，修改后的法律要求：(1)针对每个被告的诉由源于与侵权相关的同一交易或者事实；以及(2)"所有被告或者反诉被告面临同样的事实问题"。[57]此外，修改后的第 299 节规定，"多个被控侵权者不能仅凭他们都被指控侵犯了专利或者涉案专利而以被告或

---

[55] Leahy－Smith America Invents Act, Pub. L. No. 112－29, 125 Stat. 284 (2011).

[56] 例如，得克萨斯州东部地区就是在《Leahy－Smith 美国发明法》颁布之前根据联邦规则对合并诉讼适用这一广义解释的地区。自《Leahy－Smith 美国发明法》通过以来，该地区在某种程度上遭遇了专利诉讼案件数量的减少。*See Dennis Crouch, AIA Changes the Role of the Eastern District of Texas*, Patently－O, Mar. 20, 2012, http://www.patentlyo.com/patent/2012/03/aia－changes－the－role－of－the－eastern－district－of－texas.html.

[57] Leahy－Smith America Invents Act § 19(d)(1), 125 Stat. at 332－33 (2011) [amending 35 U.S.C. § 299(a)(1)－(2)].

者反诉被告的身份被并入一个诉讼中,或者将他们的诉讼合并进行审理”。[58] 因此,仅诉称多个被告都侵犯了涉案专利无法将多个被告合并至一个专利民事诉讼中。相较于《Leahy - Smith 美国发明法》颁布之前,在美国联邦地区法院提起针对多个被告的专利诉讼无疑将更为困难。

由于第299节中提高的合并审理要求仅适用于在联邦地区法院提起的专利侵权“民事诉讼”,[59] 该条款不影响委员会负责的337调查。因此,《Leahy - Smith 美国发明法》未能改变委员会将多个被告纳入同一个调查的做法。实际上,如果原告请求将有限排除令适用于“下游产品”,[60] 或者针对多个来源已知的产品请求普遍排除令[61],那么就需要增加多个被告。在这种情况下,337条款允许专利权人寻求对多方当事人的救济。在某些情况下,被告多达二三十个。在一次337调查中指控多个被告侵权,而不是在联邦地区法院启动多个诉讼,可以有效减少诉讼费用。

委员会没有规定在337申请书或调查中可被列为被告的当事方或诉求的数量限制,但委员会的实践规则和程序(Rules of Practice and Procedure)最近进行了修订,允许行政法官拆分调查。《委员会规则》第210.14条新增加的(h)款,赋予行政法官相当大的自由裁量权,允许其“根据任何一方提出的动议,或法官本人‘认为必须分拆案件才能作出有效裁决’的判断,可以将一个调查分拆为两个或多个”。[62] 自2018年6月7日起,委员会启动了几次具有多个被告的调查[63],但在调查后30日内并没

[58] *Id.* [amending 35 U. S. C. § 299(b)]

[59] *Id.* [amending 35 U. S. C. § 299(a)]

[60] 参见 Kyocera v. U. S. Int'l Trade Comm'n,545 F. 3d 1340 (Fed. Cir. 2008)(认为下游产品的制造商应被列为被告,以便获得针对他们的有限排除令)。

[61] 参见 *Certain Condensers, Parts Thereof & Prod. Containing Same, Including Air Conditioners for Autos.*, Inv. No. 337 - TA - 334, Comm'n Op., 1997 WL 817767, at *16 (Aug. 20,1997)(在原告未能将某些侵权产品来源列为被告的情况下,拒绝发布普遍排除令,以避免“鼓励未来的原告不去把那些可能对违反337条款的指控进行强有力抗辩的实体列为被告,或只针对缺席的主体来提出指控”)。

[62] 19 C. F. R. § 210. 14(h)(2018).

[63] *See* 83 Fed. Reg. 21,140 (May 8,2018).

有进行分拆，这表明分拆案件可能不会成为具有多个被告的调查中的标准做法。尽管委员会的多方诉讼具有高效率和精简的特点，但在准备各种复杂和具有 20 ~ 30 个被告的申诉，而行政法官和委员会必须在 337 紧迫的调查期限内做出裁决的情况下，必须考虑案件被分拆的风险。

（二）专利授权后复审及多方复审程序

由于迅速开展调查是委员会的法定义务，委员会很少因为待决的专利权复审程序而准许中止 337 调查，部分原因是此类程序通常需要数年才能结束。[64] 然而，根据《美国专利法》，美国专利和商标局（PTO）的“多方复审”和“专利授权后复审”会加速进行，以便重新评估已发布的权利要求的可专利性。[65] PTO 必须在 12 ~ 18 个月内宣判[66]，这比传统复审程序的裁决要快。[67] 此外，在完成专利授权后复审或多方复审之后，启动复审的私人当事方不得在随后的诉讼中提出其在 PTO 提出或可能提出的任何专利无效的论点。[68] 这种争点效的规则不仅适用于美国联邦地区法院，也适用于 337 调查。[69]

《Leahy – Smith 美国发明法》下的多方复审或专利授权后复审具有潜

---

〔64〕 见上文第六章的 H 部分，“程序时间表的中止”。

〔65〕 *See generally* Leahy – Smith America Invents Act § 6, 125 Stat. at 299 – 313 (2011). 多方复审的程序于 2012 年 9 月 16 日生效，并且适用于任何专利。专利授权后复审的程序于 2012 年 9 月 16 日生效，但仅适用于有效申请日期为 2013 年 3 月 16 日或之后的专利。*Id.* § 6(f)(2)(A), 125 Stat. at 311.

〔66〕 *Id.* § 6a [amending 35 U. S. C. § 316(a)(11)] and § 6(d) [amending 35 U. S. C. § 326(a)(11)].

〔67〕 根据 1981 年至 2017 年 9 月的数据，美国专利和商标局报告，从申请到发出复审证书意向通知的平均时间为 26.4 个月。Based on data from 1981 through September 2017, the PTO reports that the average time from filing to Notice of Intent to Issue a Reexamination Certificate was 26.4 months. PTO, Ex Parte Reexamination Filing Data—2017 年 9 月 30 日, *available at* https://www.uspto.gov/sites/default/files/documents/ex_parte_historical_stats_roll_up.pdf。

〔68〕 Leahy – Smith America Invents Act § 6a [amending 35 U. S. C. § 315(e)] and § 6(b) [amending 35 U. S. C. § 325(e)] (outlining the estoppels effects of inter partes review and post – grant review, respectively).

〔69〕 *Id.* § 6a [amending 35 U. S. C. § 315(e)(2)].

在的排除效果,并且与传统复审相比能够更快地解决争议,这无疑对涉及专利侵权的337调查提出了挑战,特别是在委员会调查立案之前已经开始进行多方复审的情况下。在两次情况类似的调查中,委员会作出了截然相反的决定。在某些三维电影系统(Certain Three – Dimensional Cinema Systems)案中,委员会认定两项权利要求有效,而美国专利审查与上诉委员会(PTAB)在平行的多方复审但尚未上诉的最终书面决定中,认定前述权利要求并不能授予专利。[70] 在认定违反337条款之后,委员会发布了有限排除令和禁止令,但考虑到"知识产权诉讼的先进性",委员会行使其自由裁量权,暂停执行前述命令,直到包括上诉在内的PTAB多方复审的最终决议。[71] 相比之下,在某些网络设备(Certain Network Devices)案中,委员会驳回了被告要求"临时撤销"刚刚发布的救济令的请求,因为在委员会确定有关权利要求有效并认定存在违反337条款的行为之后不久,PTAB便认定这些权利要求不能被授予专利。[72] 在这两项调查中,委员会都收到了PTAB的决定。该决定一旦经过上诉成为最终裁决,将导致救济令所依据的权利要求归于无效。

最近,在某种带有电压调节器的集成电路(Certain Integrated Circuits with Voltage Regulators)案中,行政法官行使了很少运用的自由裁量权,根据PTAB宣告涉案专利的所有权利要求无效的最终书面决定,准许被告无异议的动议而暂停调查。[73] 根据委员会确定中止是否适当的标准[74],

---

[70] *Certain Three – Dimensional Cinema Sys. & Components Thereof*, Inv. No. 337 – TA – 939, Comm'n Op., at 5 – 6, 49 – 58 (Aug. 23, 2016).

[71] *Id.* at 60 – 61, 63 – 64.

[72] *Certain Network Devices, Related Software & Components Thereof* (Ⅱ), Inv. No. 337 – TA – 945, Comm'n Op., at 3 – 4, 20 (Aug. 16, 2017).

[73] *Certain Integrated Circuits with Voltage Regulators & Prods. Containing Same*, Inv. No. 337 – TA – 1024, Order No. 55 (Oct. 4, 2018).

[74] "在确定中止是否适当时,委员会考虑了下列因素:(1)证据开始的情况和开庭日期;(2)中止是否会简化案件的问题和审理;(3)对任何一方的不当损害或明显劣势;(4)美国专利商标局程序的所处阶段;(5)有效利用委员会资源。" *Id.* at 2 [quoting *Certain Semiconductor Chips with Minimized Chip Package Size & Prods. Containing Same*, Inv. No. 337 – TA – 605, Comm'n Op., at 3 (May 27, 2008)].

行政法官认为所有五个因素都支持有关申请,但“不赞成”中止所有程序。[75] 尽管PTAB的决定就上诉而言还不是最终的,但出现了前所未有的情况,即距离预计的委员会听证会还有7个月时,PTAB宣布委员会将要审理的所有权利要求归于无效,而原告和委员会调查律师都不反对中止调查。[76] 由于中止调查的决定是通过命令而不是通过初裁的形式来发布的,在法官根据案情作出初裁之前,委员会不能审查这类命令。[77] 因此,目前尚不清楚委员会今后是否会支持或鼓励中止调查的做法。但是,如果中止调查需要延长完成调查的目标结案日期[78],那么委员会便有机会尽早地批准或驳回行政法官的中止决定。

虽然前述处理结果似乎相互矛盾,但它们是根据与被告要求的具体救济有关的法律标准和限制因素来解释的。由于某些三维电影系统案(Certain Three - Dimensional Cinema System)尚未发布救济令,委员会在选择救济措施的形式和范围时行使了“广泛的自由裁量权”。[79] 同样,在某些带电压调节器的集成电路(Certain Integrated Circuits with Voltage Regulators)案中,行政法官也行使其自由裁量权,准许中止调查。[80] 然而,对于某些网络设备(Certain Network Devices)案中的撤销动议,委员会根据法定义务认定情况发生了足够大的变化,以撤销其发布的命令,并确

---

〔75〕 同本章注〔74〕。

〔76〕 *Id.* at 3 - 6.

〔77〕 参见Align Tech. ,Inc. v. Int'l Trade Comm'n,No. 2013 - 1240,1363 (Fed. Cir. July 18,2014年7月14日)(认定委员会在审查行政法官的命令时超越了其权限)。

〔78〕 A decision to extend the target date beyond 16 months from institution must be made by initial determination,which is immediately reviewable by the Commission. 将目标日期延长至16个月以上的决定必须通过初步裁决来作出,委员会才能立即审查。*See* 19 C. F. R. § § 210. 42(c)(1),210. 44,210. 45 (2018).

〔79〕 *Certain Three - Dimensional Cinema Sys. & Components Thereof*,Inv. No. 337 - TA - 939,Comm'n Op. ,at 60 (Aug. 23,2016)[citing Viscofan,S. A. v. Int'l Trade Comm'n,787 F. 2d 544,548 (Fed. Cir. 1986)].

〔80〕 *Certain Integrated Circuits with Voltage Regulators & Prods. Containing Same*, Inv. No. 337 - TA - 1024,Order No. 55 (Oct. 4,2018).

定在 PTAB 的决定的所有上诉用尽之前,此类情况不存在。[81]

此外,这些不同的调查结果表明,时机是至关重要的。如果委员会在337 调查的救济阶段结束后才收到 PTAB 有关专利无效的决定,就会导致委员会无法在平行的 337 调查中考虑前述决定。虽然最高法院确认了美国专利商标局在多方复审中在审查专利方面的权威和首要地位[82],但争点效的原则要求上诉程序结束之后,委员会才会受到美国专利商标局最终书面决定的约束。[83]

尽管在 PTAB 或美国联邦巡回上诉法院审查(委员会程序中)涉案专利权的同时来执行委员会发布的救济令存在不确定性,但显而易见的是,委员会更加仔细地研究了有关中止请求或同等救济请求的事实和程序情况,并在时机适当的情况下准许前述请求。

六、结论

337 条款是一部可行且充满活力的立法,由能够适应快速发展的贸易和技术环境的机构来执行。由于 337 条款的涵盖范围较广,对从业人员及其客户而言值得不断地探索。

---

〔81〕 *Certain Network Devices, Related Software & Components Thereof* (Ⅱ), Inv. No. 337 - TA - 945, Comm'n Op., at 6 - 14 (July 12, 2018).

〔82〕 *See* Oil States Energy Serv., LLC v. Greene's Energy Group, LLC, 138 S. Ct. 1365, 1370 (2018).

〔83〕 *See Certain Network Devices, Related Software & Components Thereof* (Ⅱ), Inv. No. 337 - TA - 945, Comm'n Op., at 11 - 14 (Aug. 16, 2017).

图书在版编目(CIP)数据

美国国际贸易委员会337调查律师实践指南 ：第四版/（美）汤姆·迈克尔·萧姆伯格（Tom M. Schaumberg）主编 ；钱文婕，李斯译. -- 北京 ：法律出版社，2022

书名原文：A Lawyer's Guide to Section 337 Investigations before the U. S. International Trade Commission Third Edition

ISBN 978-7-5197-6254-4

Ⅰ. ①美… Ⅱ. ①汤… ②钱… ③李… Ⅲ. ①关税法-美国-指南 Ⅳ. ①D971.222-62

中国版本图书馆CIP数据核字（2021）第245114号

美国国际贸易委员会337调查律师实践指南（第四版）
MEIGUO GUOJI MAOYI WEIYUANHUI 337 DIAOCHA LÜSHI SHIJIAN ZHINAN(DI-SI BAN)

［美］汤姆·迈克尔·萧姆伯格（Tom M. Schaumberg） 主编
钱文婕 李 斯 译

责任编辑 赵明霞
装帧设计 鲍龙卉

出版发行 法律出版社
编辑统筹 法商出版分社
责任校对 杨锦华
责任印制 胡晓雅
经　　销 新华书店

开本 710毫米×1000毫米 1/16
印张 21.5 **字数** 330千
版本 2022年11月第1版
印次 2022年11月第1次印刷
印刷 三河市兴达印务有限公司

地址：北京市丰台区莲花池西里7号（100073）
网址：www.lawpress.com.cn
投稿邮箱：info@lawpress.com.cn
举报盗版邮箱：jbwq@lawpress.com.cn
销售电话：010-83938349
客服电话：010-83938350
咨询电话：010-63939796

书号：ISBN 978-7-5197-6254-4
定价：88.00元

凡购买本社图书，如有印装错误，我社负责退换。电话：010-83938349